Gunnar Strunz

Tschechischer
Goldsteig

Auf alten Handelswegen durch Süd- und Westböhmen

17 Etappen und 10 Verbindungswege

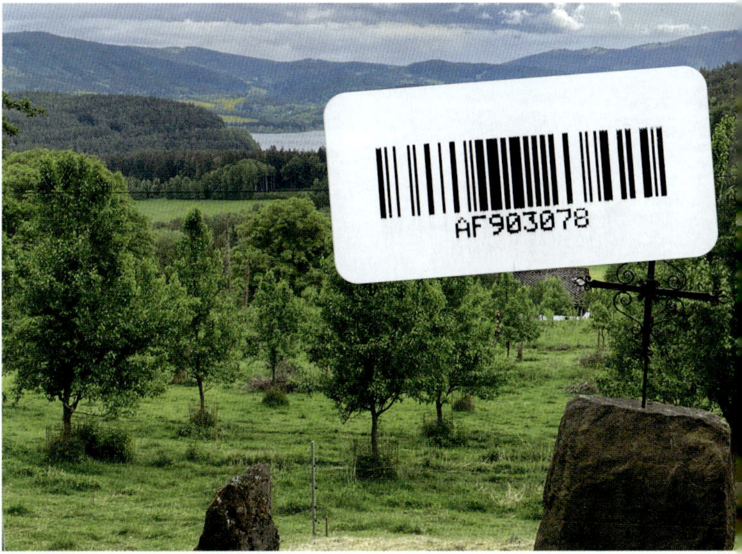

ROTHER
BERGVERLAG

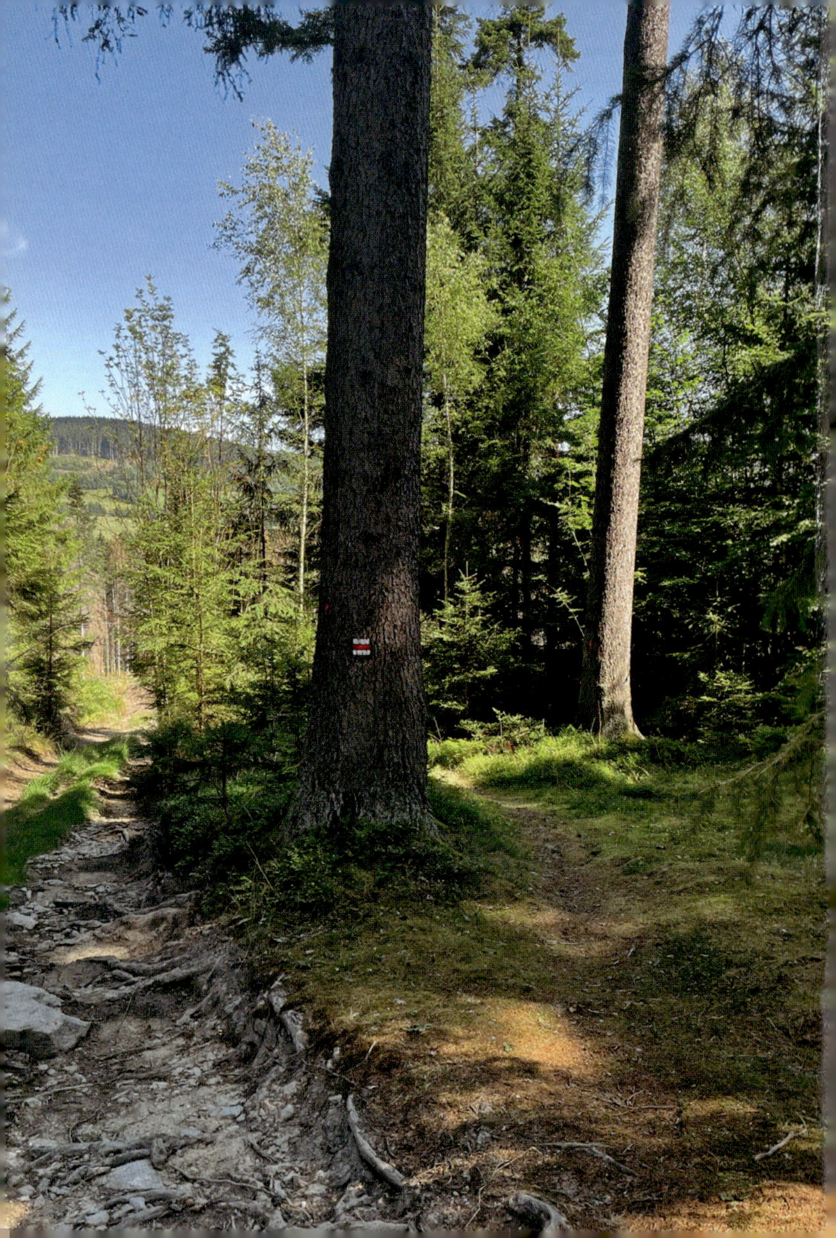

VORWORT

Unser Nachbarland Tschechien genießt als Reiseland bzw. Wandergebiet immer noch nicht die Würdigung, die ihm wegen seiner abwechslungsreichen Landschaften zukommen sollte. Sicher besuchen viele Touristen Böhmen, in erster Linie Prag und dann mit einigem Abstand das westböhmische Bäderdreieck. Zum Wandern kommen aber nur sehr wenige ins Land, obwohl Tschechien mit ausgezeichneten Wanderwegen und zugehöriger Infrastruktur erschlossen ist. Großartige Mittelgebirgslandschaften wie die Waldgebirge an der Westgrenze des Landes, der Böhmerwald (tschech. Šumava, die Rauschende) und der nördlich anschließende Böhmische Wald (tschech. Český les), der Gegenpart zum Oberpfälzer Wald, sind hierbei besondere Kleinode. Während sich diese Waldgebirge auf bayerischer Seite mit dem Oberpfälzer Wald und dem Bayerischen Wald bei deutschen Wanderern größter Beliebtheit erfreuen, meiden diese (so scheint es) die Regionen hinter der Grenze. Bezeichnend dafür ist, dass es zur Zeit keine aktuelle und umfassendere Reiseliteratur zum Böhmerwald und vor allem zum Böhmischen Wald gibt.
Die Tourismusbehörden der tschechischen Bezirke Plzeň (Pilsen, Westböhmen) und České Budějovice (Budweis, Südböhmen) haben – nicht zuletzt im Hinblick auf deutsche Gäste – 2018 den Fernwanderweg Tschechischer Goldsteig geschaffen. Animiert wurden sie dazu auch durch den bayerischen Fernwanderweg Goldsteig. So entstanden zehn grenzüberschreitende Verbindungswege zwischen den beiden Goldsteigen, wodurch nun im bayerisch-böhmischen Grenzraum ein einzigartiges Geflecht von Wanderwegen vorhanden ist.
Neben zwei Etappen des Hauptwegs verlaufen zwei dieser Verbindungswege auf den Pfaden des Goldenen Steigs, jenes historischen Handelswegs, auf dem jahrhundertelang ein reger Warenaustausch zwischen Süddeutschland und Böhmen erfolgte, weitere Etappen auf anderen historischen Wegen. So wird mit diesem Konzept an das völkerverbindende Element des friedlichen grenzüberschreitenden Handels angeknüpft. Über die Wanderwege erfolgt nun wieder ein Austausch mit Böhmen/Tschechien. Diesmal weniger von Waren, als darin, dass man sich gegenseitig näherkommt und besser kennen und schätzen lernt. Der Wanderführer kann somit ein weiterer Meilenstein auf dem Weg zu einer wirklichen europäischen Einigung sein. Und was können sich Autor und Verlag Besseres für das Buch wünschen?

Berlin, im Sommer 2023 Gunnar Strunz

Zwischen Stachy und Úbislav (Etappe 6).

INHALTSVERZEICHNIS

Hübsches ländliches Haus in Hořejší Těšov (Etappe 8).

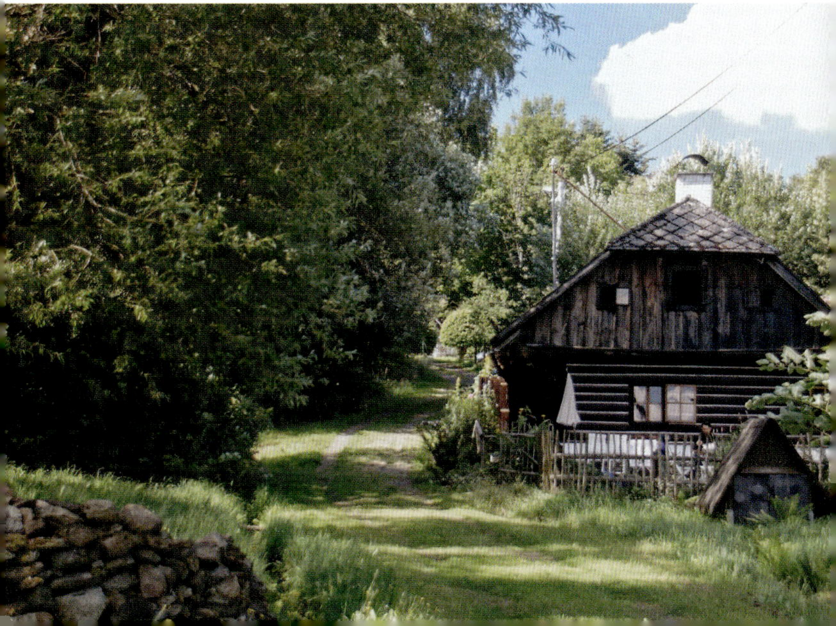

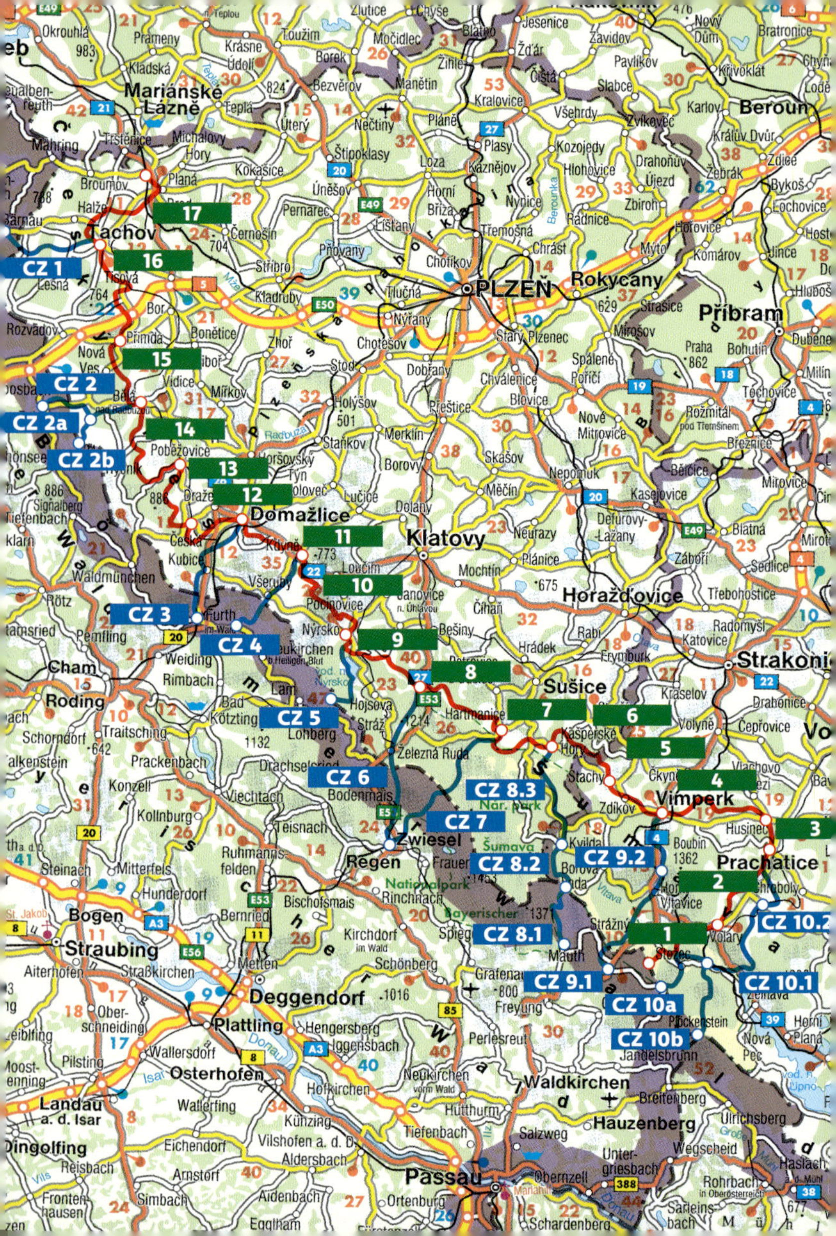

CZ 1
CZ 2
CZ 2a
CZ 2b
CZ 3
CZ 4
CZ 5
CZ 6
CZ 7
CZ 8.1
CZ 8.2
CZ 8.3
CZ 9.1
CZ 9.2
CZ 10a
CZ 10b
CZ 10.1
CZ 10.2
1
2
3
4
5
6
7
8
9
10
11
12
13
14
15
16
17
Mariánské Lázně
Tachov
Planá
Stříbro
Plzeň
Rokycany
Beroun
Příbram
Domažlice
Klatovy
Sušice
Horažďovice
Strakonice
Vimperk
Prachatice
Volary
Železná Ruda
Zwiesel
Regen
Cham
Roding
Furth im Wald
Bogen
Straubing
Deggendorf
Plattling
Osterhofen
Landau a. d. Isar
Dingolfing
Passau
Hauzenberg
Waldkirchen
Nationalpark Bayerischer Wald
Šumava
Donau
E50
E49
E53
E56
A3

ZUM WANDERFÜHRER

Aufbau

Der Fernwanderweg Tschechischer Goldsteig (tschech. Zlatá Stezka) verläuft in 17 Etappen, die zwischen 6 und 23 Kilometern lang sind, durch den Böhmerwald, durch dessen Vorland und durch den nordwestlich anschließenden Böhmischen Wald. Er beginnt im niederbayerischen Kreis Freyung-Grafenau bei Bischofsreut am Grenzübergang Marchhäuser/Mlaka, führt über Volary nach Prachatice und biegt dort in nordwestliche Richtung

DIE 17 ETAPPEN DES TSCHECHISCHEN GOLDSTEIGS

	Start	Ziel	Strecke	Aufstieg	Abstieg	Gehzeit
1	Marchhäuser-Mlaka	Volary	15,2 km	260 m	350 m	4.00 h
2	Volary	Prachatice	17,3 km	460 m	650 m	4.50 h
3	Prachatice	Husinec	6,0 km	120 m	190 m	2.00 h
4	Husinec	Vimperk	21,4 km	750 m	560 m	6.15 h
5	Vimperk	Stachy	11,7 km	340 m	290 m	3.15 h
6	Stachy	Kašperské Hory	16,8 km	600 m	600 m	5.15 h
7	Kašperské Hory	Hartmanice	15,1 km	530 m	560 m	4.30 h
8	Hartmanice	Javorná	18,1 km	500 m	370 m	5.00 h
9	Javorná	Nýrsko	21,5 km	360 m	760 m	6.00 h
10	Nýrsko	Kdyně	21,2 km	480 m	460 m	5.30 h
11	Kdyně	Domažlice	15,3 km	400 m	320 m	4.15 h
12	Domažlice	Klenčí pod Čerchovem	13,8 km	470 m	420 m	4.00 h
13	Klenčí pod Čerchovem	Poběžovice	16,9 km	590 m	640 m	5.15 h
14	Poběžovice	Bělá nad Radbuzou	24,1 km	550 m	540 m	6.45 h
15	Bělá nad Radbuzou	Přimda	14,1 km	400 m	160 m	3.45 h
16	Přimda	Tachov	20,1 km	190 m	380 m	5.00 h
17	Tachov	Chodová Planá	23,0 km	210 m	170 m	5.40 h
Σ	**Marchhäuser-Mlaka**	**Chodová Planá**	**291,6 km**	**7210 m**	**7420 m**	**81.15 h**

ab. Seine Trasse verläuft dann im Abstand von etwa 15 Kilometern mehr oder weniger parallel zur Grenze und endet am Nordrand des Böhmischen Walds, des Český les, bei dem Städtchen Chodová Planá, das nahe bei Mariánské Lázně (Marienbad) liegt. So verbindet der Fernwanderweg den Böhmerwald und das Böhmische Bäderdreieck.

Auf dem historischen Goldenen Steig verlaufen innerhalb des Hauptwegs nur die Etappen 1 und 2 (Prachatitzer Zweig), jedoch decken sich die Verbindungswege CZ 8 und CZ 9 mit den anderen beiden Zweigen des Goldenen Steigs. Den anderen Etappen bzw. Verbindungswegen liegen weitere historische Wege zugrunde (→ Historische Handelswege).

Der Fernwanderweg wird durch zehn dieser Verbindungswege ergänzt, die von recht unterschiedlicher Länge sind. Über sie sind einzelne Etappenziele des Hauptwegs grenzüberschreitend mit der Trasse des bayerischen Goldsteigs verbunden. Im vorliegenden Buch sind auch diese Verbindungswege detailliert beschrieben, wobei die längeren davon, die über 50 km lang sein können, gemäß des vorgegebenen tschechischen Konzepts in einzeln behandelte Teilstücke aufgetrennt sind. Im tschechischen Binnenland sind zusätzlich noch zwei längere und ebenfalls in Teilstücke untergliederte Zuwege geschaffen worden, mit denen die südböhmische Stadt Strakonice mit Vimperk (Hauptweg Etappen 4 und 5) bzw. die Bezirkshauptstadt České Budějovice mit Prachatice (Hauptweg Etappen 2 und 3) verbunden sind. Diese Wege, die im Wesentlichen nur für die aus Innertschechien heranreisenden Wanderfreunde von Bedeutung sind, und die der deutsche Wanderer im Allgemeinen nicht begeht, bleiben im Rahmen des Buches unberücksichtigt. Die Verbindungswege CZ 2 und CZ 10 haben jeweils zwei

Ein typischer böhmischer Stadtplatz ist der von Planá (Etappe 17).

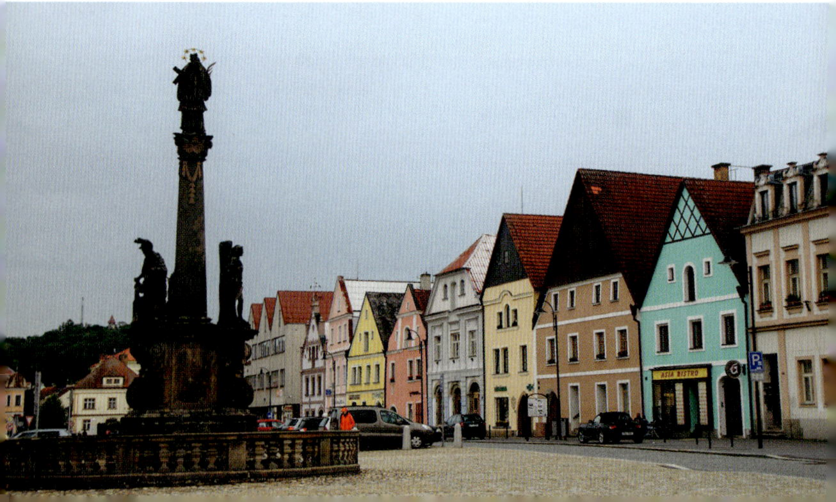

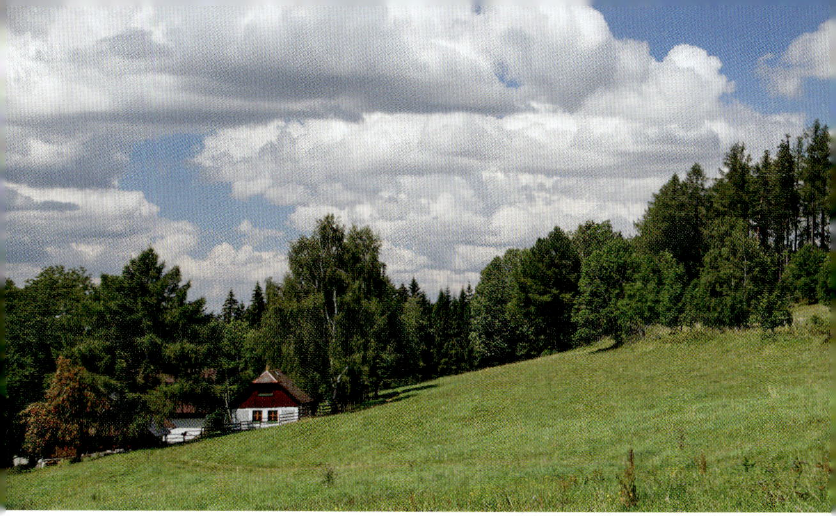

Idyllische Landschaft mit idyllischem Gehöft bei Svinná (Etappe 8).

Anfangspunkte – sie wurden in ihrer ersten Hälfte aufgespalten. Weiterhin wurden die Verbindungswege CZ 8, 9 und 10 wegen ihrer großen Länge in Einzeletappen unterteilt.
Eine Besonderheit gibt es bei einigen der Verbindungswege, die nicht unmittelbar mit dem bayerischen Goldsteig verbunden sind, so der Verbindungsweg CZ 5. Er beginnt am Osser, doch verläuft der bayerische Goldsteig nicht am oder über diesen Berg. Von Lam, wo der bayerische Goldsteig hindurchführt, gibt es einen gesonderten deutschen

GPS-TRACKS UND KOORDINATEN DER AUSGANGSPUNKTE

Auf **gps.rother.de** stehen zu diesem Wanderführer GPS-Tracks und die Koordinaten der Ausgangspunkte zum kostenlosen Download bereit. Dieser QR-Code führt direkt zum Download.
1. Auflage, Passwort: **463301wan**
Die GPS-Tracks können in die **Rother App** importiert werden. In der App kann man unterwegs stets sehen, wo man gerade ist und wo es langgeht. **Anleitungen dazu: rother.de/gps**
Trotz sorgfältiger Prüfung können wir Fehler und zwischenzeitliche Veränderungen nicht ausschließen. Verlassen Sie sich für die Orientierung niemals einzig und allein auf die GPS-Daten, sondern beurteilen Sie die Verhältnisse vor Ort.

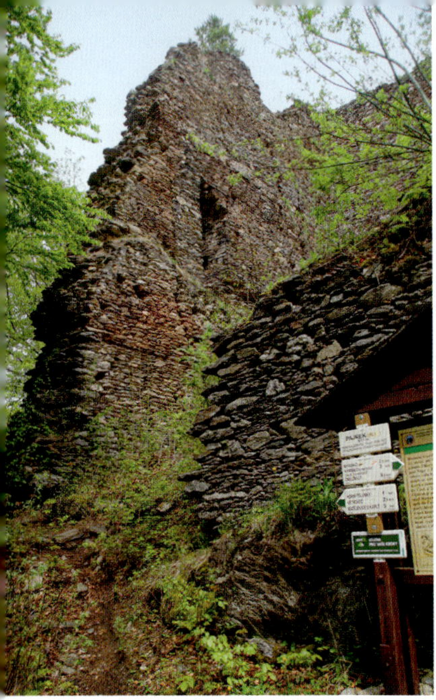

Sagenumwoben ist die Ruine Pajrek (Etappe 9).

Verbindungsweg hinauf zum Osser (→ CZ 5, Ausgangspunkt). Vergleichbares gilt für die Verbindungswege CZ 1 (Beginn in Bärnau, Anknüpfung nach Falkenberg oder Neustadt/Waldnaab), CZ 2 (Eslarn bzw. Friedrichshäng mit Anknüpfung nach Trausnitz oder Oberviechtach), CZ 4 (Eschlkam mit Anknüpfung nach Furth i.W. / Arnschwang), sowie CZ 10 (Dreiländereck mit Anknüpfung über den Dreisesselberg nach Haidmühle). Diese ergänzenden bzw. anknüpfenden bayerischen Verbindungswege sind im vorliegenden Buch nicht dargestellt.

Die Webseite zlatoustezkou.cz gibt auf Tschechisch, Deutsch und Englisch viele weitere Informationen zum Tschechischen Goldsteig, zum Wandergebiet im Allgemeinen, zu seiner Geschichte und zu seinen Sehenswürdigkeiten. Auch erhält man entlang des Tschechischen Goldsteigs in den Tourismusinformationen kostenlos den umfangreichen und reich bebilderten Etappenführer; leider ist in ihm die ungenaue Wegbeschreibung der Webseite übernommen. Für zusätzliche u. a. auch historische Informationen ist er aber unverzichtbar.

Nummerierung der Etappen

Die im vorliegenden Buch verwendete Nummerierung der Etappen des Hauptwegs bzw. auch die Bezeichnungen der Verbindungswege (z.B. CZ 2, CZ 10a) wurden gemäß der Vorgabe der tschechischen Tourismusbehörden verwendet. Im Gelände bzw. auf Wegweisern sind sie nicht zu finden.

Sehenswertes

Innerhalb der Beschreibung der einzelnen Etappen sind bei den Sehenswürdigkeiten nur solche Attraktionen erwähnt, die nahe an der Trasse des Wanderwegs liegen. Nicht gesondert erwähnt werden solche, an denen der Weg unmittelbar vorbeiführt, da sie im beschreibenden Text erwähnt sind. Sehenswürdigkeiten, die vom jeweiligen Etappenweg mehr als einen Kilometer entfernt sind, wurden nicht berücksichtigt.

AUF DEM TSCHECHISCHEN GOLDSTEIG

Mit dem Tschechischen Goldsteig gibt es seit 2018 den ersten Fernwanderweg im Böhmerwald, seinem Vorland und dem nördlich anschließenden Böhmischen Wald. Er wurde als Gegenstück zu dem schon länger bestehenden deutschen Fernwanderweg Goldsteig konzipiert (siehe auch Rother Wanderführer Goldsteig). Dieser verläuft durch Ostbayern zwischen Marktredwitz in Oberfranken und Passau.

Wegenetz und Markierungen

In der Tschechischen Republik existiert ein vorzügliches und dichtes Netz von markierten Wanderwegen. Neben farblichen Kennzeichnungen gibt es auch sehr viele Wegweiser und Positionsschilder mit Höhenangaben. Die Markierungen bestehen meist aus einem gelben, roten, blauen oder grünen Querstreifen, der jeweils an den Längsseiten mit einem weißen Streifen verdeutlicht ist. Bisweilen trifft man bei kurzen Abzweigen zu Burgen, Kapellen und Ähnlichem auch auf Symbolmarkierungen.

Dabei gilt: Sowohl für den Hauptweg des Tschechischen Goldsteigs wie auch für die Verbindungswege wurden keine neu markierten Wege bzw. Trassenführungen geschaffen. Hauptweg und Verbindungswege führen über schon vorhandene, mit älteren Markierungen versehene Wanderwege. Im Text wird immer auch die ältere Markierung angegeben, da das tschechische Symbol (stilisierter roter Weg mit Kurven) des Hauptwegs nie an Bäumen, Steinen o. ä. zu finden ist, sondern nur an den Wegweisern und Schildern beispielsweise an Kreuzungen und Einmündungen. Das gleiche gilt für die Verbindungswege, deren Symbol ein blauer, kurviger stilisierter Weg ist. Erst im Sommer 2022 waren auf dem Hauptweg und den Verbindungswegen überall diese Markierungen an den Wegweisern zusätzlich angebracht worden.

Einschränkungen

Weite Teile des Böhmerwalds sind als Nationalpark Šumava ausgewiesen. Große Gebiete in den höheren Lagen gehören zur allerdings nicht zusammenhängenden Zone 1: Diese

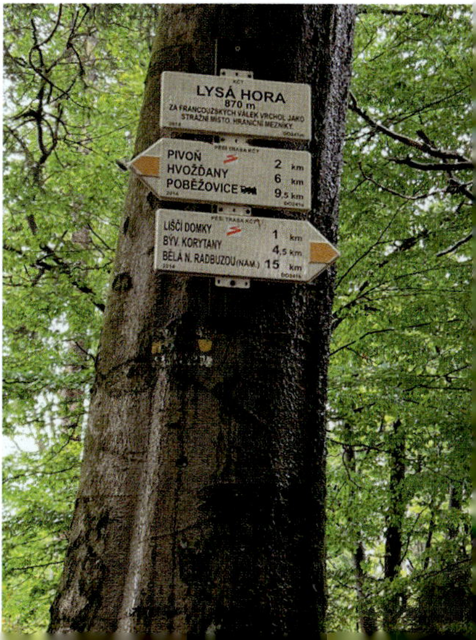

Der Aufstieg zur Lysá Hora ist der steilste Abschnitt des gesamten Fernwanderwegs (Etappe 14).

Der Umwelt zuliebe ...

Auch beim Wandern hinterlassen wir einen ökologischen Fußabdruck, aber im Einklang mit der Natur unterwegs zu sein, ist gar nicht so schwer!

VORBEREITUNG UND ANFAHRT

- Sich vorab informieren, worauf in Bezug auf Natur und Umwelt in der jeweiligen Wanderregion besonders zu achten ist.
- Soweit möglich mit Bahn und Bus anreisen, Wander- und Rufbusse nutzen.
- Ist eine Anfahrt mit dem Auto nötig, Fahrgemeinschaften bilden.
- Bei weiten Anfahrten Mehrtagestouren planen oder von einem Quartier vor Ort aus mehrere Touren absolvieren.
- Flugreisen möglichst reduzieren und durch Beiträge zu Klimaschutzprojekten kompensieren.

KLEIDUNG UND AUSRÜSTUNG

- Beim Kauf von Outdoor-Kleidung auf umweltfreundliche und faire Herstellung achten und Kleidungsstücke möglichst viele Jahre nutzen.
- Ausrüstung kann man eventuell auch gebraucht kaufen oder ausleihen.
- Reparieren statt neu kaufen.

VERPFLEGUNG

- Beim Einkauf Bio-Ware, regionale und saisonale Erzeugnisse bevorzugen.
- Hütten und Gasthäuser auswählen, die regionale Produkte verwenden.
- Auf Einwegflaschen und Plastikverpackungen verzichten, stattdessen wiederverwendbare Trinkflaschen und Brotzeitboxen benutzen.

ÜBERNACHTUNG

- Bei lokalen Anbietern buchen, damit Menschen vor Ort profitieren.
- Auf Hütten und in anderen Unterkünften Strom und Wasser sparen.

UNTERWEGS

- Wege benutzen und Abkürzer vermeiden.
- Sperrungen von Wegen und Schutzgebieten respektieren.
- Keine Blumen pflücken und keine Pflanzen entnehmen.
- Waldbrandgefahr beachten.
- Müll wieder mit nach Hause nehmen und dort entsorgen.
- Toilettengänge in freier Natur möglichst vermeiden.
- Lärm vermeiden.
- Hunde an die Leine nehmen.

ROTHER
BERGVERLAG

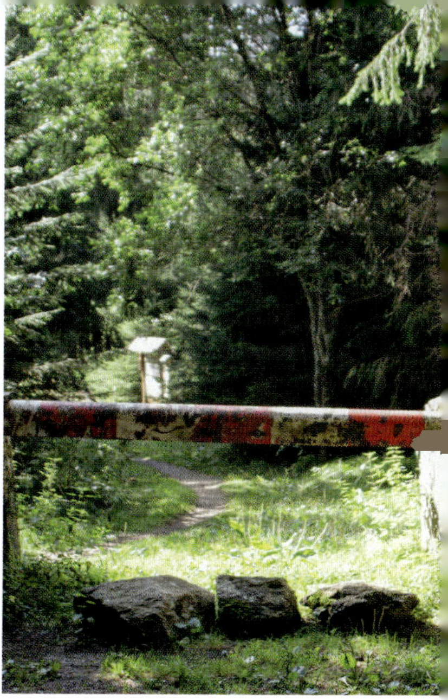

Alter Schlagbaum an der Grenze zu Bayern (Etappe 1).

darf nur zu Fuß und auf markierten Wegen betreten werden, für Radfahrer ist sie bis auf einige wenige Ausnahmen grundsätzlich gesperrt. Zum Leidwesen vieler Wanderer ist in Zone 1 das Betreten und Begehen aller unmarkierten Wege vollständig verboten. Im Allgemeinen sind Hinweis- und Verbotstafeln am Eingang zu den Sperrzonen aufgestellt. Es empfiehlt sich ausdrücklich, diesen Verboten Folge zu leisten. Wird man von den Rangern erwischt, drohen hohe Geldbußen.

Der Nationalpark Šumava hat im Vergleich zu anderen mitteleuropäischen Nationalparks ein sehr strenges Besucherregime (npsumava.cz). Viele Wege, die auf älteren Karten beispielsweise aus den 1990er-Jahren noch als markiert eingezeichnet sind und damals noch begangen werden konnten, sind inzwischen nicht mehr zugänglich. Gerade im Bereich der Zone 1 wurden in den letzten Jahren viele Wanderwege gesperrt. Die ausschließliche Verwendung neuester Wanderkarten wird daher dringend empfohlen. Dieses Problem ist innerhalb des Hauptwegs allerdings nur bei Etappe 1 und bei den Verbindungswegen CZ 8, 9 und 10 relevant, da diese in Teilen entlang oder durch Gebiete der Zone 1 führen.

Innerhalb des Böhmischen Walds (Český les) existiert dieses Problem nicht, da keine seiner Regionen als Nationalpark (Narodní Park) ausgewiesen ist. Er hat allerdings in großem Maß den Status eines Naturparks (Přírodní Park) mit vielen in der Schutzhierarchie darunter stehenden einzelnen Naturschutzgebieten (Přírodní rezervace), wo die Einschränkungen des Nationalparks aber nicht gelten.

Offiziell ist die Überquerung der Grenze nach Bayern nur auf grenzüberschreitenden Wander- oder Radwegen erlaubt, wobei es dennoch unproblematisch ist, wenn die Grenze, wie es ausnahmsweise der Fall bei Verbindungsweg CZ 1 ist, »grün« überschritten wird. Grenzkontrollen finden im Allgemeinen nicht mehr statt. Theoretisch kann es in grenznahen Bereichen hie und da zu Routine-Personenkontrollen kommen – besser ist es, grundsätzlich ein Ausweisdokument mitzuführen.

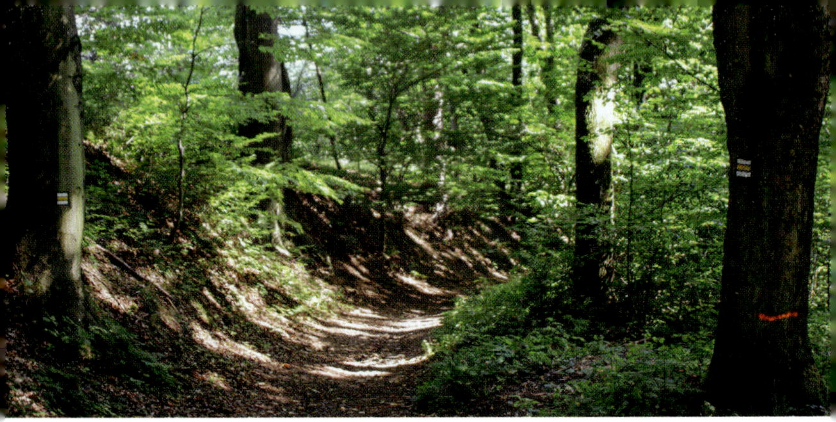

Kurz vor Prachatice führt der Weg durch einen lichten Laubwald (Etappe 2).

Karten

Für Wanderungen auf dem Tschechischen Goldsteig bzw. den Verbindungswegen empfehlen sich zurzeit am besten die Wanderkarten (Turistická Mapa) 1:40.000 aus dem SHOCart-Verlag (shocart.cz) und zwar folgende Blätter:

- WK 439: Pošumaví, Prachaticko (Hauptweg Etappen 1–4, Verbindungsweg CZ 10)
- WK 434: Šumava–Železnorudsko, Povydří, Churáňov (Hauptweg Etappen 5–9, Verbindungswege CZ 5–7)
- WK 435: Šumava–Trojmezí, Pláně (Verbindungswege CZ 8 und 9)
- WK 432: Pošumaví, Klatovsko (Hauptweg Etappe 10)
- WK 431: Český les / Oberpfälzer Wald, Domažlicko (Hauptweg Etappen 11–14, Verbindungswege CZ 3 und 4)
- WK 413: Český les – Tachovsko (Hauptweg Etappen 15–17, Verbindungswege CZ 1 und 2).

SYMBOLE

	Bus-/Bahnverbindung		Denkmal
P	Parkplatz	†	Gipfel
	Übernachtungsmöglichkeit		Aussichtsplatz
	Ort mit Einkehrmöglichkeit		Picknickplatz
	Einkehrmöglichkeit		Abzweigung
	Kirche, Kapelle	)(	Brücke
	Aussichtsturm		markanter Baum
	Burg, Schloss, Ruine		Quelle

Anforderungen

Alle Etappen und Verbindungswege folgen deutlichen Wegen und Pfaden. Sie sind bis auf das letzte Drittel der Hauptweg-Etappe 16, die über breite, nicht gesondert gekennzeichnete Asphaltwege verläuft, mit Markierungen versehen. Seitens der tschechischen Tourismusorganisationen wurden viele Wanderwege, die Anfang der 2000er-Jahre noch auf verträumten unbefestigten Wegen verliefen, inzwischen asphaltiert und dabei gleichzeitig als Radtrassen ausgewiesen. Andererseits verlaufen etliche Radwege auf steinigen und eigentlich ungeeigneten Pfaden. Demgegenüber steht die Tatsache, dass innerhalb der Zone 1 des Nationalparks sehr viele alte, befestigte Wege der früheren Grenztruppen auch zu Fuß nicht begangen werden dürfen. Der Besucher des Böhmerwalds sollte also nicht allzu erstaunt sein, dass manch markierter Wanderpfad jetzt auf einem asphaltierten bzw. Plattenweg verläuft.

Gefahren

Die einzige Gefahr bei Wanderungen in den westlichen Waldgebirgen Tschechiens geht neben Gewittern im Frühjahr von Schneeresten bzw. von rutschigen Felspfaden aus. Bei Gewittern sind einzeln stehende Bäume, Wasserflächen, Felsen oder metallene Landschaftselemente (Wegkreuze, Gipfelkreuze) zu meiden. Innerhalb des Nationalparks bzw. der Zone 1 dürfen die meist unmarkierten Felspfade ohnehin nicht begangen werden. In den tiefer gelegenen Bereichen des Böhmerwalds sowie des Böhmischen Walds können nach großen Regenfällen oder nach der Schneeschmelze einzelne Wege sehr rutschig bzw. morastig sein. Bei der Beschreibung der einzelnen Touren wird explizit auf solche Teilabschnitte hingewiesen. Bohlenwege durch sumpfiges Terrain können bei Nässe ebenfalls sehr glatt sein. Grundsätzlich ist bei Nässe erhöhte Vorsicht angebracht.

Notfall-Rufnummern

Bergrettung (Horská Služba):

- Böhmerwald Nord: Tel. +420 376 397273
- Böhmerwald Mitte: Tel. +420 388 428193
- Böhmerwald Süd: Tel. +420 380 736081

Für das Gebiet des Böhmischen Walds existiert keine eigene Bergrettung. Hier gilt die internationale Notrufnummer: 112

Gehzeiten

Die angegebenen Gehzeiten sind grobe Orientierungshilfen und verstehen sich ohne Rast- und Fotopausen. Im Idealfall gilt folgende Faustregel: 4 km = 1 Std. bis 1.15 Std. Gehzeit, 400 Höhenmeter im Anstieg = 1 Std. bis 1.15 Std. Gehzeit. Je nach individueller Kondition, der Wetterlage, der persönlichen Laune und/oder eventueller Gruppen- bzw. Partnerschaftsdynamik können die Gehzeiten stark variieren.

Ausrüstung

In den schneefreien Monaten besteht eine adäquate Wanderausrüstung aus festen Wanderschuhen, Rucksack, Sonnenschutz und Kleidung nach dem Zwiebelprinzip. Des Weiteren sind Wind-, Regen- und Mückenschutz unverzichtbar. Oft ändert sich in den Kammlagen das Wetter sehr rasch, Nebel können aufziehen und Regenschauer einsetzen, obwohl im Tal gerade noch die Sonne schien. Da es im Böhmerwald nicht wenige Stein- und Wurzelpfade gibt, ist knöchelhohes Schuhwerk mit griffiger Sohle sehr empfehlenswert, sowohl für ermüdungsfreies Gehen als auch für gute Trittsicherheit auf rutschigem Untergrund.
Dazu kommen eine gute Wanderkarte, ausreichend Proviant und Getränke, sowie ein Mobiltelefon (Vorwahl nach Deutschland 0049 bzw. +49).

Anfahrt zu den Etappen

Die jeweiligen Anfangs- und Endpunkte der Etappen des Hauptwegs haben fast immer Eisenbahnanbindung, wo nicht, bestehen Busverbindungen. Guten Anschluss an den ÖPNV haben auch die Anfangsorte der Verbindungswege auf deutscher Seite, doch dort sind es überwiegend Buslinien. Eine Ausnahme bildet nur der Verbindungsweg CZ 10b, der auf dem Böhmerwaldkamm beginnt. Man fährt mit Bus oder Pkw bis zum Dreisessel und geht dann bis zum Beginn des Verbindungswegs am Dreiländereck etwa eine Stunde zu Fuß. Bis auf diesen Punkt und den Beginn von Verbindungsweg CZ 10.1 sind alle Anfangs- und Endorte auch mit dem eigenen Pkw anfahrbar. Näheres dazu bei den einzelnen Etappen in der Rubrik »Ausgangspunkt«.

Bus- und Zugverkehr

Bushaltestellen (autobusova zastávka) gibt es in fast jedem Dorf des Böhmer- und Böhmischen Walds. Allerdings ist das Reisen in den beiden Waldgebirgen bei ausschließlicher Benutzung von Linienbussen ziemlich zeitaufwendig: Die Buslinien fahren zwar alle Orte bzw. touristischen Zentren an, die kleineren Orte jedoch manchmal nur ein- bis zweimal täglich. Zusätzlich sind die Fahrpläne von Oktober bis April deutlich ausgedünnt. Unter csadplzen.cz (tschechisch) finden sich die Fahrpläne öffentlicher Buslinien, die den Böhmerwald und den Böhmischen Wald erschließen.
Mit der Bahn ist (via Furth im Wald und grenzüberschreitend) die Region um Domažlice (Hauptweg Etappen 10–12) sehr gut erreichbar. Von dort gibt es Bahnlinien in den Böhmischen Wald nach Poběžovice, Bělá n. R., Tachov und Planá (Etappen 13–17). Allerdings führt vom Böhmischen Wald keine Bahnlinie nach Bayern. Železná Ruda ist von Tschechien aus (Linie aus Plzeň bzw. Klatový) sehr gut zu erreichen. Aus Deutschland kommend erreicht man Železná Ruda bequem über die sogenannte »Bayerische Waldbahn« Plattling-Bayerisch Eisenstein, von wo man auf dem deutsch-tschechischen Gemeinschaftsbahnhof Bayerisch Eisenstein / Železná Ruda-

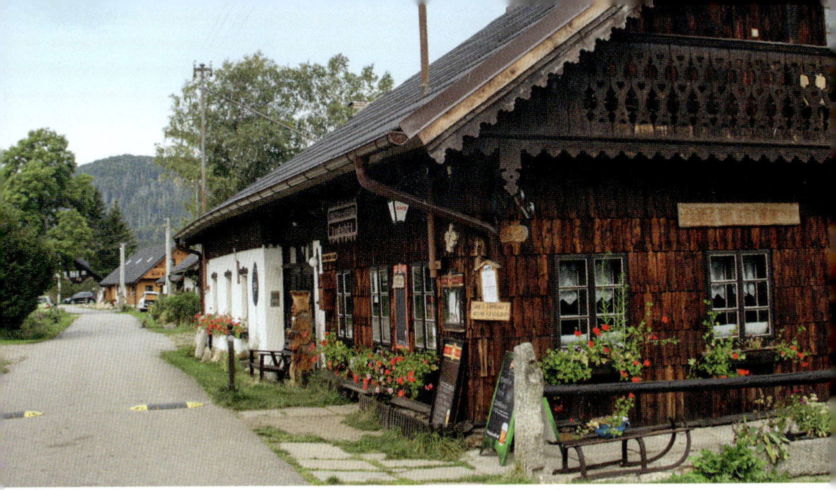

In diesem alten Böhmerwaldhaus in Dobrá lässt es sich gut einkehren (Etappe 1).

Alžbětín weiter Richtung Klatovy–Plzeň fahren kann. Von Železná Ruda gibt es Busanbindungen in alle Teile des Böhmerwalds. Und für den Verbindungsweg CZ 10 gibt es von Tschechien aus die berühmte alte Böhmerwaldbahn (Prachatice–Volary–Nove Údolí). Zur Orientierung auf den Bahnhöfen sollte man folgende drei Worte beherrschen: odjezd = Abfahrt, příjezd = Ankunft, směr = Richtung. Fahrkarten kauft man beim Schaffner.

- Fahrplanauskunft der tschechischen Eisenbahn: cd.cz/de
- Zug- und Busfahrpläne: idos.idnes.cz (mehrsprachig); csadplzen.cz

Einkehr- und Übernachtungen

In der Kurzinfo wird vor jeder Tourbeschreibung auf bestehende Einkehr und Übernachtungsmöglichkeiten hingewiesen, doch ausschließlich auf solche, die direkt an der jeweiligen Route oder nur in geringem Abstand (bis maximal 1 km) liegen. Im Böhmer- und Böhmischen Wald sind die Gasthäuser zwischen Mitte Mai und Mitte Oktober im Allgemeinen täglich ab 10 Uhr geöffnet, die Schließzeiten werden individuell gehandhabt. Für Übernachtungen ist es unverzichtbar, zumindest in der Hauptsaison rechtzeitig zu reservieren. Da zumindest der Böhmerwald zwischen Mitte Juli und Anfang September eines der Haupturlaubsgebiete der tschechischen Bevölkerung ist, ist es in dieser Zeit ohne Voranmeldung meist nicht möglich, spontan ein Nachtquartier zu finden.

Notübernachtungsplätze

Da wildes Zelten verboten ist, existieren im Böhmerwald (leider gibt es keine im Böhmischen Wald) sieben sogenannte Notübernachtungsplätze

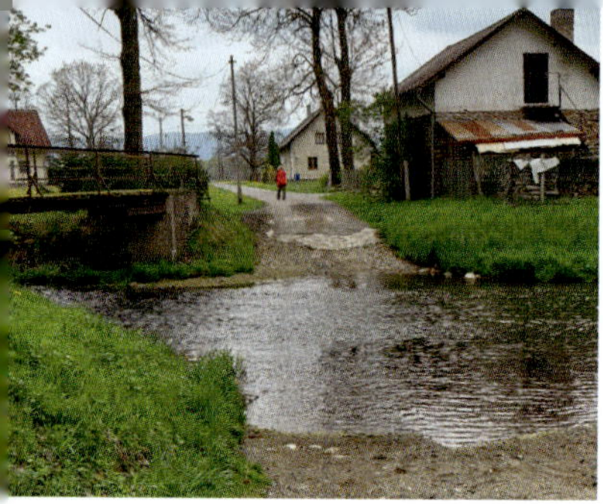

Wer mag, kann diese Furt durch die Úhlava bei Bystřice auch zu Fuß durchqueren (Etappe 10).

(Nouzové nocoviště), die beispielsweise bei Fernwanderungen genutzt werden können. Die Plätze sind mit grünen Wegweisern gut ausgeschildert und liegen etwa je 15 km auseinander. Das Zelten bzw. Übernachten ist jeweils nur für eine Nacht und nur von 18 Uhr bis 9 Uhr gestattet. Feuer machen ist verboten, Abfälle müssen mitgenommen werden. Die Plätze können ganzjährig genutzt werden. Auch sind an jedem Platz Toilettenhäuschen vorhanden, jedoch gibt es nicht immer Papier. Von den sieben Plätzen sind die folgenden fünf innerhalb der Etappen des Tschechischen Goldsteigs bzw. der Zuwanderwege relevant:

- Stará Hůrka, 250 m südwestlich der Kirchenruine, am gelben Weg, Lage: 49.1261 13.3300, etwa 4 km westl. Wegpunkt 7 auf Verbindungsweg CZ 7
- Bučína, am Weg nach Kvilda, etwas oberhalb, Lage: 48.9712 13.5970; Verbindungsweg CZ 8.2
- Strážný, etwa 1,5 km südwestlich, am Punkt Na Kapličce, rot markierter-Weg, Lage: 48.9013 13.7115. Verbindungsweg CZ 9.1
- Nové Údolí, Lage: 48.8292 13.8008. Verbindungsweg CZ 10a
- Pod Plešným jezerem, etwa 2 km östlich des Plöckensteinsees, am grün markierten Weg, Lage: 48.77954 13.88489, Verbindungsweg CZ 10b

Reisezeit und Klima

Die beste Reisezeit für Touren im Wandergebiet liegt zwischen Juni und Mitte Oktober. Der Mai kann noch recht kühl sein und in den höheren Lagen können noch Schneefelder liegen. Im August und noch in der ersten Septemberhälfte ist der Böhmerwald und inzwischen auch der Böhmische Wald sehr überwandert – es ist der Monat der zentralen Ferien in Tschechien. Und wer keine Kinder hat, fährt im September ins Waldgebirge. Die Tschechen ziehen es vor, ihre Ferien im eigenen Land zu verbringen. In den touristischen Orten ist es aufgrund eigener Erfahrung dann unmöglich, ohne Vorbestellung freie Quartiere zu bekommen. Ab Mitte Oktober beeinträchtigt in den höheren Lagen oft Nebel den Wandergenuss. Die jährliche Niederschlagsmenge (Regen und Schnee) beträgt je nach Höhenlage 800–1600 mm, auf dem Grenzkamm bis zu 2000 mm; im Böhmischen Wald sind es durchschnittlich 960 mm und etwa 720 mm in den tieferen Lagen um 400 m Seehöhe. Die Schneedecke im Böhmerwald hält sich zwischen 100 Tagen in tieferen Lagen und bis zu 150 Tagen in den Höhenlagen, im Böhmischen Wald sind die Werte etwa um ein Drittel niedriger. Der kälteste Monat des Jahres ist der Januar mit (allerdings selten gewordenen) Rekordtemperaturen von bis zu -20 °C in einigen Talkesseln. Der Juni ist im Allgemeinen der niederschlagsreichste Monat, der Juli der wärmste. Die Temperatur beträgt in Böhmer- und Böhmischem Wald im Jahresdurchschnitt 6,5 °C (Täler) bzw. 3,5 °C (höhere Böhmerwaldlagen). Als kältester und niederschlagsreichster Ort des Böhmerwalds gilt Březník südlich von Modrava.

Sprache

Zumindest in den touristisch stärker frequentierten Orten des Böhmerwalds kommt man in Hotels, Gasthöfen und Imbissstationen mit Deutsch sehr gut zurecht – weiter im Landesinneren und im touristisch weniger erschlossenen Böhmischen Wald hilft es vielerorts nicht mehr, in den Hotels spricht man jedoch oft Englisch. Kenntnisse der tschechischen Sprache (beispielsweise bei Speisekarten) sind jedoch unverzichtbar. Ein Wörterbuch sollte auf der Reise dabei sein.

Zum Sprachgebrauch

Bis 1946 waren Böhmerwald und Böhmischer Wald ein fast ausschließlich deutschsprachiges Siedlungsgebiet. Im vorliegenden Wanderführer werden daher den wichtigsten tschechischen Orts-, Berg- und Lokalitätennamen die alten deutschen Bezeichnungen in Klammern hinten angefügt. Bei Wüstungen, bei denen ein Dorf nicht mehr existiert, wird im Allgemeinen zuerst der alte deutsche Name verwendet und die heutige tschechische Bezeichnung danach angegeben.

Anreise:

- Für den, der mit dem Pkw anreist, ist das nördliche Eingangstor zum Böhmerwald der Grenzübergang an der B 20 bei Furth im Wald (via A 93 Hof-Regensburg bzw. Cham). Südlich davon führt die B 11 bei Bayerisch Eisenstein / Železná Ruda in den Böhmerwald (A 3 Regensburg-Passau via Deggendorf). Weiter südlich liegt an der B 12 der dritte Straßenübergang Philippsreut / Strážný. Zu ihm gelangt man am besten über die A 3 Regensburg–Passau, Ausfahrt Hengersberg. Nahe dieses Übergangs beginnt an der bayerisch-böhmischen Grenze die Etappe 1 des Hauptwegs. Auch sind die Verbindungswege CZ 8, 9 und 10 von hier aus zu erreichen. Zwiesel wie Bayerisch Eisenstein (Verbindungswege CZ 5,6,7) sind ebenfalls über die A 3 ansteuerbar (via Deggendorf–Regen). In den Böhmischen Wald kommt man mit der Autobahn A 6 Nürnberg–Pilsen bzw. der B 14 über den Übergang Waidhaus und begibt sich nach der Grenze nord- oder südwärts, je nach gewünschter Etappe. Entlang der Grenze verläuft von Weiden aus die B 22. Sie führt, wie auch nördlich von Weiden die B 15, zu den Anfangspunkten der nördlichen Verbindungswege CZ 1 und CZ 2. Die südlichen Verbindungswege CZ 3 und CZ 4 erreicht man via Furth im Wald.

- Mit der Bahn sind Železná Ruda, die bedeutendste Stadt im nördlichen Böhmerwald, und Bayrisch Eisenstein von Bayern aus mit der Linie Plattling–Bayerisch Eisenstein (Bayerische Waldbahn) erreichbar, von Tschechien aus via Klatovy (Klattau) und Plzeň (Pilsen), das sehr gut an Prag angebunden ist.
- Mit dem Bus: Von Železná Ruda fahren sehr viele Buslinien in alle Ecken des Böhmerwalds. Den Süden das Böhmerwalds erreicht man mit der Bahn nur von Tschechien aus (via České Budějovice / Budweis und Český Krumlov / Krummau).

Auskunft:

Allgemeine Informationen rund um Reisen in die Tschechische Republik:
- czechtourism.com: Tschechische Zentrale für Tourismus, Wilhelmstraße 44, 10117 Berlin, Tel. +49 30 2044770
- czech-tourist.de: Informationsportal Tschechien-Tourismus

Adressen der touristischen Informationsbüros der großen Orte sind am Hauptweg in der Kurzinfo der einzelnen Etappenbeschreibungen genannt.
Böhmerwald und Böhmischer Wald im Internet:
- npsumava.cz: offizielle Seite des Nationalparks, leider bisher nur auf Tschechisch
- sumavanet.cz: Informationsportal, auch auf Deutsch; Tourismus, Kultur, Events, lokale Ereignissen, Infrastruktur, Kommunalpolitik; auch Karten und Routenplaner
- moldau.ch: virtuelle Reise durch den Bayerischen Wald und den Böhmerwald; Wandertipps, Fakten, Zusatzinformationen aller Art
- boehmerwald.at: touristische Seite zum Mühlviertler Böhmerwald in Österreich
- boehmerwaldjournal.de: kommerziell-touristische Seite zum ganzen Böhmerwald, sehr geeignet zur Hotelsuche
- bbkult.net: Kulturinformationen zu den bayerisch-böhmischen Nachbarregionen
- ceskyles.dakam.cz: Seite zum Naturpark Český les, nur auf Tschechisch
- zlatoustezkou.cz: mehrsprachige Seite über den Tschechischen Goldsteig, unverzichtbare Ergänzung zum vorliegenden Buch
- goldsteig-wandern.de: umfassende Seite zum Fernwanderweg Goldsteig

Öffnungszeiten

In der Tschechischen Republik gibt es kein Ladenschlussgesetz. Lebensmittelgeschäfte haben meist Mo.–Fr. 7–18 Uhr geöffnet, einige auch bis 20 Uhr, Sa. meist 7–14 Uhr oder auch bis 16 Uhr; viele größere Supermärkte sind am Sonntag offen. Die Fremdenverkehrsbüros sind zwar unter der Woche geöffnet, samstags jedoch meist nur am Vormittag, sonntags bleiben sie außerhalb der Hochsaison (Juni–August) geschlossen. Burgen und Museen sind in der Regel montags geschlossen.

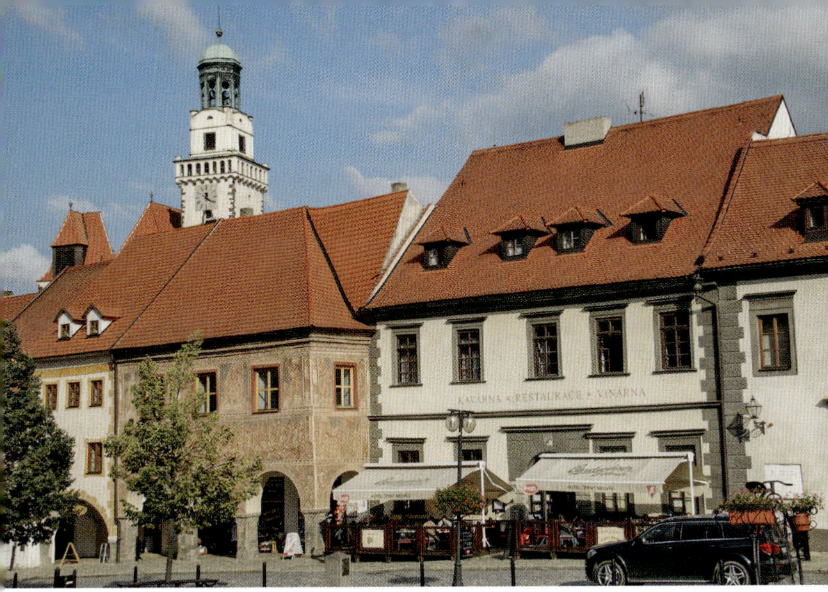

Prächtige Sgraffitomalereien zieren die Bürgerhöuser am Marktplatz von Prachatice.

Feiertage

Neujahr (1. Jan.), Ostermontag, Tag der Arbeit (1. Mai), Tag der Befreiung Prags (8. Mai), Tag des Nationalheiligen Wenzel (28. Sept.), Tag der Republik (28. Okt.), Weihnachten (24.–26. Dez.). Die großen Supermärkte haben auch an Feiertagen offen, wenn auch verkürzt.

Geld

Geldwechselstellen (tschech. Směnárna) gibt es am Übergang Bayrisch Eisenstein / Železná Ruda gleich hinter der Grenze rechts. Auch am Übergang Philippsreut / Strážný gibt es eine, des Weiteren an der Staatsstraße 4 etwa 2 km hinter Strážný beim Dorf Hliniště. Jedoch kann man in fast allen vietnamesischen Läden in Grenznähe zu günstigen Bedingungen tauschen, je mehr Euro, desto besser ist der Kurs. In Deutschland zu tauschen empfiehlt sich wegen des schlechten Wechselkurses der Banken meistens nicht, ebenso geben die tschechischen Banken bisweilen auch weniger attraktive Kurse. Wer auf der sicheren Seite sein will, tauscht jedoch in Deutschland für die Reise einen gewissen Grundbetrag. In Supermärkten und größeren Läden oder Hotels kann man immer mit EC- oder Kreditkarte zahlen, in den Gaststätten und Pensionen meist nur bar. Es empfiehlt sich, diese Frage rechtzeitig zu klären. Geldautomaten findet man in allen touristischen Orten, sofern es sich nicht um kleine Dörfer handelt.

GEOGRAFIE UND GEOLOGIE

Das Gebiet des Böhmerwalds wird tschechisch »Šumava« genannt, was »die Rauschende« bedeutet und sich in poetischer Umschreibung auf das Wogen der weiten Wälder bezieht. Übersetzt man »Böhmerwald« jedoch wörtlich ins Tschechische, wird er zu »Český les« – doch so nennt sich eine andere, weiter nördlich liegende Region, nämlich das östliche Gegenstück zum Oberpfälzer Wald, das man auf Deutsch am besten mit »Böhmischer Wald« übersetzt. Und durch diesen Český les führen die Etappen 12 bis 17 des Hauptwegs, durch den Böhmerwald dessen Etappen 1 bis 9. Geologisch-geografisch bildet der Böhmerwald mit dem Bayerischen Wald eine Einheit. Böhmerwald und Böhmischer Wald dagegen haben nur die geologischen Verhältnisse gemeinsam. Sie sind getrennt durch die Cham-Further Senke (auf tschechischem Gebiet zwischen Nýrsko und Domažlice), durch diese führen die Etappen 10 und 11.

Geografie

Der **Böhmerwald** in heutigem Sinne als morphologisch begrenzte Landschaftseinheit liegt zu etwa 95 % auf tschechischem Boden, etwa 5 % der Fläche erstrecken sich ins österreichische Mühlviertel. Das Waldgebirge zieht sich auf einer Länge von knapp 120 km parallel zur bayerischen Grenze von Nordwest nach Südost über das Dreiländereck Bayern-Böhmen-Österreich bis ins Mühlviertel. Er beginnt an der erwähnten Cham-Further Senke und endet am Sattel von Hohenfurth (Vyšší Brod) bzw. nach anderer Lesart am Kerschbaumer Sattel im nördlichsten Mühlviertel. Entlang des Kamms verläuft die Wasserscheide Moldau (damit Elbe und Nordsee) und Donau (Schwarzes Meer). Höchste Erhebung auf tschechischem Gebiet ist der Plechý (Plöckenstein) mit 1378 m. Für das gesamte Waldgebirge ist der höchste Berg der Große Arber, 1456 m, bei Bayerisch Eisenstein. Eine Besonderheit ist die große Hochfläche (tschech. »Pláně«) im zentralen Teil des Gebirges. Mit etwa 450 km^2 Fläche oberhalb von 1000 m ist sie das größte Gebirgsplateau Mitteleuropas.
Der **Böhmische Wald** (Český les) bzw. der Oberpfälzer Wald erstrecken sich als Einheit in nordsüdlicher Richtung auf knapp 100 km Länge zwischen dem Steinwald bzw. Fichtelgebirge im Norden und der Cham-Further Senke im Süden. Diese trennt den Komplex vom Böhmerwald. Das östliche Drittel des Massivs liegt auf tschechischer Seite und heißt Český les, sein größerer bayerischer Teil ist der Oberpfälzer Wald. Die höchste Erhebung des Massivs ist der Čerchov (Schwarzkopf, 1042 m). Er liegt nur etwa 2 km von der bayerischen Grenze entfernt. Anders als im Böhmerwald gibt es im Böhmischen und Oberpfälzer Wald viele Burgen und Burgruinen. Denn es führten nicht nur Säumerwege über das Gebirge, sondern hier verliefen wichtige Handelswege, die befahren werden konnten und auf denen die böhmischen Könige (wie u. a. Karl IV.) zu den Reichstagen nach Nürnberg

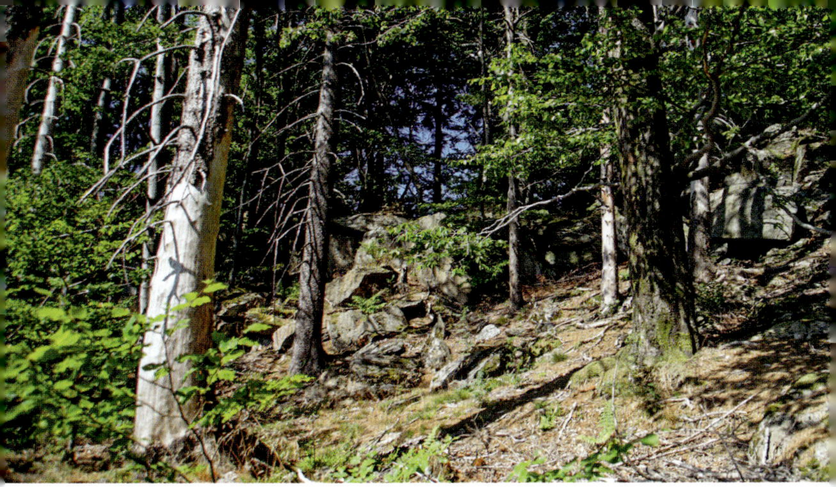

Auf dem Kamm des Böhmischen Walds oberhalb von Klenčí pod Čerchovem – einer der schönsten Abschnitte des Fernwanderwegs (Etappe 13).

reisten. Und von den (Grenz-)Burgen wurden die Wege überwacht – von beiden Seiten. Die Cham-Further Senke (tschechisch Všerubská vrchovina, also Hügelland von Všerubý) ist etwa 60 km lang und erstreckt sich von Südwest nach Nordost von Roding bis etwa nach Domažlice vor allem entlang des Flusses Chamb. Oft spricht man von der Further Senke i.e.S. und meint dabei nur das Tal der Teplá Byštrice, der Warmen Pastritz, die von Böhmen kommt und Furth durchfließt. Über die Further Senke konnte man seit alters bequem von Böhmen nach Bayern fahren, denn es war keinerlei Waldgebirge zu überqueren. Hier konnte sich der tschechische Siedlungsraum bis an die Grenze heranschieben. Die Senke war im Mittelalter anders als in den Waldgebirgen schon vor den deutschen Kolonisten besiedelt und daher bestand hier bis 1945 mit 50–60% ein sehr großer tschechischsprachiger Bevölkerungsanteil – anders als in den Waldgebirgen, wo er unter 5–10% lag. Denn diese sind erst durch bayerische Siedler erschlossen worden.

Geologie

Geologisch sind Böhmer-, Bayerischer und Böhmischer Wald dem Großkomplex der Böhmischen Masse zugehörig. Eine Einheit dieser Masse ist das sogenannte Moldanubikum. Es besteht aus Graniten und älteren Gneisen, die durch Umwandlung schon vorhandener noch älterer Gesteine durch hohen Druck und Temperatur ohne Aufschmelzung gebildet wurden. Solche Gesteine werden Metamorphite genannt. Im Bereich des Moldanubikums besitzt die Erdkruste eine Dicke von knapp 40 Kilometern,

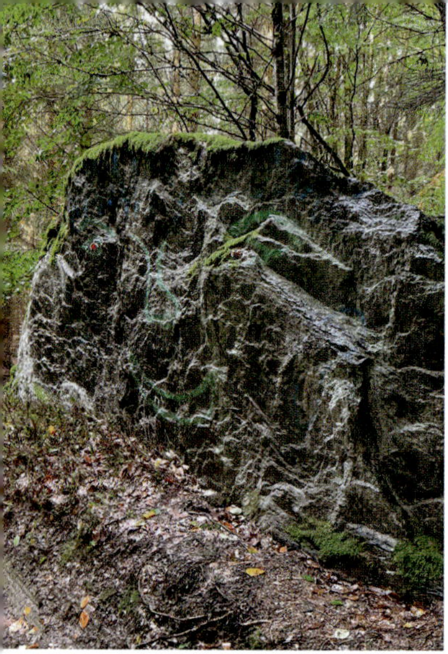

Von Moosen und Flechten überzogener Gneisblock (Etappe 14).

was sie so stabil macht, dass keine internen Krustenbewegungen auftreten und somit keine Erdbeben entstehen. Der Norden des Böhmischen Walds gehört jedoch nicht zur Böhmischen Masse, sondern zum sogenannten Saxothuringikum, einer jüngeren Baueinheit des Grundgebirges.

Vor etwa einer Milliarde Jahren befand sich das Gebiet der späteren Böhmischen Masse auf der Südhalbkugel der Erde in tropischen Breiten, am Boden eines Ozeans, wo Tone, Sande und kalkiges Material abgelagert wurden. Die immer größere Auflast führte zu hohen Drücken und zur Verpressung in tiefere Schichten. Bei etwa 200–400°C und 3–5 kbar wurden die Ablagerungsgesteine in festem Zustand »umgebacken« (metamorphosiert) und zu Gneisen und Glimmerschiefern verwandelt, die durch plattentektonische Bewegungen im Lauf von etwa 50 Mio. Jahren an die Oberfläche gehoben wurden. An der Oberfläche erfolgten die Verwitterung der Gneise und Abtransport des erodierten Materials.

Vor etwa 300 Mio. Jahren ist dann der inzwischen stark abgetragene Rumpf der Böhmischen Masse durch Einklemmung zwischen anderen großregionalen Gesteinskomplexen starkem Druck ausgesetzt worden. Es bildeten sich interne Risse und Klüfte unterschiedlichen Ausmaßes, entlang derer granitische Schmelze aufdrangen. Granite bestehen aus Feldspat, Glimmer und vor allem größeren Anteilen von Quarz. Bei der Verwitterung der Granite reichert sich der chemisch und physikalisch äußerst widerstandsfähige Quarz im Boden als sehr reiner Sand an, was später der traditionellen Böhmerwälder Glasindustrie den Boden bereiten sollte. Durch eine hochtemperierte, reine wässerige Quarzlösung, die vor 250 Mio. Jahren in eine lange Kluft des Böhmischen Massivs eindrang, bildete sich der berühmte bayerische Pfahl, der zwischen Cham und Freyung an vielen Stellen gleich einer 30–70 m breiten Mauer auf gut 100 km Länge an vielen Stellen aus der Landschaft ragt. Auch auf böhmischer Seite gibt es einen solchen Pfahl (siehe Verbindungsweg CZ 3). Der Quarz imprägnierte dabei auch ältere Gesteine und härtete sie, wie es beim Osser der Fall ist. Dessen Glimmerschieferfelsen sind wegen hoher Quarzgehalte der Erosion gegenüber sehr widerstandsfähig und damit als sogenannte Härtlinge herauspräpariert. Das sogenannte Künische Gebirge, ein Teilkamm des Böhmerwalds, der sich vom Osser nach Bayerisch Eisenstein hinzieht, ist ein Härtlingskamm. Die erwähnten Lösungen führten aber auch oft Erzminerale und auch Edelmetalle mit sich, was den Goldbergbau um Kašperske Hory (Bergreichenstein) entstehen ließ. Das Ganze erfolgte natürlich nicht oberflächennah, sondern in Tiefen zwischen drei und zehn Kilometern - den Pfahl drückten dabei erst spätere Hebungen an die Oberfläche. Die oben erwähnte Druckbeanspruchung brachte aber auch weitere metamorphe Prozesse mit sich: Manches Material wurde in größere Tiefen versenkt, dort überprägt, anderes gehoben.

Die Epoche vor etwa 300–250 Mio. Jahren war ebenso eine Zeit der Gebirgsentstehung, das aus ihr resultierende Hochgebirge wird Variskisches Gebirge genannt. Am Ende der Variskischen Faltung war die Böhmische Masse in verschiedene Schollen zerbrochen, doch auch das Variskische Gebirge wurde in den Jahrmillionen danach abgetragen. Größere plattentektonische Aktivitäten fanden nicht mehr statt. Erst als mit der langsamen Kollision der afrikanischen und europäischen Platte vor 50 Mio. Jahren die Alpenauffaltung einsetzte, kam es zu einer Heraushebung des variskischen Rumpfes wie auch des moldanubischen älteren Sockels. Die Böhmerwald-Hochebene (Pláně) um Kvilda ist eine herausgehobene Rumpffläche. Bis in die Zeit vor etwa 15 Millionen Jahren dauerte die Hebung an, dann war die Bildung des Böhmerwalds, so wie er sich heute darstellt, vollendet.

Die europäischen Vereisungen, die vor etwa 2 Mio. Jahren begannen und bis in die Zeit vor 15.000 Jahren andauerten, vergletscherten während der sogenannten Würm-Eiszeit (vor etwa 100.000 bis vor etwa 15.000 Jahren) die höheren Lagen des Böhmerwalds. Allerdings waren es isolierte kleinere Einzelgletscher - anders als in Norddeutschland, wo eine riesige aus Skandinavien hereinragende Eiszunge die Lande bedeckte. Die Gletscher erodierten insbesondere beim Abschmelzen den vorher zermürbten Untergrund und ließen im Böhmer- und Bayerwald acht Gletscherseen entstehen (fünf auf der böhmischen Seite). Als die gewaltigen Gletschermassen nach und nach verschwanden, setzte wegen der fehlenden Auflast eine Hebung des Untergrunds ein. Die Flüsse konnten sich teilweise tief einschneiden, wodurch u. a. das Vydra-Tal entstand. Die jüngsten geologischen Bildungen sind die Moore. Bei der Verwitterung von Granit entsteht Ton, der reichen Pflanzenwuchs bewirkt. Beim Absterben der Vegetation vermengt sich die organische Substanz mit dem wasserundurchlässigen Ton und lässt dort, wo sich Wasser in größerer Menge sammeln kann, ein Moor entstehen. Auf der Böhmerwaldhochfläche entstanden so u. a. das 30 km^2 große Moorgebiet bei Modrava (Modravské Slatě). Damit ist die Erdgeschichte der Waldgebirge an Böhmens Westsaum an ihr vorläufiges Ende gekommen, abgeschlossen wird sie aber noch lange nicht sein. Denn die Prozesse der Hebung, der Verwitterung und Erosion gehen weiter.

PFLANZEN- UND TIERWELT

Da Böhmerwald und Böhmischer Wald, die nur von wenigen wichtigen Straßen durchquert werden, über Jahrzehnte nicht zugänglich in einer Grenzzone lagen, konnte hier ein einzigartiges, wenngleich heute gefährdetes Ökosystem entstehen. Viele Teile des Böhmerwalds wie auch des Böhmischen Walds darf man als verlassene Kulturlandschaft ansehen, in der insbesondere im Böhmerwald Bergwiesen, Feuchtgebiete (Moore, Quellbereiche), Gletscherkessel mit Seen, Fichten- und Hochlagenmischwälder (700–1100 m) vorherrschen. In diesen kommen neben Fichten und Tannen vor allem Kiefern, Birken und Buchen vor. In den höchsten Lagen oberhalb von 1100 m trifft man nur noch auf Fichten, die derzeit allerdings durch Borkenkäferbefall schwer geschädigt sind, sowie Knieholz (Latschen). In den Mooren trifft man auf Leg- und Moorföhren sowie die Moorbirke, daneben kommen Moosbeeren vor, ebenso Sonnentau, an den Rändern Wiesenknabenkraut und Wollgras.
Eine Besonderheit der Böhmerwälder Moore ist die strauchig wachsende Zwergbirke *(Betula nana)*. Sie ist nur kniehoch, ihre Blätter haben die Größe eines Centstücks. Sie siedelte sich als typisch skandinavische Pflanze während der Eiszeit an. Verbreitet und typisch im ganzen Böhmerwald sind Vogelbeerbäume, nicht selten ist auch der Seidelbast. Außerhalb der größtenteils unzugänglichen Zone 1 wird man die selteneren Gewächse jedoch kaum antreffen. Auch aus den Alpen kamen einige Blumen in den Böhmerwald, wie das seltene Wald-Alpenglöckchen *(Soldanella montana)*. An seltenen Wiesen-Endemiten seien der Böhmische Enzian *(Gentianella praecox bohemica)* und die Schwarze Teufelskralle *(Phyteuma nigrum)* erwähnt. Ein sehr seltener und nur in Tschechien vorkommender Pilz ist die Böhmerwaldlorchel *(Pseudorhizina sphaerospora)*.

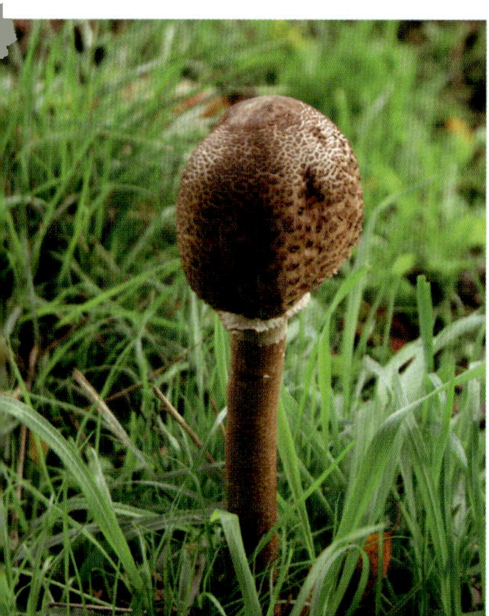

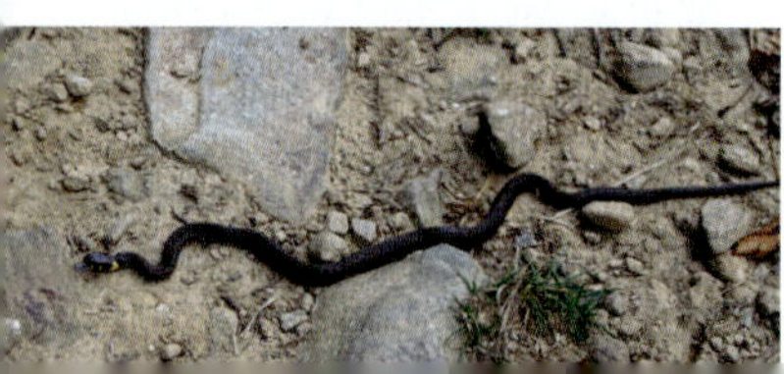

Oben: Wälder und Wiesen am Tschechischen Goldsteig sind reich an Pilzen. Unten: Begegnung mit einer Ringelnatter in Dolní Sněžná (Verbindungsweg CZ 10.1).

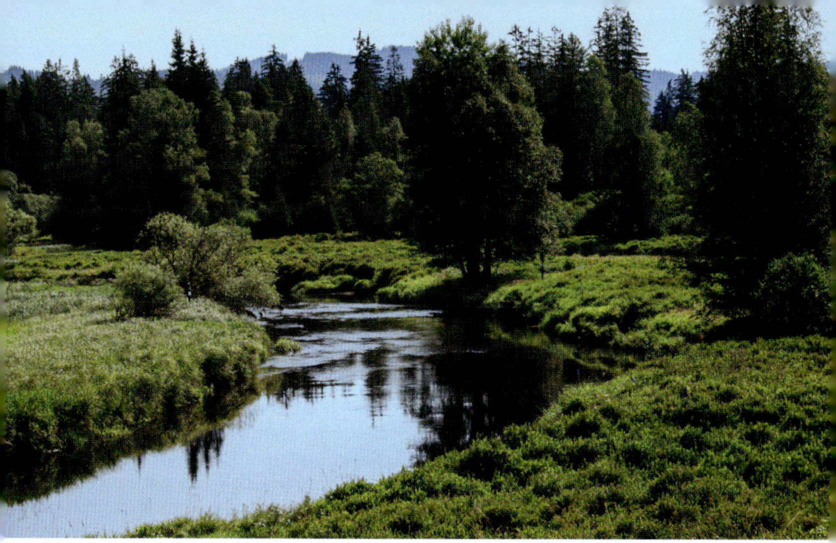

Verträumte Moldaulandschaft nahe Černý Kříž (Verbindungsweg CZ 10.1).

Die endlosen Waldgebiete zogen von jeher auch Wild- und Raubtiere an. Bis ins 19. Jh. kamen im Böhmerwald auch Bären vor, der letzte wurde 1856 erlegt. Auch Wölfe waren nicht selten, sie wurden jedoch gegen Ende des 19. Jh. ausgerottet. Heute wagen sich einige wenige Tiere, die seit der Nachkriegszeit aus der Hohen Tatra oder anderen osteuropäischen Bergregionen bis in den Böhmerwald vorgedrungen waren, in kalten und schneereichen Wintern in die Nähe des Menschen. Auch der Luchs ist wieder heimisch geworden, in den 1980er-Jahren wurde er im Bayerischen Wald neu angesiedelt und wanderte auch über die Grenze. Seine Population ist in beiden Teilen des Waldgebirges auf etwa 150 Tiere angewachsen. Natürlich sind die weiten Wälder auch Heimat vieler Hirsche und Rehe, wobei der Rothirsch höhere Lagen bevorzugt. Von den kleineren Säugetieren seien auch Baum- und Steinmarder erwähnt. Besonderen Schutz genießen im Böhmerwald Auerhahn und Birkhuhn. Einige Brutgebiete dieser Vögel, obwohl nicht gesondert ausgewiesen, können nur mit großer jahreszeitlicher Beschränkung durchwandert werden. Die Auerhahngebiete sind im Allgemeinen von November bis Mitte Juli gesperrt. Innerhalb der Amphibien findet man um die Moorgebiete den Feuersalamander und den Bergmolch, häufig sind auch Erdkröten. Der Böhmerwald ist reich an Reptilienarten (u. a. Bergeidechse, Blindschleiche und Kreuzotter), allerdings ist seine Fauna heute artenärmer als vor 100 Jahren. Zu viel der weiten Wälder ist trotz aller Abgeschiedenheit innerhalb der Grenzzone seitdem durch den Menschen erschlossen worden.

HISTORISCHE WEGE IM WANDERGEBIET

Der Goldene Steig

Der zweifellos wirtschaftlich bedeutendste und für unseren Fernwanderweg namengebende Weg war der Goldene Steig. Er führte von Passau nach Böhmen und verband zusammen mit dem Inn das gänzlich salzlose Moldauland mit den reichen Salzlagerstätten um Salzburg, Hallein und Reichenhall. Die Geschicke des südlichen Böhmer- und des Bayerwalds hingen mit ihm jahrhundertelang aufs engste zusammen. Vom Mittelalter bis ins 16. Jh. kamen über ihn nicht nur die Salzhändler, sondern auch bayerische Bauern und Handwerker, die auf Einladung des Böhmenkönigs die unzugänglichen Waldgebiete an der Westgrenze seines Lands kolonisieren und durch Dörfergründungen besiedeln sollten. Wahrscheinlich benutzten den Pfad schon Kelten und Römer; erstmalig wird er in einer Urkunde vom 19. April des Jahres 1010 erwähnt, wenn auch nur indirekt. Durch diese schenkte Kaiser Heinrich II. dem Passauer Marienkloster (d.h. dem Hochstift Passau) einen großen Teil des »Nordwalds«, wie damals das ganze, kaum erschlossene Waldgebiet an der böhmischen Grenze bis hinauf zum Frankenwald hieß. Das Kloster erhielt weiterhin das »theloneum Boemorum«, also den böhmischen Zoll, womit nur die Mauteinnahmen auf dem Handelsweg nach Böhmen gemeint sein konnten. Auf der böhmischen Seite überließ Herzog Vratislav II. das Mautgeld dem Stift St. Peter und Paul auf dem Prager Vyšehrad, das aber 1323 seine Zollrechte an die Stadt Prachatice abtrat, womit diese sehr vermögend werden konnte. Die Herren von Prachatitz, die Rosenberger, förderten den Handel bzw. die Infrastruktur, da mit ihm sehr viel Geld in ihre Kassen kam. Die Erlaubnis für das Säumergewerbe hatten aber seit etwa 1250 nicht nur die Salzkaufleute aus den Bergbauregionen, sondern auch lokale Händler aus Waldkirchen oder Freyung, die den Säumern Salz abkauften. Der Weg Passau–Prachatice ist damit der älteste Teil des Goldenen Steigs, später kamen alternative Wegstrecken dazu. Bis Passau wurde das Salz auf dem Inn transportiert, dann übernahmen dort sogenannte Säumer die Last bzw. die Salzsäcke. Denn der Kamm des Waldgebirges konnte bis ins 16. Jh. nirgendwo mit Wagen überquert werden, so felsig waren alle bekannten Pfade. Der Transport erfolgte durch Lasttiere, also Maultiere, Maulesel, Ochsen und Pferde, die von den Säumern (Saumtiertreiber) geführt wurden. Doch gingen auch Kraxenträger zu Fuß mit kleineren Warenmengen über das Gebirge. Die mittelalterlichen Kaufleute achteten bei der Wahl der Wegführung darauf, dass unnötige Auf- und Abstiege, also Talungen, vermieden wurden, ebenfalls wurden feuchte Niederungen weiträumig umgangen.

Neben Salz, das das wichtigste Gut war, das nach Böhmen geliefert wurde, brachte der Fernhandel auch Südfrüchte aus Italien, Wein, Gewürze und Tuche nach Böhmen; von dort wurde vor allem Getreide ausgeführt. Doch auch Malz, der damals begehrte Prachatitzer Kornbranntwein und

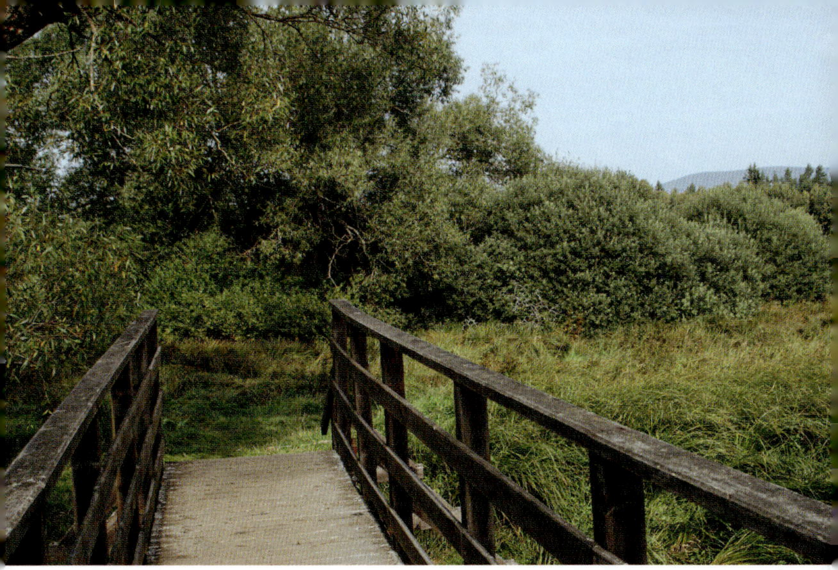

Moldausteg bei Dobrá (Etappe 1).

später Glaserzeugnisse aus dem Böhmerwald waren Handelsgut für Bayern. Hochzeiten des Säumerbetriebs waren der Herbst (nach der Getreideernte) und der Winter, da jetzt die meist nur durch hölzerne Knüppeldämme überbrückten und oft ausgedehnten Moorgründe zufroren und einfacher durchquert werden konnten. Schnee ließ es auch zu, dass in bestimmten Wegabschnitten Schlitten benutzt werden konnten. Natürlich war es nötig, dass die Wege bewacht wurden, wie es u. a. die Aufgabe der Burg Kunzwart (Königswart) war (heute eine Ruine bei Kuschwarda/Stražny, Verbindungsweg CZ 9). Die ansteigende Warenmenge brachte es mit sich, dass etwa ab 1300 ein Nebenweg entstand, der in Winterberg (Vimperk) endete, gute 50 Jahre später ein weiterer Nebenweg, der Bergreichenstein, das heutige Kašperské Hory, zum Ziel hatte. Von Passau aus verliefen alle drei Säumerwege zunächst auf einem gemeinsamen Stück – über Straßkirchen und Salzweg zog man nach Salzgattern bzw. Vendelsberg, hier erst teilten sich die Wege. Der rechte nach Prachatitz (auch Unterer Goldener Steig genannt), ein Mittlerer Goldener Steig nach Winterberg und ein Oberer Goldener Steig nach Bergreichenstein. Der **Untere Goldene Steig** verlief ab Salzgattern über Waldkirchen, Schiefweg, Grainet und Bischofsreut zur Grenze. Auf tschechischer Seite ging es weiter über Böhmisch Röhren (České Žleby), bei der heutigen Säumerbrücke über die Moldau und über Wallern (Volary) nach Prachatitz. Waldkirchen war eine Tagesreise von Passau entfernt, dort musste das Salz aufgrund des sogenannten Niederlagsrechts (Stapel-

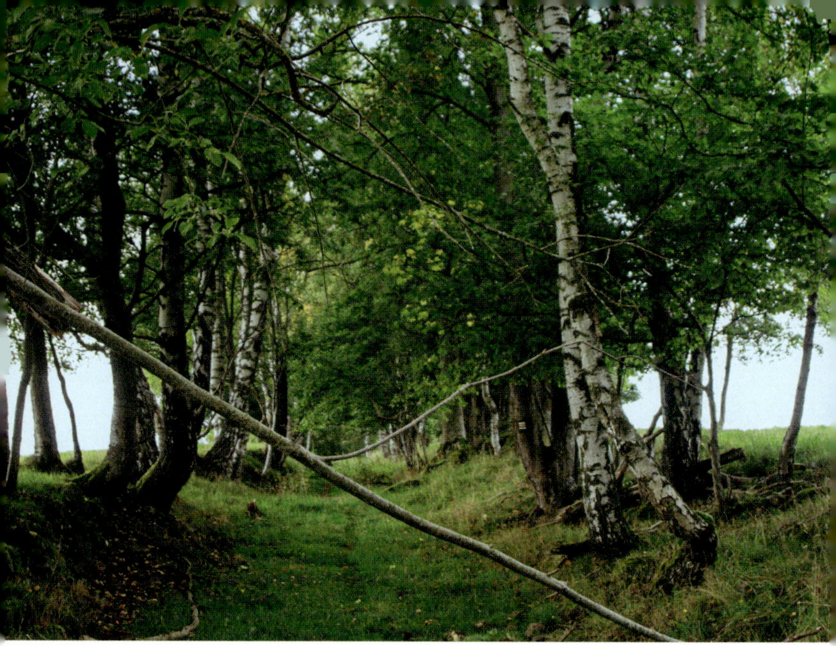

Durch diesen Hohlweg verlief vor 500 Jahren ein Teilstück des Goldenen Steigs (Etappe 2).

rechts) der Stadt »niedergelegt« werden, das heißt, die Säumer waren verpflichtet, ihre Ware dort zum Kauf anzubieten. Und um seine Wichtigkeit und die erforderliche Wehrhaftigkeit herauszustellen, wurde der Ort durch den Passauer Fürstbischof mit einer Ringmauer versehen. Teile davon sind heute noch zu sehen. Solche Orte zu umgehen, war bei strengen Strafen verboten. Die Etappen 1 und 2 des Fernwanderwegs Tschechischer Goldsteig verlaufen über den böhmischen Teil des Oberen Goldenen Steigs.

Der **Mittlere Goldene Steig** ging von Salzgattern/Vendelsberg über Reut, Hinterschmiding nach Philippsreut, dort über die Grenze, wo sich auch heute der Grenzübergang an der B 12 befindet, weiter über Kuschwarda (Stražny), Obermoldau (Horní Vltavice) und Kubohütten (Kubová Hut') nach Winterberg (Vimperk), das schon seit der zweiten Hälfte des 13. Jh. bestand. Der hier vorgestellte Verbindungsweg CZ 9 (Philippsreut–Vimperk) verläuft auf dem böhmischen Abschnitt des Winterberger Zweigs des alten Handelswegs.

Der **Obere Goldene Steig** ging ab Salzgattern/Vendelsberg über Freyung und Mauth (der Name weist auf eine Maut-, also Zollstelle hin) bis zur Grenze, dann über Außergefild (Kvilda) nach Bergreichenstein Kašperské Hory). Für den mittelalterlichen Handel war es wichtig, das durch seinen Goldbergbau seit der Mitte des 14. Jh. sehr vermögende Bergreichenstein an den Säumerpfad anzubinden. Auf dem im vorliegenden Buch beschriebenen Verbindungsweg CZ 8 geht man ab Mauth auf der Trasse des Bergreichensteiner Zweigs. In den drei Zielorten des Goldenen Steigs erfolgte jetzt die Umladung auf Pferdefuhrwerke, über die die Ware dann nach Prag oder andere Orte Böhmens gebracht wurde, teilweise erfolgte der Weitertransport auch über Wasserwege – entweder über die Moldau oder bereits ab Bergreichenstein über die Wottawa (Otava). Teils zogen die Säumer auch noch von Bergreichenstein nach Schüttenhofen (Sušice), wo in einer Art frühem Logistikzentrum die Ware erst einmal zwischengelagert, »aufgeschüttet« wurde, und wodurch die Stadt ihren deutschen Namen erhielt.

Die drei Säumerpfade wurden schon im 12. Jh. wegen des guten Ertrags, den der Saumhandel abwarf, als Goldener Steig benannt. Dass es in der Tat ein überregional bedeutender Handelsweg war, beweisen die vielen Handels- bzw. Niederlagsrechte, die damals erteilt wurden. Gegen 1520, als der Salzhandel auf dem Goldenen Steig auf seinem Höhepunkt stand, trafen wöchentlich in Prachatitz 1300 Saumtiere ein. Wallern (Volary) wies zu Beginn des 16. Jh. zwölf Schenken auf, in Fürholz bei Passau am Prachatitzer Zweig existierten noch 1624 in der letzten Phase des Säumerbetriebs vier Wirtshäuser und sieben Weinschenken. Der böhmische König Wenzel erließ 1399 die Order, dass auch im Kriegsfall der für sein Land so wichtige und lukrative Säumerverkehr keine Beeinträchtigung erfahren dürfe. Selbst in den Hussitenkriegen 25 Jahre später, als die Orte am Goldenen Steig manch Plünderung und Brandschatzung erfahren mussten, konnte der Säumerbetrieb weitgehend aufrecht erhalten werden – allerdings auf geheimen Wegen. Doch musste zu allen Zeiten Maut oder Geleitgeld entrichtet werden. Wer sich diesem durch Umgehung der Mautstelle entziehen wollte, dem wurden, wenn er gefasst wurde, Ross und Ladung konfisziert.

Die drei Zweige des Goldenen Steigs führten bis zur böhmischen Grenze ausschließlich über das Territorium der Passauer Bischöfe, die somit alle Maut- und Geleitseinnahmen für sich verbuchen konnten. Das brachte Neid bei den Bayernherzögen auf, die auf ihrem Gebiet (das Hochstift Passau war seit der Jahrtausendwende bis zum Jahr 1803 ein eigenständiges, weltliches Staatsgebilde) gern ebenfalls einen lukrativen Handelsweg hätten. Seit etwa 1350 bestand auf deren Gebiet eine Art Konkurrenzweg, die »gulden Stras«, also »Goldene Straße« (bisweilen auch Butterstraße genannt). Von Vilshofen an der Donau ging dieser Handelsweg nach Grafenau (dadurch seit 1376 Stadtrecht), weiter nach St. Oswald und westlich unterhalb des Lusen (bei den berühmten Blauen Säulen) nach Böhmen hinein. Der Weg führte hinab nach Mader (Modrava) und weiter nach Innergefild (heute Horská Kvilda, das aber im 14. Jh. noch nicht existierte), wo er sich mit dem Bergreichensteiner Teilstück des Goldenen Steigs vereinigte. Von den im Buch vorgestellten Wanderrouten führt jedoch keine über die »gulden Stras«.

Das Ende des Salzhandels auf den Säumerwegen

Zu Beginn des 16. Jh. ging es mit dem Handel auf dem Goldenen Steig schnell bergab. Denn seit 1526 waren die Habsburger auch die Herrscher von Böhmen. Und jetzt konnte das Salz, beispielsweise aus dem schon vorher habsburgischen Salzkammergut, ohne jede Zollschranke nach Böhmen transportiert werden. Wieso also den finanziell aufwendigen Umweg über das Gebiet der gierigen Passauer Bischöfe machen? Oder das Salz weiterhin den nicht weniger gierigen Salzburger Fürstbischöfen abkaufen? So wurde viel von dem in Böhmen benötigten Salz von Aussee oder Hallstatt via Linz nach Böhmen gebracht. Dieser Linzer Steig (Linz–Freistadt–Budweis) bestand zwar schon im Mittelalter, als weiter östlich gelegener Salzhandelsweg zum Goldenen Steig, hatte aber nie dessen wirtschaftliche Bedeutung. Zu Beginn des 17. Jh. hatte Budweis fünfmal mehr Einnahmen durch Salzhandel als Prachatitz jemals zuvor. Prachatitz war seit der Zeit um 1550 immer mehr verarmt. 1572 kamen wöchentlich nur noch 400 Saumtiere in die Stadt. Doch auch auf der »gulden Stras« war um die Mitte des 16. Jh. der Salzverkehr zum Erliegen gekommen. Vilshofen und Grafenau, die die hauptleidtragenden Städte waren, wandten sich an den Bayernherzog Albrecht V. mit der Bitte, etwas für die Belebung des Salzhandels zu tun. Lange passierte nichts, immerhin wurde nach 40 Jahren in Vilshofen eine erste Donaubrücke gebaut. Sein Nachfolger Wilhelm V. ging dann direkt zur Attacke auf die Passauer über. Etwa drei Kilometer westlich von Passau, wo bayerisches Gebiet und das der Passauer Bischöfe aneinandergrenz-

Der historische Tauser Weg (CZ 3) ist diesseits und jenseits der Grenze ein asphaltierter Radweg.

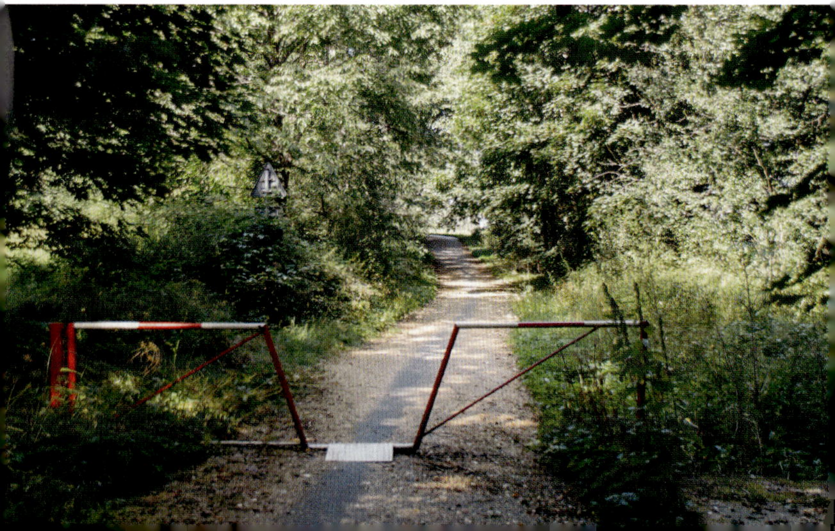

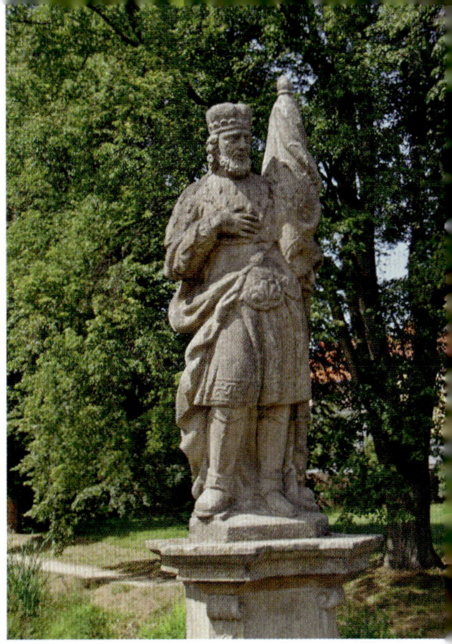

Figur des hl. Wenzel auf der barocken Steinbrücke in Bělá nad Radbuzou (Etappe 14).

ten, ließ er an der Donau ein großes Salzdepot erbauen, wo die Salzschiffe auf dem Inn gut anlanden und ihre Ladung löschen konnten. In einem Geheimvertrag mit dem Salzburger Fürsterzbischof gelang es ihm, 1594 das Handelsmonopol für das salzburgische Salz aus Hallein zu erhalten. Salzburg war damals kein Habsburgergebiet. Damit waren die Passauer (denen die Salzburger ohnehin nicht grün waren) aus dem Salzrennen geflogen und der Bayernherzog profitierte. Denn als Monopolist konnte er jetzt den Salzpreis in die Höhe schrauben. Alles Salz von Bayern nach Böhmen wurde zur Freude der Vilshofener und Grafenauer über die reaktivierte »gulden Stras« transportiert. Doch diese Blütezeit währte nur kurz. Den Passauern gelang es, sich vor dem Reichskammergericht dagegen zu wehren und sie konfiszierten Tiere und Ware, wenn sich versehentlich ein bayerischer Säumer auf ihr Territorium verirrte. Schließlich kam es 1608 zu einem gerichtlichen Ausgleich. Bayern musste das salzburgische Salz zu festen Preisen an Passau verkaufen, Passau verpflichtete sich im Gegenzug, nur bayerisches zu kaufen. Damit wurde die »gulden Stras« aufgegeben und als eine für Säumer »verbottene Straß« deklariert. Das, was noch an Salz über Passau nach Böhmen ging, wurde wieder auf dem Goldenen Steig transportiert.
Doch verlor er seine Bedeutung immer mehr, da die Habsburger weder in Salzburg noch in Passau kauften. Der Linzer Steig florierte. Über die Traun war das Salzkammergut sehr gut an die Donau angebunden. Das Aus des Goldenen Steigs kam mit dem Jahr 1706. Die Habsburger Herrscher erließen ein Einfuhrverbot für salzburgisches und bayerisches Salz. Doch verwaiste der Weg nicht, denn jetzt begann, zumindest außerhalb der höheren Lagen des Böhmerwalds, der Ausbau zur Fahrstraße. Die heutige B 12 und auf tschechischer Seite die Staatsstraße 4 nach Vimperk verlaufen mehr oder weniger neben dem alten Salzweg; der Bergreichensteiner Zweig ist allerdings ab der Grenze nur ein, wenngleich sehr breiter, Wanderweg und der Prachatitzer Zweig ist bis auf sein letztes Stück ebenfalls Wanderweg. Doch konnten all diese Wege im 19. Jh. gut mit Wagen befahren werden.

Der Tauser Weg

Von großer Bedeutung war einst der Baierweg oder Tauser (Domažlicer) Weg. Er mag heute einer der weniger bekannten Handelswege sein, doch wurde er seit der Römerzeit zum Warenaustausch genutzt. Er begann an der Donau, in Regensburg bzw. Straubing und hatte drei Arme – der erste ging durch die Further Senke, dann ostwärts über Neumark (Všeruby) und den Neumarker Pass und dann über Neugedein (Kdyňe) nach Taus (Domažlice). Der zweite begann ebenfalls in Regensburg, doch führte der Weg dann über das Regental und Waldmünchen hinüber nach Klentsch (Klenčí) und von Westen her nach Taus. Ein dritter Arm zweigte vom ersten in Furth ab und verlief durch das Tal der Warmen Pastritz (Teplá Bystřice) nach Taus – mehr oder weniger auf dieser alten Trasse verläuft Verbindungsweg CZ 3. Auf bayerischem Gebiet ist der Baierweg ein beliebter Wanderweg (www.baierweg.de).

Der Gunthersteig

Natürlich gab es nicht nur Handelswege, die im Bereich des Böhmerwalds Bayern mit Böhmen verbanden. Eine große Tradition hat der St.-Gunther-Steig als Pilgerweg. Er folgt der Wanderroute des Volksheiligen Gunther,

Die hölzerne Guntherstatue beim ehemaligen Gasthof Riesstüberl (CZ 7).

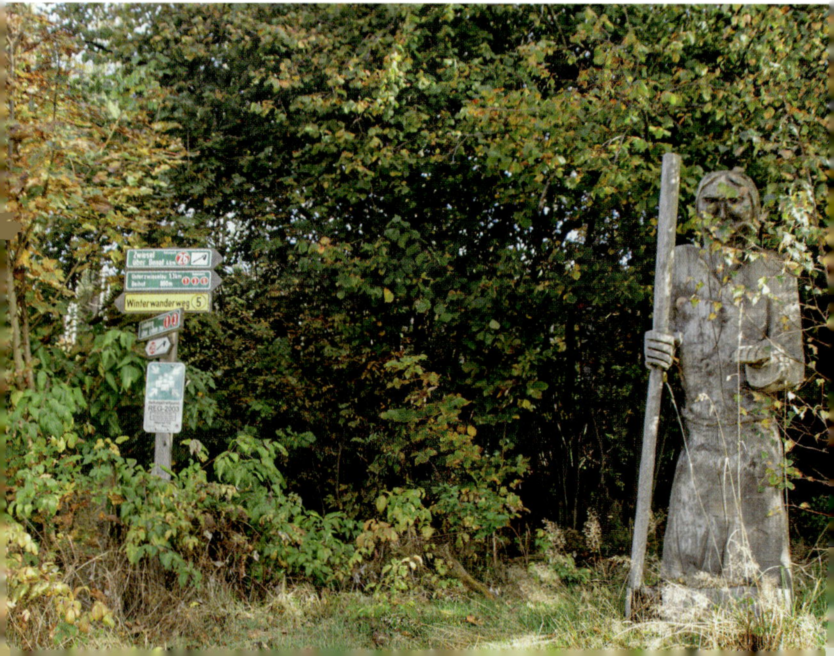

Am Stadtplatz in Vimperk bilden die Pfarrkirche, der Stadtturm und ein Bürgerhaus ein hübsches Ensemble (Etappe 4).

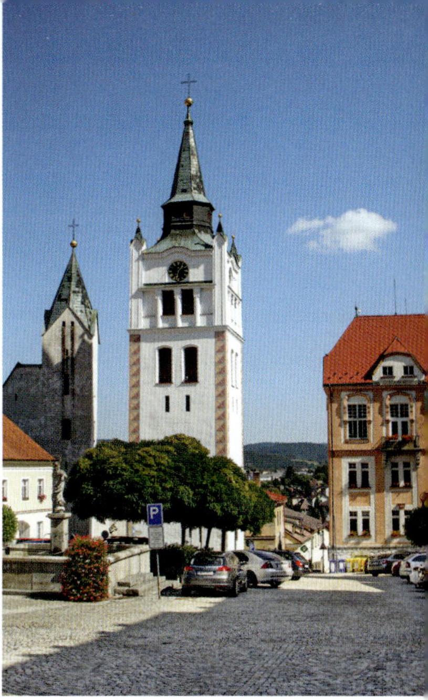

auf der dieser um das Jahr 1000 oftmals nach Böhmen gewandert ist. Er beginnt in Niederaltaich an der Donau und endet in Dobrá Voda bei Hartmanice. Verbindungsweg CZ 7 führt ab Zwiesel auf dem historischen, insgesamt 160 km langen Gunthersteig bis Hartmanice, ebenso berührt ihn Hauptweg-Etappe 7 – nähere Beschreibung dort), gunthersteig.com.

Die Goldene Straße

Durch den Böhmischen Wald gab es nicht minder bedeutende Verkehrswege, doch wurde auf ihnen kein Salz transportiert. Der Weg der Krönungs- und Regierungsfahrten der böhmischen Könige verlief von Prag über Plan (heute Planá) und Tachau nach Bärnau, von dort weiter über Neustadt/Waldnaab, Weiden, Hirschau und Hersbruck nach Nürnberg. Dieser Weg war weniger Handelsweg als vielmehr den Königen vorbehalten, denn die böhmischen Könige aus der Familie der Luxemburger, die im 14. und frühen 15. Jh. auch die Könige bzw. Kaiser des Heiligen Römischen Reiches stellten, zogen nach Frankfurt zu den Krönungen und Reichstagen. Und Nürnberg war mit Prag durch intensiven Handel verbunden.

Unter der Bezeichnung Goldene Straße fingieren mehrere solcher Wege aus Böhmen durch den Böhmischen Wald nach Bayern. Wichtigste Handelsstraße war dabei der Weg Pilsen – Mies (Stříbro) – Pfraumberg (Přímda) – Waidhaus – Leuchtenberg – Hirschau – Hersbruck – Nürnberg. Von Nürnberg ging es weiter nach Frankfurt und Köln. Bis heute ist die Route von größter Bedeutung, denn nicht nur die alte Bundesstraße 14 verlief auf dieser Trasse, sondern auch parallel dazu die Autobahn A 6 nach Pilsen (dort Autobahn D 5). Bisweilen wird diese Trasse auch Silberweg genannt, da über sie u. a. der Silberhandel (um das erwähnte Mies gab es große Silbervorkommen) abgewickelt wurde. Verbindungsweg CZ 1 entspricht hierbei dem Königsweg und Teile des Verbindungswegs CZ 2 dabei der Silberstraße.

Nächste Doppelseite: Im Vorland des Ossers nahe des Stausees von Nýrsko (Etappe 9).

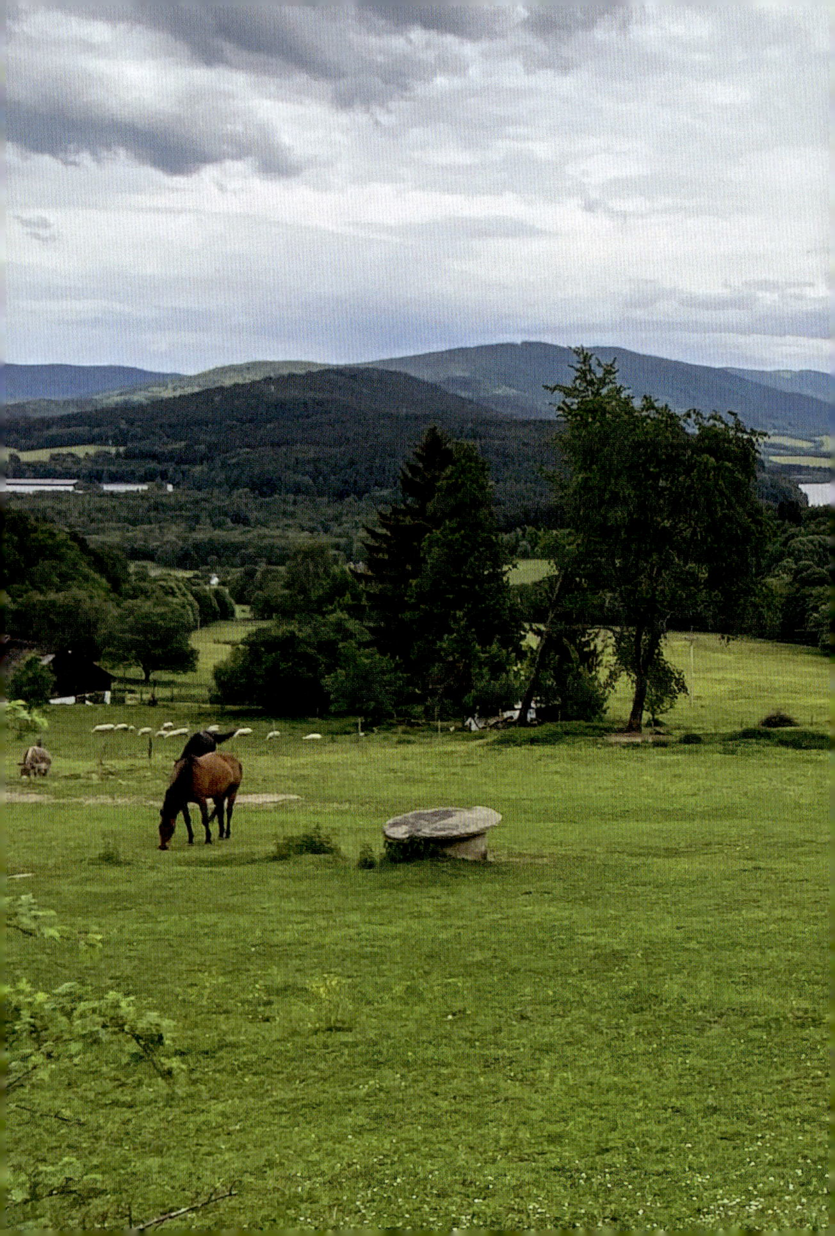

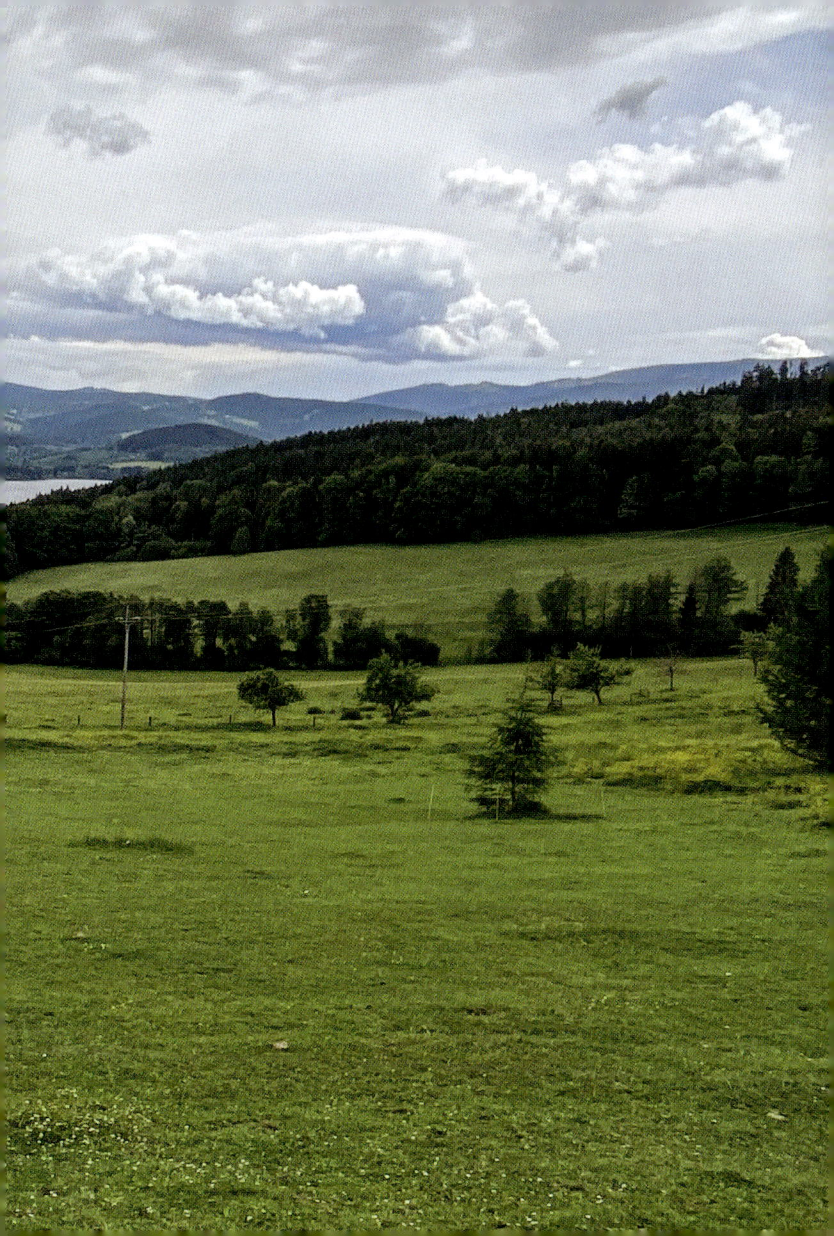

1 Marchhäuser-Mlaka – Volary

4.00 h | 15,2 km | ↗260 m | ↘350 m

Verwunschene Dörfer, grandiose Fernblicke und unwegsame Moore

Schon mit der ersten Etappe des Fernwanderwegs Tschechischer Goldsteig wird der Wanderer zu landschaftlichen Höhepunkten geführt. Die Trasse verläuft auf einem Abschnitt des östlichen Zweigs des Goldenen Steigs. Dieser östliche Teil begann in Waldkirchen (wo sich der aus Passau herankommende Hauptweg in drei Zweige aufspaltete) und endete in Prachatitz. Die Etappen 1 und 2 des Fernwanderwegs verlaufen damit auf dem alten Säumerweg. Die erste Etappe (ab der bayerisch-tschechischen Grenze) führt durch idyllische Wiesen und Haine und steigt dann hinab zur Moldauniederung bis ans Säumermoor (Soumarské rašeliniště), von wo es nach Volary (Wallern) geht. Hier hatten sich im späten 16. und 17. Jh. auf Einladung der böhmischen Herrscher Bauern vor allem aus der Steiermark angesiedelt, um durch Viehzucht die, wie man heute sagen würde, strukturschwachen Regionen landwirtschaftlich zu stärken. Daher gibt es in Volary bis heute einige sehr hübsche Bauernhäuser im alpinen Stil, die man hier nicht erwartet.

Ausgangspunkt: Grenzübergang Marchhäuser-Mlaka, 853 m, Marchhäuser ist ein Ortsteil von Bischofsreut; Busverbindung 501 Philippsreut–Haidmühle–Waldkirchen; Busverkehr nach/von Passau und Grafenau; den Fußgänger-Grenzübergang an der Brücke über den Mechový p. (Harlandbach) unterhalb von Marchhäuser nehmen; zu erreichen von Deutschland aus nur via Bischofsreut / Marchhäuser: Von der Ortsmitte gehen wir auf dem alten Salzhandelssteig (wo die Hauptstraße den deutlichen Knick macht) über die Straße Unteres Dorf abwärts, und wo diese nach links abbiegt, geradeaus weiter bergab auf dem Säumerweg. In großem Bogen geht es hinab nach Marchhäuser; wo die asphaltierte Straße kurz vor der Grenze scharf nach links abbiegt, gehen wir geradeaus weiter abwärts und kommen nach knapp 200 m zur Grenze.

Verbindungsweg: CZ 10a von Haidmühle berührt diese Etappe bei Stožecká luka.

Anforderungen: Leichte, wenngleich längere Tour auf im Allg. breiten, unbefestigten bzw. auch befestigten Wegen ohne größere und längere Steigungen; schwierig ist nur der Abschnitt zwischen ❹ und ❻, wo es auf sehr schmalem Trampelpfad am Moor entlang durch

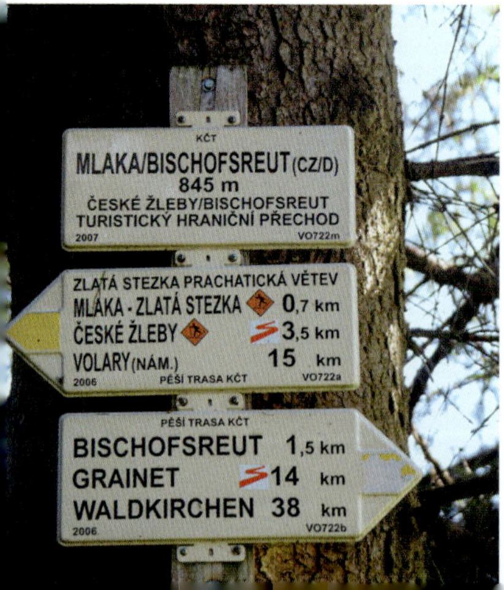

Die tschechischen touristischen Wegweiser geben stets perfekte Informationen.

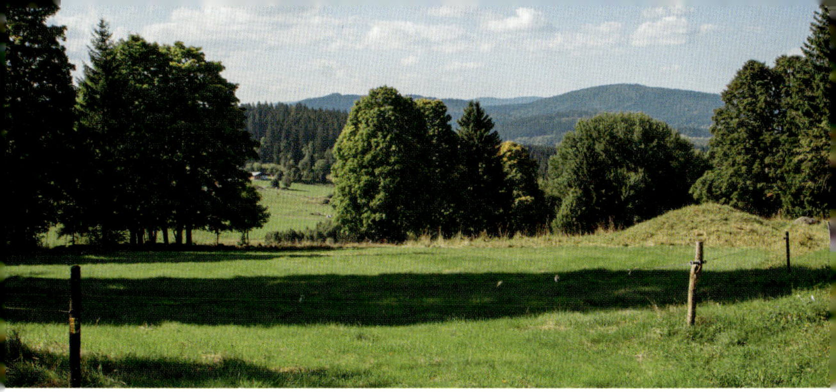

Landschaft beim verschwundenen Ort Mlaka.

sehr sumpfiges Gelände geht, das Schilf kann bis zu 1,50 m hoch sein, bei Nässe oder längerem vorausgegangenem Regen ist der Abschnitt unpassierbar.

Hinweis: Die Strecke zwischen 4 und 5 (Moldaubrückchen) ist aus Gründen des Naturschutzes vom 1.3. bis zum 31.5. gesperrt.

Einkehr/Unterkunft: České Žleby (Böhmisch Röhren): Restaurace hotelu Florián, Tel. +420 725 827016, hotel-florian.eu oder Hotel České Žleby, Tel. +420 773 380189, hotelceskezleby.cz; **Dobrá:** u. a. Hospoda u Němečka, Tel. +420 739 035919, hospodaunemecka.wbs.cz; **Volary:** Hotel Restaurace Bobík, Náměstí 325, Tel. +420 398 990909, hotelbobik.eu; Penzion Sněžná, nur Übernachtung, Budějovická 41, Tel. +420 774 343448, pensionsnezna.cz; Hotel Chata, nur Übernachtung, Tolarova 524, am Bahnhof, Tel. +420 388 333082, chatavolary.cz.

Weitere Infos: Volary: Náměstí 325, Tel. +420 910 001810, mestovolary.cz.

Tipps: Säumermoor (Soumarské rašeliniště), ein seit 2000 renaturiertes Tal-Hochmoor mit Lehrpfad und Aussichtsturm: ab 5 über einen Abstecher (750 m) erreichbar, ein Rundweg durch das Moor ist knapp 2 km lang, entlang der Moldau trifft man auf allerlei merkwürdige Bunkeranlagen aus der Zwischenkriegszeit; die Bauernhäuser im alpinen Stil in Volary (Wallern), u. a. entlang der Straße Česka; das historische Haus Nr. 71 in dieser Straße ist das Regionalmuseum, Tel. +420 388302 210, mestovolary.cz, geöffnet Mai–Sept. Di.–So.; die Menhire »Volarské menhiry« am nordwestlichen Stadtrand an der Straße Česká: Dieser Steinkreis aus elf Menhiren wurde 2007 von einer Hochfläche des Erzgebirges hierher umgesetzt, nachdem er einem Straßenbau zu weichen hatte.

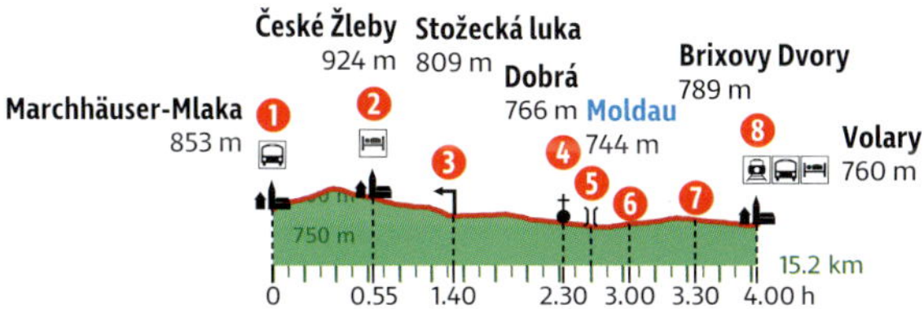

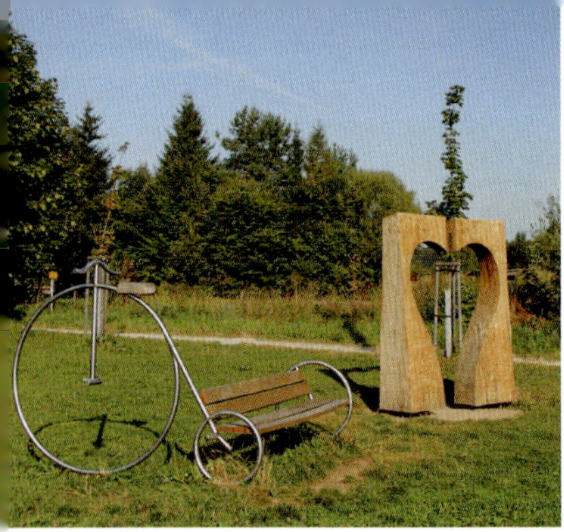

Das »Hölzerne Herz Europas«.

Der Tschechische Goldsteig nimmt am **Grenzübergang Marchhäuser-Mlaka** ❶ (für Fußgänger) an der Brücke über den Harlandbach offiziell seinen Anfang. Auf der Webseite des Tschechischen Goldsteigs wird dieser auch Moosbach genannt, Mechovský potok. Die Niederung um den Harlandbach ist als Schlangenparadies bekannt – möglich, dass man einige Nattern und Ottern hier zu sehen bekommt. Gleich nach der Brücke befindet sich ein massiver, doch bereits deutlich verwitterter Schlagbaum – ein Relikt der Jahre vor 1990, das hier mögliche Grenzdurchbrüche mit Fahrzeugen vereiteln sollte. Mit Gelb gehen wir dann im Wald in mittlerem Anstieg auf einst befestigtem, doch schadhaftem Weg bergan. Nach einer Rechtskurve kommen wir auf eine paradiesisch zu nennende idyllische Ebene mit Wiesen und Hainen. Hier befand sich, wo von links der Radweg aus Strážný (Kuschwarda) herankommt, das Dorf Moorhäuser (tschech. Mlaka), das dem Grenzübergang an der Brücke seinen Namen gegeben hat. Wir gehen weiter mit Gelb geradeaus. Der Radweg, der uns ganz kurz begleitet, biegt bald danach rechts Richtung Nové Ùdolí / Haidmühle ab, wir jedoch gehen durch eine Allee. Links und rechts künden Streuobstbäume von dem untergegangenen Ort Moorhäuser. Bald steigt unser Weg wieder an, wendet sich nach links und wir genießen einen herrlichen Blick zurück auf Bischofsreut und Marchhäuser.

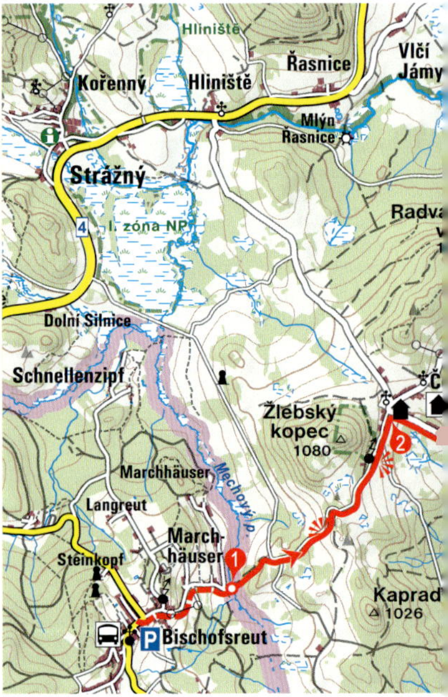

Wir passieren eine hölzerne Aussichtsplattform. Der Weg steigt stärker an und es fallen große Felsen auf, die beiderseits des Wegs in den Wiesen liegen. Am höchsten

Punkt unseres Wegs, wo die Felsenfülle in der Landschaft fast archaisch wirkt, lag das Dorf Steinköpfl (Kamenná Hlava), das ebenfalls in den Nachkriegsjahren wegen der Grenznähe abgerissen wurde. Grandios ist von der Höhe das Panorama nordostwärts, hinüber zum Tussetfelsen (Stožecká skála). Dann senkt sich der Weg hinab bis nach **České Žleby** ❷ (Böhmisch Röhren), das in der Nachkriegszeit zumindest nicht vollständig abgerissen wurde und daher zwar nicht mehr viele alte Häuser aufweist, heute aber ein vielbesuchter touristischer Ort mit zahlreichen Pensionsneubauten ist. In der Ortsmitte verlassen wir die Trasse des historischen Goldenen Steigs und biegen nach rechts (mit Blau, Radweg 1030) auf die Asphaltstraße Richtung Stožec ab. Dann gehen wir etwa 1 km abwärts bis zum Hotel České Žleby und gleich danach in spitzem Winkel nach links, weiter mit Gelb und dem Radweg 1030 folgend auf einem wenig befestigten Weg in den Wald hinein. Auf diesem breiten, teils befestigten Waldweg, der gemächlich leicht bergab verläuft, kommen wir nach etwa 1,5 km zur breiten Wegkreuzung **Stožecká luka** ❸. Hier stoßen wir auf den von rechts, von Haidmühle und Stožec, herankommenden Verbindungsweg CZ 10a. An der Kreuzung biegen wir mit Gelb nach links ab und wandern weiter durch

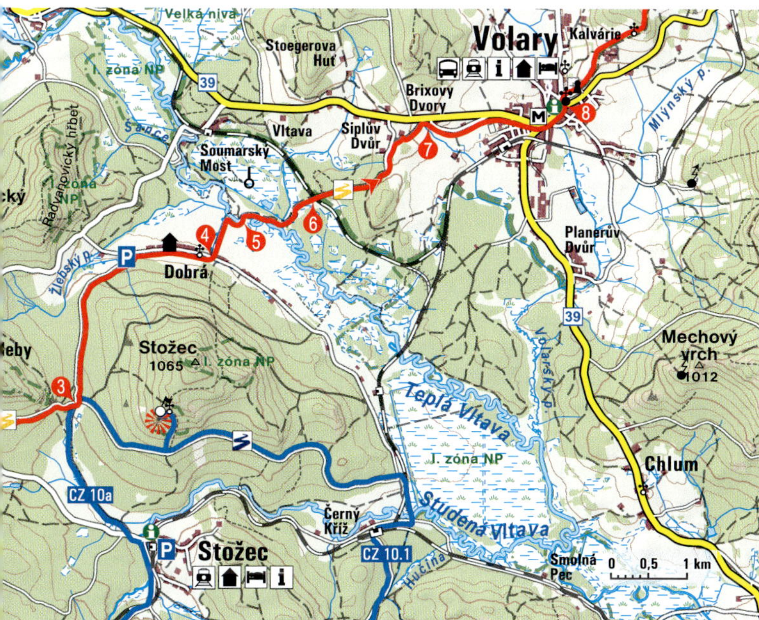

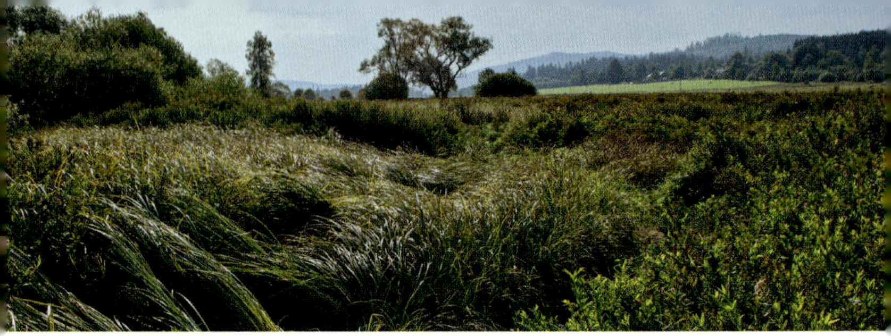

Zumindest im Sommer sind die sumpfigen Wiesen an der Moldau trocken.

den Wald. Es folgt nun ein etwas längerer Abschnitt auf befestigtem Weg (Radweg 1024) mitten durch den Wald, überwiegend auf gleicher Höhe. Nach etwa 2,5 km geht es hinab zur Moldauniederung. Wir erreichen den westlichen Ortsrand von Dobrá (Guthausen) und gehen hier auf der Dorfstraße nach rechts. Dobrá ist ein Zeilendorf, fast alle Häuser stehen an der Nordseite der Straße. Nach etwa 500 m passieren wir eine kleine Kapelle. Etwa 100 m danach biegen wir am Abzweig »Dobrá 0 1 km kaple« in **Dobrá** 4 von der Dorfstraße mit Gelb nach links ab und wandern auf einem Wiesenpfad gute 500 m bis zum Moldauufer. Gelb biegt hier nach rechts ab. Es geht ein Stückchen den Fluss entlang, dann erreichen wir eine kleine Brücke über die **Moldau** 5, auf der wir den Fluss überqueren.
Unmittelbar hinter der Brücke treffen wir auf einen grün markierten Weg: Nach links geht es zum Säumermoor (Soumarské rašeliniště), wir jedoch wandern mit Grün nach rechts und durchqueren auf schmalem Trampelpfad ein ziemlich sumpfiges Areal (nach Regen u. Ä. kaum möglich). Im Zickzack geht es hinüber zum Waldrand, über viel Wurzelwerk und an einem Bunker vorbei, dann wieder hinaus in die Sümpfe. Wir wenden uns nach links. Ein Brückchen führt über das Rinnsal des Jedlový potok und nochmals wandern wir durch Sümpfe unmittelbar an der Kernzone 1 des Nationalparks entlang. Erst wenn wir die **Bahnlinie Lenora–Volary** 6 überquert haben, ist dieser schwierigste Teil der Tour bewältigt. Wir gehen mit Grün weiter geradeaus, leicht ansteigend bis zum Punkt Pod Liskovým vrchem, verlassen den Wald und wandern bei einigen vereinzelten Gebäuden links um eine Anhöhe herum. Hinter dieser steht an unserem grünen Weg an einem schönen Rastplatz die Skulptur des »Hölzernen Herzes von Europa« (Dřevěné srdce Evropy), von wo man einen herrlichen Blick in die Lande hat. Hier treffen wir auch wieder auf die Originaltrasse des Goldenen Steigs, die wir in České Žleby verlassen hatten. Mit Grün geht es nach **Brixovy Dvory** 7 hinein. Wir wandern weiter, bis wir kurz vor Volary die Staatsstraße 39 erreicht haben. Auf dieser »Soumarská« (Säumerstraße) genannten Straße gehen wir in die Ortsmitte von **Volary** 8 (Wallern) bis zur Kirche am Náměstí, dem Hauptplatz. Hier ist die erste Etappe zu Ende.

4.50 h	17,3 km
↗ 460 m	↘ 650 m

Volary – Prachatice 2

Auf und ab auf dem historischen Säumerweg

Die zweite Etappe des Fernwanderwegs verläuft nahezu gänzlich auf dem historischen Handelsweg, genaugenommen auf dessen »Prachatitzer Zweig«. Wie die erste ist auch sie sehr abwechslungsreich, vor allem wegen der ganz unterschiedlichen Blicke und Perspektiven auf das unmittelbare Vorland des Böhmerwalds. Ziel der Etappe ist die einst weitberühmte Salzhandelsstadt Prachatice, deren prächtig bemalte Häuser am Marktplatz von ihrem Wohlstand im 15. und frühen 16. Jh. künden.

Ausgangspunkt: Volary (Wallern), 760 m, Hauptplatz bzw. Kirche; Bahnverbindungen nach Nove Údolí und Vimperk/Prachatice.
Verbindungsweg: CZ 10 in Prachatice, über die Zuweg-Varianten CZ 10a von Haidmühle bzw. vom Trojmezí/Dreiländereck CZ 10b.
Anforderungen: Leichte, aber längere Tour mit kleineren und längeren An- und Abstiegen, meist auf breiten Wald- und Feldwegen, ein Teilstück um Křišťanovice auf schmalem Fußpfad, auch Abschnitte über asphaltierte Straßen.
Einkehr/Unterkunft: Volary: Hotel Restaurace Bobík, Náměstí 325, Tel. +420 398 990909, hotelbobik.eu; Penzion Sněžná, nur Übernachtung, Budějovická 41, Tel. +420 774343 448, pensionsnezna.cz; Hotel Chata, nur Übernachtung, Tolarova 524, am Bahnhof, Tel. +420 388 333082, chatavolary.cz; **Blažejovice:** Motorest Blažejovice u Bobana, nur Einkehr, tgl. bis 18 Uhr, Tel. +420 734 273965; **Křišťanovice:** Bouda u Josefa a Adélky, am Badesee Rybník etwa 1 km nördlich der Ortsmitte, nur Einkehr, Tel. +420 773 147683, Jun.–Aug. tagsüber; **Prachatice:** u. a. Restaurace Černý medvěd, Velké nám. 42, Tel. +420 388 300412, cernymedvedpt.cz; Hospůdka U Lachtana, nur Einkehr, Velké nám. 5, Tel. +420 731 476315; Hotel Koruna mit Restaurant Almara, Velké nám. 48, Tel. +420 388 310177, pthotel.cz; Pivovar Prachatice, mit Übernachtung, Horní 174, Tel. +420 606096 994, pivovarprachatice.cz.
Weitere Infos: Volary: Náměstí 325, Tel. +420 910 001810, mestovolary.cz; Prachatice: Velké nám. 1, Tel. +420 388 607574, prachatice.eu.
Tipps: Historische Bauernhäuser aus dem 16. u. 17. Jh. im alpinen Stil in Volary, u. a. entlang der Straße Česka; das historische Haus Nr. 71 ist das Regionalmuseum, Tel. +420 388 302210, mestovolary.cz, Mai–Sept. Di.–So.; die Menhire »Volarské menhiry« am nordwestlichen Stadtrand an der Straße Česká: Dieser Steinkreis aus elf Menhiren wurde 2007 von einer Hochfläche des Erzgebirges hierher umgesetzt, nachdem er seit den 1950er-Jahren dort immer mehr zerstört wurde und schließlich einem Straßenbau zu weichen hatte; Friedhof des Todesmarsches in Volary: Bei diesem Todesmarsch wurden etwa 1000 jüdische Frauen von Oberschlesien aus über gut 800 km in den Böhmerwald getrieben. Nur etwa 350 kamen in Volary an, wenige überlebten, die hier starben, sind an dieser Stelle beigesetzt; lohnend ist auch der Badesee Křišťanovický Rybník bei Křišťanovice; in Prachatice ist der historische Ortskern mit seinen bemalten Bürgerhäusern in Gänze sehr sehenswert, insbesondere die Jakobskirche (sehr schöner Blick vom Turm), das Piseker Tor (Dolní brana) wie auch die Reste der Stadtbefestigung.

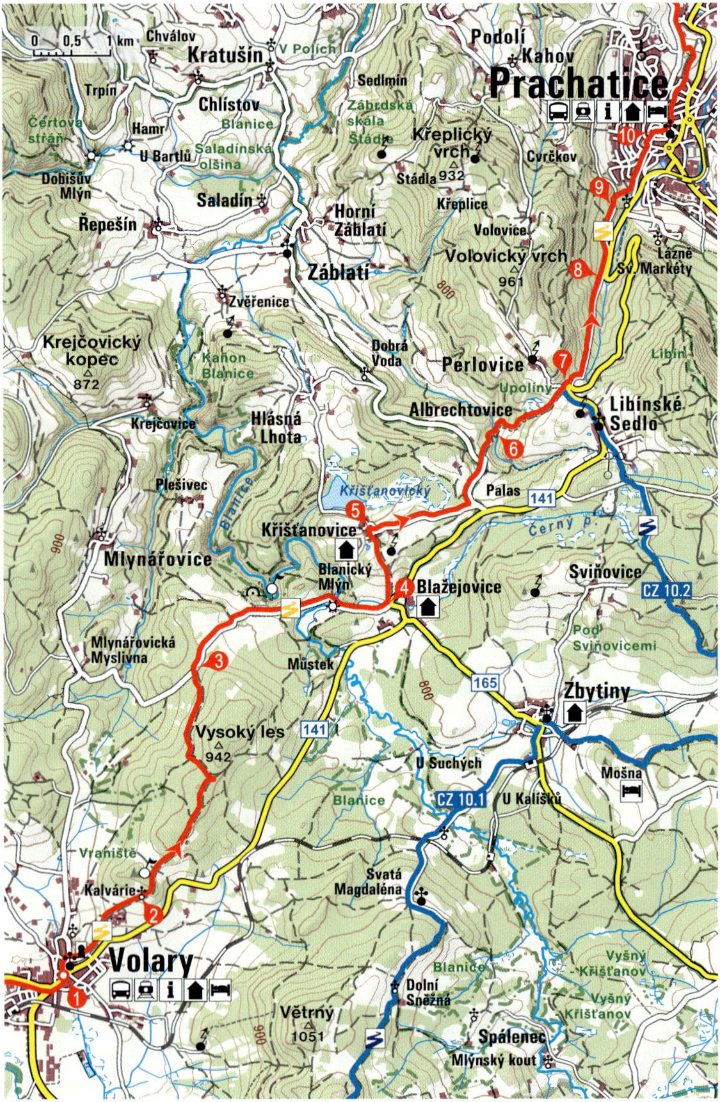
0 0,5 1 km
Chválov
Kratušín
V Polích
Podolí
Kahov
Prachatice
Sedlmín
Trpín
Chlístov
Zábrdská skála
Štádle
Čertova stráň
Hamr
Blanice
Křeplický vrch
932
U Bartlů
Saladínská olšina
Cvrčkov
Dobišův Mlýn
Stádla
Saladín
Křeplice
Řepešín
Horní Záblatí
Volovice
Lázně Sv. Markéty
Volovický vrch
961
Záblatí
800
Zvěřenice
Krejčovický kopec
872
Kaňon Blanice
Dobrá Voda
Perlovice
Libín
Upolíny
Albrechtovice
Libínské Sedlo
Krejčovice
Hlásná Lhota
Plešivec
Křišťanovický
Palas
141
Černý p.
Křišťanovice
900
Mlynářovice
Blanický Mlýn
Blažejovice
Sviňovice
CZ 10.2
Pod Sviňovicemi
Mlynářovická Myslivna
Můstek
800
165
Zbytiny
Vysoký les
942
141
U Suchých
Mošna
Blanice
CZ 10.1
U Kalíšků
Vraniště
Svatá Magdaléna
Kalvárie
Volary
Blanice
Vyšný Křišťanov
Dolní Snězná
Vyšný Křišťanov
Větrný
1051
900
Spálenec
Mlýnský kout

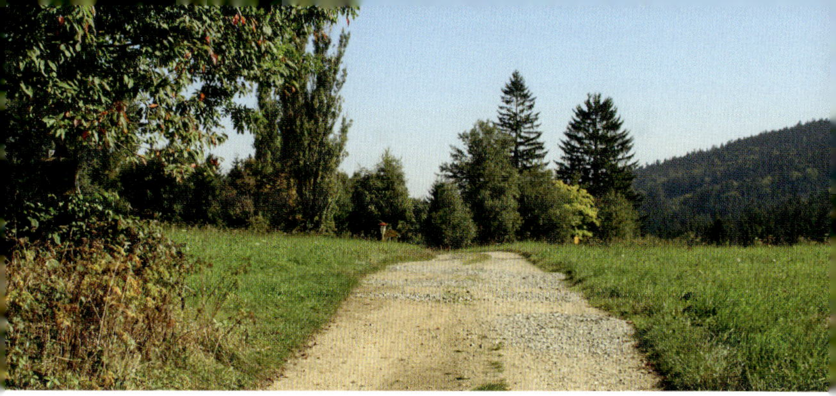

Landschaft in den Höhen kurz vor Wegpunkt 7.

Vom Hauptplatz in **Volary** ❶ gehen wir hinter der Kirche mit Gelb nach links in die Straße 5. Května (Straße des 5. Mai) und biegen nach etwa 150 m mit Gelb nach rechts in die Zlatá stezka (Goldener Steig) ein. Die sehr schöne Allee führt in deutlichem Anstieg empor. Links kommen wir alsbald am alten jüdischen Friedhof sowie dem Friedhof der jüdischen Opfer des Todesmarsches von Januar bis Mai 1945 vorbei. Wir passieren auch den Ortsfriedhof, dann wird der Weg fast zum Hohlweg, doch die schöne Baumrahmung bleibt. Er steigt leicht an und macht bei einer Kapelle, wo sich auch eine größere Laubenkolonie befindet, einen Knick nach rechts. Etwa 400 m danach zweigt am Waldrand bei einer Infotafel zum **Kalvarienberg** ❷ (Kalvárie) nach links im Zickzack ein Kreuzweg ab, an dem wir einen kleinen Abstecher machen könnten, denn noch unterhalb des Gipfels des Steinbergs (Kamenáč), 899 m, befindet sich ein schöner Aussichtspunkt.
Wir jedoch gehen auf dem Goldenen Steig weiter. Der Weg wendet sich nach links aus dem Wald heraus und wir erreichen einen Sattel. Dann geht es wieder bergan, gleich links des Wegs erhebt sich der Ořechovka, 919 m, und wir bleiben erneut auf gleicher Höhe. In spitzem Winkel treffen wir auf einen breiteren Weg und gehen mit Gelb nach links. Es geht etwa 300 m leicht abwärts. Am Punkt Vysoký les biegen wir nach rechts ab und nach etwa 1200 m kommen wir zur Verbindungsstraße Volary–Blažejovice am Punkt **U Cudrovic** ❸ (Bei Cudrovice). Auf der Asphaltstraße wenden wir

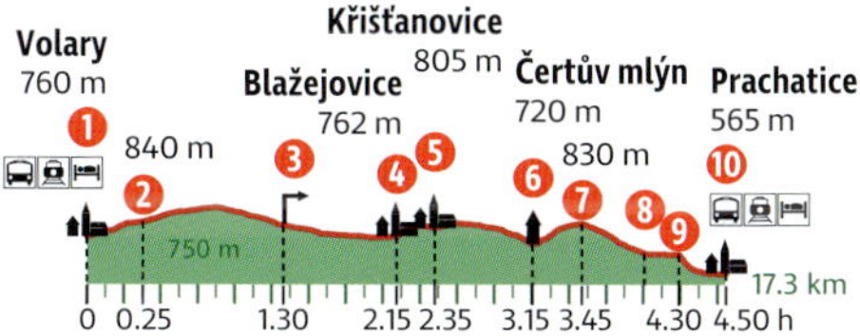

uns nach rechts und gelangen nach etwas mehr als 1 km zur Dorflage des nicht mehr existierenden Cudrovice (Zuderschlag). Hier biegt bei einem kleinen Friedhof Blau nach links zur Burg Hus ab. Wir aber wandern mit Gelb auf der Teerstraße weiter und überqueren nach etwa 1 km das Tal des Baches Blanice, wo sich eine verfallene Mühle befindet. In leichtem Anstieg gehen wir dann noch etwa 800 m bis zur Staatsstraße 141, zum Westrand des Dorfes **Blažejovice** 4. Hier biegen wir in die Staatsstraße nach links ein und gehen nach etwa 40 m gleich von ihr wieder ab, und zwar noch vor dem hier stehenden Haus nach links (gelbe Markierung) auf einen Fußpfad, der durch eine Wiese leicht bergan führt. Der Weg mündet in einen birkenbestandenen flachen Hohlweg (voller Äste u.Ä., es ist leichter, nebenan zu gehen), der bald eine flache Anhöhe erreicht. Dann senkt sich die Route hinab zum Dorf **Křišťanovice** 5. An der Dorfstraße angelangt, gehen wir mit Gelb nach rechts und verlassen den Ort (gehen wir geradeaus/links, kommen wir zum Badesee). Nun bleiben wir für gut 1,5 km auf der Asphaltstraße, bis wir auf eine weitere Teerstraße kommen, und gehen nach links weiter mit Gelb nach Albrechtovice hinein. Die Straße senkt sich deutlich ab und in einer 180-Grad-Kehre gehen wir über einen sehr schmalen, teilweise stark verwachsenen Wiesenpfad geradeaus hinunter in einen Talgrund, wo wir in den Wald eintreten. Nach etwa 100 m kommen wir, wo der Weg in einer Rechtskurve scharf abknickt, nach links zu den Resten (Stollen, Halden, Einbrüche) des spätmittelalterlichen Goldbergbaus, der hier auch durch deutschsprachige Informationstafeln beschrieben ist. Von der erwähnten Kurve ist nach rechts schnell das verwachsene Tal des Farský potok, des Pfarrbaches, erreicht. Wir überqueren ihn an einer Furt. Nach der Furt befinden sich links die kaum noch auszumachenden Reste der **Čertův mlýn** 6 (Teufels- oder Grabmühle). Dann steigen wir auf

Die Gegend um die Wüstung Cudrovice wird vom Berg Libín dominiert.

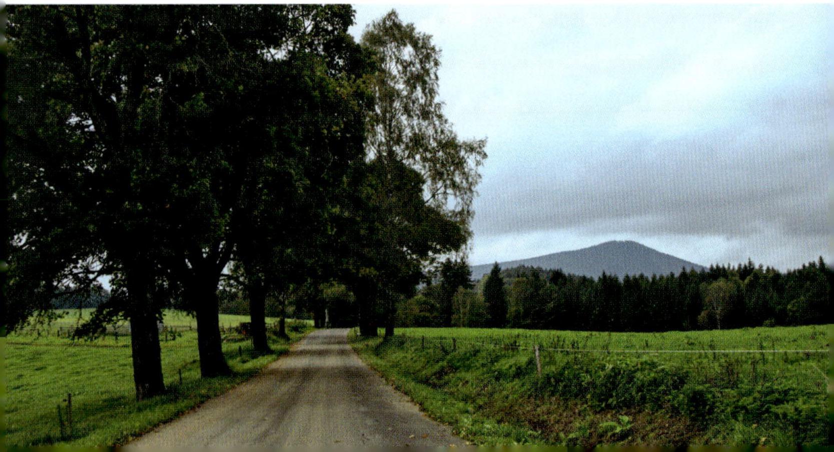

Schönes Sgraffitohaus am Prachaticer Marktplatz.

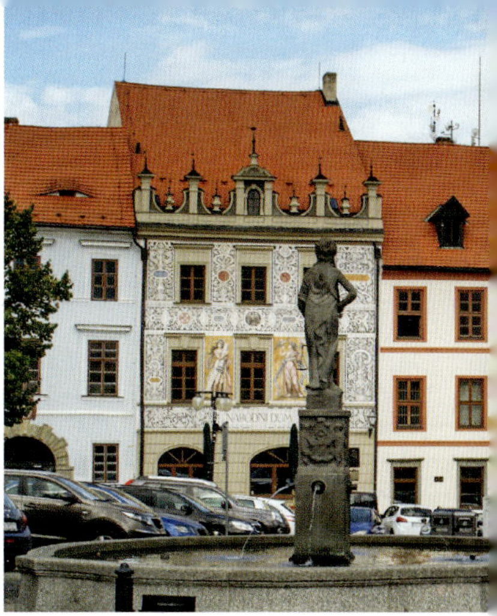

schmalem, verwachsenem Pfad wieder bergan und gelangen auf freies Feld. Der Weg vollzieht eine große Kehre und es geht vorbei an einem Bunker aus der Zwischenkriegszeit. In vielen grenznahen Bereichen zu Deutschland wurden in den 1930er-Jahren solche Bunker errichtet). Wir betreten wieder den Wald, kommen auf einem wurzelreichen Waldpfad erneut zu einem Bunker und erreichen einen breiten Weg, der von links herankommt. Auf ihm gehen wir geradeaus und bergan, erreichen eine sehr idyllische Wiese und gelangen an deren Ende, unterhalb des Ortes Libínske Sedlo, zu einer großen Kehre der Staatsstraße 141 am Punkt **Pod Perlovicemi** 7. Von diesem Punkt an deckt sich der Weg bis Prachatice mit dem letzten Teilstück des Verbindungswegs CZ 10.2.
Wir gehen mit Gelb geradeaus weiter, lassen die Staatsstraße rechts liegen und wandern auf breitem, ziemlich abschüssigem Weg und über einige Kurven in den Wald hinein. Plötzlich liegt ein schier unendlich langes, völlig gerades, abwärtsführendes Wegstück durch den Wald vor uns. Nach etwa 1,5 km erreichen wir am Punkt **Na Zlaté stezce** 8 die Fefrofsky-Teiche (benannt nach dem Fefrofsky-Bach, dem Pfefferschlagbach), wo sich auch ein kleines Wildgehege befindet, das rund um die Uhr öffentlich zugänglich ist.
Wir gehen mit Gelb parallel zur Staatsstraße geradeaus weiter, unser Weg macht eine kleine Wendung nach links, entfernt sich von der Staatsstraße und steigt wieder an. Gute 500 m nach dieser kleinen Richtungsänderung kommen wir zum Punkt **Nad Kaplí** 9. Hier führt in spitzem Winkel nach rechts und sehr leicht zu übersehen (wenngleich gelb markiert) ein schmaler Pfad abwärts in den Wald hinein. Wir wandern hinunter an das südliche Ortsende von Prachatice zum alten Wasserwerk, gehen links an diesem vorbei und weiter bergab. Der Weg ist jetzt befestigt und biegt nach links ab, vorbei an einem großen Schulgebäude; die Straße nennt sich Zlatá stezka, also Goldener Steig. Auf ihr halten wir uns mit Gelb immer geradeaus stadteinwärts. Treffen wir auf die Dlouhá, ist die historische Innenstadt erreicht und weiter geradeaus über die Solní (Salzstraße) kommen wir zum Hauptplatz (Velké náměstí) von **Prachatice** 10, wo die zweite Etappe ihr Ende findet.

3 Prachatice – Husinec

2.00 h	6,0 km
↗120 m	↘180 m

Aussichtsreicher Spaziergang zum Geburtsort von Jan Hus

Mit der dritten Etappe des Tschechischen Goldsteigs, die die kürzeste der gesamten Trasse und ihrer Verbindungswege ist, verlassen wir den historischen Goldenen Steig, dessen östlicher Zweig in Prachatice endete. Hier wurden die Salzsäcke von den Tragtieren auf Wagen verladen und weiter ins Landesinnere verbracht. Die Prachatice nächstgelegene Stadt ist Husinec, sodass die Salzwagen im Mittelalter sicherlich auch durch dieses Städtchen kamen. Und so verläuft die Etappe 3, deren Trasse Prachatice auf dem kürzesten Weg, sozusagen auf der Luftlinie, mit Husinec verbindet, sicherlich ebenfalls auf einem alten Salzhandelsweg – nur eben nicht auf einem Säumerpfad. Für jeden Tschechen ist Husinec ein fast heiliger Ort. Denn hier kam wahrscheinlich 1370 einer der für Böhmens Geschichte großen Persönlichkeiten zur Welt: Magister Jan Hus. Hundert Jahre vor Martin Luther geißelte er die Versäumnisse der katholischen Kirche, vor allem griff er den Lebenswandel der hohen Geistlichkeit an und sammelte viele Anhänger um sich. Doch auch Glaubensgrundlagen (Abendmahl etc.) deutete er neu. Auf dem Konzil in Konstanz, wo er seine Lehren auf Einladung des Kaisers vortragen sollte, wurde er gegen jede Abmachung festgesetzt und am 6. Juli 1415 als Ketzer verbrannt. Daraufhin sammelten sich seine Anhänger, die »Hussiten«, und zogen, militärisch organisiert, in Rachefeldzügen 20 Jahre lang durch Mitteleuropa, sengten und plünderten. Diese Hussitenkriege sind heute noch Gegenstand von Sagen und Legenden und vor allem in Ostbayern Gegenstand historischen Gedenkens. Für die tschechische Nation ist Hus ein Märtyrer und einer der frühesten Kämpfer für ein unabhängiges Tschechentum.

Das schönste Stück der Etappe ist der Abschnitt vor Výrov.

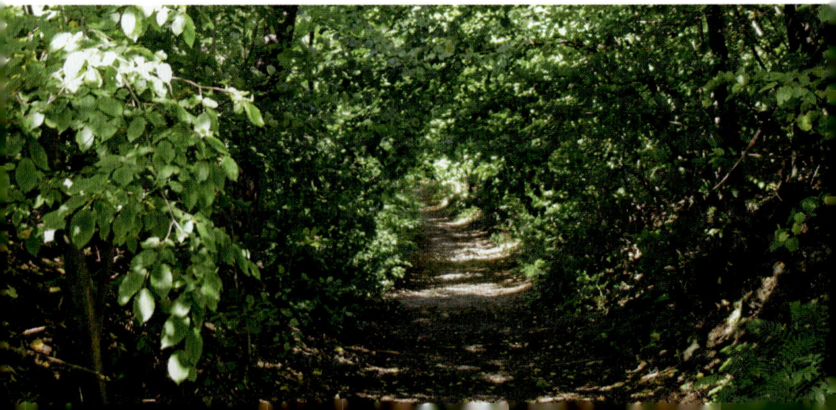

Ausgangspunkt: Prachatice, 565 m, Hauptplatz (Velké nám.); Bahnverbindungen nach Volary, České Budějovice und nach Prag.
Verbindungsweg: CZ 10 von Haidmühle CZ 10a oder Trojmezí (Dreiländereck) CZ 10b nach Prachatice.
Anforderungen: Leichte, da kurze Tour auf Asphaltwegen und breiten Waldwegen; etwa 1,5 km zwischen ❸ und ❹ auf der vielbefahrenen Landstraße Prachatice–Husinec.
Einkehr/Unterkunft: Prachatice: u. a. Restaurace Černý medvěd, nur Einkehr, Velké nám. 42, Tel. +420 388 300412, cernymedvedpt.cz; Hospůdka U Lachtana, nur Einkehr, Velké nám. 5, Tel. +420 731 476315; Hotel Koruna mit Restaurant Almara, Velké nám. 48, Tel. +420 388 310177, pthotel.cz; Pivovar Prachatice, mit Übernachtung, Horní 174, Tel. +420 606 096994, pivovarprachatice.cz; **Husinec:** Penzion-Pizzeria u Blanice, Komenského 83, direkt an der Blanice-Brücke, Tel. +420 723 407117, penzionublanice.cz, Hotel-Restaurace Na Knížecí, Komenského 72, Tel. +420 722 953558, naknizeci.com.
Weitere Infos: Prachatice: Velké nám. 1, Tel. +420 388 607574, prachatice.eu.
Tipps: In Prachatice ist der historische Ortskern mit seinen bemalten Bürgerhäusern in Gänze sehr sehenswert, insbesondere die Jakobskirche mit einem sehr schönen Blick vom Turm, das Piseker Tor (Dolní brana) sowie die Reste der Stadtbefestigung; Husinec: Centrum Mistra Jana Husa (Jan-Hus-Museum), Husova 37, Tel. +420 725 062066, cmjh.cz, Juli–Aug. tgl., Juni Fr.–So., Sept.–Okt. Fr.–So.

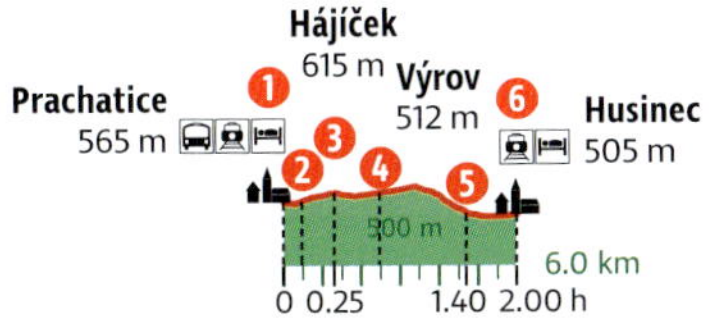

Unsere Tour beginnt am Hauptplatz (Velké nám.) in **Prachatice** ❶. Von hier wandern wir zur nahen St.-Jakobs-Kirche und links an ihr vorbei durch das Piseker Tor (Dolní brána), das von seiner Außenseite ausnehmend prächtig gestaltet ist. Vor dem Tor überqueren wir die Zvolenská, gehen auf den Malé nám. (Kleiner Platz) genau gegenüber und dann nach links in die Žižkova. Die Straße führt direkt auf den **Žižka-Felsen** ❷ (Žižkova skalka) zu, eine markante Quarzrippe. Hier treffen wir auf die rote Markierung, die uns bis Husinec begleiten wird. Über eine Treppe bzw. Rampe steigen wir auf den Felsen hinauf, von dem wir einen eindrucksvollen Blick auf Prachatice, insbesondere auf die Jakobskirche, haben. Unser Weg geht

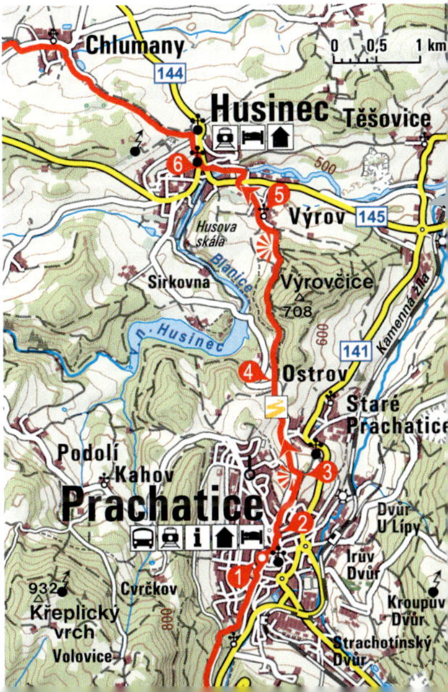

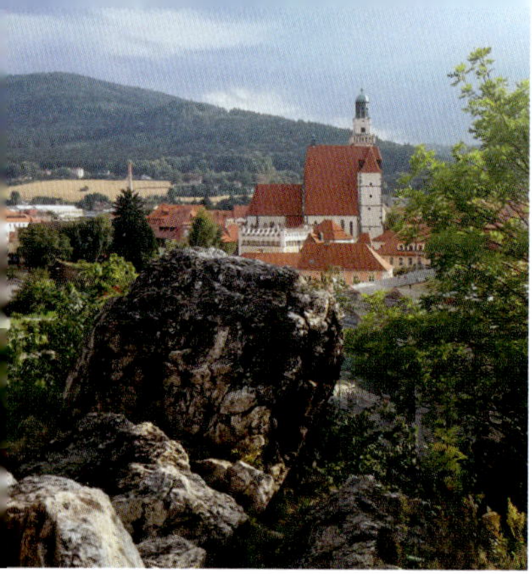

Der Blick vom Žižka-Felsen auf Prachatice ist sicherlich der schönste auf die Stadt.

direkt am Felsgrat rechts entlang. Nach etwa 100 m kommen wir zu einem seltsamen steinernen Obelisken aus dem 18. Jh., auf dem in deutscher Sprache Gedanken über die Vergänglichkeit des Daseins eingemeißelt sind. Nach abermals 100 m verbreitert sich unser Weg zu einer Fahrstraße, genannt Skalká. Hier gibt es eine Bank und eine kleine Kapelle – ein Wanderwegweiser an dieser Stelle bezeichnet diesen Punkt ganz richtig »Na křemenném valu«, auf Deutsch »Zum Kieselwall« (gemeint ist der Quarzfelsen). Wir gehen in flachem Anstieg entlang von Kreuzwegstationen weiter, bis wir an der höchsten Stelle, von wo man schönste Blicke auf Prachatice und vor allem auf den Berg Líbín hat, zu einem kleinen Hain kommen. Geradeaus befindet sich nach etwa 200 m der sehr hübsch gelegene und besuchenswerte Friedhof, in den wir mit Grün hineingehen.
Am Wegweiser **Hájíček** ❸ vorbei gehen wir hinüber zur Landstraße Prachatice–Husinec. Wir biegen auf ihr rechts ab und folgen ihr etwa 1,5 km bis zu einer scharfen **Linkskurve** ❹. Hier gehen wir geradeaus auf unbefestigtem Weg in den Wald hinein. Es beginnt einer der schönsten Wegabschnitte des ganzen Fernwanderwegs. Durch zauberhaften Mischwald wandern wir immer leicht bergab. An einer Gabelung nach etwa 400 m halten wir uns gemäß der roten Markierung links. Es gibt weitere Wegabzweige, doch zeigt die rote Farbe jeweils deutlich, welchen Weg wir nehmen. Wir verlassen den Zauberwald und nach links öffnet sich ein traumhafter Blick über die Lande. Dann geht es steil hinab nach **Výrov** ❺. In der Ortsmitte gehen wir rechts am kleinen Dorfteich vorbei, aus dem Ort heraus bis zur Staatsstraße 145, wo wir eigentlich schon in Husinec angekommen sind. Wir halten uns auf der Staatstraße aber zunächst ein kleines Stück nach rechts und nach etwa 30 m nach links Richtung Schwimmbad (Koupaliště). Mit Grün überqueren wir eine Brücke über das Flüsschen Blanice und gehen unmittelbar danach dem Wegverlauf folgend nach links. Der Weg wird zur Straße Žižková, sie steigt etwas an und mündet in eine Straße gleichen Namens, wo wir nach links gehen. Nach etwa 100 m ist die Ortsmitte von **Husinec** ❻ erreicht, direkt unterhalb der Pfarrkirche, am Prokopo nám. (Prokop-Platz) – Prokop war 1424 bis 1434 Anführer des hussitischen Heers. Jan Hus' Geburtshaus, heute Museum, liegt etwa 200 m südlich des Denkmals an der Husova. Damit ist die dritte Etappe bewältigt.

6.15 h	21,4 km
↗750 m	↘560 m

Husinec – Vimperk

4

Landauf, landab durch Böhmens Hain und Flur

Die abwechslungsreiche Etappe führt über Felder, Wiesen, Wälder, durch weltferne Dörfer bergan und bergab, hinauf zum Maršký vrch (Marienhügel), der die östliche Umgebung von Vimperk dominiert. Sie endet in Vimperk (Winterberg), einer wichtigen Stadt, wo im 15. Jh. Böhmens erste Buchdruckerei gegründet wurde und die der Endpunkt des mittleren Zweigs des Goldenen Steigs ist. Bedeutend war auch die Winterberger Glasindustrie. Berühmt waren die Gebetbücher, aufwendig mit Leder, Schildpatt, Perlmutt, Elfenbein und Schlangenleder gearbeitet, die der Winterberger Verlag Steinbrener, der heute noch existiert, herausgegeben hat. Verbreitet waren und sind die populären Kalender dieses Verlags, die künstlerisch gestaltet sind. Vimperk, das an einem steilen Berghang errichtet ist, hat einen sehr sehenswerten langgezogenen Marktplatz. 60 m oberhalb der Innenstadt erhebt sich das wuchtige Schwarzenbergsche Schloss vom Ende des 17. Jh., das aus einer mittelalterlichen Burg hervorgegangen ist (heute Museum).

Machtvoll ragt über Vimperk (unten das Gymnasium) das Schloss auf.

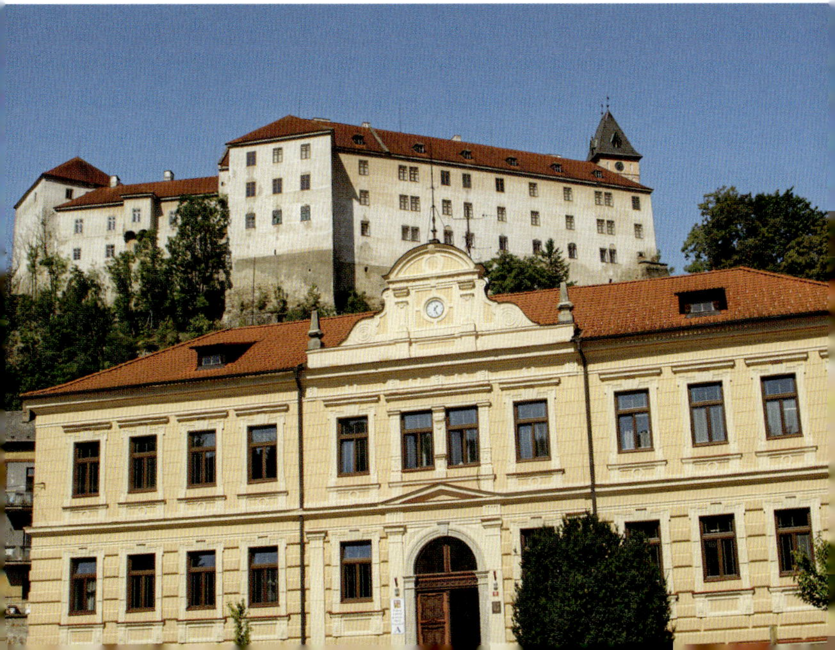

Ausgangspunkt: Husinec, 505 m, Prokopo nám., Kirche; Bahnverbindungen nach Prachatice, Vodňany (Bahnknotenpunkt) und nach České Budějovice.
Verbindungsweg: CZ 9 von Philippsreut nach Vimperk (Winterberger Zweig).
Anforderungen: Eine der längsten Etappen des Fernwanderwegs; die Trasse verläuft auf gut begehbaren Feld- und Waldwegen; ein längeres Stück zwischen zwischen Dolní Kožlí und Mojkov auf einer befestigten, allerdings wenig befahrenen Straße; auch der Abschnitt zwischen 9 und 10 in Vimperk führt entlang befestigter, diesmal auch stark befahrener Straßen; nennenswerte Anstiege gibt es kaum, ausgenommen der steilere Aufstieg zum Maršký vrch.
Einkehr/Unterkunft: Husinec: Penzion-Pizzeria u Blanice, Komenského 83, direkt an der Blanice-Brücke, Tel. +420 723 407117, penzionublanice.cz; Hotel-Restaurace Na Knížecí, Komenského 72, Tel. +420 722 953558, naknizec.com; **Chlumany:** Hospoda Chlumany, Haus Nr. 60, nur Einkehr, Tel. +420 778 730846; **Lštění:** Ubytování u sv. Vojtěcha, nur Übernachtung, Haus Nr. 13, Tel. +420 774 080590; **Vimperk:** Hotel Zlatá Hvězda, mit Restaurant, 1. maje 103, Tel. +420 602323 297, hotelzlatahvezda.cz; Penzion Volynka, Pasovská 114, Tel. +420 728666 609, penzion-vimperk.cz; Šumavský pivovar, kleine Privatbrauerei mit Restaurant und Brauereibesichtigungen, Steinbrenerova 48, Tel. +420 388 310511, sumavskypivovar.cz.
Weitere Infos: Vimperk: Nám. Svobody 42, Tel. +420 388 402230, mesto.vimperk.cz.
Tipps: Husinec: Centrum Mistra Jana Husa (Jan-Hus-Museum), Husova 37, Tel. +420 725 062066, cmjh.cz, Juli–Aug. tgl., Juni Fr.–So., Sept.–Okt. Fr.–So.; Chlumany: Schaugartenanlage Ky.By. Zahrada, neben dem Hospoda (s.o.), kyby.cz; Quelle Dobrá voda mit Adalbertskapelle in Lštění, 150 m via Weg gegenüber der Kirche; Vimperk: Schloss mit zwei Gebäudekomplexen, dem Ober- und dem Unterschloss – Schloss- und Stadtmuseum, es gibt besondere Winter- und Sommerausstellungen, Zámek 20, Tel.+420 778 427134, April–Okt., zamek-vimperk.cz; Pfarrkirche Maria Heimsuchung, am unteren Ende des Marktplatzes, von 1365 mit Netzkreuzgewölbe und reicher Innenausstattung; sehenswert sind auch die Tore und Reste der spätgotischen Stadtbefestigung u. a. an der Straße zum Schloss (Podzámčí); Fachwerkhäuser Ecke Steinbrenerova/Inocentova.

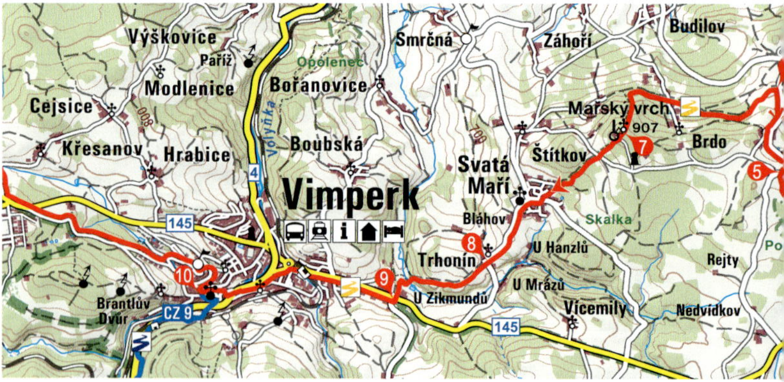

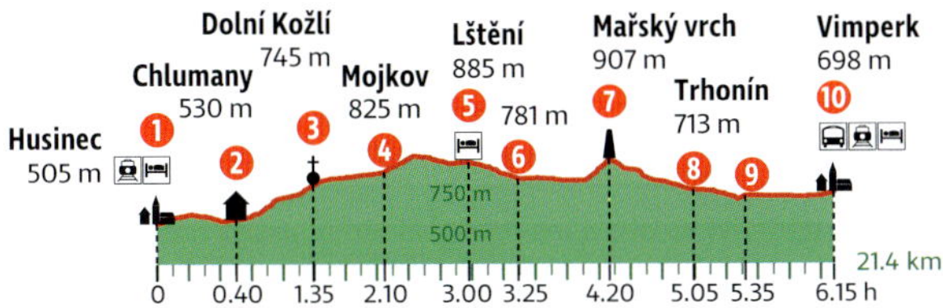

Die erste Hälfte der Tour bis Lštění begleitet uns die blaue Markierung. Von der Ortsmitte in **Husinec** ❶, der Kirche bzw. dem Prokopo nám., gehen wir entlang der Jeronýmova bergan, biegen nach knapp 150 m in spitzem Winkel halblinks auf eine Nebenstraße ab und gelangen zum Ortsfriedhof. Hier führt uns Blau nach links auf einen recht steinigen Feldweg, der auf beiden Seiten von Buschwerk gesäumt ist. Auf ihm geht es fast ohne Steigung über die Hochfläche, dann entlang eines Wäldchens abwärts bis zu den ersten Häusern von Chlumany. Auf dem ab hier befestigten Weg passieren wir einen reizvollen Teich, gehen geradeaus bis zur Hauptstraße und biegen dort nach links ab. Nach etwa 150 m kommen wir in der Ortsmitte zu einer Kapelle, vor der der touristische Wegweiser **Chlumany** ❷ steht. Wir halten uns westwärts auf der Dorfstraße bis zum Ortsende und hinter dem letzten Haus auf einen schmalen befestigten Weg nach rechts aufwärts. Etwa nach 100 m wandern wir an einer Einmündung nach links über einen Wiesenpfad weiter bergan in den Wald. Der Weg verbreitert sich etwas, ist aber von Forstfahrzeugen ziemlich ramponiert. Nach etwa 1 km ist der höchste Punkt erreicht, dann geht es leicht bergab, bis eine Asphaltstraße erreicht ist. Auf ihr gehen wir halbrechts weiter bergan, bis nach etwa 300 m **Dolní Kožlí** ❸ erreicht ist. Wir wandern durch das Dorf hindurch und bleiben auf

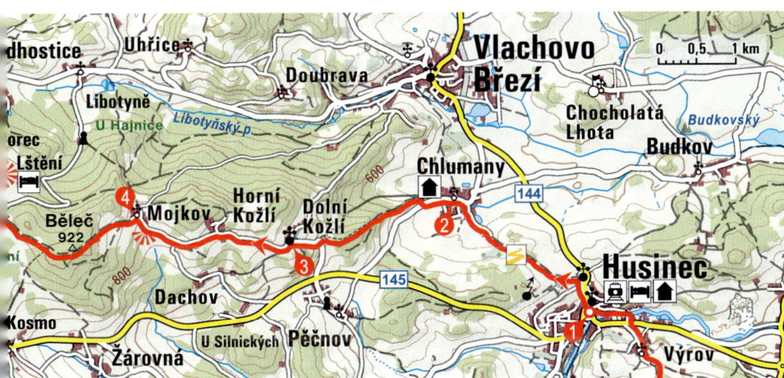

der Asphaltstraße, von der wir schöne Blicke auf den Böhmerwald und sein Vorland haben. Dann ist nach leichtem weiteren Anstieg nach etwa 1,5 km Horní Kožlí erreicht. Weiter auf der Teerstraße gelangen wir nach 1 km nach **Mojkov** 4. Wir gehen durch den Ort hindurch. An seinem westlichen Ende wird die Fahrstraße, die jetzt eine sehr schadhafte Befestigung aufweist, für Motorfahrzeuge gesperrt. Unser blauer Weg steigt deutlich an und passiert nach etwa 1,3 km im Wald einen Sattel unterhalb der Anhöhe Běleč, 923 m. Dann geht es sanft hinab, wir verlassen den Wald, kommen auf eine idyllische Hochebene und passieren die Lokalität Šár. Nach etwa 400 m ist der westliche Ortseingang von **Lštění** 5 erreicht. Hier gehen wir jetzt mit Grün nach rechts bis zur Kirche, links um diese herum wieder auf die Hauptstraße und entlang dieser in deutlichem Gefälle hinab. Wir wandern durch Dvorec und weiter hinab bis **Radhostice** 6. Am Ortseingang biegen wir gegenüber der Bushaltestelle mit Grün nach links auf einen Feldweg ab, von dem wir schöne Blicke nordwärts hin zum Berg Věnec, 765 m, haben. Der Weg steigt leicht an. Wir erreichen den Wald, verlassen ihn an der Stelle, wo der Weg wieder abwärts führt, und kommen zur Siedlung Brdo. An der Kreuzung (touristischer Wegweiser) gehen wir jetzt mit Rot geradeaus weiter, bleiben etwa 400 m auf der gleichen Höhe und biegen dann im rechten Winkel mit Rot nach links auf einen schmalen Pfad ab. Er führt etwa 1 km verhältnismäßig steil hinauf zum **Mářský vrch** 7. Von dessen architektonisch interessantem Aussichtsturm, der an eine Kapelle im expressionistischem Stil erinnert, haben wir einen schönen Blick in die Lande, allerdings durch Baumbewuchs eingeschränkt.

Mit Rot gehen wir von hier abwärts, vorbei an einem Sendeturm, und weiter mit Rot hinab zum Punkt Pod Marškým vrchem, an dem wir eine Asphaltstraße kreuzen. Durch dicht bewachsenes Gelände geht es weiter hinunter bis nach Svatá Maří. Auf nun befestigtem Weg wandern wir im Ort geradeaus weiter bergab, bis wir auf eine breitere, befestigte Querstraße stoßen, der wir nach rechts bis zur Ortsmitte folgen. Hier biegen wir mit Rot nach links ab. Am Friedhof vorbei und immer weiter talwärts kommen wir nach etwa 1 km nach **Trhonín** 8. Wo sich in der Dorfmitte die Hauptstraße

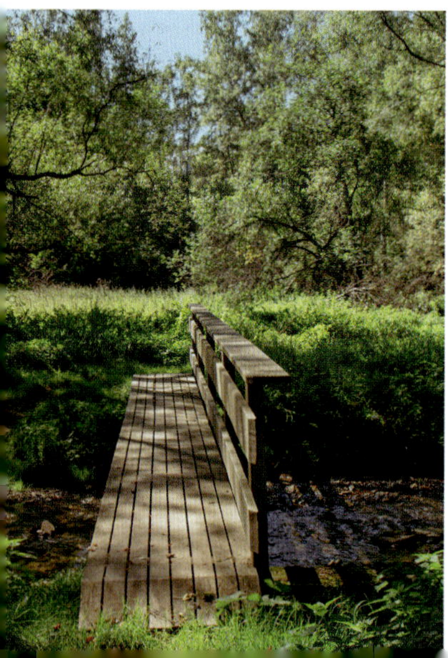

Brückchen über den Bořanovicky-Bach.

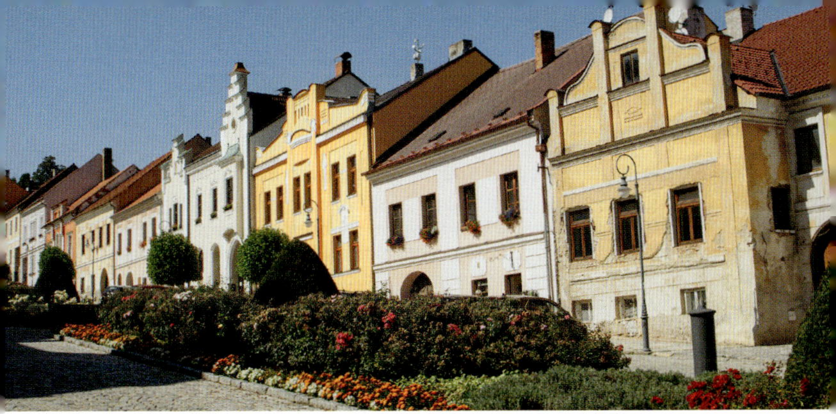

Der Marktplatz in Vimperk atmet den Geist vergangener Zeiten.

scharf nach links wendet, gehen wir zwischen den Häusern Nr. 1 und Nr. 2 geradeaus auf einem Feldweg weiter und wandern oberhalb des Tals des Bořanovicky-Bachs gute 300 m bergan. Dann geht es deutlich bergab und in den Wald hinein abwärts zum Bach. Wir überschreiten ihn auf einer kleinen Brücke und gelangen unterhalb der ersten Häuser von Vimperk auf eine große Wiese. Diese überqueren wir auf einem Pfad diagonal aufwärts, gehen links an einem großen Strommasten vorbei und kommen wieder auf einen »richtigen« Weg. Auf diesem gehen wir bergan und an einem Industriebetrieb vorbei, bis wir am östlichen Ortseingang von Vimperk die **Špidrova** ⑨ (Staatsstraße 145) erreichen. Mit Rot gehen wir jetzt entlang dieser stark befahrenen Straße nach rechts westwärts Richtung Innenstadt. Nach etwa 1,5 km unterqueren wir die Eisenbahngleise, kommen zu einem Kreisverkehr und gehen an diesem mit Blau und Rot nach links in die Straße Nádražní (Bahnhofstraße). Am Busbahnhof vorbei halten wir uns immer auf der linken Straßenseite, kommen zur breiten Straße Pražská und vor uns erhebt sich nun Vimperk mit seiner eindrucksvollen Schlossanlage hoch über der Stadt. Nach etwa 300 m verlässt uns die blaue Markierung nach links in die Straße K. Světlé, wir aber gehen mit Rot geradeaus weiter und überqueren mit Rot nach etwa 150 m die Pražská. Eine kleine Brücke führt uns über das Flüsschen Volynka. Wir gehen nach links, entlang einer Grünanlage, bis zur Kaplířova. Hier wenden wir uns nach rechts in die Sadová und biegen nach knapp 100 m nach links in die 1. máje ein. Diese Straße steigt an, wird zur Pivovarská und wir kommen nach etwa 300 m zu einem Platz (mit Parkmöglichkeiten) vor einem großen Schulgebäude, über dem sich majestätisch das Vimperker Schloss erhebt. Hier endet in **Vimperk** ⑩ (Winterberg) am touristischen Wegweiser »Vimperk – pod zámkem« die vierte Etappe. Über die Straße Svorností gelangt man von hier hinauf zum Marktplatz (Nám. Svobody) und zur Pfarrkirche von Vimperk.

5 Vimperk – Stachy

3.15 h	11,7 km
↗340 m	↘290 m

Ein einfacher, unaufgeregter Spaziergang durch Stadt und Land

Die fünfte Etappe ist mit ihren knapp zwölf Kilometern eine der kürzesten des Tschechischen Goldsteigs. Von Vimperk (Winterberg) geht es nordwestwärts aus der Stadt heraus, dann parallel, aber in gehöriger Entfernung zur Staatsstraße 145 bis Zdikov mit seinem hübschen Gutshaus (Schloss), von dort hinauf nach Masákova Lhota und dann durch kleine Wälder und hügelige Wiesenhänge hinab nach Stachy (Stachau).

Ausgangspunkt: Vimperk (Winterberg), 698 m, Wegweiser »Vimperk – Pod zámkem« an der Pivovarská; Bahnanbindung nach Volary, Strakonice und Plžeň.
Verbindungsweg: CZ 9 vom bayerischen Philippsreut (Winterberger Zweig des historischen Goldsteigs) nach Vimperk.
Anforderungen: Nicht lange und leichte Tour ohne nennenswerte Anstiege, ausgenommen am Beginn der Aufstieg zum Schloss; von Vimperk bis zu U Sloupu geht es entlang von Asphaltstraßen, ebenso von Zdíkov nach Masákova Lhota.
Einkehr/Unterkunft: **Vimperk:** Hotel Zlatá Hvězda, mit Restaurant, 1. máje 103, Tel. +420 602 323297, hotelzlatahvezda.cz; Penzion Volynka, Pasovská 114, Tel. +420 728 666609; penzion-vimperk.cz; Šumavský pivovar,

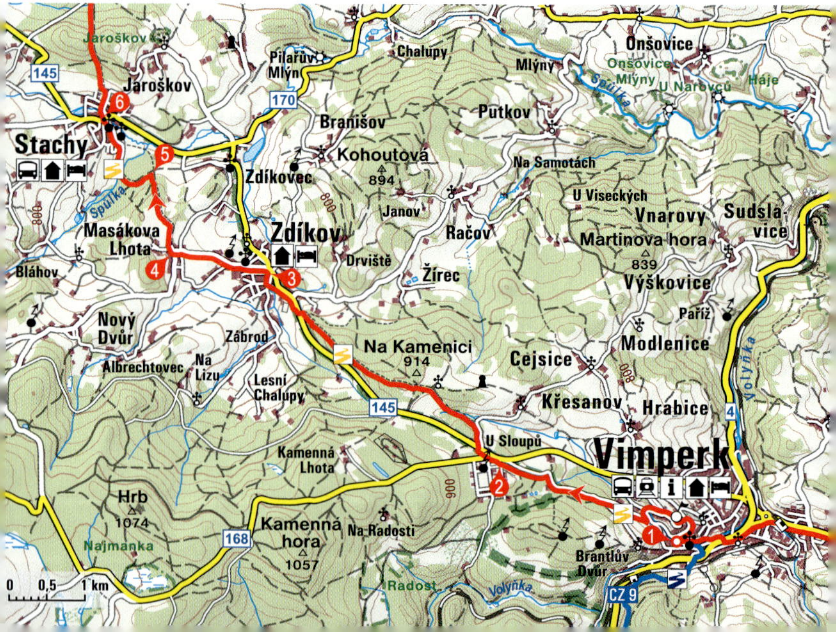

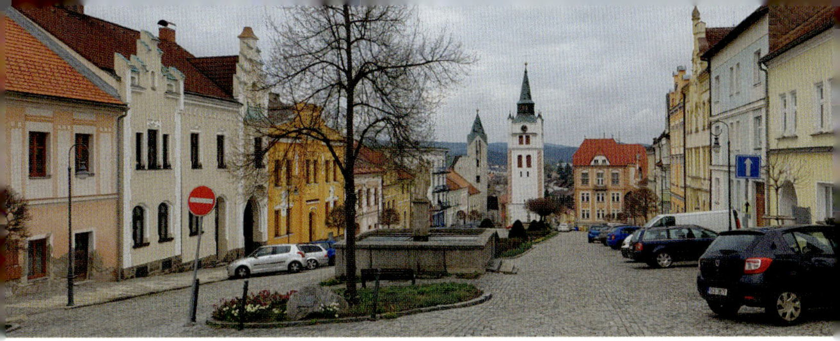

Der Marktplatz von Vimperk – im Hintergrund Pfarrkirche und Stadtturm.

kleine Privatbrauerei mit Restaurant und Brauereibesichtigungen, Steinbrenerova 48, Tel. +420 388 310511, sumavskypivovar.cz; **Zdíkov:** Schlosshotel mit Restaurant, Zdikov Nr. 1, Tel. +420 388 426828, boehmerwaldhotels.de (de ist richtig!); Restaurace U Novotnych, Zdíkov 55, gegenüber dem Busbahnhof, Tel. +420 388 426977; **Stachy:** Pepe's food, Stachy Nr. 79, Tel. +420 724 566649; Penzion Stachy, Stachy Nr. 313, Tel. +420 774 454345, penzionstachy.cz.
Weitere Infos: Vimperk: Nám. Svobody 42, Tel. +420 388 402230, mesto.vimperk.cz; Stachy: Haus Nr. 79, an der Grünanlage in der Ortsmitte, Tel. +420 388 428043, isumava.net und stachy.net.
Tipps: Vimperk: Schloss mit zwei Gebäudekomplexen, dem Ober- und dem Unterschloss – Schloss- und Stadtmuseum, es gibt besondere Winter- und Sommerausstellungen, Zámek 20, Tel.+420 778 427134, April–Okt., zamek-vimperk.cz; Pfarrkirche Maria Heimsuchung, am unteren Ende des Marktplatzes, von 1365 mit Netzkreuzgewölbe und reicher Innenausstattung; sehenswert sind auch die Tore und Reste der spätgotischen Stadtbefestigung u. a. an der Straße zum Schloss (Podzámčí); Fachwerkhäuser Ecke Steinbrenerova/Inocentova; Zdíkov: Schloss, Hotel und Restaurant, Insel im Schlossteich; Stachy: Grab des Sepp Rankl auf dem Friedhof: Sepp Rankl, eigentlich Josef Klostermann, der »Böhmerwaldriese«, war 2,13 m groß und eine legendäre, volkstümliche Gestalt, er starb 69-jährig 1888 in Stachy, damals Stachau; in der kleinen Grünanlage in der Ortsmitte kommt es alljährlich zu einem Massenwachstum des Netzstieligen Hexenröhrlings, überhaupt wachsen hier (Stein-)Pilze, woran hölzerne Steinpilzskulpturen erinnern.

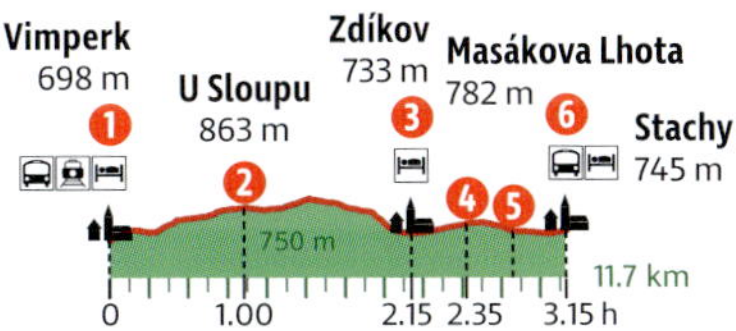

Rot ist auf dieser Etappe die bestimmende Markierungsfarbe. Vom Wegweiser »Vimperk–pod zámkem« in **Vimperk** 1 gehen wir rechts von dem großen Schulgebäude in eine schmale Gasse, steigen über zahlreiche Treppenstufen hinauf zur Straße Podzámči und gehen auf ihr nach rechts steil bergan Richtung Schloss. Wir passieren das Schwarze Tor (Černá brána) der Stadtbefestigung und genießen herrliche Blicke über Vimperk. Dann ist

bald der Eingang zur Burg erreicht. Wir begeben uns unmittelbar rechts neben dem Burgeingang mit Rot in eine schmale und etwas ansteigende Straße. Nach knapp 100 m gehen wir an einem Abzweig nach links und passieren rechter Hand den alten Geschützturm (Haselburg), Teil der Befestigung des mittelalterlichen Vorgängerbaus der heutigen Burg. Mit Rot gehen wir weiter auf der Straße Zámek (Schloss) geradeaus und biegen nach etwa 200 m an einer Kreuzung nach links in die Purkártova ein. Wir spazieren mit Rot bergab durch ein Wohngebiet. Die Straße führt zum Krankenhaus von Vimperk hinab, biegt hier scharf links ab, steigt kurz an und wir erreichen wieder die Pivovarská. Hier wenden wir uns nach rechts aus der Stadt heraus. Es geht mit Rot weiter. Nach knapp 2,5 km durch den Wald kommen wir bei einem ehemaligen Kasernenkomplex zum Punkt **U Sloupu** ❷ und zur Staatsstraße 145.
Wir wechseln die Straßenseite, verfügen uns nach links, passieren eine Bushaltestelle und kommen nach etwa 200 m zum Abzweig Richtung Křesanov/Cejsice. Dorthin biegen wir mit Rot ab. Die Straße senkt sich abwärts und am tiefsten Punkt, in einer deutlichen Rechtskurve, gehen wir mit Rot links auf einen ansteigenden Wiesenpfad (gleichzeitig Radweg 1201), der sich bald in den Wald hinein begibt und dann als Pfad direkt am Waldrand verläuft. Nach etwa 600 m ist die höchste Stelle dieses Abschnitts erreicht. Der rot markierte Weg macht bei einem Bildstock einen deutlichen Linksknick. Gleich danach zweigt an einer Kreuzung die Radtrasse nach links ab, wir aber gehen mit Rot geradeaus weiter und bleiben am Waldrand. Doch nach etwa 200 m geht es an einer weiteren Kreuzung direkt in den Wald hinein. Der Waldweg senkt sich nach und nach hinab. Wir wandern über das kleine bewachsene Plateau des Bergs Hřebeny, 866 m. Dann geht es steiler hinab und der Weg nähert sich der Staatsstraße 145, auf die er am Ortseingang von Zdíkov trifft. Über diese gehen wir nach Zdíkov hinein, doch bei der Rechtskurve auf ihrer alten Trasse geradeaus, rechts an der Insel des Schlossteichs vorbei. Am Schloss wenden wir uns nach rechts, kommen wieder zur Staatsstraße und gehen hier nach links in die Ortsmitte von **Zdíkov** ❸.
Nach 100 m biegen wir mit Rot nach links in die Straße Richtung Masákova Lhota – Zadov ein und gehen in

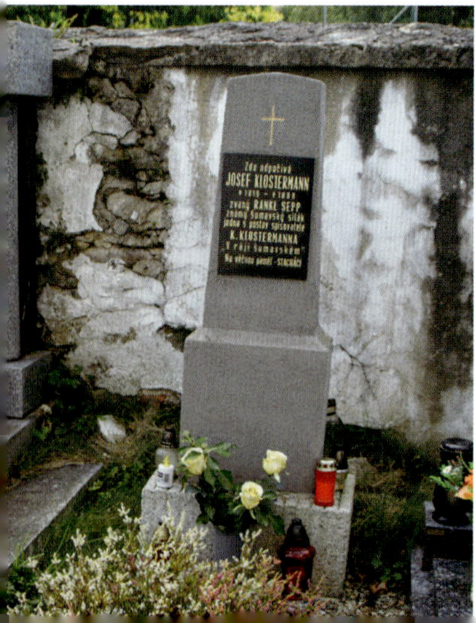

Grab des »Böhmerwaldriesen« Josef Klostermann auf dem Friedhof in Stachy.

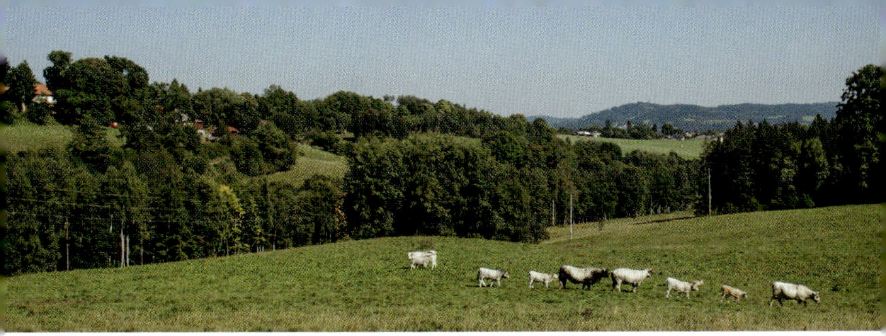

Idyll zwischen U Sloupu und Křesanov.

leichtem Anstieg aus Zdíkov heraus. Am Ortsende wandern wir durch eine sehr schöne Allee von überwiegend Linden, doch auch Eschen und Ahornbäumen. In der Dorfmitte von **Masákova Lhota** 4, wo die Straße scharf nach links abbiegt, wandern wir mit Rot nach rechts und gelangen nach etwa 400 m über einen Feldweg zu einem Wäldchen, um das der Weg links herumführt. So gelangen wir in einen kleinen Hain und über eine Wiese mit deutlichem Gefälle in ein größeres Waldstück. Hier muss man gut aufpassen, die rote Markierung nicht zu verlieren, da es teils steil, teils über grobes Wurzelwerk bergab geht, und die Markierung nur lückenhaft angebracht ist. Beim Punkt **U Spůlky** 5 treffen wir auf den von rechts mit blauer Markierung herankommenden Weg aus Zdíkovec. Wir gehen mit Blau und Rot hier nach links und nach etwa 250 m knickt der Waldweg, der durch Fahrzeuge der Forstwirtschaft ziemlich durchpflügt ist, nach rechts ab. Wir überqueren einen kleinen Bach und erreichen alsbald beim Sportplatz sowie einem Betriebshof den Rand von Stachy. Wir gehen dorfeinwärts am Friedhof gleich danach an der eindrucksvollen Pfarrkirche vorbei. Dann passieren wir eine parkähnliche Grünanlage mit einigen hölzernen Pilzen (diese Grünanlage ist bekannt durch ihre Steinpilzvorkommen) und sind an der Staatsstraße 145 am Hauptplatz von **Stachy** 6 (Stachau) bzw. am Wegweiser »Stachy nám.« am Ende der Etappe angekommen.

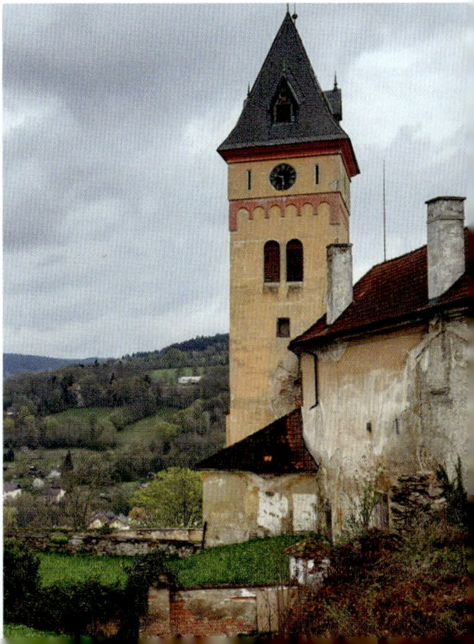

Märchenstimmung umwebt die altersgrauen Mauern von Schloss Vimperk.

6 Stachy – Kašperské Hory

5.15 h	16,8 km
↗600 m	↘600 m

Durch tiefe Wälder zu einer Burg und einer Goldbergbaustadt

Diese Etappe ist nicht nur abwechslungsreich, sondern bringt neben dem Naturgefühl der durchwanderten tiefen Waldungen auch eine Begegnung mit einer der großartigsten böhmischen Burgen. Die markante, zweitürmige, weithin weiß über die Lande leuchtende Burg Kašperk (Karlsburg) ließ der böhmische König und deutsche Kaiser Karl IV. um 1365 erbauen. Sie sollte die Handelswege von und nach Böhmen sowie auch die nahe Grenze zu Bayern überwachen, vor allem aber die Goldtransporte aus den nahen Reichensteiner Revieren sichern. Mit dem Dreißigjährigen Krieg und dem Erlöschen des Goldabbaus verfiel die Burg und wurde erst in den 1930er-Jahren rekonstruiert. Die 180 m lange und nur 30 m breite Anlage steht fast uneinnehmbar auf einem Felssporn mit steil abfallenden Wänden. Die alte Bergbaustadt Bergreichenstein, heute Kašperské Hory, war zusammen mit dem Unterreichenstein (Rejštejn) ein Zentrum des spätmittelalterlichen Goldbergbaus in Mitteleuropa. Bis etwa 1650 fand um die beiden Orte in verschiedenen Gruben der Goldabbau statt. Wiederholt wurde er für kurze Zeit reaktiviert, doch immer wieder aufgegeben. 2005 kam es abermals zu einem Versuch, den Goldbergbau neu aufzunehmen, doch scheiterte dies am Widerstand der Bevölkerung, die wegen der zu erwartenden Umweltschäden an der unweiten Grenze des Nationalparks einen Rückgang des Tourismus befürchtete.

Unvergleichlich – der Blick von Pustý Hradek auf die Burg Kašperk.

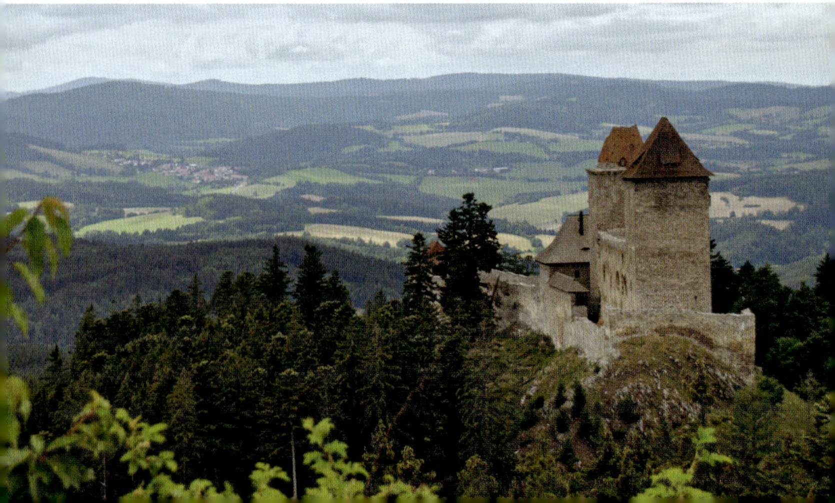

Das Rathaus von Kašperske Hory hat eine der schönsten Renaissancefassaden Südböhmens.

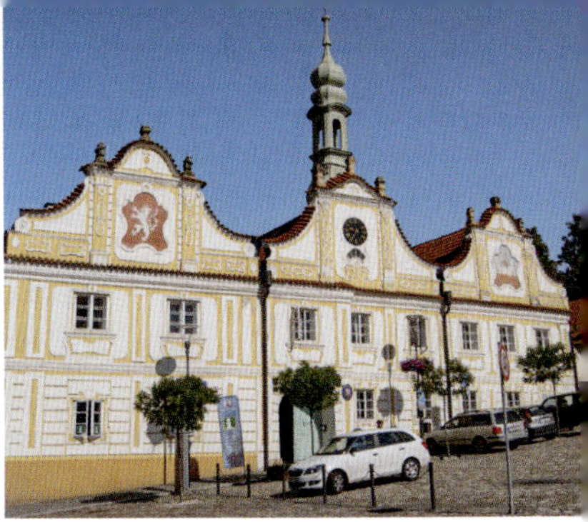

Ausgangspunkt: Stachy (Stachau), 745 m; Busverbindung nach Vimperk.
Verbindungsweg: CZ 8 von Mauth nach Kašperské Hory; Trasse identisch mit dem alten Bergreichensteiner Zweig des historischen Goldenen Steigs.
Anforderungen: Wegen der Höhenunterschiede ist diese Etappe verhältnismäßig anstrengend: Der Aufstieg zum Královsky kámen ist dabei neben dem zur Johanneskapelle der steilste Abschnitt, ansonsten verläuft die Tour auf bequemen Wegen; der kurze Abstieg vom Ödschlössl ist schlecht markiert.
Einkehr/Unterkunft: Stachy: Pepe's food, Stachy Nr. 79, Tel. +420 724 566649; Penzion Stachy, Stachy Nr. 313, Tel. +420 774 454345, penzionstachy.cz; **Kašperské Hory:** u. a. Hotel Kašperk, Nám. 3, Tel. +420 376 324113, hotel-kasperk.cz; Nebespán Boutique Hotel, Nám. 7, Tel. +420 603 255363, nebespan.cz; Restaurant Penzion Na Solné stezce (Zum Goldenen Steig), vormals Waikiki, Dlouhá 92, Tel. +420 604 705670, nasolnestezce.cz.
Weitere Infos: Kašperské Hory: Städt. Kultur- und Informationszentrum, Náměstí 1, Tel. +420 376 503413, kasphory.cz; Informationszentrum des Nationalparks Böhmerwald, Sušická 399, Tel. +420 376 582734, npsumava.cz.
Tipps: Stachy: Grab des Rankl Sepp auf dem Friedhof, gleich gegenüber dem Kircheneingang: Sepp Rankl, eigentlich Josef Klostermann, der »Böhmerwaldriese«, war 2,13 m groß und eine legendäre, volkstümliche Gestalt, er starb 69-jährig 1888 in Stachy, damals Stachau; in der Grünanlage in der Ortsmitte kommt es alljährlich zu einem Massenwachstum des Netzstieligen Hexenröhrlings, überhaupt wachsen hier Pilze, woran hölzerne Steinpilzskulpturen erinnern; Burg Kašperk: wechselnde Ausstellungen zum Goldenen Steig, zu Karl IV., zu mittelalterlichem Burgleben, div. Events etc., Tel. +420 376 582 324, April Sa. und So., Mai–Juni sowie Sept. und Okt. Di.–So., Juli und August täglich, Führungen in deutscher Sprache von Mai–Sept. jeweils Mittwoch um 16.15 Uhr, kasperk.cz/de; Kašperské Hory: Böhmerwaldmuseum, Náměstí 140, Tel. +420 376 555190, muzeum.sumava.net, April–Okt. Di.–Sa.; Historisches Motorradmuseum, Vimperská 12, Tel. +420 606 737041, historickemoto.cz, Juni–Sept. tgl.; überhaupt lohnt ein Rundgang durch die Straßen der Stadt.

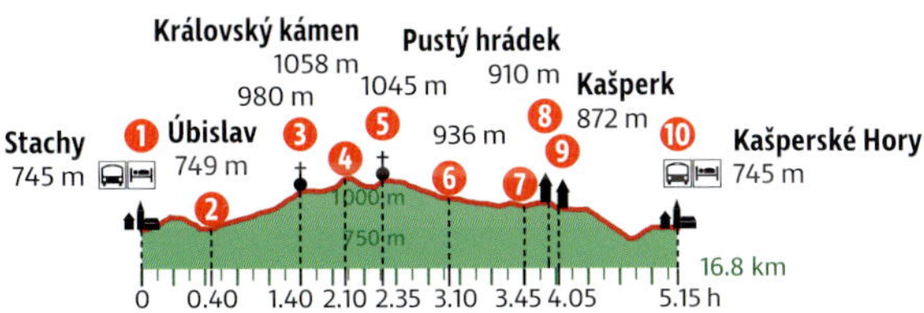

In der Ortsmitte in **Stachy** ❶ gehen wir gegenüber vom Rathaus mit Rot zwischen den Häusern Nr. 267 und 80 durch ein schmales Gässchen leicht bergan, biegen nach etwa 100 m rechts ab und wandern in leichtem Anstieg bis zum Ortsende, wo die Straße scharf rechts abzweigt. Mit Rot gehen wir hier nach links auf einen Wiesenweg und nach 50 m nach rechts, wo es sehr schön in sanftem Anstieg, von Bäumen und Büschen gesäumt, hinauf zu einem Sattel zwischen zwei flachen Erhebungen geht. Um den Sattel sind erhebliche Waldschäden auszumachen, ein großer Teil der Bäume ist gefällt, der Weg ist durch schwere Waldfahrzeuge teils stark umgepflügt. Dann senkt sich unser Pfad langsam abwärts, wir passieren ein Brunnenhäuschen, überqueren den Horský-Bach und gelangen schnell in die Ortsmitte von **Úbislav** ❷. Hier steht links neben der Bushaltestelle ein merkwürdiges Kruzifix, das Christus am Kreuz hängend zusammen mit den Marterwerkzeugen, einer Uhr mit der Todesstunde und oben mit einem Hahn zeigt. Solche Darstellungen sind im Alpenraum verbreitet, in Böhmen sehr selten. Am Kreuz gehen wir auf der Dorfstraße nach links und biegen nach etwa 100 m in spitzem Winkel nach rechts ab. Es geht auf einem sehr schönen, baumbestandenen Feldweg leicht bergan. Nach weiteren 100 m passieren wir eine denkmalgeschützte, aber recht rampo-

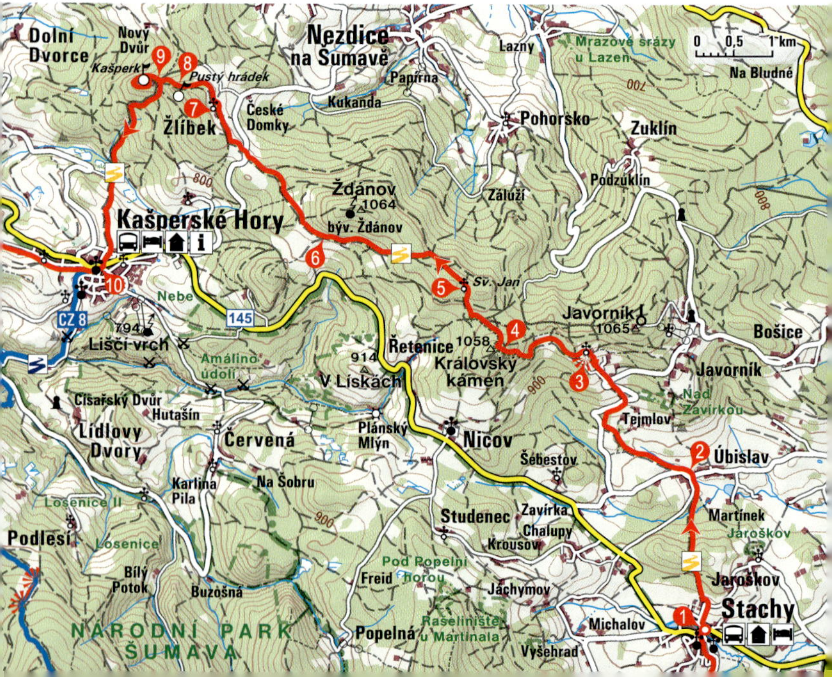

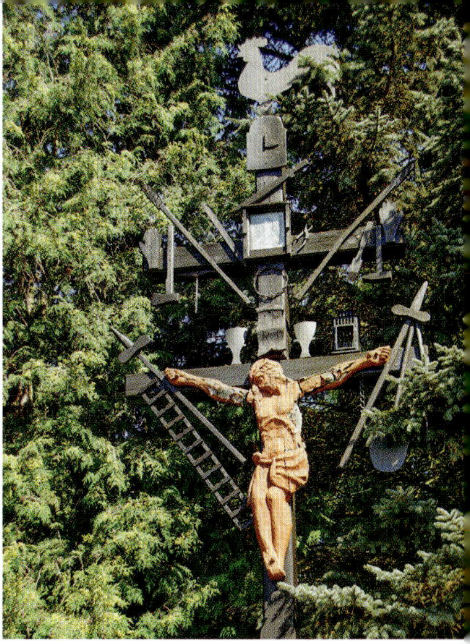

Das seltsame Kruzifix mit den Marterwerkzeugen Christi in Úbislav.

nierte Rotbuche. Auf dem reizvollen Feldweg geht es weiter in sanftem Aufstieg bis zu einer kleinen Waldung. An einer Gabelung halten wir uns mit Rot rechts und kommen zum Punkt V Dílech, von dem es nur noch 200 m bis zur Straße Úbislav–Javorník sind. Auf dieser kurvenreichen Straße gehen wir nach rechts aufwärts, biegen nach etwa 50 m auf einen Waldpfad nach rechts ein, schneiden mit ihm eine jener Kurven und wandern auf der Asphaltstraße nach rechts weiter. Nach knapp 300 m verlassen wir die Teerstraße und biegen mit Rot gegenüber von einem kleinen Haus nach links auf einen Wiesenweg ein, mit dem wir abermals eine Kurve schneiden. Der Wiesenweg wird zu einem kleinen Hohlweg und erreicht wieder die Teerstraße. Wir gehen gerade über diese hinweg und weiter bergan, queren sie erneut und steigen jetzt auf einer schmaleren Fahrstraße, vorbei an hübschen Privathäusern, weiter aufwärts. Wo die Fahrstraße alsbald nach links abbiegt, gehen wir weiter geradeaus, jetzt wieder auf einem Wiesenweg. Entlang eines steinbegrenzten Feldrains kommen wir zum Punkt **Krásná vyhlídka** ❸ (Schöne Aussicht), wo in einer Kapelle eine ganz ungewöhnliche Engelsfigur mit deutlich weiblichen Attributen steht. Sollten wir uns bei unserem bisherigen Aufstieg bisher nicht umgedreht haben, sollten wir das jetzt tun. Der Blick auf den Böhmerwald ist überwältigend.

Mit Rot gehen wir hier nach links und gelangen auf teilbefestigtem Weg in den Wald. Hier geht es mit Rot auf der Trasse des Radwegs 1040 weiter. Auf einer kleinen Lichtung kommen wir zum Weiler Krankoty, wo der Weg wieder in den Wald führt und sich dann etwas senkt. Die nächsten Kilometer werden wir durch tiefste Einöde wandern. Nach knapp 200 m nach dem Waldeintritt biegen wir mit Rot scharf rechts auf einen schmalen, wurzeligen und recht steinigen Waldpfad ein und steigen auf ihm teilweise steiler empor, bis wir den Gipfel des **Královsky kámen** ❹ (Königstein) erreichen. Ein kleines Felsenlabyrinth umfängt uns hier sowie eine 1916 errichtete Felsenkapelle, die ein Steinmetz erbaute, um das Verbrechen eines Vorfahren zu sühnen. Wir kreuzen den Klostermannweg, dann geht es mit Rot durch das Blockmeer auf steinigem Weg wieder abwärts. Bald steigt der Weg,

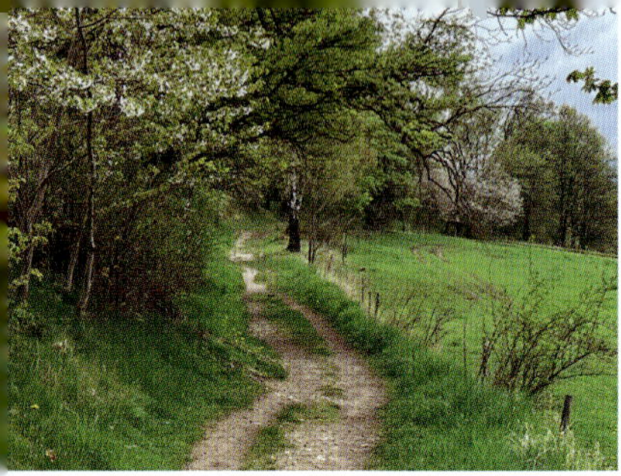

Zauberhafte Wiesenlandschaft vor Kašperske Hory.

der von Waldfahrzeugen zerpflügt ist, deutlich an. Wir überqueren die Trasse des Radwegs 1140, gehen geradeaus weiter bergan und kommen dann nach etwa 250 m zur kleinen, 1836 erbauten **Johanneskapelle** 5 (Sv. Jana). Hier biegt Rot nach links ab und wir bleiben nun fast 1 km auf gleicher Höhe. Dann führt uns Rot links abknickend allmählich bergab, bis wir erneut zu dem schon erwähnten Radweg 1140 kommen. Auf einem breiten Waldweg angelegt, führt er uns in leichtem Gefälle weiter abwärts. Nach etwa 600 m liegt links etwas unterhalb des Wegs das ehemalige und inzwischen wieder bewohnte Forsthaus des nicht mehr vorhandenen Dorfes Ždánov. Gut 200 m weiter gelangen wir dann zur Ortsmitte des untergegangenen **Ždánov** 6. Oberhalb des Wegs sieht man am Hang noch Mauerreste.Nach etwa 1,5 km kommen wir schließlich zur vielbefahrenen Straße, die von Kašperské Hory zur Burg Kašperk führt, überqueren diese und wandern auf einem Asphaltweg hinunter nach **Žlíbek** 7 (Rindlau). Der ursprüngliche Ort ist untergegangen, doch entstanden hier in den letzten Jahren viele neue – vor allem Wochenend-Häuser. Am Ortsende verlassen wir die rote Markierung und steigen nach links zur Ruine **Pustý hrádek** 8 (Ödschlössl), von der wir einen grandiosen Blick Richtung Böhmerwaldkamm und zur Burg Kašperk haben. Das Ödschlössl entstand um 1470, um die Ostflanke der Hauptburg besser zu sichern.

Dann geht es steil auf steinigem Pfad hinab, die gelbe Markierung ist dabei nicht immer auszumachen, bis wir vor der **Burg Kašperk** 9, der Karlsburg, stehen. Ihr Anblick überwältigt. Der Burghof (mit Imbiss) ist im Allgemeinen frei zugänglich, zahlen muss man nur für den Besuch der Innenräume. Zurück auf dem Burgvorplatz am Wegweiser »Kašperk-hrad« wenden wir uns auf sehr breitem Waldweg mit Grün und Blau – von der Burg kommend – nach rechts abwärts. Blau knickt bald nach links ab, wir gehen mit Grün halbrechts etwa 500 m weiter, bis wir mit dem breiten Waldweg in rechtem Winkel nach links abbiegen und auf steilerer Trasse abwärts wandern. Es geht an der kleinen Magdalenenquelle vorbei und weiter hinunter bis zur Brücke über den Opolenecký-Bach. Danach gelangen wir aus dem Wald heraus und der Weg steigt wieder an. Wir passieren die Einöde U Janoty und wandern hinauf auf eine kleine Anhöhe, von der wir schöne Blicke in das Umland haben. Rasch ist **Kašperské Hory** 10 (Bergreichenstein) erreicht, in das wir über die Karlova hineinwandern und dort am Hauptplatz an der Kirche herauskommen. Wieder ist eine Etappe glückhaft bewältigt.

4.30 h	15,1 km
↗ 530 m	↘ 560 m

Kašperské Hory – Hartmanice 7

Hinab ins Tal der Otava und hinauf auf die Höhen

Der Böhmerwald ist genaugenommen kein Gebirge im engeren Sinne, sondern eine zertalte Hochfläche. Das macht diese Etappe deutlich. Von der Hochfläche um Kašperské Hory geht es hinab ins Tal der Otava, im Oberlauf Vydra genannt, die das wichtigste geländebestimmende Element des nördlichen Böhmerwalds ist, und wieder hinauf auf die Hochflächen um Hartmanice, die sich fast bis Železná Ruda hinziehen. Und dann gibt es Begegnungen mit dem heiligen Gunther und der Geschichte des Judentums im Böhmerwald. Hartmanice war vor 500 Jahren ein wichtiger Handelsort und besaß eine große jüdische Gemeinde. Aufs Schönste verknüpft diese Etappe Natur und Kultur.

Ausgangspunkt: Kašperské Hory (Bergreichenstein), 745 m; Busverbindungen nach Strakonice, Sušice, Vimperk und České Budějovice.
Verbindungsweg: CZ 8 von Mauth nach Kašperské Hory bei Pustina.
Anforderungen: Mittellange Tour mit einigen etwas steileren Abschnitten vor Velký Radkov und Malý Radkov; der steile Abstieg über die Wiese vor der Otavabrücke ist bei Nässe unangenehm, ansonsten der übliche Wechsel aus befestigten Wegen, Waldpfaden und Feldwegen.
Einkehr/Unterkunft: Kašperské Hory: u. a. Hotel Kašperk, Nám. 3, Tel. +420 376 324113, hotelkasperk.cz; Nebespán Boutique Hotel, Nám. 7, Tel. +420 603 255363, nebespan.cz; Restaurant Penzion Na Solné stezce (Zum Goldenen Steig), vormals Waikiki, Dlouhá 92, Tel. +420 604 705670, nasolnestezce.cz; **Hartmanice:** Hotel Vintíř, mit Restaurant, Haus Nr. 69, direkt an der Kreuzung in der Ortsmitte, Tel. +420 774 859090 bzw. 376 593302, vintirhartmanice.cz; Restaurant Lidová Beseda, Haus Nr. 16, gleich oberhalb der Kirche, Tel. +420 731 908729, rustikales Lokal mit böhmischer Küche, Spezialität Hirschgulasch; Penzion Pod Hamižnou, nur Übernachtung, Haus Nr. 87, Tel. +420 605 816459, hamizna.cz.
Weitere Infos: Kašperské Hory: Städt. Kultur- und Informationszentrum, Náměstí 1, Tel. +420 376 503413, kasphory.cz; Informationszentrum des Nationalparks Böhmerwald, Sušická 399, Tel. +420 376 582734, npsumava.cz; Hartmanice: Städtisches Informationszentrum, Haus Nr. 40, schräg gegenüber der Kirche, Tel. +420 376 593059, muhartmanice.cz.
Tipps: Kašperské Hory: Böhmerwaldmuseum, Náměstí 140, Tel. +420 376 555190, muzeum.sumava.net, April–Okt. Di–Sa; Historisches Motorradmuseum, Vimperská 12, Tel. +420 606 737041, historickemoto.cz, Juni–Sept. tgl.; überhaupt lohnt ein Rundgang durch die Straßen der Stadt; Dobrá Voda: barocke St.-Gunther-Kirche (Sv. Vintíř) mit Glasaltar von Vladimíra Tesařová (1995); Guntherbrunnen; Museum Dr. Simon Adler, Tel. +420 376 593412; Ausstellung zum Judentum im Böhmerwald etc., Mai–Okt. Di.–So., muzeum.sumava.net; Hartmanice: ehem. Synagoge, auch Bergsynagoge genannt, Haus Nr. 89, mit Ausstellung zum Judentum im Böhmerwald, Apr.–Okt. Di.–So., sie war Gotteshaus von 1883 bis 1938 und ist seit 2006 Gedenkstätte.

Vom Ortszentrum in **Kašperské Hory** ❶ gehen wir mit Gelb westwärts über die Sušicka links am historischen Rathaus vorbei und biegen gleich danach schräg links in die Smetanova ein. Hier passieren wir ein barockes Speichergebäude und gehen mit Gelb weiter geradeaus. Von links kommt ein rot markierter Weg von den Höhen herunter (Straße K pranýři), die rote Markierung begleitet uns nun ein Stückchen gemeinsam mit Gelb. Der Weg verläuft hier parallel bzw. oberhalb der Staatsstraße 145. Etwa 1,5 km außerhalb der Stadt liegt rechts die architektonisch bedeutende und archaisch wirkende spätgotische Kirche **Sv. Mikuláš** ❷ (Nikolauskirche). Sehr sehenswert ist auch die barocke Annenkapelle auf deren Friedhof, sowie viele alte deutsche Grabmale. Leider sind die beiden Kirchen fast immer geschlossen. Unmittelbar hinter der Kirche kommt gleich eine Gabelung, wo wir uns nach rechts über einen baumbestandenen Feldweg bergab begeben und bald in einen Wald kommen, bzw. am Waldrand am Hang entlang gehen. Von der Gegend um die Kirche wie auch vom Weg bergab hat man einen eindrucksvollen Blick auf die Burg Kašperk, die im Umkreis von 15 Kilometern die Lande beherrscht – es ist von hier zweifellos eine der schönsten Burgansichten Böhmens.

Nach knapp 1,5 km kommen wir zu einer kleinen Lichtung. Danach wendet sich Gelb nach rechts und es geht verhältnismäßig steil gut 250 m über eine Wiese weiter abwärts. Dann wandern wir ein letztes Stück direkt parallel zur Staatsstraße 145, bis wir im Tal der Otava (Wottawa) an der Einmündung der von Kvilda kommenden Staatsstraße 169 auf der erwähnten 145 angekommen sind. Wir überqueren diese und gehen geradeaus Richtung Fluss an einem Campingplatz vorbei und überqueren die **Otava** ❸, die an dieser Stelle nicht so wild und steinig wie an ihrem Oberlauf ist, wo sie Vydra (Widra) heißt. Dann geht es über den Mühlgraben, der Weg wendet sich nach rechts und wir passieren eine große Linde (3,80 m Stammumfang). Hier steht schon das Wegweiserschild »Radešov« (eine Streusiedlung). Von hier ab gehen wir mit Grün weiter. Wir wandern auf einem Asphaltweg den Mühlgraben entlang, biegen nach etwa 200 m nach links ab und erreichen sogleich den eigentlichen Ortskern von Radešov (ehem. Schrö-

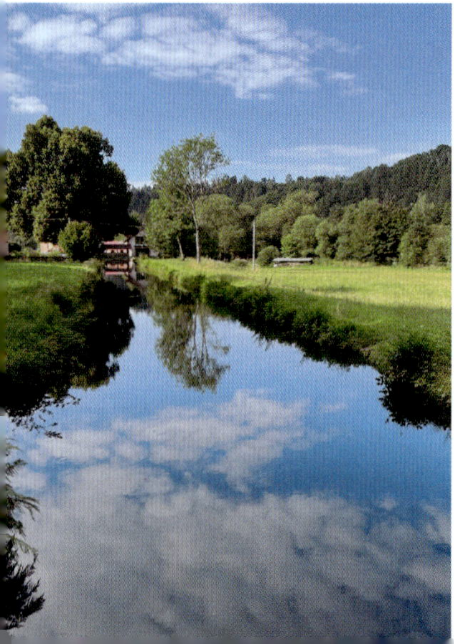

Von der Otava abgeleiteter Mühlgraben.

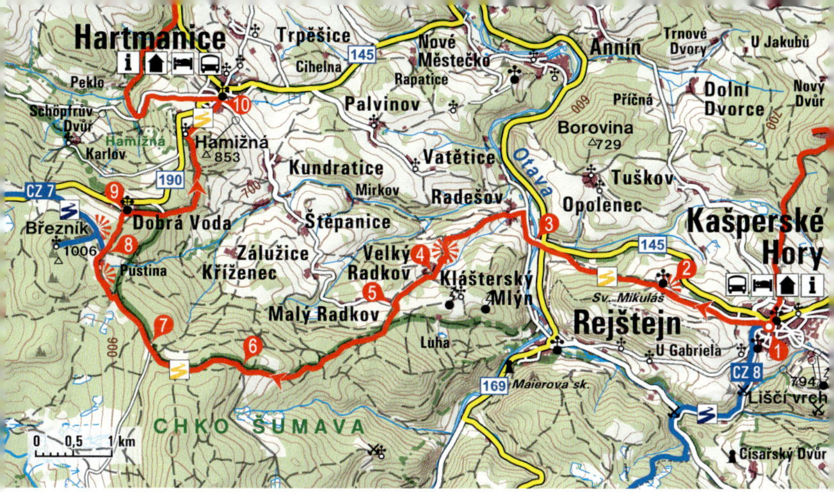

bersdorf). In dem Bauernhof am Ortseingang rechts steht eine weitere Linde, die mit nachweislich 400 Jahren eine der ältesten Böhmens ist. Wo im Dorf der Asphaltweg nach links abbiegt, gehen wir mit Grün geradeaus und dann halbrechts auf recht steinigem Feldweg verhältnismäßig steil bergan. Es verwundert, dass dieser steinige und steile Weg auch als Radweg (Nr. 2087) ausgewiesen ist, da er zum Radfahren denkbar ungeeignet ist. Weiter oben wird der Weg zum Hohlweg, der uns nach **Velký Radkov** 4 (Rogau) auf 700 m Höhe führt, zu einem weltfern-verträumten Dörfchen mit sehr schönen alten Böhmerwaldhäusern. Einer der idyllischsten Orte entlang des ganzen Tschechischen Goldsteigs.

In der Dorfmitte gehen wir mit Grün halbrechts, dann wandern wir auf sehr holprigem Weg (er ist die einzige Zufahrtsstraße für Kfz nach Velký Radkov!) weiter bergan. Nach etwa 200 m können wir nach rechts einen Abstecher zu einem alten Pechbrennerofen machen, der hier seit etwa 130 Jahren steht und ein technisches Denkmal ist.

Dann sind wir bald auf der Höhe am östlichen Ortsende von **Malý Radkov** 5 angekommen. Mit Grün geht es weiter zunächst nach links parallel zum Waldrand und nach etwa 80 m nach rechts in den Wald hin-

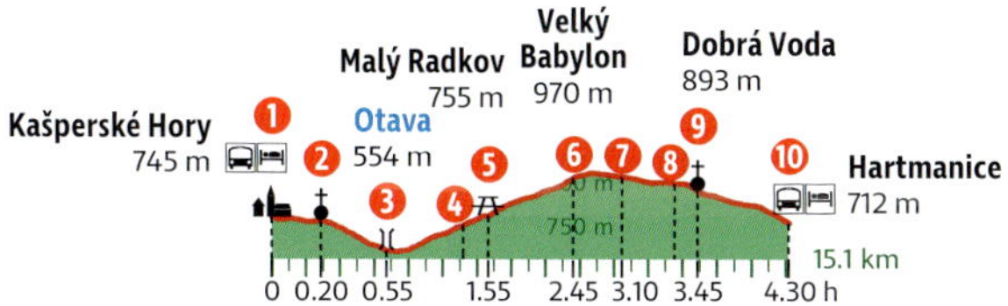

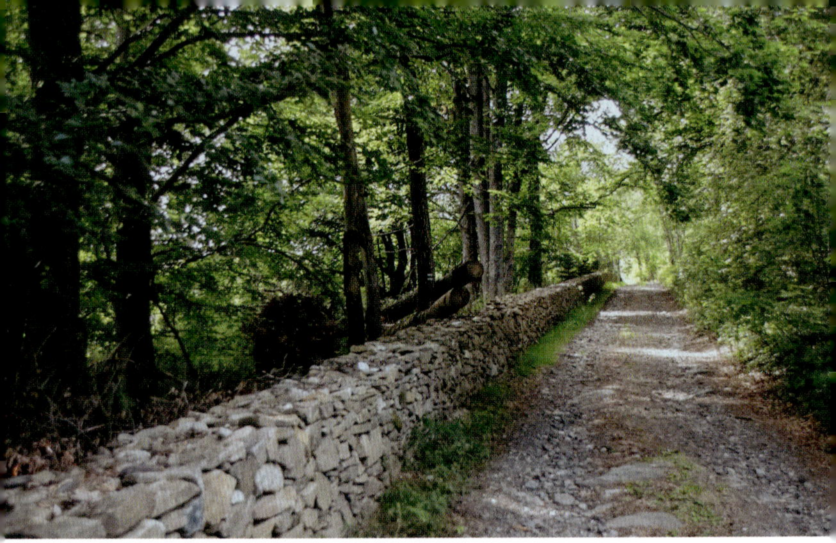

Steinmauer kurz vor Velký Babylon.

ein. Der Weg, der durch forstwirtschaftliche Fahrzeuge mehr als zerfurcht ist, steigt bald deutlich an, auch er ist, obwohl völlig ungeeignet, als Radweg ausgewiesen. Nach etwa 400 m kommt eine Gabelung, an der wir uns an den rechten, weniger steilen Weg halten. Nach etwas mehr als 2 km ab Malý Radkov kommen wir zu einer Lichtung. Entlang eines durch eine Steinmauer eingefriedeten Grundstücks wandern wir weiter bergan. Bis auf ein wieder hergestelltes Haus ist an dieser Lichtung nichts mehr von der einstigen Ortschaft Velký Babylon (Groß Babylon) vorhanden. Über die Lichtung blicken wir hinüber zum Rachel, der aus diesem Blickwinkel ein ganz ungewohntes Aussehen hat. Der Weg wendet sich dann wieder in den Wald hinein und wir erreichen an einer Wegmündung den Wegweiser **Velký Babylon** ❻. Auf einem breiten Waldweg gehen wir weiter mit Grün nach rechts, der Anstieg ist nur gering, und kommen nach etwa 1 km zu einer weiteren Lichtung, wo sich der ebenfalls nicht mehr vorhandene Ort Malý Babylon (Klein Babylon) befunden hat. Etwa 200 m weiter, es geht leicht bergab, erreichen wir auf 960 m Seehöhe den Wegweiser **U Malého Babylonu** ❼ (Bei Klein Babylon). Hier kommt von links der Weg aus dem Křemelná-Tal bzw. dem untergegangen Stodůlky (Stadeln) heran. Wir wenden uns nach rechts und gehen bequem abwärts. Bei einer Lichtung nach etwa 700 m gehen wir mit Grün nach links und gleich darauf nach rechts auf einen schmalen Waldpfad. Er bringt uns zu einer kleinen Waldwiese, die wir auf ebenso schmalem Weg überqueren. Halbrechts betreten wir dann wieder den Wald. Weiter geht es auf verwachsenem Weg bis zum

aufgegebenen Dorf Pustina, dessen ehemaligen Ortseingang ein hölzernes Denkmal anzeigt, das an den Arzt und Philanthropen Zdeňek Kostroucha erinnert, der hier in den 1960er-Jahren gelebt hat. Hinter dem Denkmal steht links noch ein völlig verfallenes gutshausähnliches Gebäude.
Wir gehen am Denkmal mit Grün nach rechts, zwischen zwei weiteren verfallenen Gebäuden hindurch und kommen zum Wegweiser **Pustina** ❽. Hier treffen wir auch auf den Verbindungsweg CZ 7, der Zwiesel mit Hartmanice verbindet. An dieser Stelle verlassen wir Grün, wenden uns mit Blau auf dem Gunthersteig (und damit auch auf die Trasse des Verbindungswegs) nach rechts und sogleich mit Blau nach links in den Wald hinein. Auf wurzelreichem Waldweg geht es in leichtem Gefälle weiter und dann steil über eine Wiese eine nur kurze Strecke nach **Dobrá Voda** ❾ (Gutwasser) hinab, das wir unmittelbar an der Kirche mit ihrem berühmten Glasaltar erreichen. Hier befindet sich auch die uralte Guntherquelle (Pramen sv. Vintíře), deren heilkräftiges Wasser von der Bevölkerung in mitgebrachte Flaschen zum Eigengebrauch abgefüllt wird.
In Dobrá Voda wenden wir uns auf der Dorfstraße nach rechts, es geht leicht bergab. Wir überqueren eine Waldstraße mit Parkplatz und wandern weiter auf schmalem Waldpfad bergab. Der Weg wendet sich nach links um den Berg Jakubice, 853 m, herum. Wir queren eine weitere Waldstraße. Dann geht es wurzelreich leicht bergan, an der Westflanke des Berges Hamižná entlang, bis die alte Straße Hartmanice – Železná Ruda erreicht ist. Hier schreiten wir auf befestigtem Weg nach rechts vorbei an einem Spielplatz. Hinter diesem steht der Wegweiser »Hamižná – ochr. koutek«, wo man nach links (grüner Diagonalbalken) einen Abstecher (500 m) zu einem schönen Aussichtspunkt (Vyhlídka) machen kann, der schon jenseits der Staatsstraße 145 liegt.
Wir gehen mit Blau weiter, schon ist der Ortseingang von Hartmanice erreicht; es geht dann verhältnismäßig steil in die Ortsmitte hinab, die wir an der Pfarrkirche von **Hartmanice** ❿ (Hartmanitz) erreichen. Dort lässt es sich gleich zünftig einkehren: im Restaurant Lidová Beseda direkt oberhalb der Kirche.

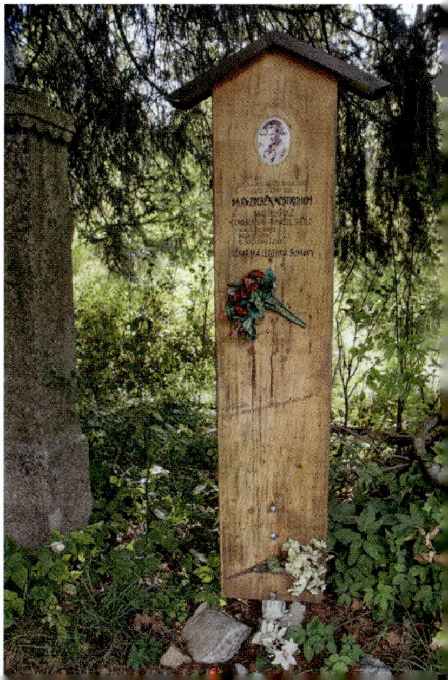

Denkmalbrett für Zdeňek Kostroucha im aufgegebenen Dörfchen Pustina.

8 Hartmanice – Javorná

5.00 h | 18,1 km
↗500 m | ↘370 m

Sumpfige Bachgründe, einsame Talungen, lebendige Feriendörfer

Mehr Abwechslung und landschaftlicher Reiz sind wohl bei dieser Tour kaum denkbar. Kaum eine Etappe des Fernwanderwegs ist so abwechslungsreich und gleichzeitig so wenig anstrengend wie diese. Es geht durch verwachsene, moorige Talungen hinauf zu sonnendurchfluteten Höhen, oberhalb stiller Talgründe zu grandiosen Aussichtspunkten und vorbei an Relikten des Grenzregimes, hinab und wieder hinauf durch fast unberührte Natur. Doch am Schluss umfängt den Wanderer wieder irdische Realität: Die letzten Kilometer geht es durch gepflegte, grün durchrankte Ferienhaussiedlungen.

Ausgangspunkt: Hartmanice (Hartmanitz), 712 m, Platz gegenüber der Kirche; Busverbindungen nach Sušice, Kašperské Hory und Železná Ruda, dort Anbindung zum Bahnhof Bayerisch Eisenstein.
Verbindungswege: Hartmanice ist über den Weg CZ 7 mit Zwiesel und dem bayerischen Goldsteig verbunden, eine Teiltrasse des Gunthersteigs – ein 160 km langer Wander- und Pilgerweg; Javorná ist über den Verbindungsweg CZ 6 via Železná Ruda an Zwiesel angebunden.
Anforderungen: Eine eher längere Tour, die aber auf größere und steile Anstiege verzichtet, auch der steilere Abschnitt zwischen dem Wegweiser Chlum und Hořejší Těšov ist nur kurz; überwiegend geht es auf befestigten Wegen einher, bei Nässe kann der Abschnitt ab Peklos durch das Höllental unangenehm sein.
Einkehr/Unterkunft: **Hartmanice:** Hotel Vintíř, mit Restaurant, Haus Nr. 69, direkt an der Kreuzung in der Ortsmitte, Tel. +420 774 859090 bzw. +420 376 593302, vintirhartmanice.cz; Restaurant Lidová Beseda, Haus Nr. 16, gleich oberhalb der Kirche, Tel. +420 731 908729, rustikales Lokal mit böhmischer Küche, Spezialität Hirschgulasch; Penzion Pod Hamižnou, nur Übernachtung, Haus Nr. 87, Tel. +420 605 816459, hamizna.cz; **Keply:** Penzion Keply, keine Einkehr, Tel. +420 607 634354 oder +420 728 245678, ekofarmakeply.cz; **Svinná:** Restaurace Penzion Stará Vápenka, Tel. +420 776 112677, ekofarmasvinna.cz; **Javorná:** Penzion Javorná, kein Restaurant, Haus Nr. 7, Tel. +420 725 503547, penzionjavorna.cz, Hotel U anděla Michaela, kein Restaurant, Haus Nr. 5, Tel. +420 720 384936; Restaurant Penzion U Silnice, Haus Nr. 33, direkt an der Staatsstraße 27, Tel. +420 376 391143, usilnice.unas.cz.

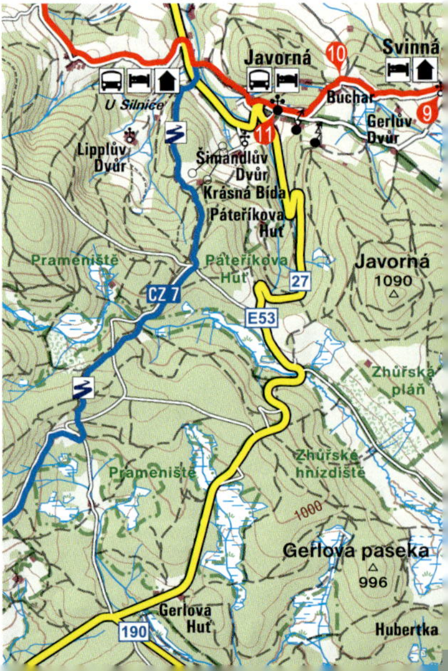

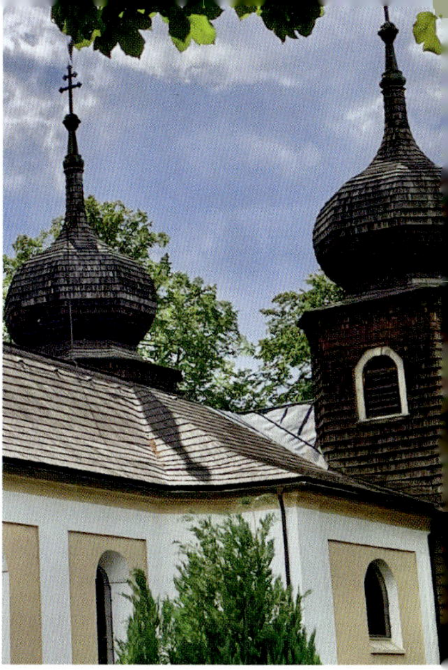

Eindrucksvoll: die schindelverkleideten Zwiebeltürme der Kirche von Javorná.

Variante: Nach Buchar auf dem offiziellen Goldsteig: Dieser Weg bleibt rechts oberhalb der Ostružna, dann spaziert man auf unbefestigtem Weg durch den Wald nördlich von Javorná; sobald die Kreuzung Javorná rozc. erreicht ist, geht es durch den Talgrund mit leichtem Anstieg zum Punkt Javorná rest., wo am Restaurant U Silnice an der Staatsstraße 27 die nächste Etappe anschließt bzw. der Verbindungsweg aus Zwiesel anknüpft.
Weitere Infos: Hartmanice: Städtisches Informationszentrum, Haus Nr. 40, schräg gegenüber der Kirche, Tel. +420 376 593059, muhartmanice.cz.
Tipps: Hartmanice: ehem. Synagoge (Bergsynagoge), Haus Nr. 89, mit Ausstellung zum Judentum im Böhmerwald, Apr.–Okt. Di.–So., Gotteshaus von 1883 bis 1938 und seit 2006 Gedenkstätte.

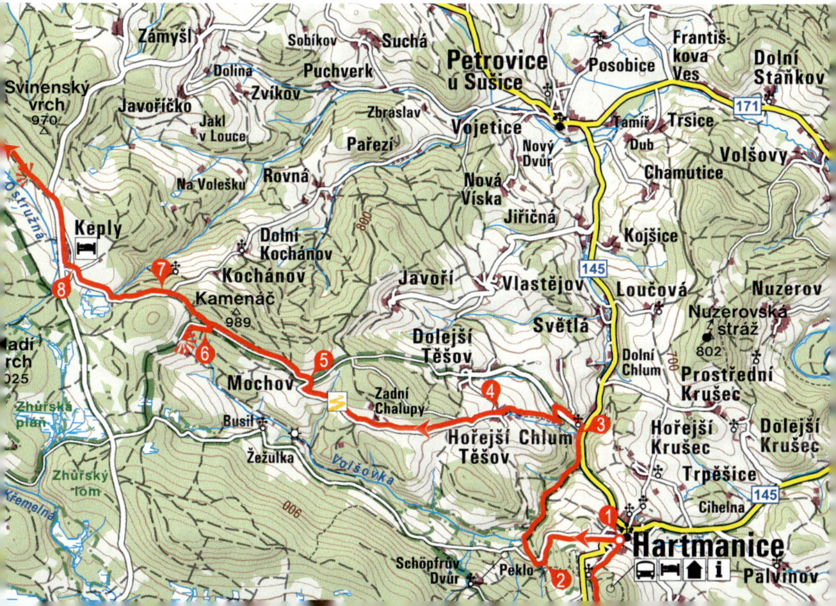

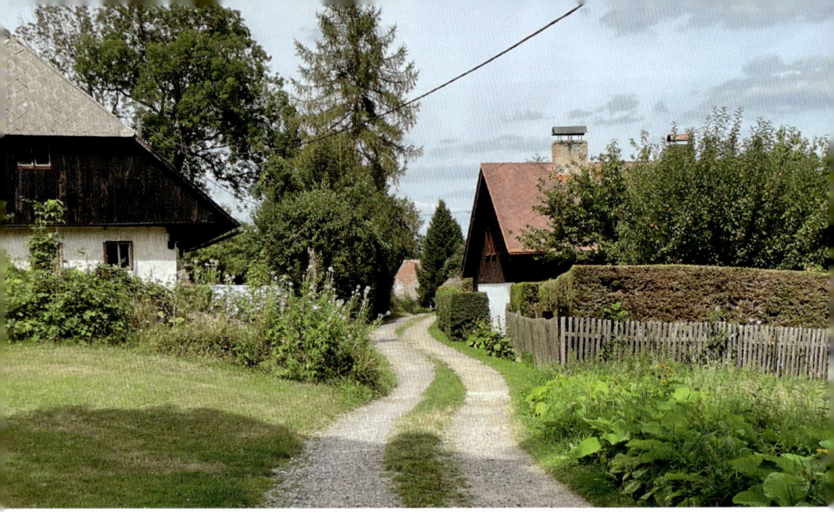

Trauliches Dorfidyll in Hořejši Těšov.

Von dem kleinen Platz gegenüber der Pfarrkirche in **Hartmanice** ❶ gehen wir mit Gelb westwärts auf befestigter Straße aus der Stadt heraus. Wir überqueren eine kleine, westliche Umgehungsstraße von Hartmanice und kommen schnell auf eine Hochfläche, von der wir grandiose Fernblicke über die Lande erhaschen. Dann senkt sich der Weg hinab. In einer weiten Linkskurve geht es in den Wald hinein, hinab zum Punkt **Peklo** ❷ (Hölle). Hier verlassen wir Gelb und gehen schräg gegenüber des Wegweisers mit Grün (Markierung sehr leicht übersehbar) auf einem schmalen und verwachsenen Pfad im Wald weiter. Dieses Wegstück kann bei Nässe schwer begehbar sein. Nach etwa 500 m kommen wir zu einer kleinen Brücke über den Bach Volšovka (Wolschowka), gehen aber schon kurz davor mit Grün nach rechts (hier ist die Markierung ebenfalls leicht zu übersehen) und halten uns auf einem Waldpfad rechts oberhalb des Bachs, immer parallel zu diesem. Der Talabschnitt heißt Pekelské údolí, das Höllental. Es ist ein recht »wildromantischer« Weg, links der plätschernde Bach, vor uns der verwachsen-verwunschene Weg, rechts ein dicht bewachsener Steilhang. An diesem kommen wir nach etwa 1 km (nach dem Abzweig vor der Brücke) zur sogenannten Peklo-Höhle (Jeskyně Peklo), die aus den Kalkgesteinen ausgewaschen wurde und allerdings geflutet ist. Ihr Portal ist 2 m hoch, die Höhle ist etwa 10 m tief. Links neben ihr befindet sich auch ein versperrter Stolleneingang. Etwa 300 m nach der Höhle verlassen wir das Höllental und erreichen die Staatsstraße 145. Auf ihr gehen wir bergab und biegen nach etwa 400 m beim Wegweiser **Chlum** ❸ nach links auf eine weitere befestigte Straße ab. Wir steigen jetzt langsam aus dem Höllental

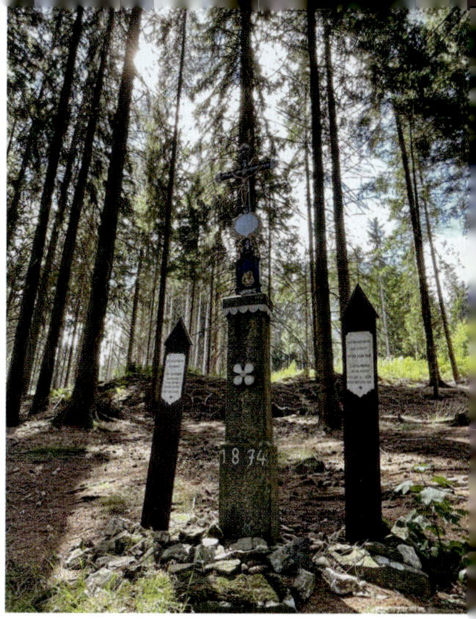

Totenbretter zwischen Radkov und Keply.

hinaus und gehen alsbald mit Grün, wo rechts ein Waldweg spitzwinklig einmündet, nach links hinein auf einen breiteren Weg Richtung Wald. An dessen Rand biegen wir scharf im 180-Grad-Winkel nach rechts ab. Der jetzt nur noch schmale Weg steigt deutlich an und erreicht einen weiten Wiesenhang. Allerdings verliert sich der Weg auf der Wiese nach und nach – es fehlen Markierungen; wir achten darauf, dass wir in Richtung der Stromleitung gehen (am Mast gibt es eine Markierung), unter dieser hindurch und dann rechts von einem teilweise mit Steinen befestigten Feldrain – hier kann es Absperrungen für Weidevieh geben – hinauf nach Hořejší Těšov, von dem ein Gebäude schon von unten erkennbar ist. Wir erreichen das sehr idyllische **Hořejší Těšov** 4 (Oberteschau) am Dorfteich, gehen rechts davon weiter aufwärts und immer geradeaus mit Grün wieder aus dem Dorf hinaus. Nun bleiben wir zwar sehr lange auf einem befestigtem Weg, der Radtrasse 2165, es geht jedoch auf in etwa gleichbleibender Höhe durch die schönsten, völlig menschenleeren Landschaften. Nach etwas mehr als 3 km kommen wir nach kurzem Anstieg in das weltferne **Mochov** 5 (Mochau), das – so scheint es – nicht mehr ständig bewohnt ist, sodass seine wenigen Gebäude nur am Wochenende oder in den Ferien Leben zeigen. Mit Grün geht es weiter. Der Weg wird unbefestigt, ist aber noch ein Fahrweg. Denn diese Straße ist bis Stará Hut' überraschenderweise nicht für den Autoverkehr gesperrt. Wir betreten den Wald und kommen nach gut 1,5 km zum Wegweiser **Radkov** 6, wo wir mit Grün rechts in den Wald bergan gehen. Es lohnt sich aber, noch etwa 500 m auf der Fahrstraße weiterzugehen – bis zum Aussichtspunkt Radkovská vyhlídka, der sich in etwa an der Stelle des nicht mehr vorhandenen Dorfes Radkov (Ratgebern) befindet (nicht zu verwechseln mit Velký Radkov, Etappe 7). Von hier hat man einen großartigen Blick in das Tal der Volšovka, die auch das Höllental durchfließt.
Wir kehren dann zurück zum Wegweiser **Radkov** 6 und steigen dort mit Grün im Wald bergan. Wir nehmen genau vor der Kurve eine Abkürzung hinauf über die Wiese und kommen auf einer kleinen Hochfläche zu einer paradiesischen Wiese. Dann geht es hinab zur Straße Keply–Kochánov. Auf dieser gehen wir beim Wegweiser Kochánov nach links und kommen nach

50 m zu zwei der für den Böhmerwald einst so charakteristischen **Totenbretter** 7. Während der Wintermonate, wenn der Boden gefroren war und die Verstorbenen nicht begraben werden konnten, wurden sie auf einem solchen Brett im Bauernhof in einem abgelegenen Raum bis zum Frühjahr aufgebahrt. Nach der Bestattung wurden die Bretter mit Namen versehen und entweder an der Kirche oder an einem Ort, der dem Verblichenen teuer war, aufgestellt. Die hier stehenden Bretter sind natürlich keine Originale, sondern Nachbildungen.
Auf schmalem Asphaltweg geht es jetzt leicht bergab und bergan bis Keply (Köppeln). Vom einstigen Dorf ist nichts mehr vorhanden, es gibt nur noch ein größeres Gebäude, das einst Kaserne der Grenztruppen war, sowie einen vor etwa zehn Jahren neu entstandenen ökologischen landwirtschaftlichen Betrieb mit Übernachtungsmöglichkeit. Am Wegweiser **Keply** 8 gehen wir mit Grün nach rechts Richtung Svinná, vorbei an den landwirtschaftlichen Betriebsgebäuden, biegen gleich nach links ab und kommen zur Straße Richtung Velhartice, der wir etwa 800 m folgen. Dann biegen wir in spitzem Winkel nach links auf einen abwärts führenden Feldweg ein. Links von uns befindet sich das zauberhafte Tal der Ostružna (Wostruschna), über dem in der Ferne der Turm des Gutshauses von Gerlův Dvůr herüberlugt. Das Flüsschen entspringt südwestlich von Keply am Südhang des Bergs Javorná (Ahornberg), 1090 m. Mit Grün geht es weiter entlang des Tals am Waldrand bergein, eine der schönsten Teilstrecken des Fernwanderwegs. Am tiefsten Punkt kommen wir ins Freie. Nach einer schönen

Ruine eines alten Kalkofens am Restaurant Stárá Vápenka nahe Svinná.

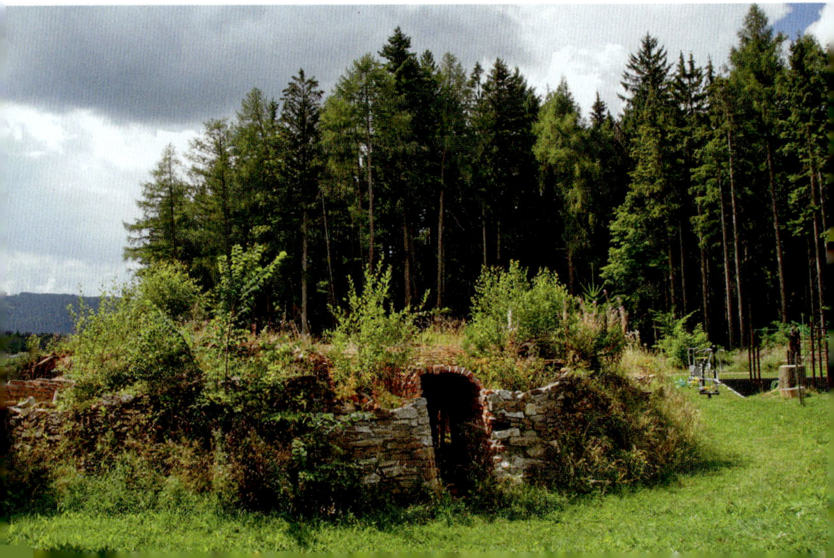

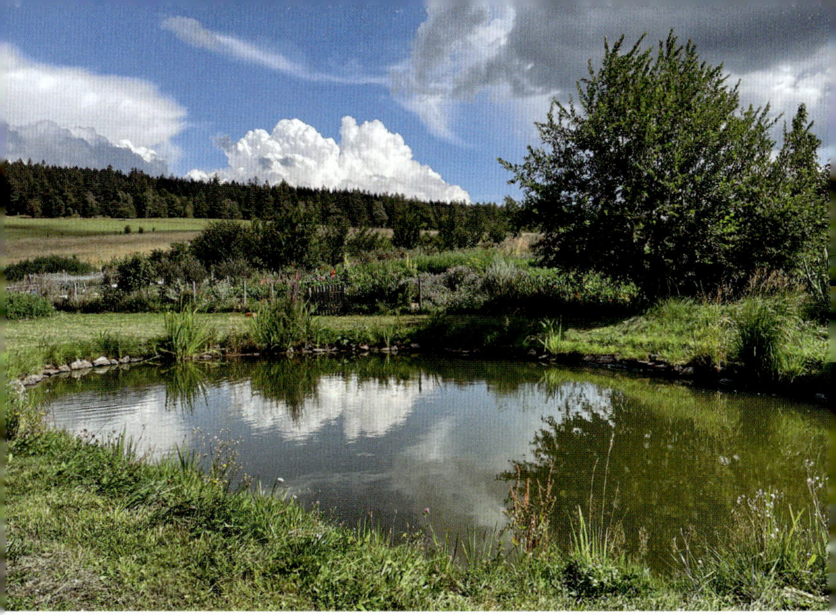

Teich in Svinná.

Allee steigt der Weg an, bis die Kreuzung bei **Svinná** ❾ erreicht ist. Hier gehen wir mit Gelb auf befestigtem Weg nach links, passieren das edel wirkende Restaurant Stará Vápenka, benannt nach den alten Kalkbrennöfen links vom Haus. Von hier ab ist unser Weg von Häusern gesäumt. Nach knapp 1 km ist **Buchar** ❿ erreicht.

Der Asphaltweg knickt hier links ab und führt über eine Brücke weiter bis Javorná. Wer auf der Trasse des Goldsteigs bleiben will und die nächste Etappe direkt anschließen möchte, geht an diesem Knick geradeaus – leider ist keine gelbe Markierung an diesem Punkt vorhanden (→ Variante). Lohnender ist es, von Buchar vorbei an manch hübschem Ferienhaus in die Ortsmitte von **Javorná** ⓫ (Seewiesen) bis zur Pfarrkirche St. Anna zu gehen, die auch wegen ihrer schindelverkleideten Türme eine Besichtigung lohnt.

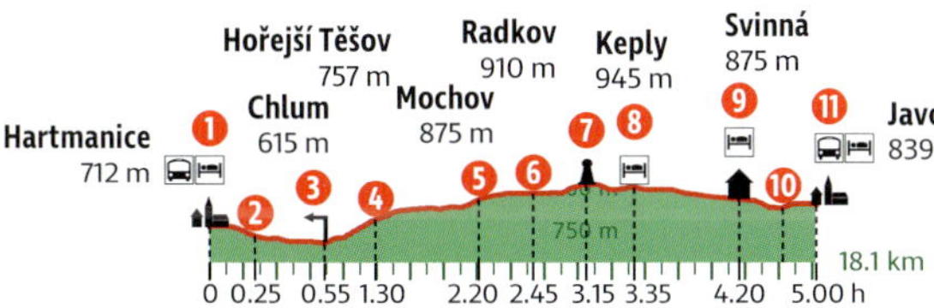

9 Javorná – Nýrsko

6.00 h	21,5 km
↗ 360 m	↘ 760 m

Durchs Künische Gebirge zu einer alten Grenzburg

Diese Etappe verläuft durch das nördliche Böhmerwaldvorland, eine touristisch kaum berührte, dünn besiedelte Region, die aber, ähnlich wie die anschließende Etappe 10, durch die Vielfalt ihrer Landschaften bezaubert. Nýrsko, die größte Siedlung an der Nordecke des Böhmerwalds, mag im Zentrum nicht sonderlich attraktiv sein, um so reizvoller ist allerdings die Umgebung der Stadt. Vielbesucht ist dabei die Ruine Pajrek (Bayereck), eine Grenzburg aus dem 14. Jh. Sie wurde als Raubritterburg 1472 niedergebrannt, ein neuer Besitzer, ebenfalls Raubritter, ließ sie wieder aufbauen, doch nach dessen Hinrichtung 1520 verfiel sie nach und nach. Wir bewegen uns im Künischen Gebirge (Královský Hvozd, »Königlicher Wald«), einem Teilkamm des Böhmer- und Bayerwalds zwischen Osser und Zwercheck, der aus Glimmerschiefer besteht und nicht aus Gneis oder Granit, wie es ansonsten in unserem Wandergebiet der Fall ist. In Nýrsko ist man am Nordende des Böhmerwalds angekommen.

Ausgangspunkt: Javorná (Seewiesen), 839 m, Kirche; Busverbindung nach Klatovy und Železná Ruda, Haltestellen Javorná rest. und Javorná prodejna.
Verbindungsweg: CZ 5 Großer Osser (Ostry)–Nýrsko: Anbindung vor der Ruine Pajrek bei Horní Polánky; ab hier verlaufen der Fernwanderweg und der Verbindungsweg bis Nýrsko auf derselben Strecke.
Anforderungen: Längere Tour überwiegend auf asphaltierten bzw. teilbefestigten Wegen; die zweite Hälfte des Wegstücks zwischen Suché Studánky und Městiště führt verhältnismäßig steil bergab, ist unbefestigt und von forstwirtschaftlichen Fahrzeugen zerpflügt, und kann bei Nässe rutschig sein, ebenso wie der Abstieg von der Ruine Pajrek.
Einkehr/Unterkunft: **Javorná:** Penzion Javorná, nur Übernachtung, Haus Nr. 7,

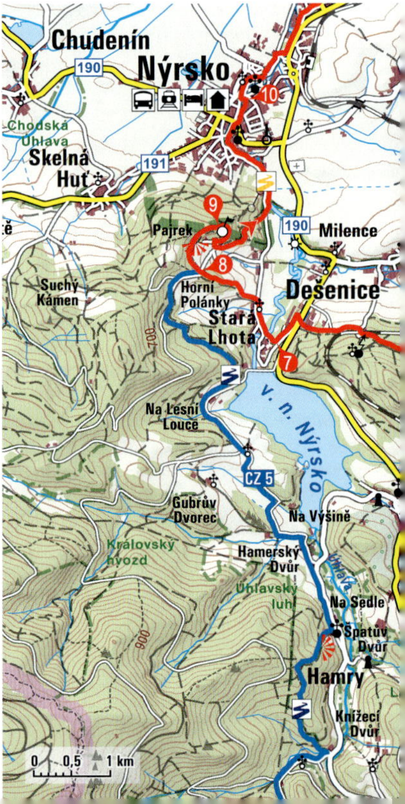

Tel. +420 725 503547, penzionjavorna.cz, Hotel U anděla Michaela, nur Übernachtung, Haus Nr. 5, Tel. +420 720 384936; Penzion Restaurace U Silnice, Übernachtung und Einkehr, Tel. +420 376 391143, usilnice.unas.cz; **Děpoltice-Oldřichovice:** Hospoda Hasičárna, nur Einkehr, links neben der Kirche; Penzion Grill Prenet, Haus Nr. 36, nur Übernachtung, Tel. +420 603 572053; **Nýrsko:** Bar-Restaurant Milano, prap. Veitla 63, Tel. +420 605 074345, milano.cz; in Nýrsko ist das gastronomische Angebot sehr beschränkt; Hotel Nova Koruna, nur Übernachtung, einfach und günstig, Klostermannova 37, Tel. +420 702 156510, novakoruna.cz.

Weitere Infos: Nýrsko: Kultur- und Informationszentrum, Nám. 123, Tel. +420 376 555646, mestoNýrsko.cz.

Tipps: Poschingrův Dvůr (Poschingerhof), etwa 150 m nördlich von Penzion Restaurace U Silnice an der Staatsstraße: typischer, allerdings sehr renovierungsbedürftiger Böhmerwaldhof mit Glockenturm und Söller; Městiště: Hammerschmiede »Denkschertzův hamr«, Haus Nr. 5 im Talgrund der Jelenka, etwa 800 m südlich des Dorfs; Datelov: sehenswert sind eine hölzerne Kapelle und ein traditionelles Böhmerwaldhaus.

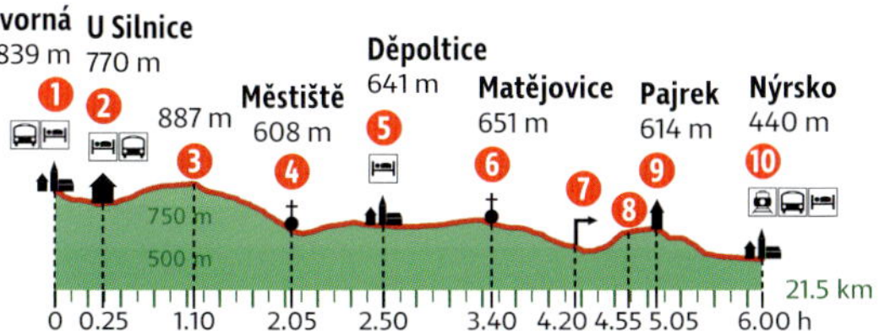

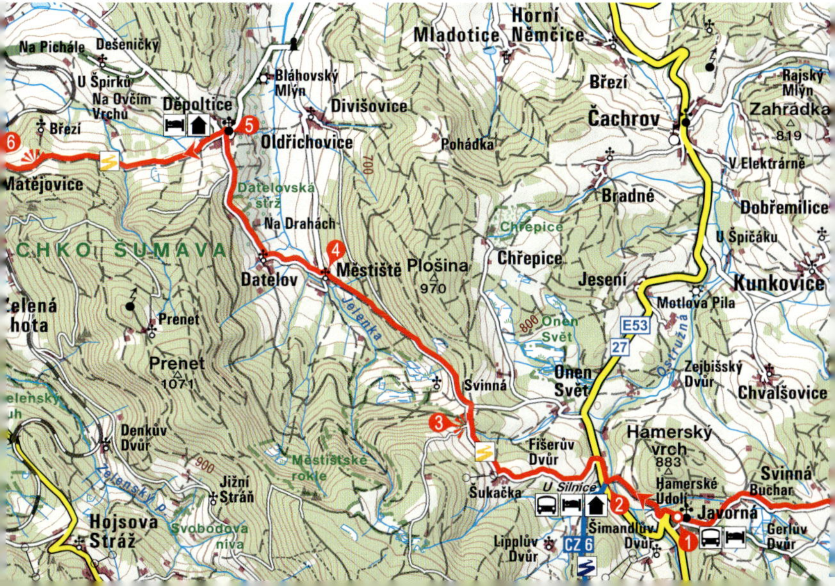

Von der Kirche in **Javorná** ❶ gehen wir mit Grün geradeaus bis zum westlichen Dorfrand. Dann wird der Weg schmal und unbefestigt und führt steil zu einer Kehre der Staatsstraße 27 hinab, der wir etwa 100 m weiter abwärts folgen, bis wir dann mit Grün rechts auf die alte Straße nach Pilsen abbiegen. Wir wandern hinab zum Bach Ostružná, dann hinauf zur Kreuzung Javorná rozc. und hinüber zur Staatsstraße 27, die wir am Restaurant **U Silnice** ❷ (Javorná – u Restaurace) erreichen. Auf dieser gehen wir etwa 300 m nordwärts, um dann nach links, ebenfalls auf asphaltiertem Weg, mit Grün Richtung Šukačka bzw. Suché Studanký abzubiegen. Die wenig befahrene Straße steigt mit einigen Kurven an, bis nach etwa 1,5 km das landwirtschaftliche Gut Šukačka erreicht ist. Hier biegt die Straße scharf rechts ab. Wir wandern in leichtem Auf und Ab über eine schöne waldbestandene Ebene, die sich bald zu senken beginnt. Am Waldrand kommen wir zum Punkt **Suché Studánky** ❸. Hier würde uns nach links ein Abstecher über den Radweg 2093 zum untergegangenen Ort Suché Studanky (Ober Dürnbrunn) emporführen, wo man nach 600 m bei einem Brünnlein einen prächtigen Aussichtspunkt erreichen würde.
Wir aber wandern mit Grün bergab, bis wir in einer Art Hochtal auf einen Querweg stoßen. Rechts geht es mit Blau nach Onen Svět und zur Staatsstraße, links führt unser weiterhin befestigter Weg mit Grün hinab nach Divišovice. In der Ferne lässt sich hoch über dem Talgrund schon die Kirche von Děpoltice ausmachen. Nach etwa 1,2 km zweigen wir von diesem Weg mit Grün spitzwinklig nach links auf einen unbefestigten, verhältnismäßig steil hinabführenden Waldweg ab, der besonders im unteren Teil sehr zerpflügt ist. Nach noch einmal knapp 1,5 km ist das einsame **Městiště** ❹ (Dörrstadt) erreicht. In der Dorfmitte steht eine hübsche hölzerne Kapelle. Von hier wandern wir mit Grün weiter, jetzt wieder auf befestigtem Weg, durch ein sumpfiges, dicht bewachsenes Gebiet etwa 1 km bis hinauf nach Datelov, wo ebenfalls eine hölzerne Kapelle steht. Hier gehen wir nach rechts und bleiben jetzt mehr oder weniger auf gleicher Höhe. Rechts haben wir einen sehr schönen Blick in den Talgrund der Jelenka.
Beim Gehöft Na Drahach passieren wir das kleine Naturschutzgebiet Datelovská strž und von hier ist es nur noch 1 km bis **Děpoltice** ❺, einst Depoldowitz. Zusammen mit Oldřichovice (Olchowitz), mit dem es zusammengewachsen ist, bildet es eine Verwaltungsgemeinschaft. Der Ort macht einen seltsam verlassenen Eindruck, besonders bei den Gebäuden um die Kirche St. Isidor (erbaut 1805). Auffällig ist die Schindelverkleidung der Westwand der Kirche.
An der Bushaltestelle gehen wir mit Grün westwärts aus dem Ort heraus. Wieder wandern wir oberhalb eines Tals, dann auf unbefestigtem Weg am Waldrand entlang, überqueren nach etwa 1,5 km den kleinen Bach Dešenický potok, bis wir schließlich nach nochmals etwa 1 km nach leichtem Anstieg den Weiler **Matějovice** ❻ mit seiner kleinen Wallfahrtskapelle erreichen. Von hier geht es weiter durch den Wald, allmählich senkt sich

Von der Burg Pajrek sind nur geringe Reste erhalten.

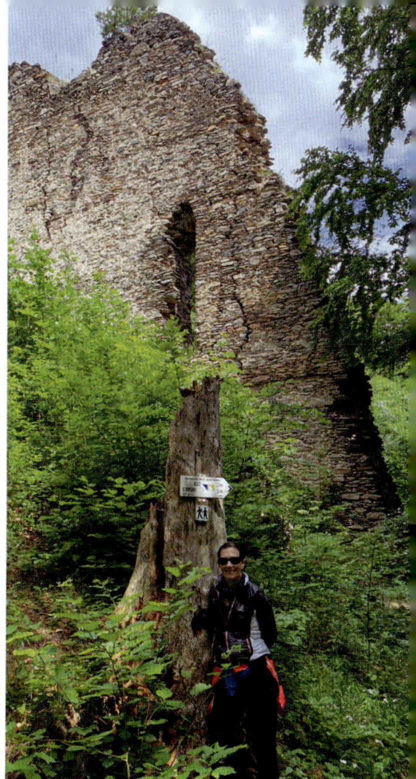

der Weg. Wir gelangen zur Bahnlinie Plzeň–Nýrsko–Železná Ruda, die wir überqueren. Unmittelbar danch wenden wir uns nach links. Wir gehen den Waldrand entlang sowie an einigen Wasserbetriebsanlagen des nahen Stausees vorbei und hinab zur Staatsstraße 190. Mit Grün überqueren wir sie und treffen gleich danach auf die Straße nach Stará Lhota. Auf dieser gehen wir nach links bis zum Punkt **Větrovec** 7, wo uns Gelb begegnet. Hier wenden wir uns rechts bergab auf einen schmalen Pfad und schneiden damit die weite Kurve der Straße nach Stará Lhota ab. Wir überqueren das Flüsschen Ùhlava und gehen dann auf der Straße mit Grün durch Stará Lhota weiter. Am nördlichen Ortsende biegen wir mit Grün auf einen schmalen Weg nach links ab. Es führt uns über eine Wiese und durch ein Wäldchen hinauf bis zum Punkt **Horní Polánky** 8, wo von links der Verbindungsweg CZ 5 vom Großen Osser herankommt.

Hier überqueren wir die Teerstraße und gehen geradeaus mit Grün auf schmalem Waldpfad in den ausgeforsteten Wald, dann an dessen Rand oberhalb einer großen Wiese entlang. Nun führt ein kurzer, nicht zu steiler Anstieg hinauf zur Ruine **Pajrek** 9 (Bayereck). Von dieser steigen wir in einem Bogen hinab zur kleinen Siedlung Pajrek. An deren Beginn wenden wir uns vor Haus 23 (mit Gelb, auch grüne und blaue Markierung) scharf nach links und gehen im Bogen wieder nordwärts. Zunächst bleiben wir auf gleicher Höhe, dann wandern wir nach einer Rechtswendung steiler hinab ins Tal der Úhlava – bei Regen kann dieser Abschnitt sehr matschig sein. Unten auf der Talstraße gehen wir nach links, vorbei am Waldtheater von Nýrsko, und in die Stadt hinein. Die Strecke entlang der Úhlava ist bis zum Zentrum teils von hübschen Villen bzw. einer Uferpromenade gesäumt. An der Straße Petra Bezruče bzw. der Brücke über die Úhlava beim Wegweiser »Nýrsko – U Mostu« ist das Etappenziel in **Nýrsko** 10 (Neuern) erreicht.

10 Nýrsko – Kdyně

5.30 h	21,2 km
↗ 480 m	↘ 460 m

Durch mannigfaltige Landschaften hinauf und hinab

Etappe 10 führt die Wanderer von der Nordwestecke des Böhmerwalds durch eine stille, von Touristen kaum besuchte Region. Sicher – Nýrsko ist im Zentrum ein äußerst unschöner Ort, da in den Nachkriegsjahren aufgrund von Verfalls fast alle historischen Gebäude abgerissen wurden, und auch Kdyně lässt sich keineswegs zu den sehenswerteren Städten Böhmens zählen. Die landschaftlichen Eindrücke entlang der Route sind aber um so intensiver. Im damaligen Neuern lebte bis 1945 der Schriftsteller Hans Watzlik (1879–1948), dessen umfangreiches Prosawerk, das auf Geschichte und Sagen des Böhmerwalds fußt, in den 1920er- und 1930er-Jahren auch außerhalb Böhmens viel gelesen wurde und der als Antipode Adalbert Stifters galt. Als künstlerischer Vermittler zwischen Böhmen und Deutschen hatte er 1932 für sein literarisches Schaffen den Tschechischen Staatspreis erhalten. Heute ist der Autor leider vergessen, bzw. wegen seiner Aktivität in der NS-Kulturpolitik nach 1938 geächtet. Dennoch verdient er es, wieder gelesen zu werden. Keiner schildert Legenden und Historien des Böhmerwalds in so glühender Sprache wie er. Leseempfehlungen: »Der Pfarrer von Dornloh« oder »Die Leturner Hütte«.

Ausgangspunkt: Nýrsko (Neuern), 440m, an der Brücke über die Úhlava, beim Wegweiser »Nýrsko – U Mostu«; Bahnanbindung nach Železná Ruda, Klatovy, Plžeň und Prag; Buslinie ins deutsche Bodenmais.

Verbindungswege: CZ 5 vom Großen Osser (Ostry) nach Nýrsko; CZ 4 von Eschlkam nach Kdyně.

Anforderungen: Verhältnismäßig lange Etappe, von der sehr große Abschnitte über oder entlang asphaltierter Wege und Straßen verlaufen, und zwar ohne größere Schwierigkeiten bzw. Anstiege; bei Nässe ist der Abschnitt zwischen 3 und Hadrava, der durch eine Feuchtwiese führt, kaum passierbar, ebenso ist bei feuchter Witterung der Abstieg vom Hrčoven zwischen Orlovice und Na Šteflich steil und wegen des tonigen Untergrunds und der Zerfurchung durch Holzschlagfahrzeuge sehr unangenehm; das längere Stück vom Aussichtsturm bis zum Etappenende führt ausschließlich entlang stärker befahrener Straßen.

Einkehr/Unterkunft: Nýrsko: Bar-Restaurant Milano, prap. Veitla 63, Tel. +420 605 074345, milano.cz; in Nýrsko ist das gastronomische Angebot sehr beschränkt; Hotel Nova Koruna, nur Übernachtung, einfach und günstig, Klostermannova 37, Tel. +420 702 156510, novakoruna.cz; nach Na Šteflich ca. 700 m abseits der Route in **Chodská Lhota:** Hostinec Choda, Einkehr, am östlichen Dorfrand, Tel. +420 777 940726; **Kdyně:** Restaurace Škarmanka, Dělnická 489, Tel. +420 777 629123, Penzion Restaurace Černý Orel, mit Übernachtung, Náměstí 24, Tel. +420 608 241655, penzion-cerny-orel.hotel.cz.

Weitere Infos: Nýrsko: Kultur- und Informationszentrum, Nám. 123, Tel. +420 376 555646, mestoNýrsko.cz; Kdyně: Touristeninformationszentrum, Nádražní 314, Tel. +420 379 413555, kdyne.cz.

Tipps: Nýrsko: Jüdischer Friedhof an der Milenecká, Ortsumgehung der Staatsstraße 190 im Osten; Hadrava: denkmalgeschützte Linde bei Haus Nr. 6, 24 m hoch, Stammumfang 6 m; Kdyně: Grenzlandmuseum (Muzeum příhraničí), Nádražní 314, Tel. +420 379 413555, kdynsko.cz/turistika/muzeum-prihranici; Synagoge, Masarykova 12, Tel. +420 379 413555.

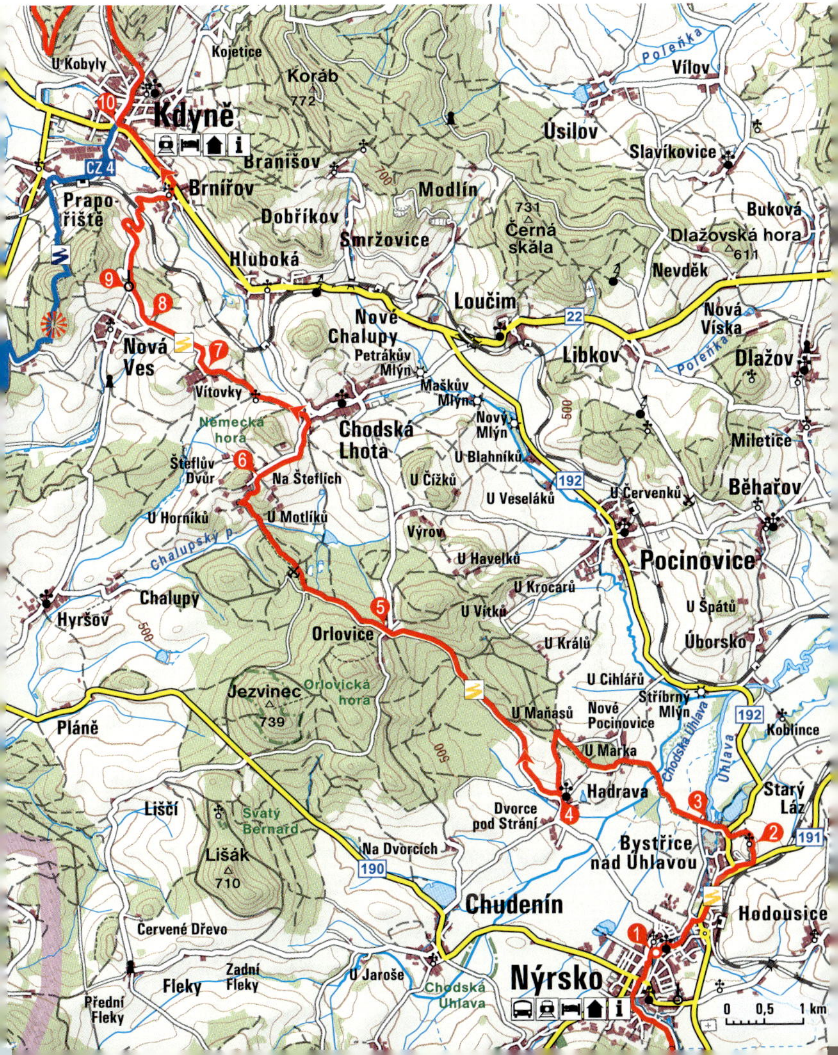

Von der Úhlavabrücke in **Nýrsko** 1 gehen wir mit der blauen Markierung auf der Křižíkova parallel zum Fluss nordwärts. Die Straße mündet in spitzem Winkel nach knapp 500 m in die Erbenova. Nach etwa 300 m gehen wir nach rechts und über eine Brücke über den Fluss, biegen dann links ab und die Staatsstraße 191 entlang. Wo diese halbrechts abknickt, halten wir uns mit Blau geradeaus, kommen in eine Vorortsiedlung und biegen dann nach 100 m rechts ab. Diese Siedlungsstraße steigt etwas an, wir überqueren die Staatsstraße 192 und wandern geradeaus weiter, rechts an einem Pflegeheimkomplex vorbei. Der Weg ist nun unbefestigt, biegt alsbald in rechtem Winkel nach links ab und steigt zu einer Anhöhe empor, auf der die barocke **Dreieinigkeitskapelle** 2 von 1697 steht. Von hier wandern wir schräg über eine Wiese hinab zu einigen landwirtschaftlichen Gebäuden, kommen wieder zu einem erkennbaren Weg und gehen über diesen hinab zur Staatsstraße 192. Schräg gegenüber steht das in Rekonstruktion befindliche neogotische Schloss Bystřice nad Úhlavou (Bistritz an der Angel), das auf einen mittelalterlichen Bau zurückgeht. Wir gehen auf der 192 nach rechts und biegen nach etwa 50 m nach links ab, vorbei am Haupteingang der Schlossanlage. Die blaue Markierung bringt uns zu einer Furt, die tatsächlich von Autos durchfahren wird, und zu einem Fußgängerbrückchen über die **Úhlava** 3.

Wir überqueren den Fluss und gehen an einer Wegekreuzung geradeaus weiter. Vor uns erstreckt sich eine weite Niederungslandschaft, durch die wir auf unbefestigtem Weg, der bei Nässe schwer passierbar ist, wandern. Nach etwa 600 m macht der Weg eine Biegung nach rechts, wir kommen an einem linker Hand liegenden Wäldchen vorbei und überqueren die Chodská Úhlava. Dann steigt der Weg etwas an und wir erreichen die Asphaltstraße Hadrava – Nové Pocinovice. Mit Blau gehen wir nach links. Nach etwa 350 m, wo die Straße einen deutlichen Linksknick macht, gehen wir nach rechts auf einen Waldpfad. Dieser mündet nach etwa 350 m auf eine weitere Teerstraße. Hier gehen wir nach links und erreichen nach etwa 60 m eine Stelle, wo zwei Waldwege in die Teerstraße einmünden. An diesem Punkt begeben wir uns nach links Richtung Hadrava (Wegweiser) und gehen nun südwärts in den idyllischen Ort hinein. In **Hadrava** 4 wandern wir mit Blau nach rechts Richtung Orlovice auf einer befestigten Radtrasse, in einem Wald deutlich ansteigend bis **Orlovice** 5. Im trotz eines großen Ferienheims sehr einsam gelegenen Orlovice endet die blaue Markierung.

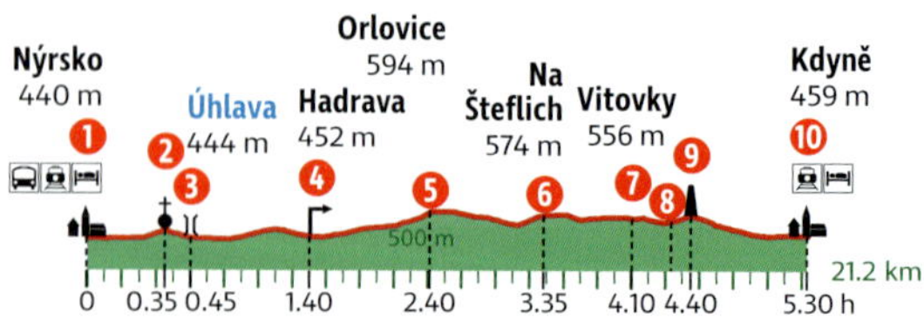

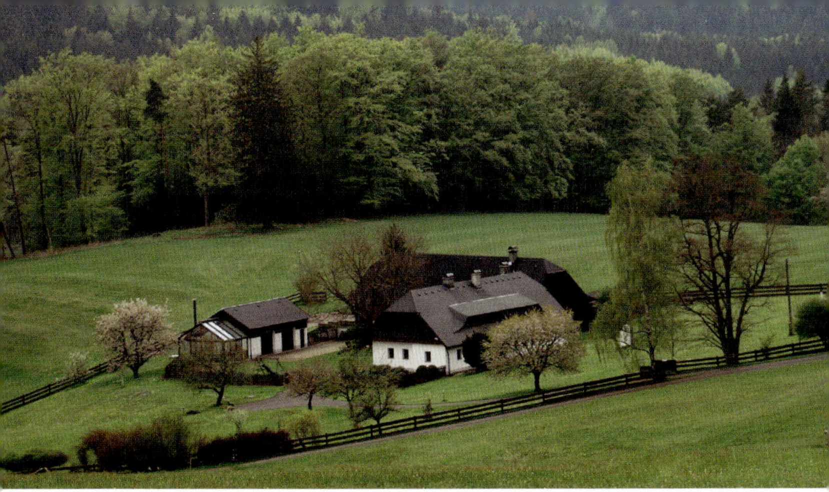

Gehöft im Talgrund unterhalb von Na Šteflich.

Wir überqueren den als solchen kaum auszumachenden Dorfplatz und gehen jetzt mit Rot weiter, abermals auf einer Radtrasse, die nach etwas mehr als 1 km an einer Kreuzung nach rechts auf einen unbefestigten Waldpfad abknickt und über den flachen Gipfel des Hrčoven, 551 m, führt. Von hier geht es etwas steiler hinunter ins sehr reizvolle Tal des Chalupský potok, wo rechts zwei größere Fischteiche liegen. Unser Weg steigt jetzt wieder an, führt uns hinauf zur Siedlung U Horníků, und biegt dann wieder als befestigter Weg rechts ab. Wir wandern an der Südflanke des Ostrý vrch entlang – von hier hat man herrlichste Landschaftsblicke – und kommen bei einer Bushaltestelle in einer weiteren kleinen Siedlung zum Punkt **Na Šteflich** ❻. Auf der Asphaltstraße mit sehr schönen Blicken in die Umgebung wandern wir bis zum Ortsanfang von Chodská Lhota und biegen hier mit Rot links ab. Um den Berg Chlumek herum kommen wir zu einer kleinen Kapelle. Gleich dahinter endet die befestigte Trasse und auf reizvollem, unbefestigten Weg geht es hinauf und hinein nach **Vitovky** ❼. Wir schlendern jetzt wieder auf befestigtem Weg durch diesen Ort und erreichen nach etwa 700 m den östlichen Ortsrand von **Nová Ves** ❽. An dieser Stelle treffen wir auf eine breitere Asphaltstraße, hier endet die rote Markierung. Mit Grün gehen wir auf der Teerstraße nach rechts auf eine Anhöhe, an der sich ein kleiner hölzerner **Aussichtsturm** ❾ befindet, wo gerastet werden kann.
Mit Grün geht es rechts um den Turm auf einem Pfad herum und hinab zur Teerstraße. Jetzt wandern wir auf dieser über viele Kehren, von denen sich einige abschneiden lassen, wenn man über die Wiesen geht, hinab bis Brnířov, wo wir auf die Staatsstraße 22 treffen und auf dieser nach links ins Zentrum von **Kdyně** ❿ (Neugedein) schreiten.

11 Kdyně – Domažlice

4.15 h	15,3 km
↗400 m	↘320 m

Eine Ruine mit grandioser Fernsicht und ein idyllisches Tempelchen

Die geschichtsträchtige Wanderung durch schönste Landschaften führt nicht nur durch das historische Chodenland (wie der Verbindungsweg CZ 3), sondern bringt auch eine Begegnung mit den Hussitenkriegen. Die Hussiten besiegten, nachdem sie nach der Hinrichtung des Magisters Jan Hus Böhmen, Bayern, Sachsen und Brandenburg in Rachefeldzügen verheert hatten, am 14.8.1431 zwischen Domažlice und Kout das gegnerische katholische Heer, was letztendlich dazu führte, dass der Papst sich mit einer möglichen Kirchenreform befasste, vor allem aber das Hussitentum als Glaubensrichtung dulden musste. Die Burg Rýzmberk wurde in der zweiten Hälfte des 13. Jh. als böhmische Grenzburg gegen Bayern gegründet. Seit dem Dreißigjährigen Krieg ist sie Ruine und heute ein beliebter Veranstaltungsort.

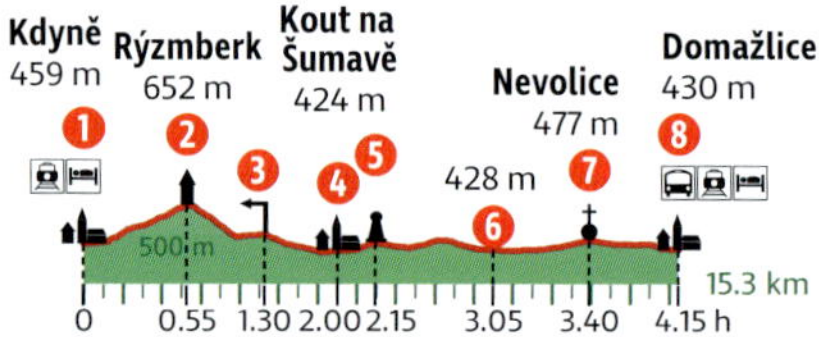

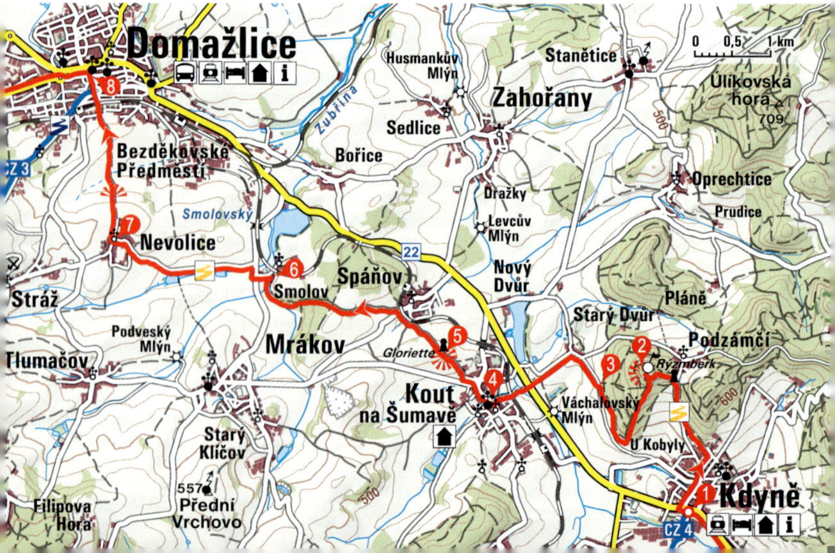

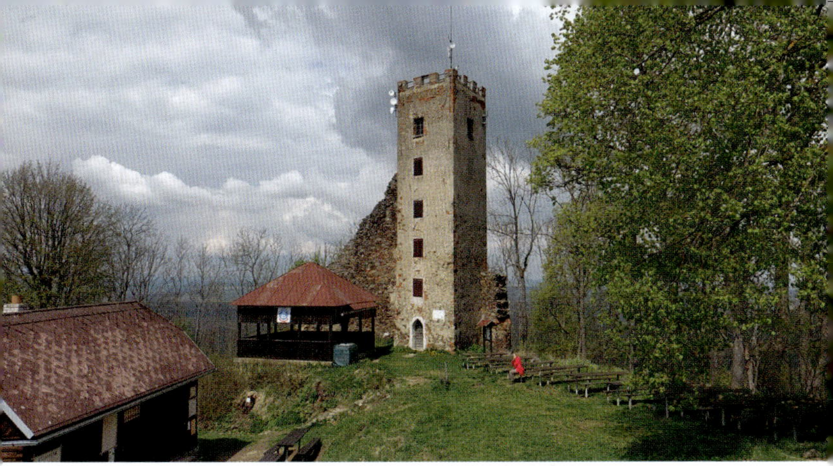

Die Ruine der Burg Rýzmberk lohnt zu jeder Jahreszeit den Besuch.

Ausgangspunkt: Kdyně (Neugedein), 459 m, Ortszentrum (Stadtplatz, tschech. Náměstí); Bahnanbindung nach Domažlice, Klatovy und Plzeň.
Verbindungswege: CZ 4 von Eschlkam; CZ 3 aus Furth im Wald nach Domažlice.
Anforderungen: Bis auf die 200 Höhenmeter zwischen Kdyně und der Burg Rýzmberk keine nennenswerten längeren Anstiege, etwas ungenehm ist der Abstieg von der Burg v.a. bei Nässe.
Einkehr/Unterkunft: Kdyně: Restaurace Škarmanka, Dělnická 489, Tel. +420 777 629123; Penzion Restaurace Černý Orel, mit Übernachtung, Náměstí 24, Tel. +420 608 241655, penzion-cernyorel.hotel.cz; **Kout na Šumavě:** Hospoda u hřiště, jetzt Restaurace Střelnice, Kout Nr. 97; **Domažlice:** u. a. Hotel Restaurace Sokolský dům, Übernachtung, nám. Míru 121, Tel. +420 379 720084, sokolskydum.cz; Hotel Zlatá Včela, Übernachtung, nám. Míru 131, Tel. +420 379 423568, zlatavcela.eu.
Weitere Infos: Kdyně: Touristeninformationszentrum, Nádražní 314, Tel. +420 379 413555, kdyne.cz; Domažlice: Städt. Informationszentrum, Chodské nám. 96, Tel. +420 379 752852, idomazlice.cz.
Tipps: Kdyně: Grenzlandmuseum (Muzeum příhraničí), Nádražní 314, Tel. +420 379 413555, kdynsko.cz/turistika/muzeum-prihranici/; Synagoge, Masarykova 12, Tel. +420 379 413555, geöffnet wie das Grenzlandmuseum; Domažlice: Historisches Stadtbild; Chodenmuseum (Muzeum Chodska), Chodské nám. 96, Tel. +420 379 776009, muzeum-chodska.com.

Vom zentralen Platz (Náměstí) in **Kdyně** ❶ gehen wir mit Gelb nach rechts in die Straße Americká. Sie führt uns aus Kdyně allmählich heraus. Wo der Weg deutlich anzusteigen beginnt, gehen wir halblinks in spitzem Winkel in die Rýzmberská und nach etwa 150 m bei einer Gabelung halbrechts in die Škarmanská, die an einer Querstraße endet. Hier halten wir uns weiter mit Gelb nach links. Die Straße wird am Waldrand zu einem unbefestigten Hohlweg, durch den es parallel zum Waldrand weiter bergan geht. Wir wandern an der Westflanke des 680 m hohen Škarman bergan, bis der Weg den Wald verlässt und nach links abknickt. So gelangen wir an die schon erwähnte befestigte Straße Rýzmberská beim Punkt U Pomníku, wo sich ein Denkmal befindet, das an die Hussitenbewegung des 15. Jh. erinnert. Mit Gelb gehen wir noch etwa 50 m bergan, dann biegen wir mit Grün nach links ab. Der Weg steigt etwas stärker an und wir erreichen nach etwa 400 m die Burgruine **Rýzmberk** ❷ (Riesenberg). Lohnend ist die Besteigung des wiederhergestellten Bergfrieds. Innerhalb des Burgareals gibt es im Sommer eine Einkehrmöglichkeit.

Von der kleinen Wiese vor dem Burggraben geht es dann mit Rot und Grün durch den Wald auf schmalem Pfad im Zickzack bergab, teilweise steil und bei Nässe schwierig. An einer kleinen Lichtung führt Rot nach links zurück zum Punkt U Pomníku, wir gehen mit Grün weiter abwärts. Am Waldrand knickt Grün in rechtem Winkel rechts ab und parallel zum Waldrand wandern wir auf breiterem, unbefestigten Weg etwa 700 m den Burgberg entlang, bis wir den Punkt **Nad Starým Dvorem** ❸ erreichen. Nun gehen wir nach links und kommen nach etwa 50 m zu einem befestigten Weg, dem wir nach rechts folgen. Wir passieren in einer Linkskurve das Gehöft Starý Dvůr und wandern in einer langen Geraden durch eine Allee bis zu einer denkmalgeschützten Baumgruppe, an der wir den befestigten, hier nach rechts abknickenden Weg verlassen und geradeaus über einen Wiesenpfad hinunter zur Staatsstraße 22 gehen, die wir überqueren. Dann wandern wir mit Grün geradeaus entlang des Bachs Koutský potok weiter, unterqueren die Bahnlinie Domažlice–Klatovy und erreichen gegenüber der alten Brauerei die Ortsmitte von **Kout na Šumavě** ❹ (Kauth). Hier wandern wir (jetzt wieder mit Gelb!) auf der Ortsstraße nach rechts und biegen unmittelbar nach der von links einmündenden Straße aus Mrakov in spitzem Winkel in eine kleinere Straße ein, auf der wir mit Gelb aus Kout herausgehen. Die Straße wird zu einem unbefestigten Weg und führt zu einer freien Anhöhe, auf der ein ungewöhnlicher tempelartiger kleiner Bau steht. Es ist eine sogenannte **Gloriette** ❺, errichtet 1824 in Gedenken an die an dieser Stelle (Infotafel) am 14. August 1431 stattgefundene Schlacht bei Taus, in der die Hussiten das katholische Heer vernichtend geschlagen haben. Die Gloriette trägt den Beinamen »Hut des Kardinals Cesarini«, denn dieser Kardinal nahm an der Schlacht teil und konnte nur mit Mühe durch Flucht sein Leben retten, wobei er seines Hutes verlustig ging.

Auf dem unbefestigten Weg geht es weiter nordwestwärts. Wir wandern

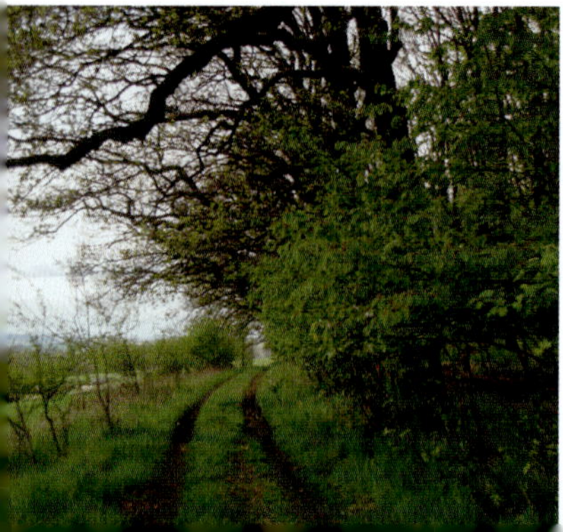

Landschaft am Waldrand beim Punkt Nad Stárym Dvorem.

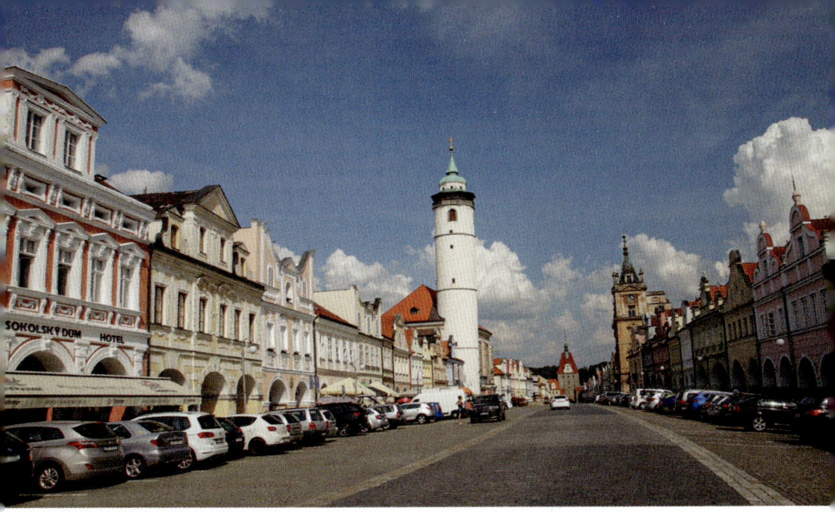

Das Zentrum von Domažlice erfreut durch schöne Renaissance-Laubenhäuser.

kurz die Bahnlinie Domažlice–Klatovy entlang und kommen zum westlichen Ortsrand von Spáňov. Hier überqueren wir eine breitere Asphaltstraße, gehen mit Gelb auf einem Feldweg geradeaus weiter und biegen sogleich nach links auf einen teilweise befestigten breiteren Weg ab. Westwärts geht es knapp 1,5 km durch die schöne Hügellandschaft, dann fällt das Gelände ab. Wir erreichen einen Wald, der Weg wird hier völlig unbefestigt und führt mit merklichem Gefälle hinab ins Tal des Smolovský potók. Mit Gelb wandern wir im Wald oberhalb des Bachs das Tal entlang und nach einem kleinen Gehöft kurz vor dem Ort Smolov erreichen wir einen **Eisenbahnviadukt** ❻.

Vor diesem gehen wir auf der Asphaltstraße nach links, gelangen dann zu einer weiteren befestigten Straße und biegen in diese nach rechts ein. Etwa nach 150 m biegen wir links ab und gehen westwärts Richtung Nevolice. Wir kommen an zwei Teichen vorbei, am zweiten, am Punkt Hůrka, endet die gelbe Markierung und wir gehen halbrechts mit Blau weiter in den Ort hinein. Bei der Martinskapelle in **Nevolice** ❼ in der Ortsmitte wenden wir uns nach rechts. Die Straße steigt kurz an und wir kommen zu einer Hochfläche, wo der befestigte Weg endet. Links können wir hinauf zur Wallfahrtskirche St. Lorenz (Verbindungsweg CZ 3) sehen.

Wir gehen geradeaus durch einen alleenartigen Hohlweg bergab, über eine kleine Talebene und dann nochmals bergab. Am Ortseingang von Domažlice unterqueren wir die schon bekannte Bahnlinie und gehen immer geradeaus über die Chodská ins Zentrum von **Domažlice** ❽ (Taus) hinein.

12 Domažlice – Klenčí pod Čerchovem

4.00 h | 13,8 km | ↗470 m | ↘420 m

Mitten durchs alte Chodenland

Der Böhmerwald liegt lange hinter uns und wir haben nun das zweite der großen Waldgebirge an der Westgrenze Tschechiens erreicht. Der Český les, der »Böhmische Wald«, ist das Gegenstück zum Oberpfälzer Wald und darf nicht mit dem Böhmerwald (tschech. Šumava, d.h. »die Rauschende«) verwechselt werden, wenngleich er oft als Teil des Böhmerwalds gesehen wird. Er ist nie so populär wie der Böhmerwald gewesen, vor allem, da er nach 1945 zum überwiegenden Teil in der Grenzsperrzone lag. Auch sind wir hier mitten im historischen Chodenland, wo Ende des 18. Jh. der legendäre Jan Sladký Kozina (1652–1695) einen Aufstand der Choden gegen den örtlichen Grundherrn anführte. Denn Wolf Dietrich Laminger von Albenreuth, der auf dem Schloss Trhanov (Chodenschloß) residierte, hatte die königlich verbrieften Rechte der Choden beschnitten und sie zur Fronarbeit verpflichtet. Kozina wurde gefangengenommen und in Pilsen hingerichtet.

Einer der bedeutendsten tschechischen Dichter des 19. Jh. war der im damaligen Klentsch geborene Jindřich (Heinrich) Šimon Baar (1869–1925). Er war katholischer Geistlicher, daneben aber Schriftsteller. Seine realistischen Erzählungen und Romane schildern das Dorfleben in Böhmen, greifen aber auch das Schicksal und die Historie der Choden auf. In Klenčí gibt es ein Baar-Museum. Leider ist keines seiner Werke auf Deutsch erhältlich.

Wunderschön gelegen: das Restaurant U Svatého Jána am Schlossteich in Trhanov.

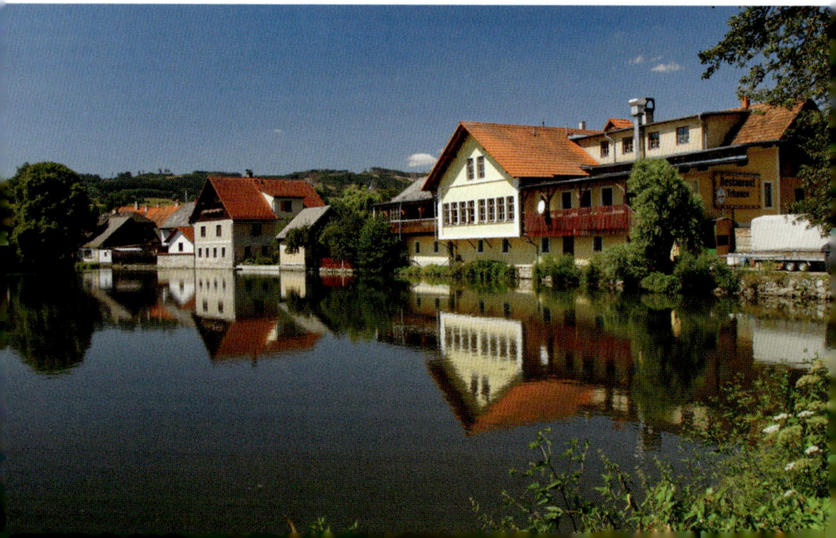

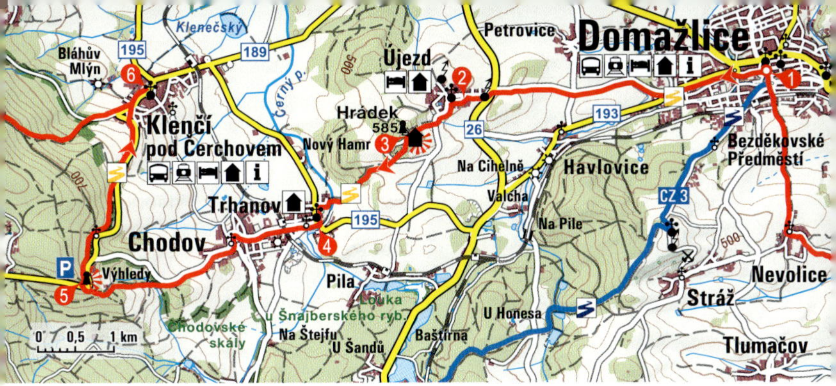

Ausgangspunkt: Domažlice (Taus), 430 m, nám. Míru; Bahnverbindung nach Plzeň und Kdyně sowie nach Furth im Wald, dorthin auch Busverbindung.
Verbindungsweg: Domažlice ist über den Verbindungsweg CZ 3 mit Furth im Wald und dem bayerischen Goldsteig verbunden.
Anforderungen: Ein nicht unerheblicher Teil der Strecke verläuft auf Asphaltstraßen; Schwierigkeiten gibt es so gut wie keine, sieht man davon ab, dass 2022 der Waldweg im Abschnitt zwischen Výhledy und Klenčí pod Čerchovem vielerorts sehr zerpflügt war; bei Nässe kann auch der Aufstieg nach Újezd zum Gasthof Chodská chalupa unbequem sein.
Einkehr/Unterkunft: Domažlice: u. a. Hotel Restaurace Sokolský dům, mit Übernachtung, nám. Míru 121, Tel. +420 379 720084, sokolskydum.cz; Hotel Zlatá Včela, mit Übernachtung, nám. Míru 131, Tel. +420 379 423568, zlatavcela.eu; **Újezd:** Chodská chalupa, mit Übernachtung, Haus Nr. 107, auf dem Berg Hrádek, Tel. +420 737 222756, chodska-chalupa.cz; **Trhanov:** Restaurace U Svatého Jána, Haus Nr. 11, Tel. +420 379 795117, restauraceusvjana.sweb.cz; **Klenčí pod Čerchovem:** Penzion Milenium, nur Übernachtung, Haus Nr. 205 am östlichen Ortsende bei der Tankstelle, Tel. +420 608 220057; Hotel Haltrava mit Restaurant, Haus Nr. 101, Tel. +420 722 430441, haltrava.eu; eine Imbissmöglichkeit gibt es auch am Baar-Denkmal, Výhledy.
Weitere Infos: Domažlice: Städtisches Informationszentrum, Chodské nám. 96, Tel. +420 379 752852, idomazlice.cz; Klenčí pod Čerchovem: Regionales Informationszentrum des Chodenlands im Haus der Natur des Böhmischen Walds, Haus Nr. 4 (Alte Post), Tel. +420 379 795325, klenci.cz.
Tipps: Domažlice: historisches Stadtbild; Chodenmuseum (Muzeum Chodska), Domažlice, Chodské nám. 96, Tel. +420 379 776009, muzeum-chodska.com; Újezd: Gedenkzimmer für Jan Sladký Kozina, Haus Nr. 3, Tel. +420 379 722282, Mai–Sept. Di.–So., obecujezd.cz; Klenčí pod Čerchovem: Dům přírody Českého lesa (Haus des Böhmischen Walds), Haus Nr. 4, Mo. Ruhetag, Tel. +420 379 795325, dumprirody.cz; Muzeum J. Š. Baara, Haus Nr. 140, Mo. Ruhetag, Tel. +420 379 795325.

Von der Stadtmitte in **Domažlice** ❶ – der Wegweiser befindet sich vor der Augustiner-Klosterkirche gegenüber der Einmündung der Chodská am Nám. Míru – gehen wir mit Rot westwärts aus der Stadt heraus, zunächst über die Msgre. B. Staška-Straße. An einem Kreisverkehr halten

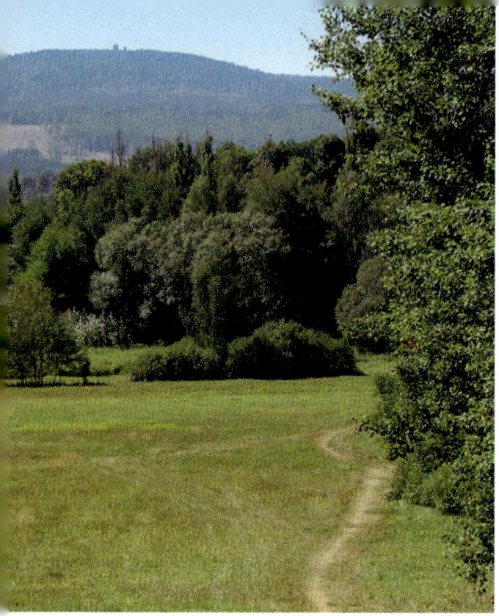

Einer der schönsten Abschnitte der Etappe ist der Abstieg vom Berg Hrádek nach Trhanov – im Hintergrund der Čerchov.

wir uns mit Rot auf der Kozinova weiter nach Westen. Knapp 900 m nach dem Kreisverkehr biegen wir mit Rot auf befestigter Straße nach rechts ab, wenden uns gleich wieder nach links (geradeaus geht es hoch zum Krankenhaus) und kommen an einem Fahrschul-Übungsplatz vorbei. Danach wandern wir in leichtem Aufstieg weiter auf befestigtem Weg ins freie Feld. Wir queren die Straße nach Petrovice, vom Bergkamm lugt der Čerchov (Schwarzkopf) herüber, erkennbar an den beiden Türmchen und mit 1042 m der höchste Gipfel des Český les. Geradeaus weiter steigt der Weg nochmals etwas an und führt dann hinunter zur Staatsstraße 26, die wir überqueren, um dann hinein nach **Újezd** 2 zu wandern.

Von der Hauptstraße biegt gegenüber von Haus 41 Rot links ab, am Kriegerdenkmal und einem kleinen Teich vorbei. Im Haus Nr. 3 hinter dem Kriegerdenkmal befindet sich ein Gedenkraum für den im Chodenland tiefverehrten Choden- bzw. Bauernführer Jan Sladký Kozina, der in Újezd zur Welt kam. Am Rathaus neben der Pfarrkirche befindet sich eine Gedenktafel für Paul Virgil Kirkham, der am 30.4.1945 als amerikanischer Flieger nahe Újezd abgeschossen wurde und den Tod fand. Bei der Kirche biegen wir nach links ab und gehen mit Rot weiter aus dem Dorf hinaus. An der Bushaltestelle beim Ortsausgangsschild biegen wir nach rechts auf einen Wiesenpfad ab, der je nach Jahreszeit stark verwachsen sein kann und der mit Rot, am Schluss recht steil, zum Gasthof Chodská chalupa hinaufführt. Dort befindet sich eine eindrucksvolle, gut vier Meter hohe und sechs Meter lange hölzerne Skulptur eines Hundes – die Choden hatten in historischer Zeit als Helfer bei ihren Grenzwachen vor allem Hunde im Einsatz. Einige wenige Meter oberhalb des Hundes steht am Gipfel des

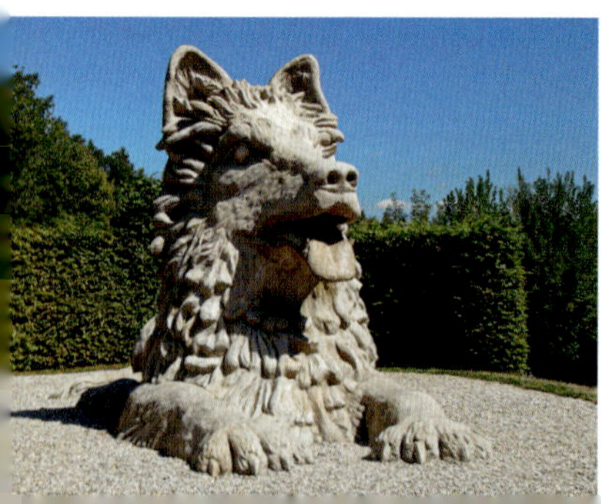

Hölzerne Kolossalskulptur eines chodischen Wachhunds auf dem Berg Hrádek.

585 m hohen **Hrádek** 3 ein Denkmal für den schon erwähnten Chodenführer Jan Sladký Kozina. Von hier gehen wir mit Rot auf schmalem Pfad südwärts durch den Wald etwa 80 m zu einem Parkplatz, überqueren diesen und wandern rechts vom Parkplatzschild auf noch schmalerem Pfad steil abwärts. Wir überqueren die von Újezd kommende Fahrstraße auf den Hrádek und gehen geradeaus weiter bergab, immer noch auf kaum erkennbarem Pfad. Nach etwa 100 m erreichen wir einen breiteren, von viel Buschwerk gesäumten Feldweg, von dem man zwischen den Büschen großartige Blicke auf das Vorland des Český les werfen kann. Geht man auf den Kirkham-Weg nach links, also leicht bergan, erreichen wir kurz vor der Einmündung in die Fahrstraße eine Gedenktafel, die über den Soldaten und seinen Absturz informiert.
Wir wandern dann auf diesem Weg abwärts durch die schöne Feldrainlandschaft und erreichen einen Wald. Hier wird der Weg schmaler, biegt halblinks ab und führt hinab ins Tal des Černý potok (Schwarzbachs) bzw. der Čerchovka, wie er auch genannt wird. Unten gehen wir zunächst noch links am Rand des Walds entlang, dann über eine Wiese und überqueren den Bach auf einem Brückchen. An den ersten Häusern von Trhanov vorbei wandern wir zur Staatsstraße 195, hier durch eine Allee nach links, passieren das spätbarocke Schloss (nicht zu besichtigen) der Herren von Stadion und gelangen in die Dorfmitte von **Trhanov** 4 (Chodenschloß) am Schlossteich. Hier befindet sich das sehr idyllisch gelegene Restaurant U Svatého Jána. Es lohnt durchaus, einmal den Dorfteich (mit Gelb) halb zu umrunden – leider ist das Ufer an der westlichen Hälfte nicht begehbar.
Jetzt beginnt der unangenehmste Teil dieser Etappe – es geht knapp 3 km bergan, auf einer vielbefahrenen befestigten Straße. Westwärts verlassen wir nun Trhanov, passieren ein Sägewerk und kleinere Industriebetriebe, dann ist schon mit Chodov die nächste Ortschaft erreicht. In einer weiten Linkskurve geht es in die Dorfmitte bis zur Kirche, hier halten wir uns rechts und gehen mit Rot weiter bergan, entlang des Nordhangs der Babí hora, 593 m. An einer deutlichen Rechtswendung der Fahrstraße biegen wir spitzwinklig nach links (Rot) auf einen Feldweg ein, halten uns nach etwa 100 m an einer Gabelung rechts und gehen in den Wald hinein. Der Weg wird zum Hohlweg. Rechts oberhalb davon liegt ein kleiner, idyllischer Teich, zu dem wir kurz hinaufsteigen können. Der Hohlweg wird steiler und wir gelangen bei einem Einödhof auf eine Lichtung. Jetzt geht es

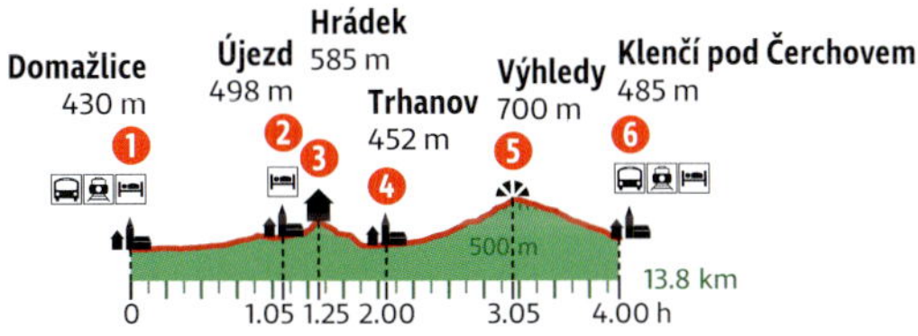

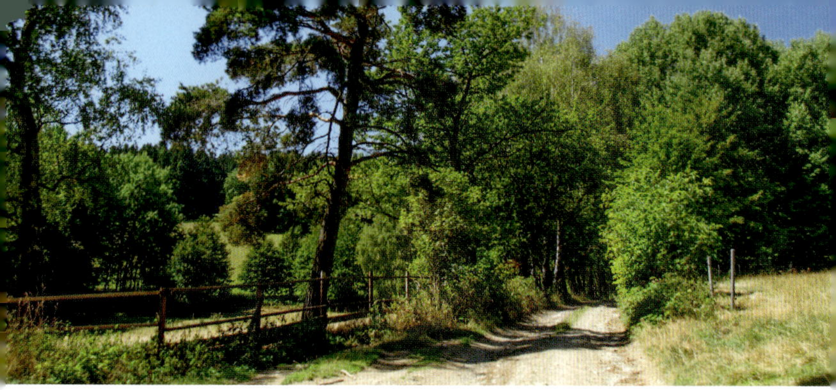

Landschaft westlich von Trhanov.

auf schmalem Pfad über eine Wiese weiter, nochmals in den Wald und dann sind die Staatsstraße 189 und der Aussichtspunkt **Výhledy** 5 erreicht. Oberhalb der Kurve der Staatsstraße steht in einem kleinen Hain – mit herrlicher Fernsicht in das Chodenland – das gewaltige Denkmal für den Priester und Dichter Jindřich Šimon Baar. Hier wechseln wir die Markierung: Bis zum Ende der Etappe wird jetzt Grün unser Begleiter sein. Wir gehen nun direkt oberhalb und parallel der Staatsstraße auf einem anfangs noch befestigten Weg bergab. In diesem Gebiet wurden verstärkt zahllose vom Borkenkäfer befallene Bäume gefällt, wodurch viele der schmalen Waldwege durch schwere Forstfahrzeuge arg zerpflügt wurden.
Wir gehen links um die kleine Wenzelskapelle herum, die Markierung fehlte im Sommer 2022. Danach entfernt sich unser grüner Waldweg, der auch als Radweg 2287 ausgewiesen ist, etwas von der Staatsstraße. Bei einem kleinen Gedenkstein für Jindřich Šimon Baar, der uns darauf hinweist, dass wir seit dem Aussichtspunkt auf dem Baar-Steig (Baarova Stezka) gewandert sind, mündet der Weg in die Staatsstraße 189. Entlang dieser gehen wir nun hinab nach Klenčí und biegen bei Haus 191 mit Grün rechts in eine schmale Straße ein, die uns zu einer kleinen Grünanlage und einem Hus-Denkmal hinabführt. Hier steht der Wegweiser »Klenčí pod Čerchovem – rozc.«, wo auch die nächste Etappe beginnt.Doch wir gehen weiter hinab bis zur Ortsmitte von **Klenčí pod Čerchovem** 6 (Klentsch), einem der hübschesten der kleineren Orte im Böhmischen Wald. Sehr schön ist der Hauptplatz (Náměstí) mit seinem Halbkreis historischer Häuser um die Kirche und den baumbestandenen Plätzen und Sträßchen. Im Restaurant Haltrava können wir uns von den Strapazen dieser Etappe ausruhen.
Wer die Etappe 13, ohne ins Ortszentrum von Klenčí zu gehen, direkt anschließen will, geht bei Haus 191 nicht nach rechts, sondern auf der Staatsstraße weiter bergein und biegt in der großen Kehre mit Blau nach links Richtung Díly ab.

5.15 h	16,9 km
↗ 590 m	↘ 640 m

Klenčí pod Čerchovem – Poběžovice 13

Hinab ins Vorland zu einem mittelalterlichen Poeten

Wenngleich wir auf keiner unserer Etappen den höchsten Berg des Böhmischen Walds, den Čerchov (Schwarzkopf) mit seinen 1042 m, erklimmen, lernen wir auf dieser Etappe eine der schönsten Ecken des Waldgebirges kennen. Es geht hinauf auf den Kamm und wieder hinab, durch idyllische Bachtäler und schließlich zum Geburtsort eines der bedeutendsten Poeten des Mittelalters, Johannes von Schüttwa, auch bekannt als Johannes von Tepl. Dessen »Ackermann aus Böhmen«, ein Streit- und Trostgespräch mit dem Tod, gilt als bedeutendstes deutschsprachiges Prosawerk vor Luther. Die Etappe endet in der verträumten Kleinstadt Poběžovice (Ronsperg), wo Richard von Coudenhove-Kalergi (1894–1972), mit seiner »Paneuropäischen Union« einer der wichtigsten Vordenker des Europagedankens, die Kindheit auf dem Schloss seiner Väter verbrachte.

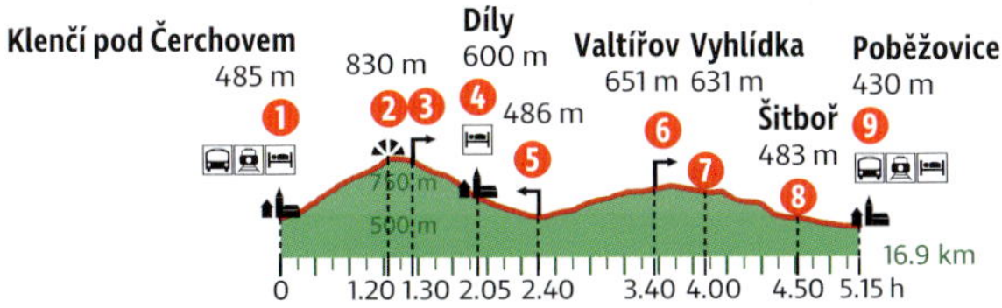

Waldromantik zwischen Pod Sádkem und Pod Haltravou.

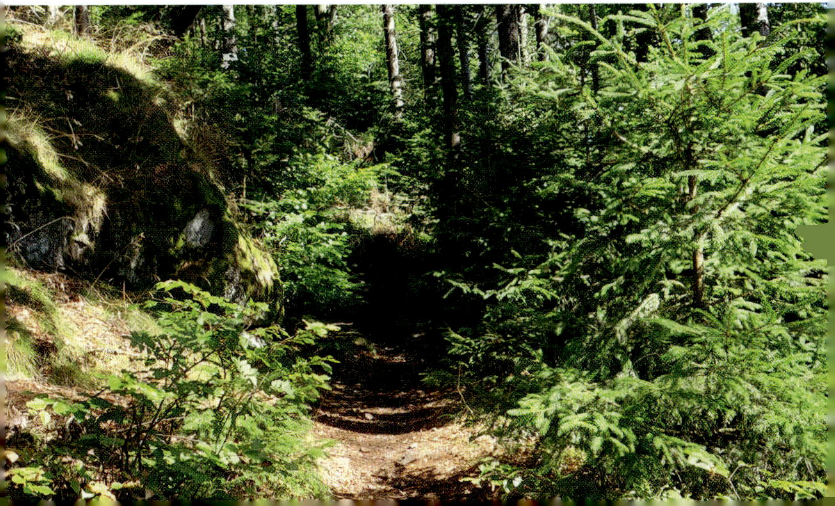

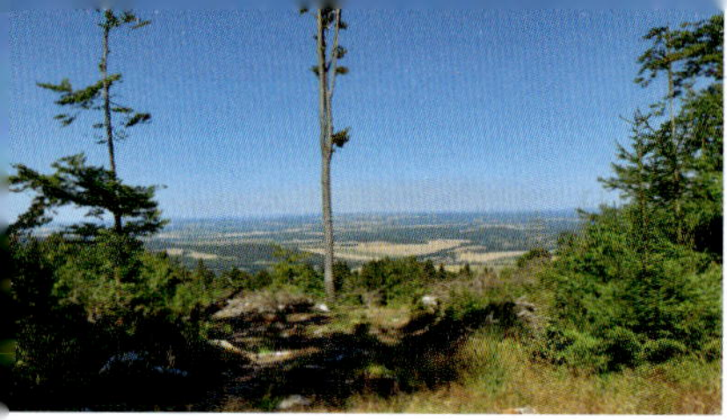

Vom Punkt Pod Sádkem auf dem Kamm des Böhmischen Walds genießt man herrliche Blicke in dessen nordöstliches Vorland.

Ausgangspunkt: Klenčí pod Čerchovem (Klentsch), 485 m, Hauptplatz; Bahnanbindung nach Domažlice, dorthin auch per Bus; Bahnverbindung nach Poběžovice; zum Grenzübergang Höll / Waldmünchen auch per Bus (Richtung Nemanice).
Verbindungsweg: Keiner.
Anforderungen: Längere Abschnitte auf Asphaltstraßen; verhältnismäßig anstrengend, gemessen an den anderen Etappen, ist der Anstieg nach Pod Sádkem, wie auch der Abstieg nach Díly, wo auch vielerorts keine Markierungen mehr vorhanden sind (Baumfällungen), ansonsten kaum Schwierigkeiten – bei Nässe kann die Wanderung durch das Tal des Mlýnecký potok zwischen 5 und Valtířov jedoch unangenehm fußbefeuchtend sein.
Einkehr/Unterkunft: Klenčí pod Čerchovem: Penzion Milenium, nur Übernachtung, Haus Nr. 205, am östlichen Ortsende bei der Tankstelle, Tel. +420 608 220057; Hotel Haltrava mit Restaurant, Haus Nr. 101, Tel. +420 722 430441, haltrava.eu; **Díly:** Hotel Sádek mit Restaurant, Haus Nr. 124, Tel. +420 379 422899, hotel-sadek.cz; **Postřekov:** Hospoda U Hadamů, nur Einkehr, Nr. 129, Do.–So. 16–22 Uhr, Tel. +420 606 263036; **Poběžovice:** Restaurant und Pension Ronšperk, Žižkova 220, Tel. +420 721 761176 (Restaurant) und Tel. +420 723 692785 (Pension), ubytovani-v-rodinnem-dome-tomas-hrda.business.site; Hotel Restaurant Hubertus, erstes Hotel am Platz, Mariánská 91, Tel. +420 602 422145, hubertus.cz.
Weitere Infos: Klenčí pod Čerchovem: Regionales Informationszentrum des Chodenlands im Haus der Natur des Böhmischen Walds, Haus Nr. 4 (Alte Post), Tel. +420 379 795325, klenci.cz; Poběžovice: Städtisches Kultur- und Informationszentrum, nám. Míru 210, Tel. +420 379 497889, pobezovice.cz.
Tipps: Klenčí pod Čerchovem: Dům přírody Českého lesa (Haus des Böhmischen Walds), Haus Nr. 4, Tel. +420 379 795325, dumprirody.cz, April–Sept. Di.–So., Okt.–März Di.–Fr.; Muzeum J. Š. Baara, Haus Nr. 140, Tel. +420 379 795325, Mai–Sept. Di.–So., klenci.cz; Postřekov: Museum der Chodentrachten (Muzeum chodských krojů), Haus Nr. 100, Tel. +420 728 708759, geöffnet nach Anfrage (jlangova@centrum.cz); Feuerwehrmuseum (Hasičské muzeum), Tel. +420 732 509319, Sa.–So. 10–12 Uhr, hasicipostrekov.cz; Šitboř: Denkmal für Johannes von Schüttwa, Kirchenruine, Friedhof, Skulpturenpark hinter der Kirche; Poběžovice: Renaissanceschloss der Grafen Coudenhove-Kalergi (nur von außen) mit frei zugänglichem Schlosspark; Supermarkt Bala (Potraviny Bala), nám. Míru 8 (Ecke Šandova): Diesen Laden muss man von innen gesehen haben, denn auf etwa 70 m² Verkaufsfläche bieten die vietnamesischen Inhaber ungefähr 5 Mio. Einzelartikel an – von Fleisch und Wurst, Getränken, über Kleidung zu Konserven, Fahrradersatzteilen, Mückentod und Kosmetik; Jüdischer Friedhof nordwestlich des Orts, zu erreichen über die Straße nach Drahotin (Drahotínská) und die Větrná: Hier befindet sich das Grab des Schneiders David des Gerechten, das schon im 18. Jh. eine Wallfahrtsstätte der örtlichen Chassiden wurde, er galt als einer jener 36 Gerechten, die nach jüdischer Vorstellung in jeder Generation den Untergang der Welt verhindern.

Von der Ortsmitte von **Klenčí pod Čerchovem** ❶ (Klentsch) gehen wir auf der Staatsstraße 189 mit Blau bergan und in einer scharfen Linkskurve am westlichen Ortsrand mit Blau geradeaus weiter Richtung Díly. Nach etwa 250 m biegt Blau in spitzem Winkel nach links auf einen Waldweg ein, der steil den Hang hinaufführt. Wegen der großen Waldschäden auf dem Kamm des Böhmischen Walds und der Baumfällungen in der Region ist der Weg anfangs durch forstwirtschaftliche Fahrzeuge sehr zerpflügt. Nach etwa 1 km anstrengenden Aufstiegs mündet der Weg in einen etwas breiteren Waldweg ein, auf dem wir uns nun bei flacherem Anstieg nach rechts wenden und weiter bergan gehen. Noch halten sich die Waldschäden in dieser Höhe in Grenzen, doch wird der Baumbestand im Verlauf des weiteren Anstiegs immer lückenhafter. Wir kommen zu einer Schleppliftanlage und einer Abfahrtsschneise, die vom Berg Sádek herunterführt. Etwa 300 m danach biegt Blau nach links auf einen schmalen Pfad ein und es geht wieder steiler hinauf. Hier wurden bereits viele geschädigte Bäume gefällt, oft ist keine Markierung mehr vorhanden. Wir versuchen, den teils nur noch schlecht auszumachenden Pfad nicht zu verlieren und kommen schließlich vor einer Buschreihe bzw. Reihe aus niedrigen Bäumen zu einem ebenfalls kaum erkennbaren Pfad, auf dem wir bei jetzt gleichbleibender Höhenlage nach rechts gehen. Nach 100 m ist auf 830 m Seehöhe der Punkt **Pod Sádkem** ❷ erreicht, einst tief im Wald gelegen, jetzt weitgehend ohne Bäume, dafür mit herrlichem Blick ins Vorland des Böhmischen Walds nach Norden. Hier endet Blau und wir setzen unsere Wanderung mit Gelb fort. Nicht sofort zu erkennen, geht es auf sehr schmalem Pfad ins Gebüsch hinein. Hier beginnt nun einer der schönsten Abschnitte des gesamten Fernwanderwegs. Er mag nur kurz sein, kaum einen Kilometer, doch ist der Gang durch die herrliche mischwaldum-

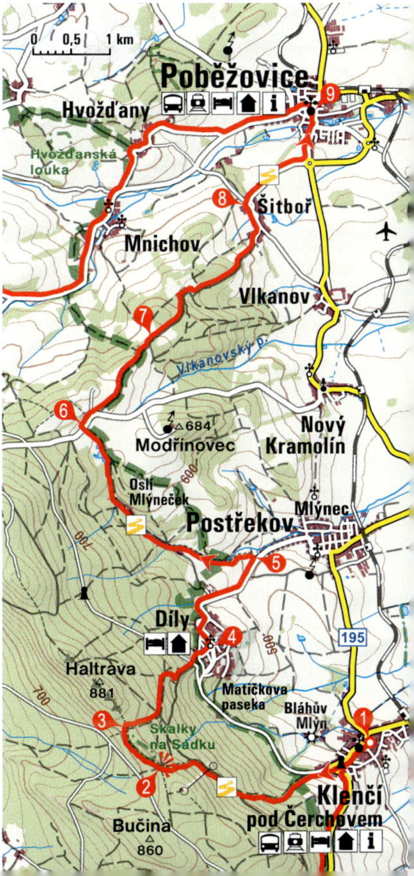

standende Felsenlandschaft des Naturschutzgebiets Skalkyna Sádku (Felsen am Sádek) besonders beglückend. Der schmale Steig führt in leichtem Gefälle zum Punkt **Pod Haltravou** 3, einer breiten Waldwegkreuzung, wo wir uns mit Gelb nach rechts wenden und auf einem anfangs breiten, mit dichtem Gras bewachsenen Waldweg talwärts wandern. Es geht zu Beginn in der Direttisima hinab bis zu jenem Weg, auf dem wir vorher die Liftanlage passiert hatten. Dann wandern wir geradeaus weiter, schräg den steilen Hang hinunter, über Wurzeln und Steine. Etwa 600 m weiter führt der Weg in scharfer Biegung nach rechts, nach knapp 200 m wieder nach links. Aufpassen: Markierungen können übersehen werden. Dann geht es direkt hinab nach Díly. Kurz vor dem Ort queren wir den Radweg 2283 und wandern mit Gelb geradewegs hinab bis zur Ortsmitte von **Díly** 4 bei der kleinen Kirche. Hier gehen wir auf der Teerstraße nach links, bleiben auf Gelb, biegen hinter Haus Nr. 44 nach rechts ab und schneiden eine langgezogene Kurve der Hauptstraße. Wieder auf dieser angelangt, wandern wir hinab in den Talgrund eines kleinen Bachs und diesen entlang abwärts bis nach Postřekov (Einkehrmöglichkeit).
Am Ortseingang verlassen wir Gelb und biegen mit Grün nach links auf einen leicht zu übersehenden schmalen **Wiesenweg** 5 ab; der zugehörige Wegweiser »Postřekov – rozc.« steht leider versetzt etwa 30 m weiter dorfeinwärts. Jetzt wandern wir abwechselnd auf Wiesenpfad bzw. buschgesäumten schmalem Feldweg den Mlýnecký potok (Mühlbach) entlang. Wir überqueren diesen auf einer Steinplatte und wandern auf dessen linker Seite bachaufwärts. Gleich danach erreicht unser Pfad in spitzem Winkel einen von Postřekov herankommenden breiteren Weg. Hier gehen wir nach links. Der Weg wird bald wieder zum Wiesenweg. Links wandern wir an einer großen Viehweide mit drei kleinen Teichen vorbei und erreichen eine Waldkreuzung mit Holzlagerplatz. Geradeaus weiter steigt der Feldweg deutlich an und wir gelangen nach etwa 600 m auf einer langgezogenen Lichtung im Bachtal zum Punkt Oslí Mlýneček (ehemalige Eselsmühle). Hier wandern wir an drei kleinen Teichen vorbei, an denen Hinweistafeln verkünden, dass Angeln strengstens verboten ist. Weiter den Mühlbach entlang kommen wir schließlich zur sehr verwachsenen Ortslage des verschwundenen Dorfs **Valtířov** 6. Hier gehen wir mit Blau nach rechts. Nach knapp 100 m biegt Grün links ab, nach weiteren 100 m führt eine schadhafte schmale Asphaltstraße hinauf zum flachen Berg U pískovny. Dann biegen wir nach 50 m bei einem Kreuz mit Blau halblinks ab. Der Feldweg senkt sich sanft und nach rechts haben wir sehr schöne Ausblicke zum Modřinovec mit seinem markanten Sendeturm. Der Feldweg bietet auch nach Norden eine herrliche Aussicht über das Vorland des Český les. Vielerorts ist der Wald abgeholzt und der Weg stark zerpflügt. Bei einer scharfen Rechtsbiegung gehen wir mit Blau halb links und kommen zur Stelle des ebenfalls untergegangenen Dorfs **Vyhlídka** 7. Über eine Wiese wandern wir in den durch Borkenkäfer und Holzfällung stark gelichteten Wald. Hier müssen wir achtgeben,

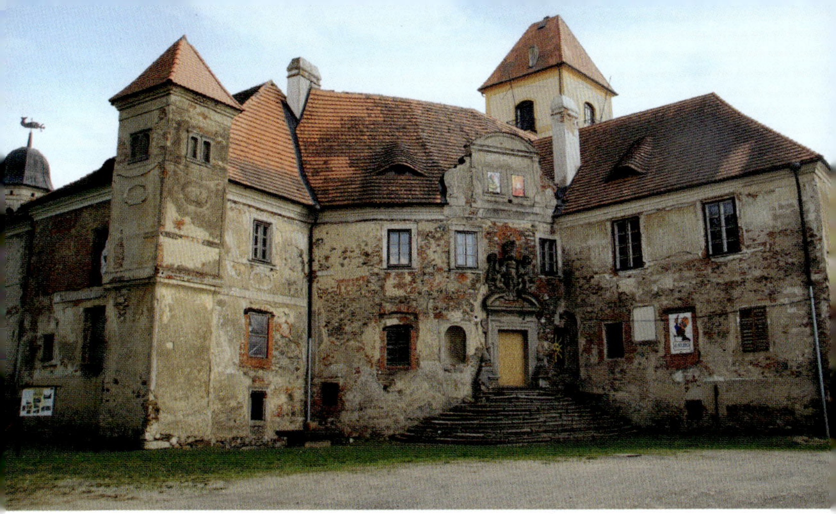

Das Schloss in Poběžovice träumt künftigen besseren Zeiten entgegen.

dass wir uns gleich hinter dem Waldrand an einer Waldweggabelung auf den schmaleren Pfad halb rechts halten (Markierung leicht zu übersehen). Weiter wandern wir auf einem grasbewachsenen, flachen Hohlweg bergab, entlang eines abgeholzten Hangs. Dann verlassen wir diesen und wenden uns scharf nach rechts mit einer blauen Pfeilmarkierung. Wir gehen über eine Wiese bis zum Waldrand, wo die große blaue Markierung schon aus der Ferne sichtbar ist, und dort erneut nach rechts. Unser Wiesenpfad mündet in einen etwas breiteren Weg ein, der in stärkerem Gefälle abwärts führt. Von diesem grasbewachsenen, etwas eingeschnittenen Weg haben wir nach Verlassen des Waldes eine schöne Aussicht. Bald sind die ersten Häuser von Šitboř erreicht. Mit Blau gehen wir hinunter bis zur Dorfstraße, links und vorbei am Dorfteich und erreichen an der Bushaltestelle die Ortsmitte von **Šitboř** 8, wo sich oberhalb das Denkmal für Johannes von Schüttwa (Jan ze Šitboře) befindet. Es lohnt, zur gerade in Renovierung befindlichen Kirche und zum Friedhof hinaufzugehen, wo Informationstafeln auch auf Deutsch über Leben und Werk des mittelalterlichen Dichters informieren. Außerdem befindet sich unweit ein Skulpturenpark, der sich an Johannes' Hauptwerk anlehnt.

Von Šitboř wandern wir auf der Teerstraße mit Blau Richtung Poběžovice, das von links freundlich herüberlugt. Am Kreisverkehr treffen wir auf die Staatsstraße 195 und gehen auf dieser nach links nach Poběžovice hinein. Nach der Überquerung der Pivoňka passieren wir das Restaurant Ronšperk, dann gehen wir geradeaus über die Treppe hinauf zum Schloss und die Ortsmitte von **Poběžovice** 9 (Ronsperg). Die 13. Etappe ist bewältigt!

14 Poběžovice – Bělá nad Radbuzou

6.45 h | 24,1 km
↗550 m | ↘540 m

Durch sehr einsame Landschaften

Diese Etappe führt zusammen mit der folgenden durch die vielleicht abgelegensten Regionen, die der Fernwanderweg Tschechischer Goldsteig berührt. Der Böhmische Wald war als Touristengebiet auch für die Tschechen nie so richtig populär, da er großenteils im grenznahen Bereich gelegen und damit 46 Jahre völlig unzugänglich gewesen ist. Trotz aller landschaftlichen Schönheiten ist er bis heute als Reise- und Wanderziel unbekannt geblieben. Ganz dünn ist die Besiedlung, dafür trifft man allenthalben auf untergegangene Dörfer, die nach der Vertreibung ihrer deutschen Bewohner nach 1946 wegen der Grenznähe nicht mehr besiedelt wurden, verfielen und letztlich abgetragen wurden. Aber genau diese Einsamkeit, die kaum berührte Natur und ihre Verknüpfung mit Verfall macht den besonderen Reiz dieser Regionen zwischen Klenči und Tachov aus – ein Reiz, den Wanderer, die mit der Seele zu schauen vermögen, besonders zu schätzen wissen.

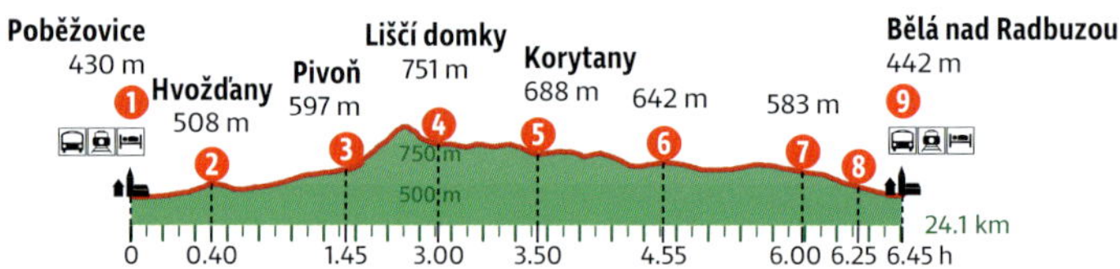

Ausgangspunkt: Poběžovice (Ronsperg), 430 m; Bahnverbindung nach Domažlice, Bor und Tachov, sowie Stříbro; Bus nach Pilsen.
Verbindungsweg: Bělá nad Radbuzou ist über den Weg CZ 2 bzw. dessen Teilstränge via Valdorf mit dem bayerischen Goldsteig verbunden; Teilweg CZ 2a bindet an das oberpfälzische Eslarn an; Weg CZ 2b kommt von dem Dörfchen Friedrichshäng her, das gleich an der Grenze auf bayerischer Seite gelegen ist; bei Valdorf vereinigen sich beide Weg zum Verbindungsweg CZ 2.
Anforderungen: Der steile Anstieg hinter Pivoň auf die Lysá hora ist sicherlich das anstrengendste Stück des gesamten Fernwanderwegs, danach geht es in nur mäßigem Gefälle bis zum Etappenziel überwiegend auf befestigten und guten Waldwegen bergab.
Einkehr/Unterkunft: Poběžovice: Restaurant und Pension Ronšperk, Žižkova 220, Tel. +420 721 761176 (Restaurant) und Tel. +420 723 692785 (Pension), ubytovani-ronsperk-pobezovice.hotel-mix.de; Hotel Restaurant Hubertus, erstes Haus am Platz, Mariánská 91, Tel. +420 602 422145, hubertus.cz; **Bělá nad Radbuzou:** Penzion und Restaurant Radbuza, Nám. 132, Tel. +420 608 295619, radbuza.eu.
Weitere Infos: Poběžovice: Städtisches Kultur- und Informationszentrum, nám. Míru 210, Tel. +420 379 497889, pobezovice.cz; Bělá nad Radbuzou:

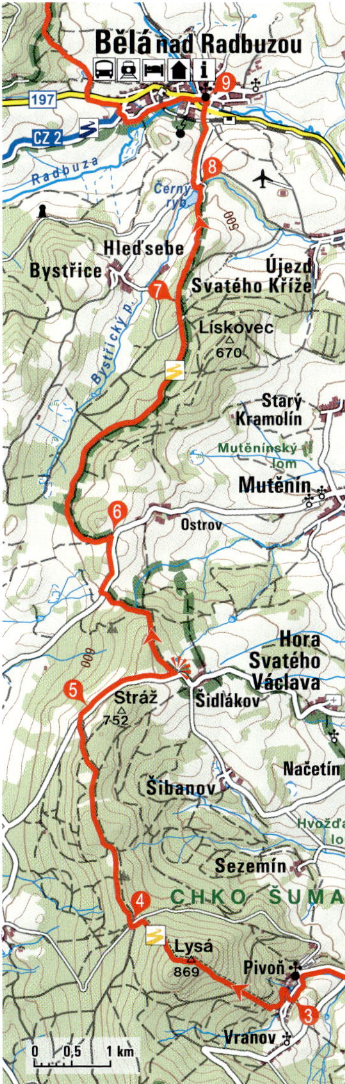
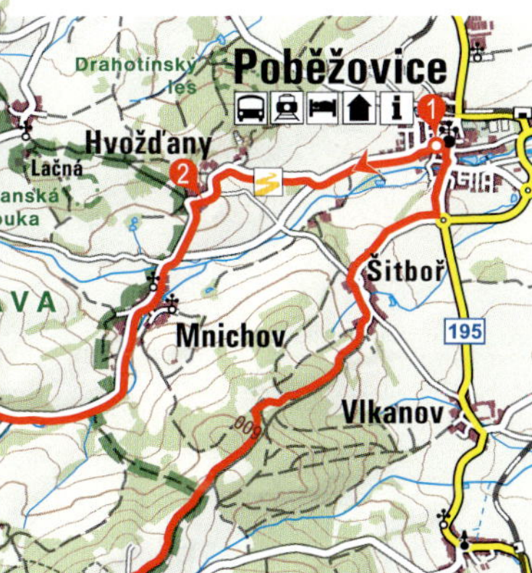

Infozentrum, Nám. 47, Juni–Sept. (sehr eingeschränkte Öffnungszeiten), Tel. +420 775 679395, belanr.cz.

Tipps: Poběžovice: Renaissanceschloss der Grafen Coudenhove-Kalergi (nur von außen) mit frei zugänglichem Schlosspark; Supermarkt Bala (Potraviny Bala), nám. Míru 8 (Ecke Šandova): Diesen Laden muss man von innen gesehen haben, denn auf etwa 70 m² Verkaufsfläche bieten die vietnamesischen Inhaber ungefähr 5 Mio. Einzelartikel an – von Fleisch und Wurst, Getränken, über Kleidung zu Konserven, Fahrradersatzteilen, Mückentod und Kosmetik; Jüdischer Friedhof nordwestlich des Orts, zu erreichen über die Straße nach Drahotin (Drahotínská) und die Větrná: Hier befindet sich das Grab des Schneiders David des Gerechten, das schon im 18. Jh. eine Wallfahrtsstätte der örtlichen Chassiden wurde, er galt als einer jener 36 Gerechten, die nach jüdischer Vorstellung in jeder Generation den Untergang der Welt verhindern. Pivoň: ehemaliges Augustinerkloster mit Klosterkirche (nur von außen); Bělá nad Radbuzou: steinerne barocke Brücke mit Brückenheiligen über die Radbuza, ruinenartiges Wirtschaftsgebäude der Schlossanlage (einziger Rest).

Von der Kirche in der Ortsmitte in **Poběžovice** 1 gehen wir mit Gelb über die Straße Vranovská westwärts aus dem Städtchen hinaus und durch das breite Tal der Pivoňka. Gute 500 m nach dem Ortsende biegen wir mit Gelb auf eine weitere befestigte Straße ab, die uns durch eine hübsche Obstbaumallee nach etwa 1,3 km hinauf zum idyllischen Dörfchen **Hvožďany** 2 (Hoslau) bringt. Hinter dem sehr kleinen Dorfteich wenden wir uns an der großen Wegspinne mit Gelb scharf nach links, direkt um den Bauernhof herum. Auf zunächst befestigtem, aber sehr schlechtem, später grob geschottertem Weg wandern wir bergab, bis wir wieder die Straße nach Pivoň erreichen, von der wir vorher nach rechts abgebogen waren. Auf dieser gehen wir nach rechts und kommen sogleich nach Mnichov (Münchdorf). Am Ortsausgang steigt die Straße an, jetzt verengt sich auch das Tal der Pivoňka und wir wandern durch Wald. Bei einem Teich gabelt sich die Straße, wir halten uns mit Gelb geradeaus – links geht es in die fast menschenleeren Gebiete um Nemanice nahe der bayerischen Grenze – und kommen an den Fischteichen des ehemaligen Augustinerklosters von Pivoň vorbei. Unser Weg führt direkt auf die lindenumstandene, in ihrem morbiden Zustand geisterhaft wirkende Klosterkirche zu. Sie brannte 1953 aus, wird aber instandgesetzt. Der Legende nach wurde das Kloster 1041 durch Kaiser Heinrich III. gegründet und 1783 durch Kaiser Joseph II. aufgehoben. Wegen der Lage in Grenznähe verfiel die schon vorher nicht mehr genutzte Anlage sehr schnell.

Die großartige Klosteranlage von Pivoň harrt der Renovierung.

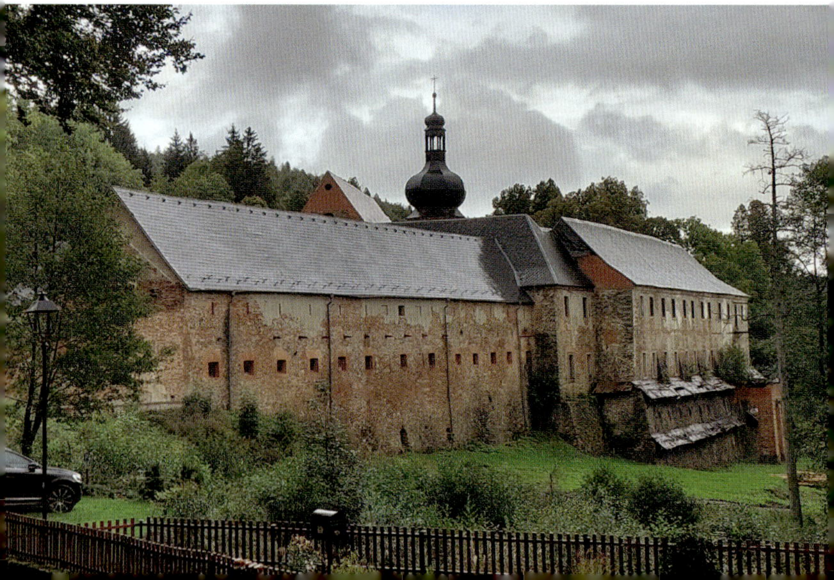

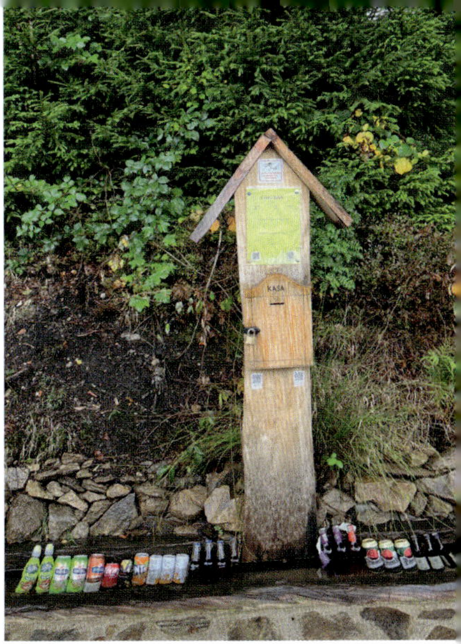

Unkonventioneller Getränkeverkauf – mit Kasse des Vertrauens.

Vor der Kirche wenden wir uns nach links (man kann auch rechts am Klosterareal entlanggehen, bis man auf die gelbe Markierung stößt). Unterhalb der ebenfalls teilrenovierten Klosteranlage gehen wir an zwei weiteren Teichen vorbei nach **Pivoň** 3 (Stockau) hinein. Hinter Haus Nr. 7, erkennbar an dem sehr stabilen Holzzaun, wo auch der Wegweiser steht, wenden wir uns mit Gelb nach rechts hinab zur Pivoňka. Dort steigen wir unterhalb eines schönen alten Hauses mit der Inschrift »Pivoň–Stockau« nach rechts hinauf zu einer breiteren, unbefestigten Straße. Hier befindet sich die Lesní Bar, die Waldbar, mit einer »Kasse des Vertrauens«. Für die Wanderer sind hier in einem kleinen Rinnsal (wegen der Kühlung) verschiedene Erfrischungsgetränke bereitgestellt – wer möchte, nimmt sich eine Dose und wirft das Geld in ein Kästchen.
Wir gehen hier nach links. Nach etwa 80 m zweigt Gelb schräg in den Wald hinein ab. Hier beginnt auf 600 m Seehöhe das vielleicht anstrengendste Teilstück des gesamten Fernwanderwegs. Denn es sind knapp 300 Hm auf nur kurzer Wegstrecke zu bewältigen. Nach gut 150 m knickt der Pfad scharf nach rechts ab und führt senkrecht zum Hang in für die Region ungeahnter Steilheit hinauf. Der Wald wird, je weiter man nach oben kommt, aufgrund des Borkenkäferbefalls immer lückenhafter. Dann passiert man, wo es nach und nach flacher wird, einen merkwürdigen, großen, runden Felsblock. Der Gipfelbereich der Lysá hora, 870 m, ist wieder stärker bewaldet. Nach gut 1,5 km Abstieg kommen wir auf einen breiten Waldweg, gehen mit der Radwegtrasse 2141 nach links und gelangen nach 150 m an einer Lichtung zur früheren Ortslage **Liščí domky** 4 (Fuchsenhäuser).
An der Schutzhütte biegen wir mit Gelb nordwärts auf den Radweg 2280 ab und wandern insgesamt etwa 3 km auf etwa gleichbleibender Höhe durch den Wald. Dann zweigt Gelb nach links vom Radweg ab und führt uns hinab zur Verbindungsstraße Rybník–Šidlákov. Ihr folgen wir 100 m nach rechts und kommen zum untergegangenen Ort **Korytany** 5 (Rindl). Die Häuser dieses Dorfs standen an den steilen Hängen beiderseits der Straße auf Terrassen.

Auf der Teerstraße gehen wir mit Gelb weiter, verlassen den Wald und, wenn wir zurückblicken, sehen wir den schon auf bayerischem Gebiet gelegenen 894 m hohen Berg Ebene mit dem markanten Böhmerwaldturm, sowie rechts davon den Velký Zvon (Plattenberg), ebenfalls mit einem Turm.
Wir erreichen eine Hochfläche, wo sich vor uns eine weite still-verträumte Landschaft erstreckt. Dann geht es abwärts, bis kurz vor Šidlákov Gelb in einer scharfen Rechtskurve bei einem menhirartigen Stein nach links auf einen Wiesenpfad abzweigt – wir halten uns links vom Zaun. Hier eröffnen sich uns herrliche Blicke in die Lande. Dann wandern wir auf teils schmalem Pfad in den Wald hinein und treffen nach knapp 1 km auf den Radweg 2280, dem wir nach links folgen. Unser unbefestigter Weg führt uns etwa 1 km durch einen recht geschädigten Wald. Wir verlassen diesen und kommen zur Teerstraße Rybník–Mutěnín. Hier biegen wir rechts ab und folgen der Teerstraße etwa 800 m, bis wir auf ihrem höchstem Punkt, dem **Pod Kamencem** 6, angekommen sind. Mit Gelb biegen wir scharf nach links ab und wandern auf einem teilweise geschotterten Feldweg bergab – mit schönen Blicken auf Rybník und sein Umland.
Der Weg führt um den Berg Kamenec in stetem Gefälle herum und wird dann völlig unerwartet, wenn er wieder den Wald erreicht, breit und asphaltiert. Die Teerung erfolgte im September 2022, nachdem der Weg aufgrund von Waldarbeiten mit schweren Fahrzeugen völlig umgepflügt und nicht mehr zu benutzen war. Diese neue Teerstraße steigt wieder an, bis ein Abzweig, an dem die Befestigung endet, erreicht ist. Wir gehen mit

An sehr vielen Stellen erinnern im Böhmischen Wald Gedenktafeln etc. an untergegangene Dörfer – wie hier an Rindl/Korytany.

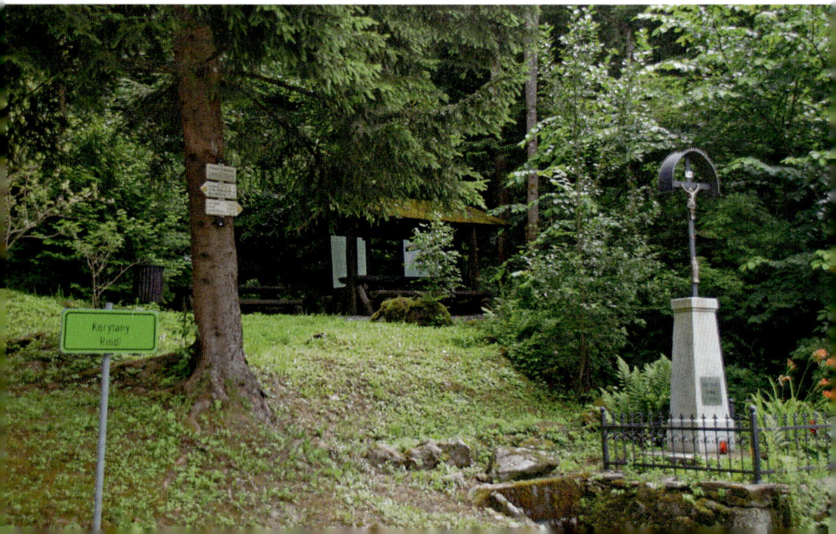

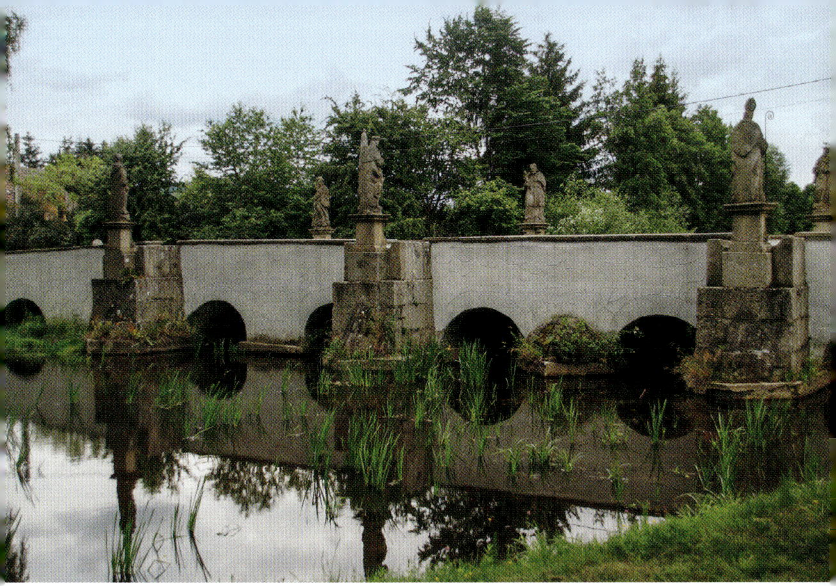

Die berühmte barocke Steinbrücke von Běla nad Radbuzou.

Gelb hier nach links auf »normalem« Waldweg weiter, bald eng und verwachsen, dann kommen wir zu einer breiten Kreuzung und bei einem einzelnen, fast wie eine Burg mit Mauern und Türmchen befestigten neueren Haus, zum Punkt **Hleďsebe–mysl.** 7 (Forsthaus Hleďsebe). Rechts befindet sich eine idyllische Pferdeweide.

Wir gehen mit Gelb auf schmalem Weg weiter und kommen bei Verlassen des Walds auf eine sehr große und abfallende Wiese. Hier wandern wir unmittelbar am Waldrand auf der Wiese auf einem Pfad bergab und genießen eine wunderbare Aussicht auf Bělá nad Radbuzou und den rechts von der Stadt flach aufragenden Berg Černá hora.

Am unteren Rand der Wiese liegt links der kleine Teich Černý rybník. Wir durchqueren kurz eine Sumpflandschaft und kommen zum Wegweiser **U Černého rybníka – rozc.** 8. Hier treffen wir auf eine schadhafte Teerstraße sowie eine grüne Markierung. Mit Grün und Gelb gehen wir nach links und bereits nach 50 m mit beiden Farben nach rechts über einen baumbestandenen Weg, der teilweise eingeschnitten ist, bergab. Wir unterqueren die Bahnlinie Bor–Poběžovice, gehen gleich danach geradeaus weiter (der Hauptweg biegt rechts ab) und kommen zur Staatsstraße 197. Diese überqueren wir und über die berühmte barocke Steinbrücke gelangen wir zur Kirche im Zentrum von **Bělá nad Radbuzou** 9 (Weißensulz), wo nun auch diese doch ziemlich anstrengende Etappe ihr Ende hat.

15 Bělá nad Radbuzou – Přimda

3.45 h | 14,1 km | ↗400 m | ↘160 m

Durch tiefe Wälder zu einer geisterhaften Kirchenruine

Auf dieser Etappe wandern wir nahe der bayerischen Grenze durch ausgedehnte Wälder, kaum bewohnte Landstriche und treffen auf die gespenstisch wirkende Ruine einer barocken Kirche.

Ausgangspunkt: Bělá nad Radbuzou (Weißensulz), 442 m; Bahnanbindung nach Planá und Domažlice.
Verbindungsweg: Bělá nad Radbuzou ist über den Weg CZ 2 und dessen Teilstränge via Valdorf mit dem bayerischen Goldsteig verbunden: Teilweg CZ 2a bindet an das oberpfälzische Eslarn an, Teilweg CZ 2b kommt von Friedrichshäng an der Grenze auf bayerischer Seite; bei Valdorf vereinigen sich beide Wege zum Verbindungsweg CZ 2.
Anforderungen: Aufgrund des Gesamtanstiegs von über 500 Hm eine der anspruchsvolleren Etappen.
Einkehr/Unterkunft: Bělá nad Radbuzou: Penzion und Restaurant Radbuza, Nám. 132, Tel. +420 608 295619, radbuza.eu; **Třemešné:** Restaurant U Horáčků, Haus Nr. 33, bescheidene Einkehrmöglichkeit, Tel. +420 374 796083; **Přimda:** Restaurant und Hotel Modra Laguna, Borská 91, Tel. +420 374 796394, motelmodralaguna.cz; Hotel V Podhradí, ohne Restaurant, Borská 179, Tel. +420 602 489545, hotelvpodhradi.com; Pizza-Bar Da Gino, Borská 145, Tel. +420 607 700083; Horský Hotel Kolowrat, mit Restaurant, Pod Hradem 210, am Weg zur Burgruine, Tel. +420 608 040019, ubytovaniprimda.cz.
Weitere Infos: Bělá nad Radbuzou: Infozentrum, Nám. 47, Juni–Sept. (sehr eingeschränkte Öffnungszeiten), Tel. +420 775 679395, belanr.cz; Přimda: Informationszentrum, Nám. Republiky 288, vor der Kirche, Tel. +420 725 966455, mestoprimda.cz.
Tipps: Bělá nad Radbuzou: steinerne barocke Brücke mit Brückenheiligen über die Radbuza, ruinenhaftes Wirtschaftsgebäude der Schlossanlage (einziger Rest); Lehrpfad Kohlenmeiler und Wassermühlen (Milíře a vodní mlýny) zwischen Třemešné und Málkov; Kirchenruine St. Apollonia (Sv. Apolena), nahe Sv. Apolena: höchst pittoreske Ruine einer Barockkirche, die nach 1950 dem Verfall anheim fiel; Burgruine Přimda: oberhalb des Orts, in max. 30 Min. vom Zentrum zu Fuß erreichbar, hervorragende Fernsicht während des Aufstiegs, Burggelände frei zugänglich (Ruineninneres abgesperrt), mit ihrem gegen 1130 erbauten Wohnturm ist die Burg neben der Prager Burg eine der ältesten Steinburgen Böhmens, seit Ende des 16. Jh. zerfällt sie, hrad-primda.cz.

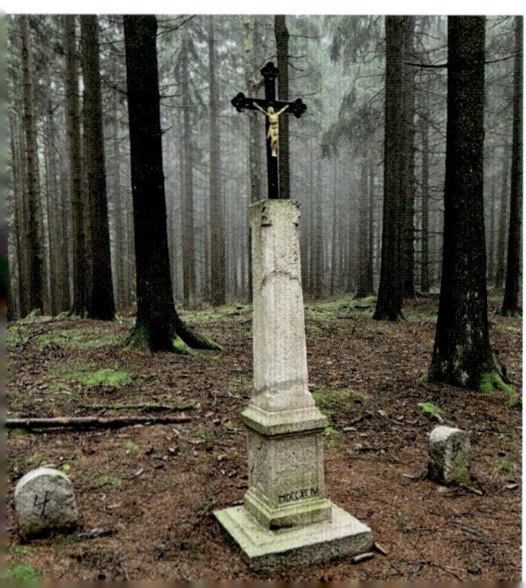

Ganz unerwartet trifft man am Punkt U křížku auf ein renoviertes Gedenkkreuz aus dem 19. Jh.

Von der Ortsmitte in **Bělá nad Radbuzou** ❶ gehen wir mit Blau westwärts zur Staatsstraße 197 und kommen an dem Gelände des Schlosses vorbei, wovon aber nur noch ein zerfallenes, großes ehemaliges Wirtschaftsgebäude steht. Nach knapp 150 m biegen wir mit Blau halblinks in die Smolovska ein, unterqueren die Bahnlinie Bor–Poběžovice und wandern durch eine Siedlung mit hübschen Einfamilienhäusern. Wir kommen zum Wegweiser »Bělá nad Radbuzou – rozc.«. Hier wechseln wir zu Gelb, setzen unseren Weg auf der Smolovska fort, rechts vorbei an einer großen Autowerkstatt und dann wieder zurück zur Staatsstraße 197. An dieser wenden wir uns mit Gelb nach links. Etwa 150 m hinter dem Ortsausgangsschild biegen wir mit Gelb direkt vor einem Brückchen nach rechts auf einen holprigen, leicht bergan verlaufenden Feldweg ab, der sich nach etwa 200 m an einem Buschrain nach links wendet.

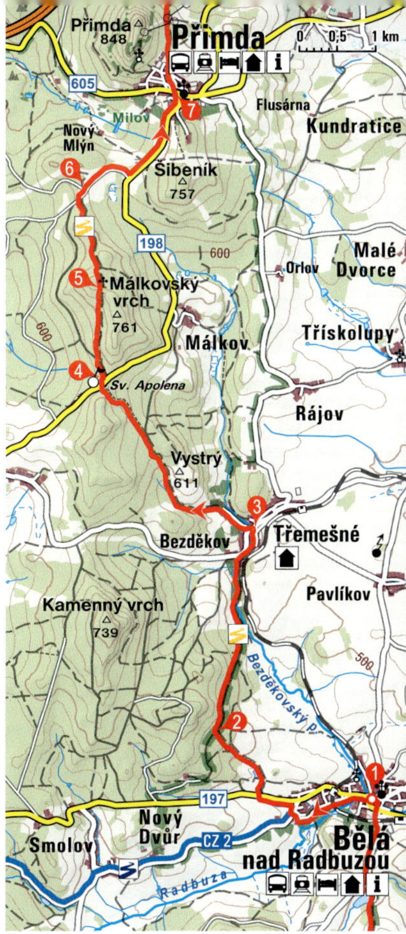

Gleich hinter dem Rain gabelt sich der Weg – die gelbe Markierung weist uns zwar nach links, an einem Teich vorbei; gehen wir hier allerdings links, kommen wir am Ende des Teichs zu einem völlig zugewachsenen Hohlweg, der, gleichwohl er die gelbe Markierung zeigt, jedoch unpassierbar ist, was in Tschechien sehr selten vorkommt. Daher müssen wir an der Gabelung hinter dem Rain den rechten Weg nehmen. Er führt über einen Wiesenpfad empor. Wir halten uns links, am Rand der Wiese, wo sich neben uns der zugewachsene Hohlweg emporzieht. Wo der Waldrand nach rechts abknickt, gehen wir bei einem kleinen Durchlass geradeaus in den Wald. Hier wenden wir uns nach links und treffen nach etwa 50 m in der Verlängerung des Hohlwegs wieder auf die gelbe Markierung. Mit Gelb gehen wir nun auf grasbewachsenem Waldweg bergan und gelangen nach etwa 300 m beim

Punkt **Pod Hůrkou** 2 auf einen breiten Querweg. Hier wenden wir uns mit Gelb nach rechts. Der teilweise grob geschotterte Weg führt in gemächlichem Gefälle ins Tal des Bezděkovský potok hinab, wo er allerdings zu einem sumpfigen Niederungsweg wird. Der recht idyllische Talgrund ist bei Nässe unangenehm zu durchqueren. Dann steigt der Weg sich nach rechts wendend leicht an. Am Ortseingang von Bezděkov gehen wir rechts an einem verfallenen Backsteingebäude vorbei und erreichen schließlich die Ortsstraße der Doppelgemeinde Třemešné–Bezděkov. Etwa 50 m aufwärts befindet sich der Wegweiser **Třemešné** 3, wo Gelb endet. Nach dem kurzen Abstecher gehen mit Blau nach links Richtung Südwesten weiter. Etwa 70 m die Dorfstraße abwärts biegen wir gegenüber der Gemeindeverwaltung und der Post mit Blau rechts ab und passieren mit leichtem Anstieg manch hübsches Einfamilienhaus. Dann knickt der Weg nach links ab, wird steiler und seine Befestigung endet am Waldrand bei drei kleinen Teichen. Jetzt wandern wir in mäßigem Anstieg auf einem Waldweg weiter und an einer Lichtung unterhalb des Bergs Vystrý vorbei. Wir treffen bei einem sogenannten Rettungspunkt auf einen breiteren Waldweg, verlassen diesen jedoch wieder nach 50 m und gehen nach links in einen dichten Wald, der kaum Sonne durchlässt und etwas Märchenhaftes hat. Unser Weg steigt

Nur die Ruine der Kirche Sankt Apollonia erinnert noch an das hier nicht mehr existierende gleichnamige Dorf.

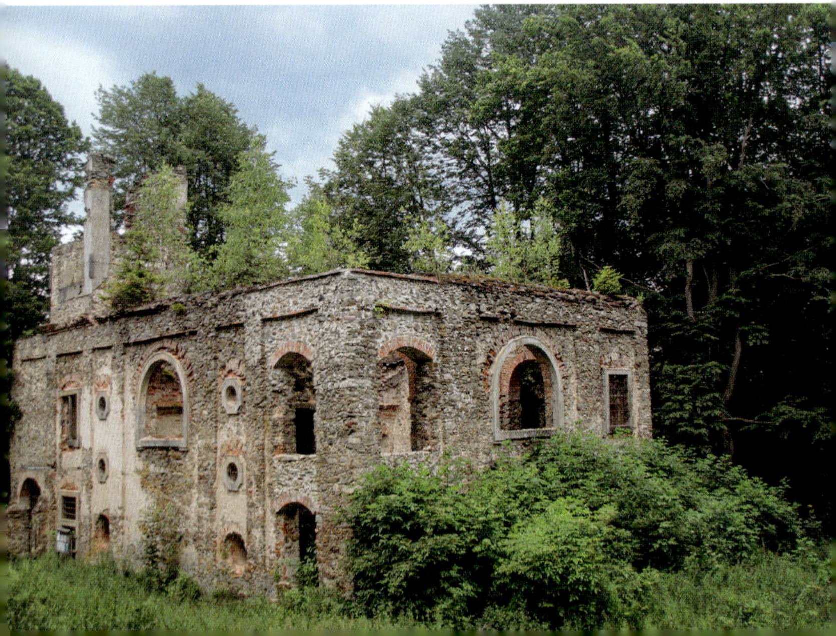

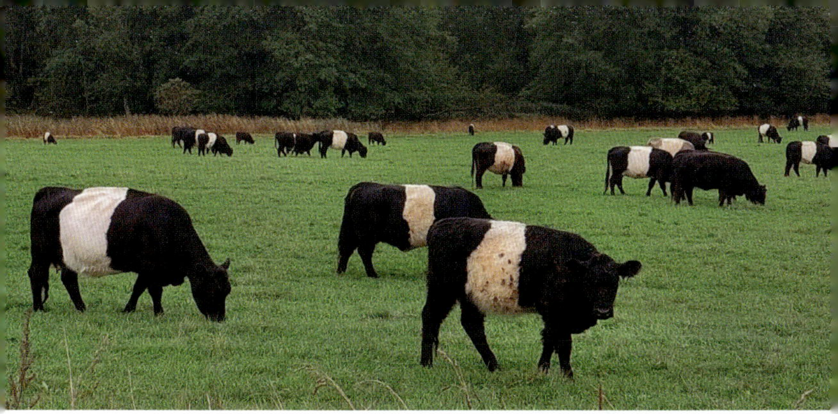

Die Weiden um den Punkt Pod Ovčím kopcem sind ein Paradies für Rinder.

jetzt erneut an, macht eine kräftige Linksbiegung, wird steiler und senkt sich dann sanft zur Staatsstraße 198 hinab. An dieser Stelle befand sich der kleine Ort **Sv. Apolena** ❹ (St. Apollonia), von dem bis auf die Kirchenruine, die etwa 150 m die Straße abwärts steht, nichts mehr vorhanden ist.
Man kann jetzt genau gegenüber der Stelle, wo die Staatsstraße erreicht ist, mit Blau auf steinigem Pfad weitergehen oder auf der Staatsstraße 50 m nach rechts gehen und sich dann auf recht breitem Waldweg nach links wenden – beide Wege kommen nach etwa 200 m wieder zusammen. An dieser Stelle führt Blau auf einem recht zerpflügten Weg bergan. Wir wandern am Westhang des Bergs Málkovsky vrch entlang und erreichen nach etwa 1 km auf einem flachen Bergsattel bei einem Kreuz mit weißem Sockel den Punkt **U křížku** ❺. In mäßigem Gefälle führt der Weg wieder bergab zum Radweg 2239, wo wir uns rechts halten. Nach 100 m sind wir am Punkt **Pod Ovčím kopcem** ❻ angekommen, wo Blau nach links abbiegt und wir mit Grün auf dem Radweg 2239 weitergehen. Vorbei an einer großen Viehweide, vollzieht der Weg eine langgezogene Rechtskurve und mündet am Punkt U Prokopce in die Staatsstraße 198. Dieser folgen wir mit Grün nach links und kommen nach etwa 1,5 km in die Ortsmitte von **Přimda** ❼ (Pfraumberg), wo wir von des Weges Anstrengungen ausruhen.

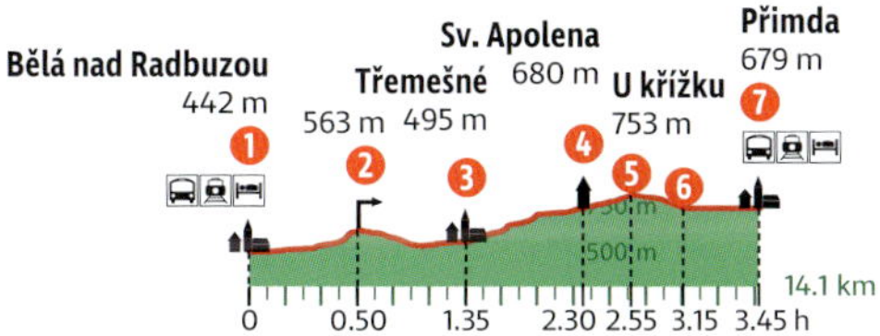

16 Přimda – Tachov

5.00 h | 20,1 km | ↗190 m | ↘380 m

Durch Wälder, Wiesen und hübsche Dörfer in die Chodenstadt Tachov

Den Reiz dieser Wanderung machen einige sehr hübsche Dörfer aus, nicht weniger attraktiv ist ihr Abwechslungsreichtum. Von einer alten Wachburg an der Handelsstraße Pilsen–Nürnberg geht es in eine weit gespannte Ebene voller stiller kleiner Orte. Schließlich endet die Tour in Tachov, der nach Domažlice wichtigsten Chodenstadt. Um Tachov endet auch das Chodengebiet, das wir in sechs Etappen erwandern konnten.

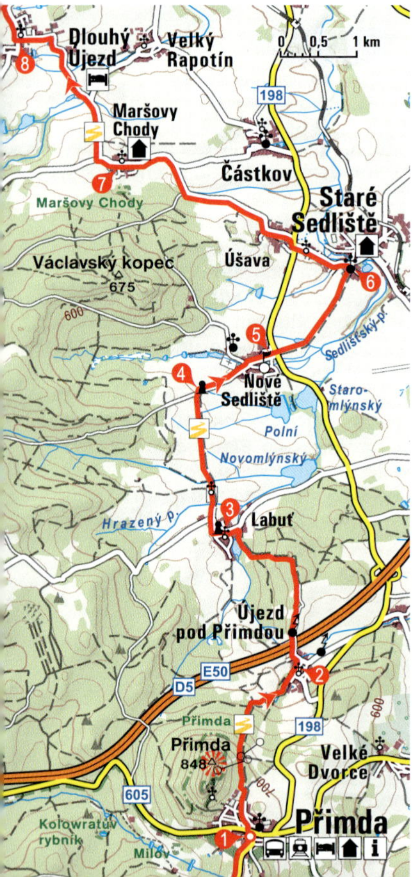

Ausgangspunkt: Přimda (Pfraumberg), 679 m; Buslinien nach Bor, Tachov und Rozvadov.
Verbindungsweg: CZ 1 verbindet Tachov mit dem oberpfälzischen Bärnau.
Anforderungen: Bis auf den Abstieg nach Újezd n. P. auf sehr steinigem Feld- und Waldweg bietet diese Etappe keinerlei Schwierigkeiten; es geht ohne nennenswerte Anstiege überwiegend auf Asphaltstraßen dahin, die anderen Abschnitte führen über breite und bequeme Feldwege.
Einkehr/Unterkunft: **Přimda:** Restaurant und Hotel Modra Laguna, Borská 91, Tel. +420 374 796394, motelmodralaguna.cz; Hotel V Podhradí, kein Restaurant, Borská 179, Tel. +420 602 489545, hotelvpodhradi.com; Pizza-Bar Da Gino, Borská 145, Tel. +420 607 700083; Horský Hotel Kolowrat, mit Restaurant, Pod Hradem 210, am Weg zur Burgruine, Tel. +420 608 040019, ubytovaniprimda.cz; **Staré Sedliště:** Restaurant na Zavadilce, Haus Nr. 309; Restaurant Staré Sedliště, Haus Nr. 83, beides kleine Kneipen und nur unregelmäßig geöffnet; **Maršovy Chody:** Hospoda Na Hřišti, Haus Nr. 46, Tel. +420 605 580665, Mo., Mi. und Fr. geschlossen; **Dlouhý Újezd:** Penzion-Restaurant »U Švábků«, Haus Nr. 178, Tel. +420 603 493854, usvabku.cz; **Tachov:** River Restaurant, Pobřežní 299, Tel. +420 731 898175, river-tachov.cz; Restaurace Anděl, Dolní Předměstí 1018, Tel. +420

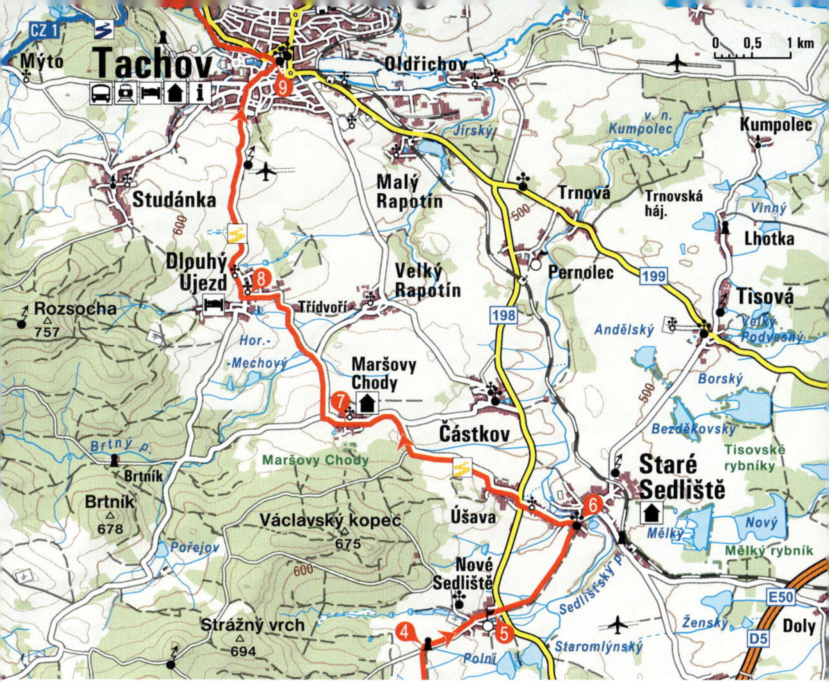

732 704313; Parkhotel Tachov mit Restaurant, Zámecká 1395, Tel. +420 374 722090, parkhoteltc.cz; Penzion V Karolince, Karoliny Světlé 505, Tel. +420 724 135732; Penzion Pohoda, Vitkov 175, Ortsteil von Tachov, an der Straße nach Planá, etwa 3 km außerhalb des Zentrums, Tel. +420 723 233394, penzionpohodatachov.cz.

Weitere Infos: Přimda: Informationszentrum, Nám. Republiky 288, vor der Kirche, Tel. +420 725 966455, mestoprimda.cz; Tachov: Regionales Informationszentrum, Nám. Republiky 85, Tel. +420 374 630000 bzw. -001, mkstc.cz.

Tipps: Burgruine Přimda: oberhalb des Orts, in max. 30 Min. vom Zentrum zu Fuß erreichbar, hervorragende Fernsicht während des Aufstiegs, Burggelände frei zugänglich (Ruineninneres abgesperrt), mit ihrem gegen 1130 erbauten Wohnturm ist die Burg neben der Prager Burg eine der ältesten Steinburgen Böhmens, seit Ende des 16. Jh. zerfällt sie, hradprimda.cz; Maršovy Chody: Naturdenkmal (Přírodní památka) Moorwiese mit seltenen Pflanzenarten, 300 m südlich der Ortsmitte, zu erreichen über den gegenüber von Haus Nr. 10 abgehenden Weg; Tachov: Stadtmauer; Schloss, Rokycanova 1, Tel. +420 373 700893, Ausstellungen zur Schloss- und Stadtgeschichte, Schlossgalerie, Mo. Ruhetag, zamektachov.cz; Museum des Böhmischen Walds, Třida Míru 447, Tel. +420 374 722171, täglich geöffnet, muzeum.tachov.cz; gotische Pfarrkirche Maria Himmelfahrt; Aussichtsturm auf dem Berg Vysoká und Denkmal für die hussitische Schlacht von 1427 (über die Straße K Rozhledně).

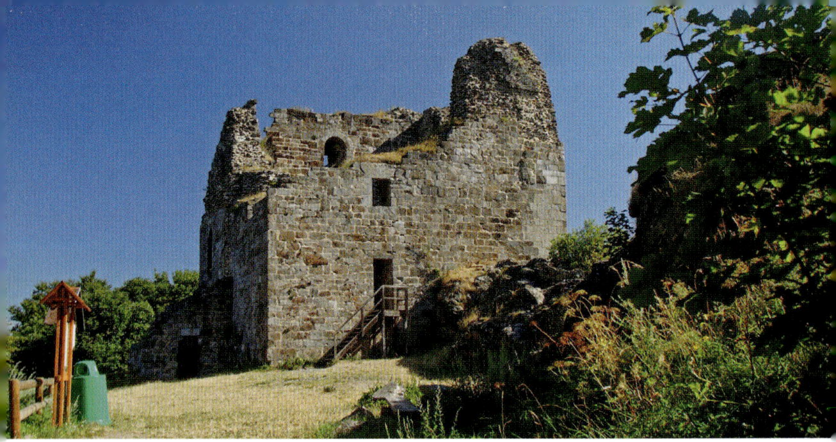

Unbedingt sollte man den Abstecher auf die Burgruine Přimda machen.

Von der Ortsmitte in **Přimda** ❶ gehen wir am Info-Zentrum mit Grün über die Straße Na Výsluní nordwärts. Es lohnt sich sehr, einen Abstecher hinauf zur Burg zu machen (Wegweiser »Hrad«). Am Ortsende endet der befestigte Weg, weiter geht es mit Grün über grobe Schotterung. Nach einer kleinen Betriebsanlage wendet sich Grün bei einer großen nach rechts abfallenden Wiese scharf nach links und nach etwa 30 m wieder nach rechts. 300 m weiter unterqueren wir einen Skilift – der Ostabhang des Bergs Přimda ist ein lokales Wintersportgebiet. Auf steinigem Weg geht es jetzt verhältnismäßig steil durch einen Wald abwärts. Unten am Waldrand angekommen, gehen wir an einem Holzlagerplatz scharf nach rechts und weiter am Waldrand entlang. Dann wenden wir uns mit Grün halblinks durch einen flachen Hohlweg und wandern vorbei an einem teils verlassenen Kolchosebetrieb ins Dorf **Ùjezd pod Přimdou** ❷ (Ujest bei Pfraumberg). Im Dorf gehen wir auf der Dorfstraße nach links und biegen am Ortsende bei einem kleinen Bildstock rechts ab. Wir überqueren auf befestigtem Weg die Autobahn Nürnberg–Plzeň (Pilsen), blicken von der Autobahnbrücke zurück auf den markanten Berg Přimda und wandern mit leichtem Anstieg auf den sehr flachen bewaldeten Gipfel des Třešňovec. Grün wendet sich

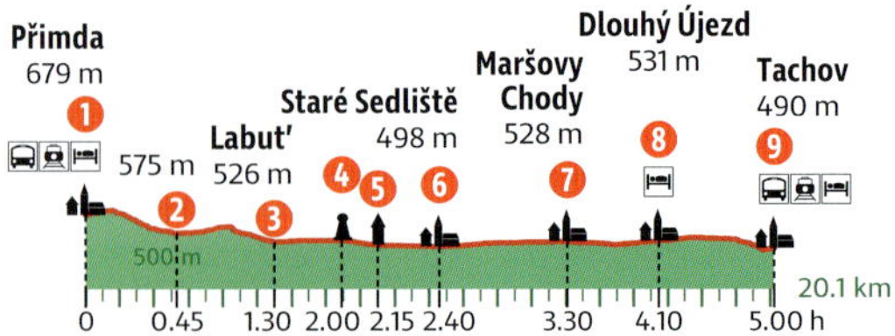

Der Schlossteich von Nové Sedlište liegt still verträumt.

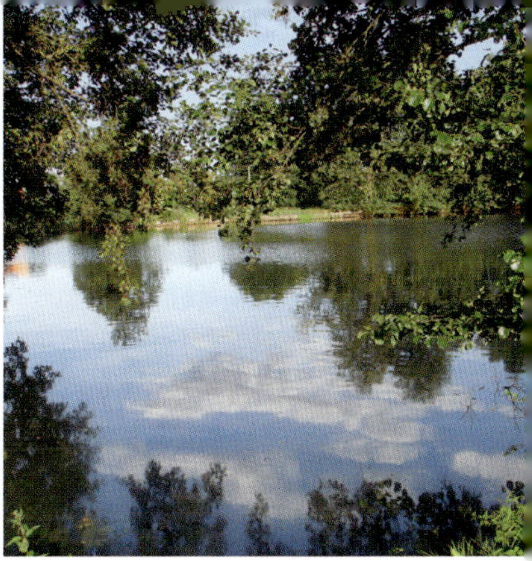

hier an einer Gabelung nach links. Nach etwa 300 m gehen wir an einer Verzweigung wieder nach links. Bald danach wendet sich der Weg scharf erneut nach links und führt nun wieder verhältnismäßig steil bergab. Unten erreichen wir kurz vor dem Waldrand einen breiteren Waldweg, wenden uns auf diesem nach rechts und gelangen schließlich zur Asphaltstraße nach Labut'. Auf dieser gehen wir nach links in das recht idyllische Dörfchen hinein. In der Ortsmitte von **Labut' 3** knickt die Dorfstraße scharf rechts ab. Wir aber halten uns am gleich danach folgenden Linksknick geradeaus. Am Ortsende endet die Wegbefestigung und wir stehen innerhalb weiter Felder. Am kleinen Dorffriedhof vorbei, senkt sich der Weg zum Sedlišt'sky potok hinab, um dann wieder anzusteigen, wobei sich herrliche Blicke über die böhmischen Lande eröffnen. Nach etwa 1,5 km erreichen wir einen Querweg, wo ein zum Denkmal gestaltetes Bruchstück eines **Kleinflugzeugs 4** mit einer Inschrift an ein mysteriöses Flugzeugunglück erinnert, bei dem am 3. Oktober 1963 eine tschechoslowakische Militärmaschine eine deutsche Cessna abschoss, deren Pilot ums Leben kam. Das deutsche Kleinflugzeug hatte sich vermutlich verflogen.

Wir gehen hier nach rechts und erreichen nach 500 m den Ort. Nach einer kleinen Linkswendung macht die Dorfstraße einen deutlichen Rechtsknick. Hier führt ein Weg nach links zu einem alten jüdischen Friedhof (židovský hřbítov), der, von hier keine 300 m entfernt, in einem Hain liegt. Sein Zugang ist aber trotz Wegweisers nicht leicht zu finden. Doch könnte der Abstecher wegen der eigentümlichen Stimmung sehr lohnen. Wir jedoch bleiben auf der Dorfstraße. In der Ortsmitte von **Nové Sedlište 5** (Neu Zedlisch) bilden die beiden Schlossteiche, um die wir links oder rechts herumgehen können, ein idyllisches Bild. Das hübsche kleine Schlösschen, errichtet 1792 von einem reichen Glashüttenbesitzer,

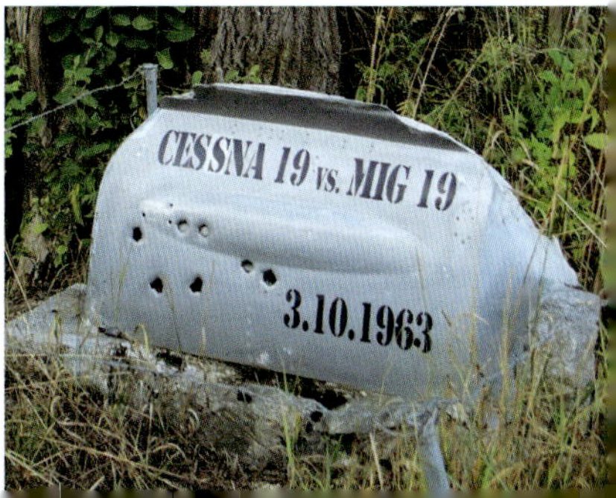

Diese Reste erinnern an ein 1963 hier abgestürztes Kleinflugzeug.

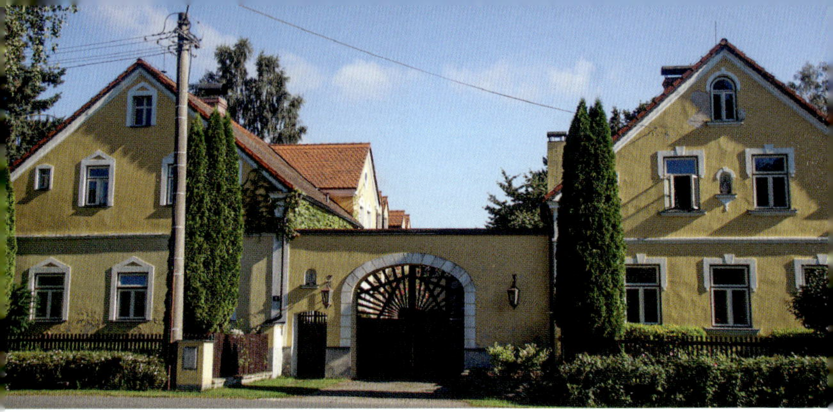

Typisches westböhmisches Bauerngehöft in Maršovy Chody.

ist in Privatbesitz und wird gerade renoviert. In der Verlängerung der Dorfstraße überqueren wir die Staatsstraße 198 und gehen auf einem alleenartigen Feldweg geradeaus mit Grün weiter. Nach etwa 400 m knickt der Weg bei einem Teich nach links ab und verläuft weiter durch das schöne Böhmerland – dieses Teilstück ist eines der zauberhaftesten des Fernwanderwegs. Kurz vor Staré Sedliště steht links zusammen mit einer kleinen Kapelle eine eindrucksvolle Linde mit 4,50 m Stammumfang. Dann sind bald der Friedhof und die Pfarrkirche von **Staré Sedliště** 6 (Alt Zedlisch) erreicht. Hier verlassen wir Grün und gehen auf der Dorfstraße jetzt unmarkiert nach links und zurück zur Staatsstraße. Wir überqueren sie, folgen ihr etwa 50 m nach rechts und gehen weiter auf befestigtem Weg in das Dorf Úšava hinein. Am westlichen Dorfende steigt die Straße etwas an und führt uns nach etwa 2,5 km durch schönste Haine und Flure zu einem ganz besonderen Ort. Denn **Maršovy Chody** 7 (Maschakotten) ist sicherlich eines der hübschesten Dörfer weit und breit. Der Dorfteich und die vielen Bauernhöfe mit den hier so traditionellen Rundtoren bilden ein ganz bezauberndes Idyll. Am westlichen Ortsende biegen wir mit dem Radweg 2172 nach rechts ab. Nach etwa 600 m halten wir uns bei einer Gabelung links Richtung Dlouhý Újezd (Radwegweiser »Velký Rapotín – rozc.«). Nach etwa 1,5 km stehen wir in der Ortsmitte von **Dlouhý Újezd** 8 und gehen nach rechts – der Radweg biegt an dieser Stelle nach links ab. Hinter dem Dorf wandern wir auf eine Anhöhe hinauf, von der wir einen schönen Blick auf das vor uns liegende Tachov haben. Über die Straßen Palackého und Americka gehen wir in die Stadt hinein. Beim Wegweiser »U Rybeny« treffen wir wieder auf Grün (und Gelb) und folgen Grün in die Stadtmitte. Vor dem Schloss endet unsere Markierung, doch gleich halbrechts befindet sich schon der Marktplatz von **Tachov** 9 (Tachau) bzw. Platz der Republik (Nám. Republiky), auf dem die vorletzte Etappe ihr Ende findet.

5.40 h	23,0 km
↗ 210 m	↘ 170 m

Tachov – Chodová Planá

17

Verträumte Alleen, bergige Wälder, verwunschene Seen

Die letzte Etappe des tschechischen Goldsteigs verbindet zwei für die Geschichte Böhmens bedeutende Städte. Nahe Tachov (Tachau) besiegten am 4. August 1427 die Hussiten unter Prokop dem Großen eine römisch-katholische Streitmacht, was die Herrschaft der Hussiten über Böhmen für Jahrzehnte festigte. Planá (Plan) war zwischen dem späten 14. und späten 16. Jh. vor allem durch Silbervorkommen eine bedeutende Bergstadt, in deren Umgebung noch nach 1945 auch Uranerz gefördert wurde. Und der Endpunkt des Weges, Chodová Planá (Kuttenplan), ist landesweit durch das erlesene Bier der lokalen Brauerei Pivovar Chodovar berühmt. Doch kommen auch die landschaftlichen Eindrücke nicht zu kurz: Weltferne Seen, weite Felder und Waldberge machen diese Etappe zu einem besonderen Genuss.

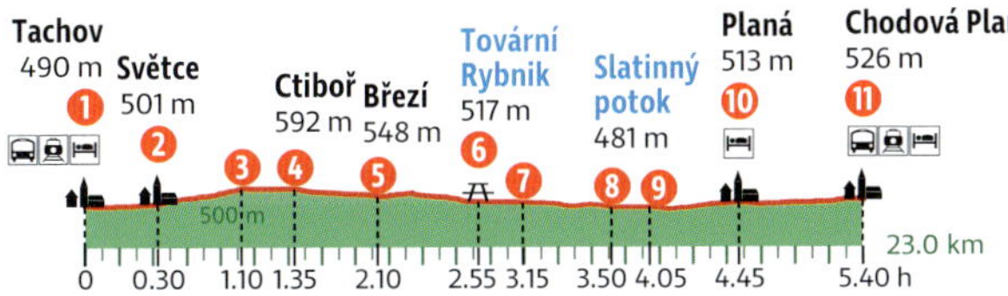

Reste der Stadtbefestigung in Tachov.

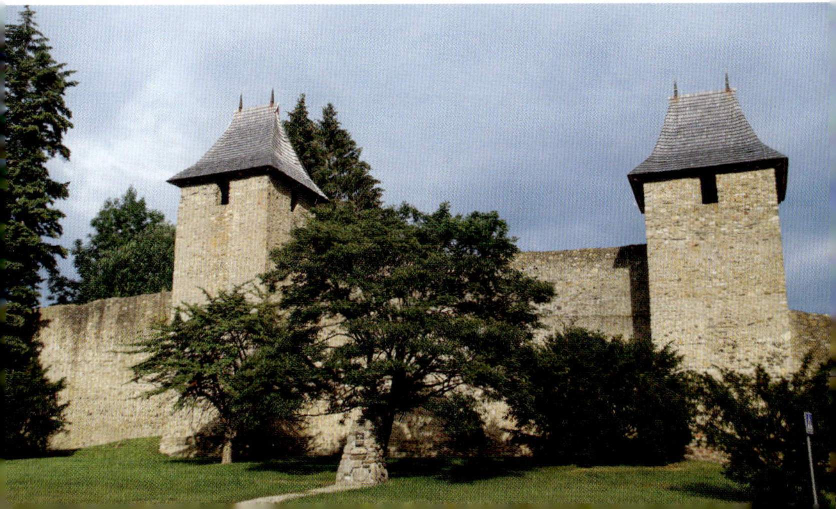

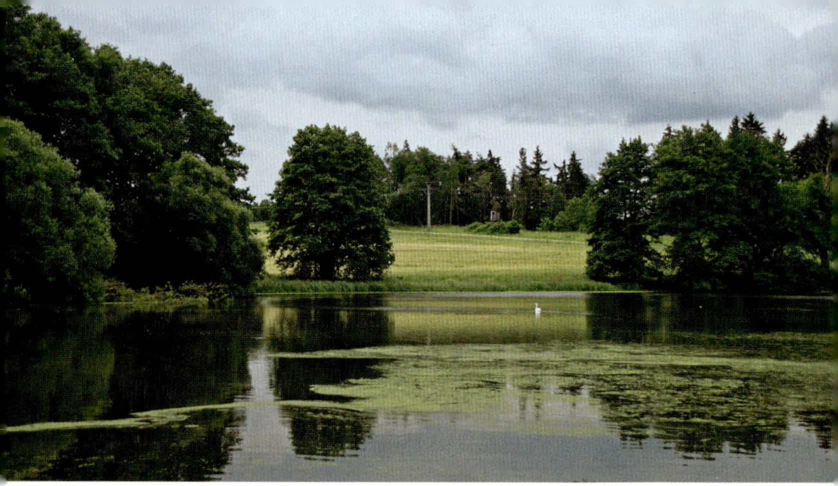

Stille Szenerie am Teich Tovární Rybnik.

Ausgangspunkt: Tachov (Tachau), 490 m, Marktplatz (náměstí Republiky); Bahnverbindungen nach Planá, Domažlice und Bělá nad Radbouzou; Busse nach Plzeň, via Chodová Planá nach Mariánské Lázně (Marienbad) und nach Přimda.
Verbindungswege: CZ 1 von Bärnau nach Tachov.
Anforderung: Nur der Anstieg zwischen Světce und Ctibor ist etwas steiler, bei Nässe ist der Weg im oberen Teil dieses Abschnitts aufgrund der Zerpflügung durch land- und forstwirtschaftliche Fahrzeuge recht morastig.
Einkehr/Unterkunft: Tachov: Restaurant River, Rokycanova 299, Tel. +420 731 898175, river-tachov.cz; Parkhotel Tachov, Zámecká 1395, Tel. +420 374 722090, parkhoteltc.cz; Pension und Restaurant Pohoda, Vitkov 175, Ortsteil von Tachov, an der Straße nach Planá, etwa 3 km außerhalb des Zentrums, Tel. +420 723 233394, penzionpohodatachov.cz; **Planá:** Restaurant Rybí, Nám. Svobody 41, Tel. +420 374 798862; Hafan Penzion, Dukelských hrdinů 102, Tel. +420 602 414420, ubytovani-plana.cz; **Chodová Planá:** Restaurace Ve Skále, Brauereigasthaus in einem Felsenkeller, Pivovarská 107, Tel. +420 374 798122, chodovar.cz; Hotel U Sladka, Pivovarská 107, Tel. +420 374 617100, chodovar.cz.
Weitere Infos: Tachov: Regionales Informationszentrum, Nám. Republiky 85, Tel. +420 374 630000 bzw. -001, mkstc.cz; Schloss Tachov, Tel. +420 373 700893, zamektachov.cz; Planá: Städtisches Informationszentrum, nám. Svobody 56, Tel. +420 374 794223 bzw. Tel. +420 728 488038, muplana.cz.
Tipps: Tachov: Schloss, Rokycanova 1, Tel. +420 373 700893, Ausstellungen zur Schloss- und Stadtgeschichte, Schlossgalerie, Mo. Ruhetag, eingeschränkte Öffnungszeiten, Tel. +420 373 700893, zamektachov.cz; Museum des Böhmischen Walds, Třida Míru 447, Tel. +420 374 722171, muzeum.tachov.cz; gotische Pfarrkirche Maria Himmelfahrt; Aussichtsturm auf dem Berg Vysoká und Denkmal für die Schlacht von 1427 (über die Straße K Rozhledně); Světce: Ruine des Windischgrätz'schen Schlosses gleich hinter der Reithalle; Planá: Bergbaumuseum (Hornické Museum),

Sadová 816, Tel. +420 737 658320, April, Mai und Sept. Sa. u. So., Juni–August Mo. Ruhetag, industryopen.cz; romanisch-gotische Peter-und-Paul-Kirche mit Fresken aus dem 13. Jh. am Busbahnhof am Ostende der Innenstadt gelegen; Chodová Planá: Brauereimuseum (Pivovarnické muzeum), Tel. +420 374 798122 (im Restaurant Ve Skále), chodovar.cz

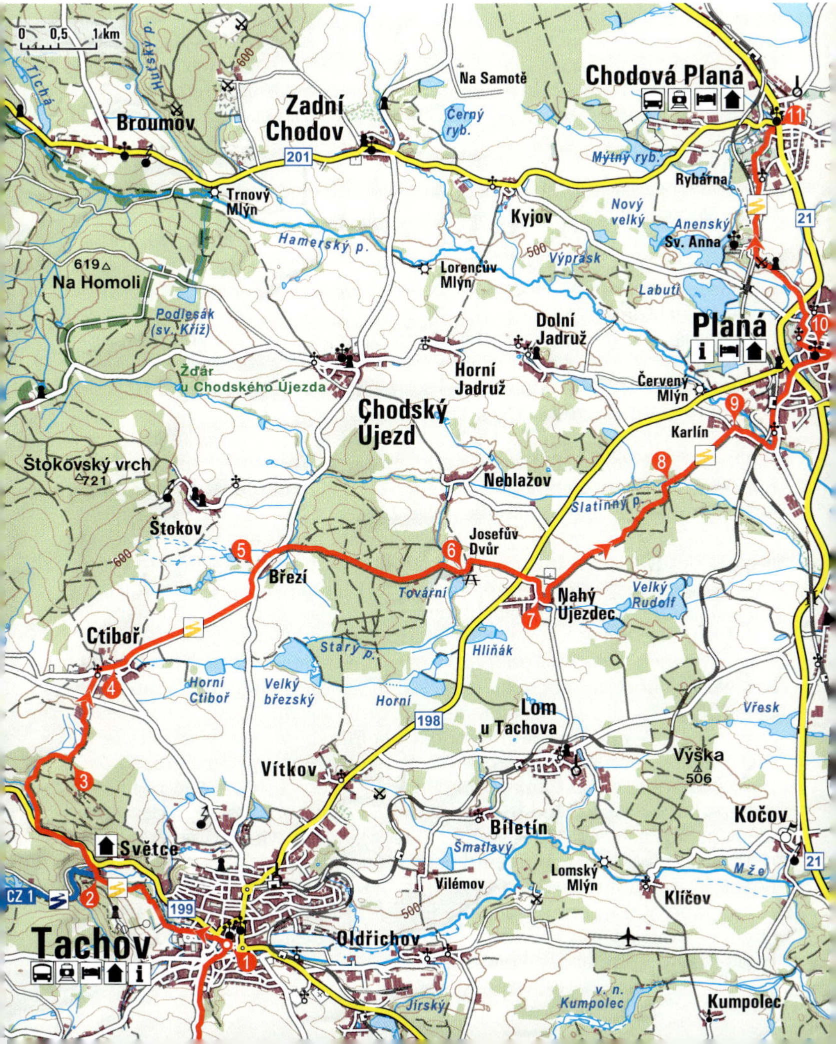

Vom Hauptplatz (Nám. Republiky) in **Tachov** ❶ gehen wir über die Straße K Náměstí mit der blauen Markierung aus dem Zentrum heraus. Blau begleitet uns von Tachov bis Planá. Dabei passieren wir die an dieser Stelle eindrucksvolle Stadtbefestigung, kreuzen die Zámecká und gehen geradeaus in die Prokopa Velikého. Nach etwa 50 m biegen wir am alten Sägewerk der Hussmann-Mühle mit Blau nach links auf den Weg U Nahónu ein, der entlang des kleinen Flusses Mže (Mies) und einem seiner Kanäle führt. Nach etwa 1 km wendet sich der Weg scharf nach links. Hier beginnt die laubbaumgesäumte Knížecí alej (Fürstenallee), einer der reizvollsten Abschnitte der Wanderung. Bald ist **Světce** ❷ erreicht, wo man die eindrucksvolle neoromanisch-neogotische Reithalle (Jízdárna) des Grafen Alfred von Windisch-Grätz erblickt, der hier 1858 einen Schlossbau geplant hatte, was jedoch nicht verwirklicht wurde – nur die Reithalle wurde vollendet. Sie ist heute Veranstaltungsort und wurde 2022 renoviert.
Vor ihr wenden wir uns nach rechts, gehen zur Staatsstraße 199 und auf dieser nach links. Nach etwa 200 m zweigt Blau nach rechts auf einen grobgeschotterten Waldweg ab, der zunächst parallel zur Staatsstraße verläuft, sich dann von ihr entfernt und deutlich ansteigt. Er führt in weitem Bogen um den 616 m hohen Berg Světecký vrch herum. Im oberen Abschnitt ist der Weg nicht mehr geschottert und bei Nässe schwerer zu begehen. Am höchsten Punkt erreichen wir die Weggabelung **U Hajku** ❸. Hier gehen wir nach links, verlassen den Wald und kommen an einem landwirtschaftlichen Großbetrieb vorbei. Wir kreuzen die Straße Tachov–Halže und erreichen, indem wir uns an der Kirche nach rechts wenden, die Ortsmitte von **Ctiboř** ❹ (Stiebenreith). Mit Blau gehen wir an dieser geradeaus weiter und wandern etwa 2 km auf befestigtem Weg bis zur Straße Tachov – Chodský Ùjezd. Nach links bergab gehend, erreichen wir alsbald das Dörfchen **Březí** ❺. Gleich hinter dem Ortsende biegen wir auf einen Waldweg halbrechts ab. Es geht ein längeres Stück durch schöne, aufgelichtete Waldungen. Nach knapp 2,5 km kommen wir an einem kleinen Fischteich vorbei und gleich danach liegt rechter Hand der traumhaft schön gelegene See **Tovární Rybnik** ❻, wo es einen kleinen Rastplatz gibt. Unser Weg führt uns nach nur etwa 150 m an der malerischen Ruine eines Bauerngehöfts des untergegangenen Dorfes Josefův Dvůr vorbei. Durch freies Gelände mit schönem Rundblick kommen wir zur Staatsstraße 198. Diese überqueren wir und erreichen, wenn wir uns am Ortseingang nach rechts wenden, die Ortsmitte von **Nahý Újezdec** ❼ (Naketendörflas). Hier gehen wir nach links, kommen zum Ortsausgang und nehmen den linken Weg Richtung Planá. Über weite Felder wandern wir mit ganz leichtem Anstieg in ein Wäldchen, dann leicht wieder abwärts zum Bach **Slatinný potok** ❽. Nach nur wenigen Metern kann man nach links einen Abstecher zum knapp 500 m entfernten Friedhof des Kriegsgefangenenlagers Karolinenhof machen, das hier im Ersten Weltkrieg bestand, und in dem meist russische Kriegsgefangene einsaßen.

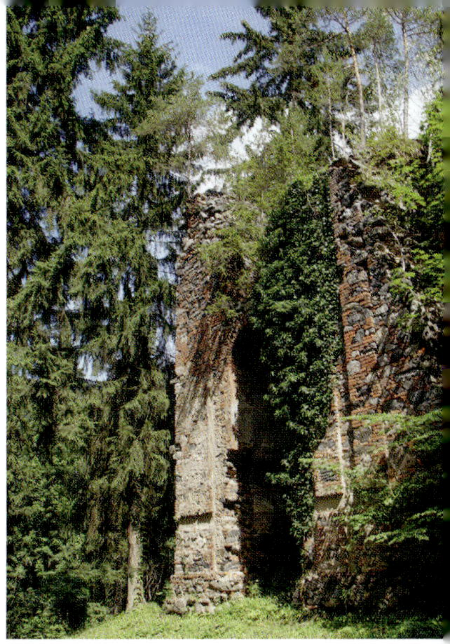

Wie von Caspar David Friedrich gemalt: die Ruine des Schlosses Světce.

Wer auf dem Hauptweg bleibt, erreicht nach 1 km **Karlín** ⑨, einen Vorort von Planá. Hier gehen wir mit Blau nach rechts, durch den Eisenbahntunnel und dann nach links auf die Straße Nádražni Richtung Zentrum von Planá. Nach gut 1 km überqueren wir die Staatsstraße 21 und gehen auf der Sadová weiter geradeaus. Sie führt vorbei am Bergbaumuseum, wird zur Slovanská und erreicht den Marktplatz (Freiheitsplatz) von **Planá** ⑩ an dessen Ostsaum. Hier wechseln wir zur roten Markierung und gehen mit dieser auf den Platz (tschech. nám. Svobody). Er ist von hübschen Bürgerhäusern gesäumt, es gibt einige Geschäfte und bescheidene Einkehrmöglichkeiten. Wir gehen mit Rot westwärts weiter bis zur Zámecká, wo sich hinter einem Metallzaun das nur schlecht einzusehende und für die Öffentlichkeit unzugängliche Schloss von Planá mit zahlreichen Wirtschaftsgebäuden befindet. Die Zámecká führt uns nach rechts abwärts und am großen Stadtteich vorbei. Hier biegen wir links auf die Straße Lučni ab. Diese bringt uns zur großen Umgehungsstraße von Planá, der Staatsstraße 21, die wir mit aller Vorsicht überqueren. Geradeaus gehen wir auf einem schmalen baumgesäumten Feldweg weiter. Diese »Annenallee« bringt uns zu einer Eisenbahnlinie, die man überqueren könnte, um die von hier etwa 300 m entfernte Wallfahrtskirche St. Anna zu besuchen. Unser Hauptweg führt mit Rot weiter, mehr oder weniger parallel zur Bahnlinie, bis wir nach etwa 750 m am Ortseingang von Chodová Planá (Kuttenplan) zum Neuen Jüdischen Friedhof (1890) kommen. Von hier geht es zum katholischen Friedhof der Stadt, danach wendet sich der Weg nach links, gleich wieder nach rechts, am Neuen Schloss vorbei, dann ist der Punkt Za pivovarem (Wegweiser) erreicht. Hier stehen wir kurz vor der in Böhmen berühmten Brauerei Chodovar. Nach links geht es um die Anlage herum zur Braugaststätte Ve Skále im Felsenkeller, geradeaus über die Pivovarská zum Haupteingang der Brauerei und von dort (kleiner Weg gegenüber Haus Pivovarská 102) direkt zur Ortsmitte von **Chodová Planá** ⑪. Kann sich ein Wanderer in Böhmen ein schöneres abschließendes Etappenziel wünschen als eine Brauerei mit angeschlossenem Gasthof?

CZ1 Bärnau – Tachov

5.15 h | 20,2 km | ↗340 m | ↘460 m

Über die »Goldene Straße« nach Böhmen

Der nördlichste aller Verbindungswege zwischen dem deutschen und dem tschechischen Goldsteig verläuft in Teilen auf einem Zweig der Handelsstraße Nürnberg–Prag. Der Böhmenkönig Karl IV. ließ als deutscher Kaiser in dem für Böhmen so wichtigen Handelsknotenpunkt Nürnberg Reichstage abhalten und zog daher oft von Prag über Tachau und die Oberpfalz nach dorthin. Karl verfügte, dass auch seine Nachfolger zu den Reichstagen bzw. zu den Kaiserwahlen nur diesen Weg benutzen sollten. Als »Goldene Straße« war dieser Weg, der weiter von Bärnau über Weiden, Hirschau und Lauf nach Nürnberg führte, seit dem Spätmittelalter bekannt. Über sie fuhr auch der Magister Jan Hus zum Konzil nach Konstanz. Oft wurde die Direktverbindung Nürnberg–Prag via Waidhaus und Pilsen als Goldene Straße bezeichnet – dieser Weg war aber nicht mit den königlichen Nutzungsprivilegien der nördlichen Route ausgestattet. Die recht abwechslungsreiche Tour von Bärnau nach Tachov verläuft im Wesentlichen auf der alten Trasse der Goldenen Straße – zu nicht kleinen Teilen auf befestigten Wegen, dafür aber auch ein Stück durch fast unwegbares Gelände.

Ausgangspunkt: Bärnau, 605 m, Marktplatz; Bus 6267 nach/von Wiesau und Bus 2704 nach/von Waldsassen.
Hauptweg: In Tachov Anbindung an Etappen 16 aus Přimda und Etappe 17 nach Chodová Planá.
Anforderungen: Lange Wanderung mit großem Anteil an Asphaltstraßen, wie zwischen Bärnau und der Grenze, sowie zwischen U Pavlovy hutě und Oborská hajenka; der Abschnitt von Mýto und der Schlossruine in Světce ist unangenehm – im Sommer 2022 ging es über umgefallene Bäume und große Stein-

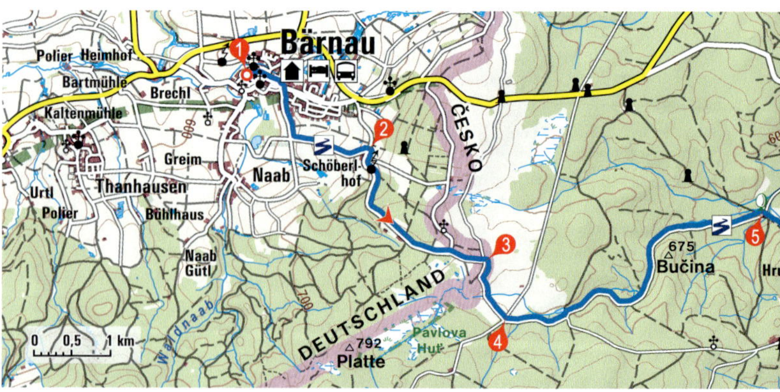

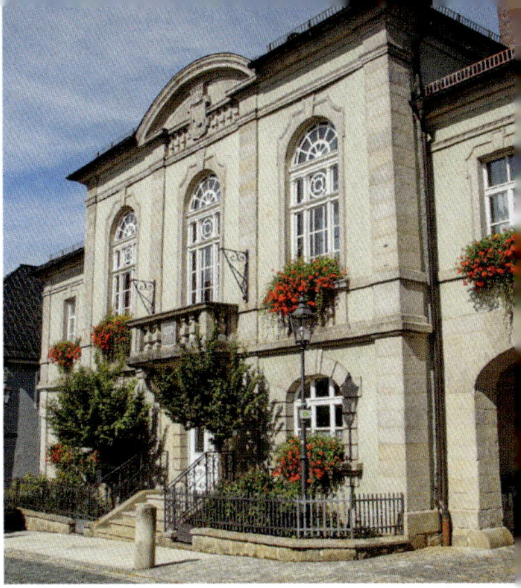

Das Rathaus in Bärnau.

brocken, bei Nässe und Dunkelheit nicht zu empfehlen; auch sind entlang des Flusses Mže die Markierungen kaum auszumachen oder sie fehlen.
Einkehr/Unterkunft: Bärnau: Hotel-Gasthof zur Post, Marktplatz 8, Tel. +49 9635 92496309, ghzp.de; Gasthof zum Kalt'n (Landgasthof Schicker), Tachauer Str. 3, Tel. +49 9635 247, landgasthof-schicker.de; **Tachov:** Restaurant River, Rokycanova 299, Tel. +420 731 898175, river-tachov.cz; Parkhotel Tachov, Zámecká 1395, Tel. +420 374 722090; parkhoteltc.cz; Pension und Restaurant Pohoda, Vitkov 175, Ortsteil von Tachov, an der Straße nach Planá, etwa 3 km außerhalb des Zentrums, Tel. +420 723 233394, penzionpohodatachov.cz.
Weitere Infos: Tachov: Regionales Informationszentrum, Nám. Republiky 85, Tel. +420 374 630000 bzw. 001, mkstc.cz.
Tipps: Bärnau: Deutsches Knopfmuseum, Tachauer Str. 2, April–Okt. Do.–So. 13–17 Uhr, Tel. +49 9635 1830, deutsches-knopfmuseum. de (Bärnau war einst führend in der Knopfherstellung). Geschichtspark Bärnau-Tachov (archäologisches Freilichtmuseum), Naaber Str. 5, April–Okt., Mo. Ruhetag, Tel. +49 9635 9249975, geschichtspark.de; Tachov: Schloss, Rokycanova 1, Ausstellungen zur Schloss- und Stadtgeschichte, Schlossgalerie, Mo. Ruhetag, eingeschränkte Öffnungszeiten, Tel. +420 373 700893, zamektachov.cz; Museum des Böhmischen Walds, Třida Míru 447, Tel. +420 374 722171, muzeum.tachov.cz; gotische Pfarrkirche Maria Himmelfahrt; Aussichtsturm auf dem Berg Vysoká und Denkmal für die Schlacht von 1427 (über die Straße K Rozhledně).

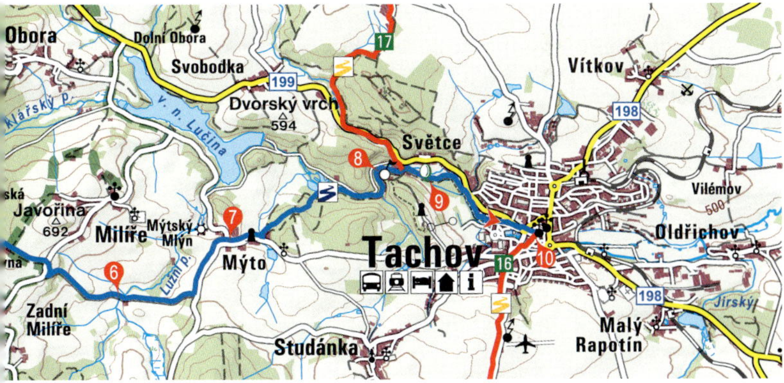

Vom Marktplatz der hübschen Kleinstadt **Bärnau** 1 gehen wir mit der gelben Markierung über die Bischof-Senestrey-Straße in die Tachauer Straße und biegen von dieser nach etwa 200 m nach rechts in den Göttlitzweg ab. Der befestigte Weg führt uns schnell ans Ortsende und etwa 500 m nach dem Abzweig biegen wir an einer Kreuzung mit Gelb nach links ab. Jetzt steigt die Straße deutlich an und wir kommen nach etwa 1 km zum **Stöberlhof** 2, wo wir nach rechts gehen. Wir bleiben auf dem gelb markierten, befestigten Weg, der jetzt erneut ansteigt und durch einen Wald führt. Auf der Hochfläche wandern wir über eine kleine Lichtung und kommen dann am Waldende in eine weite, leicht hügelige Landschaft. Links zweigt ein Weg über den Schmuckerhof zum Grenzübergang an der tschechischen Staatsstraße 199 ab, wir jedoch gehen auf dem immer noch befestigten Weg geradeaus bis zur **Staatsgrenze** 3. Hier befindet sich kein offizieller Übergang, es ist uns dennoch gestattet, die mit Buschwerk bepflanzte Grenzlinie zu überschreiten.
Dann stehen wir unmittelbar dahinter auf dem Kolonnenweg der Grenztruppen. Hier endet die gelbe Markierung. Wir gehen mit Rot auf dem Kolonnenweg (Radweg 2170) nach rechts hinab in ein kleines Tal. Hier befand sich einst die Siedlung Brenntenhöh (Spalenec). Dann steigt der Weg leicht an und wir kommen am Waldrand zur Wegekreuzung **U Pavlovy hutě** 4, der Ortslage des ebenfalls nicht mehr existierenden Dorfs Paulushütte. Nun biegen wir wieder mit Gelb nach links ab und wandern auf der asphaltierten Trasse des Radwegs 2173 leicht abschüssig entlang des links von uns dahinrieselnden Paulusbrunner Bachs durch einen schönen, aufgelockerten Mischwald. An der nächsten Kreuzung, wo wir uns halb links halten, geht es weiter bergab und den Bach entlang. Gut 3,5 km sind es von hier bis zur Waldeinöde **Oborská hajenka** 5, einem ehemaligen Forsthaus. Hier steht eine eindrucksvolle denkmalgeschützte Eiche.
Jetzt verlassen wir den Asphaltweg und gehen mit Grün und Blau nach rechts in den Wald. Blau biegt bald rechts ab, wir aber gehen halb links und steigen auf breitem, jedoch sehr unebenem Waldweg knapp 1 km bergan und kommen dann am Waldrand zum Einzelgehöft Hruškovna. Weiter geht es auf die Anhöhe, von wo wir eine schöne Rundsicht genießen. Mit Grün wandern wir über einen Wiesenweg bis zur Teerstraße Milíře–Lesná, wenden uns hier nach links und verlassen sie nach knapp 100 m mit Grün nach links wieder. Auf sehr steinigem Weg wandern wir hinunter ins Tal des

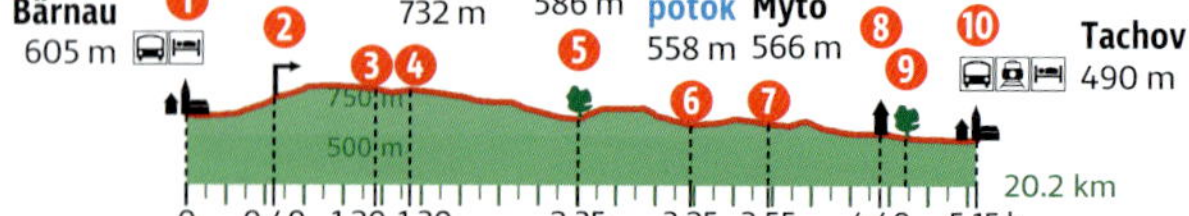

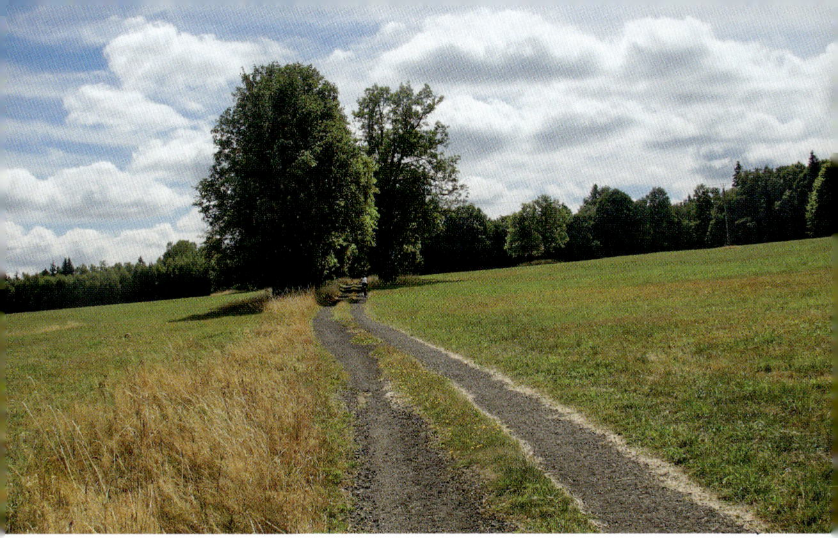

Durch menschenleere Regionen führt der Weg im früheren Grenzsperrgebiet zum Punkt U Pavlovy hutě.

Bachs **Lužní potok** 6, der im Talgrund eine sumpfige Niederung durchfließt. Dann steigt der Weg wieder an und wir erreichen nach knapp 1 km eine befestigte Straße, auf der wir nach links gehen – mit schönem Blick auf die Lande, auch auf die Gebiete, die wir gerade durchwandert haben. Dann erreichen wir **Mýto** 7 (Mauthdorf), gehen durch den Ort hindurch und biegen am Ortsende schräg gegenüber einer Nepomuk-Statue links zu einem Gehöft ab. Dieses umgehen wir links, wobei die grüne Markierung nicht ohne Weiteres zu finden ist, und wandern dann auf einem schmalen Waldpfad mit leichtem Anstieg in den Wald. Der Weg ist sehr wurzelreich und steinig. Er senkt sich ins Aglaiental (Agalino údolí) und zum Flüsschen Mže (Mies) hinab. Wir biegen kurz vor Erreichen des Flusses rechts ab und wandern etwas beschwerlich auf nur schlecht erkennbarem bzw. markiertem Pfad über Felsbrocken und umgefallene Bäume das enge Tal entlang, je nach Saison kann hier in einigen Abschnitten das Gras meterhoch stehen. Nach insgesamt 700 m ist das enge Tal zu Ende. Wir gelangen zu einem breiten Waldweg und gehen nach links. Der Weg steigt etwas an. Wir biegen unmittelbar vor einer Rechtskurve scharf rechts ab und kommen zur eindrucksvollen Ruine des Schlosses **Světce** 8 und zum ehemaligen Paulanerkloster (heute Schule). Einen älteren Bau hatte gegen 1860 Fürst Alfred I. Windischgrätz (1787–1862) im klassizistischen Stil umbauen lassen, doch wurde wegen seines vorzeitigen Todes die geplante Erweiterung der Schlossanlage mit Schlosskirche, Reithalle, Wirtschaftsgebäuden etc. nicht

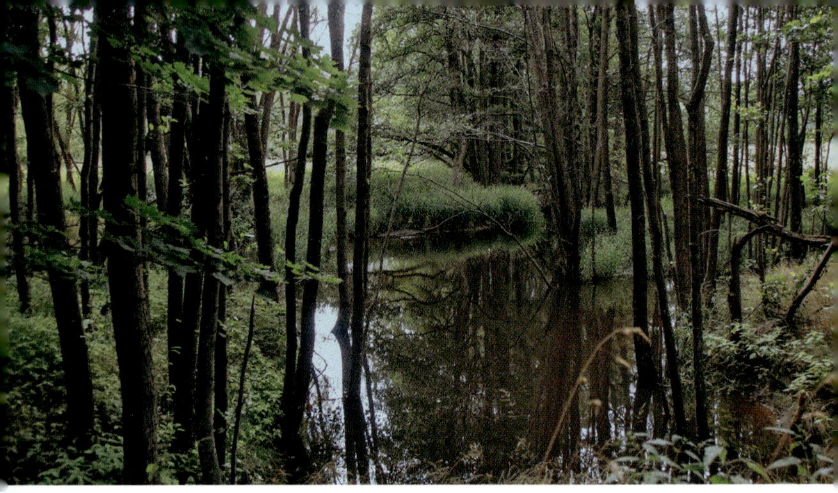

Im Tal des Bachs Lužni potok wähnt man sich fast in Amazonassümpfen.

in Gänze fertiggestellt. In den Nachkriegsjahren verfiel das geplünderte Schloss sehr schnell. Das Bild der Ruine tief im Walde lässt an Gemälde von Caspar David Friedrich denken. Mit Grün gehen wir weiter und kommen zur nahe gelegenen Reithalle, die ein Teil jenes Gesamtkunstwerks werden sollte und heute nach immer noch andauernden Renovierungen die zweitgrößte Reithalle Europas ist. Sie dient als Veranstaltungsort.
Unterhalb der Reithalle verlassen wir beim Wegweiser »Světce – jízdárna« die grüne Markierung und haben damit schon die Trasse der Etappe 17 des tschechischen Goldsteigs erreicht. Mit Blau gehen wir halb rechts ab und biegen dann von diesem Weg nach etwa 200 m halb links auf einen schmalen Alleeweg ein. Wir durchwandern jetzt parallel zum Flüsschen Mže (Mies) die berühmte Tachauer **Fürstenallee** 9. Nach knapp 300 m macht der Weg einen scharfen Rechtsknick, links könnten wir kurz einen Abstecher zur Brücke über die Mies machen, denn auch dieser Weg ist durch seinen Baumbestand sehr schön. Mit Blau geht es jedoch entlang des Flusses weiter nach Tachov hinein. Wir überqueren auf einem kleinen Brückchen die Mies und wechseln auf deren linkes Ufer. Unser Weg führt am Eisstadion vorbei und knickt dann nach etwa 250 m links ab. Wir kommen zur Straße Prokopa Velikého (Prokop-der-Große), die nach dem berühmten Hussitenführer benannt ist. Auf ihr gehen wir nach rechts und erblicken schon die eindrucksvolle Stadtbefestigung von Tachov. Mit Blau gehen wir geradeaus über die Straße K Náměstí in die Stadt hinein und stehen sogleich auf dem Hauptplatz von **Tachov** 10 (Tachau), dem Náměstí Republiky. Hier haben wir Anbindung an Etappe 16 aus Přimda und Etappe 17 nach Chodová Planá.

2.20 h	9,2 km
↗240 m	↘120 m

Eslarn – Valdorf CZ 2a

Auf den Spuren des Dreißigjährigen Kriegs

Der zweite der Verbindungswege zwischen dem bayerischen und dem tschechischen Goldsteig ist ähnlich wie der erste ein Teilstück einer historischen Verbindung zwischen Prag und Nürnberg. Im ausgehenden Mittelalter wurden sehr viele Böhmen und Franken bzw. Bayern verbindende Handelswege als »Guldene Straß« bezeichnet, ein Begriff, der nicht auf eine bestimmte Trasse beschränkt war. Denn wenngleich Anfangs- und Endpunkt des Weges klar definiert waren, bestanden doch einige mehr oder weniger in kleinerem und größerem Abstand parallel wandernde Wegvarianten. Die Wege konnten den Böhmischen Wald nur an geeigneten, nicht zu schwierigen Pässen überqueren bzw. verliefen durch die waldarme Senke zwischen dem bayerischen Waidhaus und dem böhmischen Roßhaupt (Rozvadov), durch die auch heute Nürnberg mit Prag durch die Autobahn A 6 bzw. auf tschechischer Seite D 5 verbunden ist.

Ausgangspunkt: Eslarn, 516 m, Marktplatz; Bus 6291 nach/von Weiden.
Hauptweg: Anknüpfung an die Etappe 14 aus Poběžovice und Etappe 15 nach Přimda in Bělá nad Radbuzou über CZ 2.
Anforderungen: Der Weg verläuft weite Strecken auf Teerstraßen und breiten, ebenen Waldwegen fast ohne Gefälle/Steigung; nur das letzte Stück zwischen der Staatsstraße 197 und Valdorf weist einige Anstiege auf.
Einkehr/Unterkunft: **Eslarn:** Landgasthof Pension »Zur Krone«, Moosbacher Str. 3, Tel. +49 9653 350, landgasthofeslarn.de; Gasthof und Metzgerei Lang »Zum Alisn«, Tillyplatz 15, Tel. +49 9653 244; **Tillyschanz:** Gaststätte zur Tillyschanz, Tel. +49 9653356 (Anruf vor Einkehrwunsch ratsam); **Železná:** Café Restaurant Praha, Haus Nr. 3, gegenüber der Tankstelle, Tel. +420 602 178784.

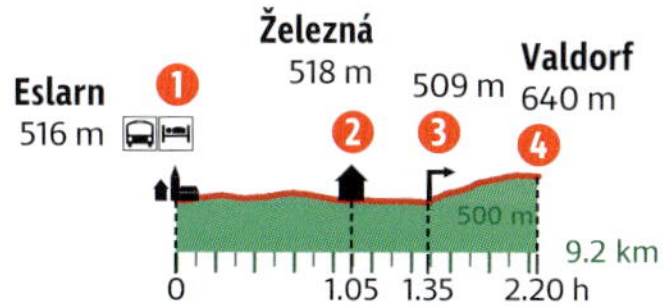

Weitere Infos: Stadt Eslarn: Marktplatz 1, Tel.+49 9653 920735, eslarn.de; auch gibt es einen interaktiven Bildschirm mit touristischen Informationen vor dem Rathaus.
Tipp: alte Schanzgräben aus dem Dreißigjährigen Krieg in Tillyschanz unmittelbar an der Grenze: im bayerisch-böhmischen Grenzgebiet tobte jener Krieg ganz besonders – viele Flur- und Ortsnamen erinnern an die beiden kaiserlichen Feldherrn Tilly und Wallenstein sowie an die Kämpfe.

Von der Ortsmitte in **Eslarn** ❶ am Marktplatz/Tillyplatz gehen wir mit der blauen Markierung auf dem Wallenstein-Tilly-Weg nach links in die Heubachgasse und durch ein hübsches Neubaugebiet nordostwärts in leichtem Anstieg aus der Stadt hinaus. Wir erreichen auf befestigtem Weg eine weite Ebene, queren eine kleinere Umgehungsstraße und passieren einen sehr idyllisch gelegenen Teich. Nach leichtem Anstieg gelangen wir zum

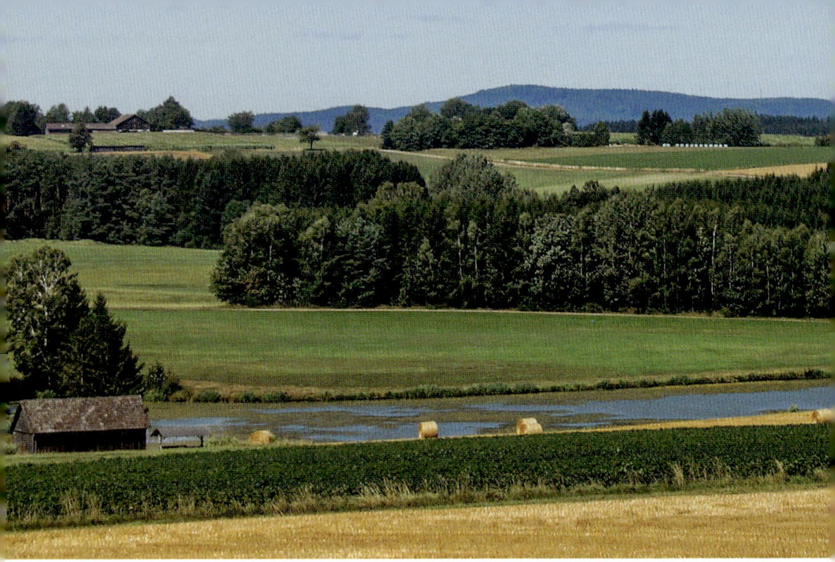

Unvergleichlich schön sind die Landschaften zwischen Bärnau und der Grenze.

Waldrand. Hier wendet sich der Weg nach links und abwärts. Der Asphaltweg endet und wir biegen gleich danach scharf nach rechts ab. Nach etwa 50 m gehen wir nach links auf einen breiten Waldweg ab. Gut 1 km wandern wir durch eine schöne Waldung. Etwa 150 m, bevor er auf die Straße Eslarn–Bela trifft, biegen wir nach links auf einen sehr zerpflügten und bei Nässe recht morastigen Waldpfad ein. Er führt uns parallel zur Autostraße bis kurz vor die Grenze, wo links das Gasthaus Tillyschanz liegt. Geradeaus könnten wir (Beschilderung) zu den alten Schanzanlagen kommen, die dem Punkt den Namen gaben.

Rechts jedoch erreichen wir die Autostraße, an der wir nach links abbiegen. Wir wandern mit Blau über die **Grenze** ❷ und kommen in den Ort Železná, von dem nur noch wenig von seiner Altbebauung vorhanden ist. Es lohnt sich, den hinter der Tankstelle rechts gelegenen kleinen Park zu besuchen. Leider ist der dahinter liegende See von Železná fast an keiner Stelle zugänglich, allenthalben trifft man auf Absperrungen. Wir gehen entlang der Staatsstraße 197 dann durch den langgezogenen und wegen der fehlenden Bebauung sehr aufgelockerten Ort. Knapp 500 m hinter dem Ortsende biegen wir mit Blau und dem Radweg 2230 nach rechts auf einen breiten **Feldweg** ❸ ein. Er steigt alsbald zwischen kleinen Waldstücken und Büschen deutlich an und führt uns nach einigen kleinen Kurven an eine Weggabelung, wo sich einst das Dorf Ruštejn befunden hat. Wir halten uns mit Blau rechts. Der Weg steigt nochmals etwas an und senkt sich

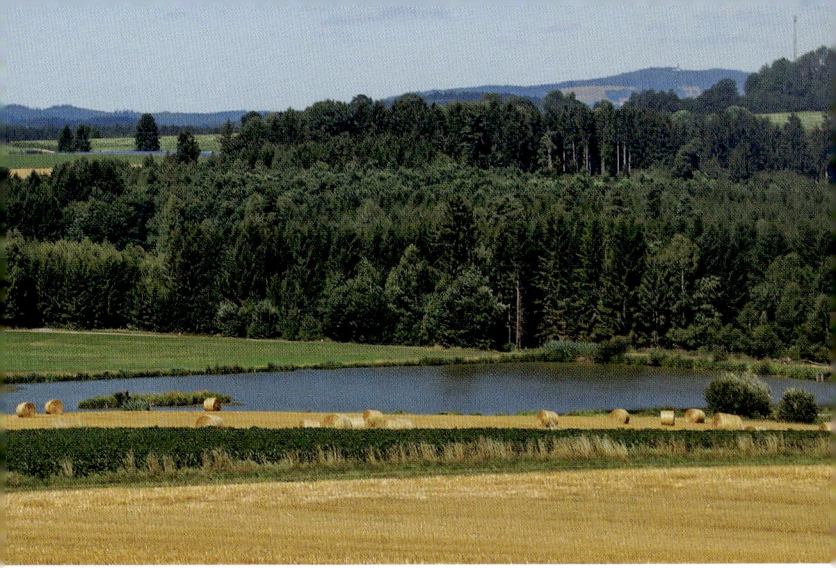

dann durch einen sehr schönen Wald hinab zu einer Wegkreuzung bei der Wüstung **Valdorf** ❹. An dieser Stelle treffen wir auf den von Friedrichshäng kommenden zweiten Zuweg CZ 2b. Die Teiltrasse endet somit an diesem idyllischen Ort, wo nur noch einige Fundamentreste an das einstige Dorf erinnern. Wir genießen den sehr schönen Blick südwärts zum 863 m hohen Velký Zvon (Plattenberg) mit seinem heute noch benutzten Radarturm. Für den Weiterweg nach Bělá nad Radbuzou folgen wir der Routenbeschreibung des CZ 2.

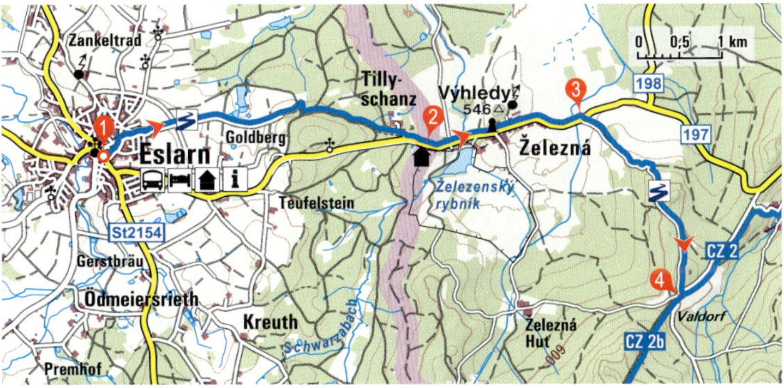

CZ 2b Friedrichshäng – Valdorf

1.40 h	6,2 km
↗100 m	↘200 m

Durch eine der einsamsten Regionen ganz Westböhmens

Der südliche Zweig des ersten Abschnitts von Verbindungsweg CZ 2 ist landschaftlich von außerordentlicher Schönheit. Die aufgelassene, einstige Kulturlandschaft (mit den Resten von Friedhof und Kirche) um Pleš und die reizvolle Mischwaldlandschaft um Valdorf mit ihren idyllischen kleinen Wiesen zählt zu den anmutigsten Regionen innerhalb des in diesem Buch vorgestellten Wandergebiets.

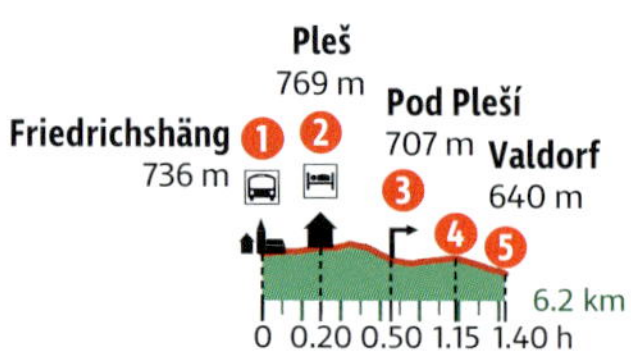

Ausgangspunkt: Friedrichshäng, 736 m, Grenzübergang; Bus 6296 nach Schönsee.
Hauptweg: Anknüpfung an Etappe 14 aus Poběžovice und Etappe 15 nach Přimda in Bělá nad Radbuzou über CZ 2.
Anforderungen: Die Teiletappe bietet keinerlei Schwierigkeiten, außer dass sie nach Pleš durch völlig menschenleere, tiefe Waldungen führt; in verkürzter Form ist die Tour als Spaziergang von Friedrichshäng bis zum Restaurant Pleš und zurück bestens für kleine Kinder und Mobilitätseingeschränkte geeignet.
Einkehr/Unterkunft: Friedrichshäng: Historisches Grenzwirtshaus Gerstmeier, keine Übernachtung, »Brotzeitn wias früher Schmuggler gessn ham: a hausgmachts Greicherts as da eigna Selch; an hausgmachten Lewakas; an Presssack im Glasl«, kein Ruhetag, Eulenberg 16, Tel. +49 9674 1268 oder Tel. +49 9674 459; **Pleš:** Restaurant Pension Pleš, Tel. +420 602 43 178, pensionples.cz.
Weitere Infos: Nur in Bělá nad Radbuzou: Infozentrum, Nám. 47, Juni–Sept., sehr eingeschränkte Öffnungszeiten, Tel. +420 775 679395, belanr.cz.
Tipp: Alter Friedhof von Plöß (Pleš) mit zahlreichen erhaltenen Gräbern und den Fundamenten der Kirche.

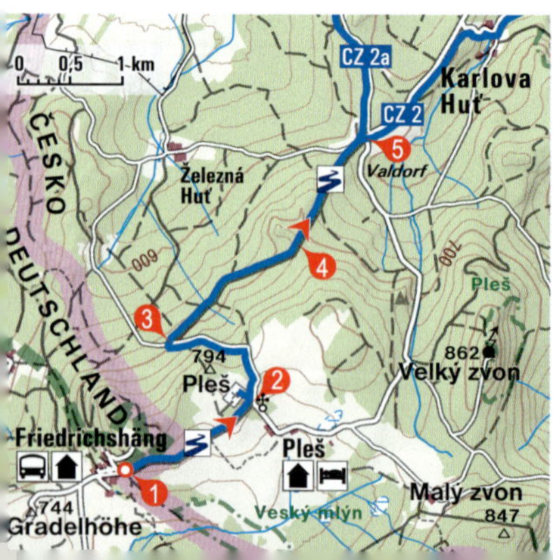

Vom kleinen Ort **Friedrichshäng** ❶, genaugenommen vom Gasthaus Gerstmeier direkt an der Grenze, gehen wir über einen breiten, manchmal auch von Autos befahrenen Weg (Radweg 2230) mit Grün nach Böhmen hinein. Etwa 250 m wandern wir direkt neben der links verlaufenden Grenzlinie, dann knickt der Weg ab und steigt etwas an. Wir kommen zu einer einsamen Ebene. Durch ein kleines Wäldchen erreichen erreichen wir die Ortslage des

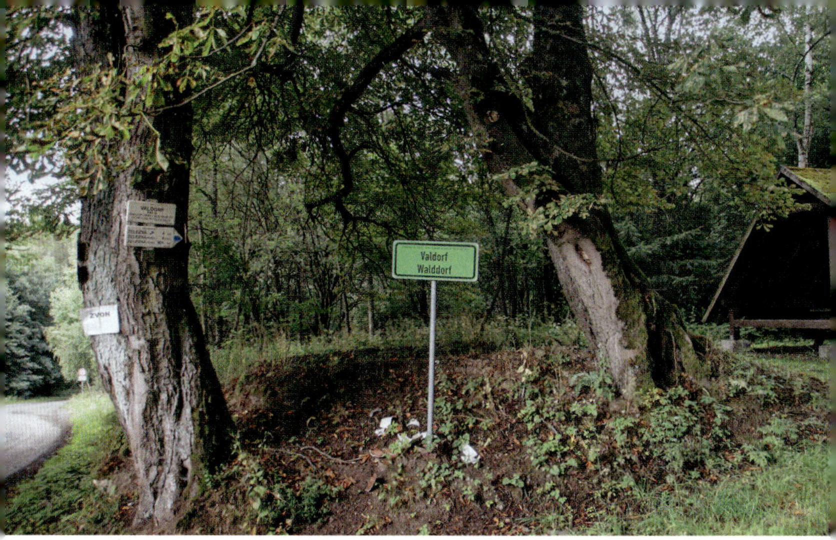

Wie so viele Dörfer in Grenznähe ist auch das frühere Walddorf (Valdorf) verschwunden.

untergegangenen **Pleš** ❷ (Plöß). Rechts bergab und vorbei an einer kleinen Kapelle, wo einst die Pfarrkirche stand, könnten wir einen Abstecher zum etwa 500 m entfernten Restaurant und Pension Pleš machen.

Wir jedoch gehen mit Grün weiter und nach 30 m geht es nach links etwa 200 m durch den Wald bergan zum alten Friedhof von Plöß. Der Besuch ist mehr als lohnenswert – es ist ein Ort von ganz eigentümlicher Spiritualität. Zurück auf dem Hauptweg wandern wir nach links mit Grün weiter auf dem Radweg 36. Er steigt deutlich an, wendet sich nach links und führt uns dann bergein. Wir gehen durch Landschaften voll tiefer Einsamkeit. Unser Weg leitet uns in weitem Bogen um den Berg Pleš herum, bis wir nach 80 Hm Abstieg zum Punkt **Pod Pleši** ❸ gelangen. Hier verlassen wir den Radweg 36 und gehen mit Grün in sehr spitzem Winkel nach rechts durch tiefe Waldungen. Nach etwa 200 m kommen wir an der Salamanderquelle vorbei. Es geht etwas bergab. Wir überqueren einen kleinen Waldbach. Danach bleibt die Trasse in etwa auf gleicher Höhe, steigt aber nach etwa 400 m um insgesamt 35 Hm an und wir erreichen am Osthang des Bergs U Svícnové jedle, 750 m, einen von rechts einmündenden **Waldweg** ❹. Auf diesem Sattel überschreiten wir übrigens die europäische Hauptwasserscheide Nordsee / Schwarzes Meer.

Von hier geht es ein langes Stück bergab, bis wir nach gut 1,4 km die Wüstung **Valdorf** ❺ erreichen, wo von links der Zuweg CZ 2a aus Eslarn herankommt. Geradeaus geht es mit der Haupttrasse des Verbindungswegs CZ 2 weiter nach Bělá nad Radbuzou.

CZ 2 Valdorf – Bělá nad Radbuzou

2.10 h	8,7 km
↗ 50 m	↘ 250 m

Durch und entlang zweier reizvoller Täler

Der Hauptabschnitt dieses Verbindungswegs war im ausgehenden Mittelalter und in der frühen Neuzeit eine alternative Strecke zum Haupthandelsweg Pilsen–Nürnberg via Waidhaus/Roßhaupt. Denn auf dieser Route kam es sehr oft, vor allem während des Dreißigjährigen Krieges, zu Überfällen auf Kaufleute. So nutzten viele Händler aus dem Innern Böhmens die Strecke über Bělá nad Radbuzou (Weißensulz) und von dort westwärts bis nach Železná (Eisendorf), wo dann bayerisches Gebiet erreicht war. Hinter Eslarn vereinigte sich dieser Weg mit dem Haupthandelsweg, der durch Waidhaus führte.

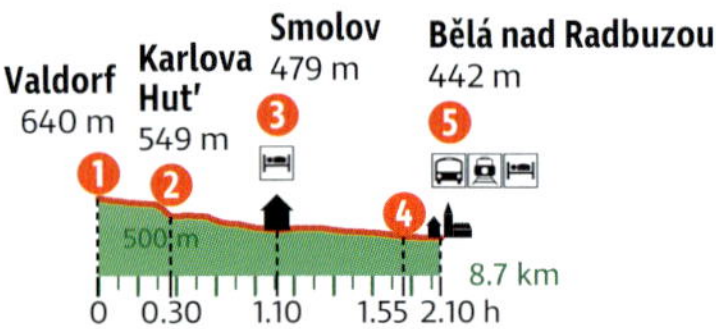

Ausgangspunkt: Valdorf, 640 m; nicht mit ÖPNV erreichbar.
Hauptweg: Anknüpfung an die Etappen 14 und 15 in Bělá nad Radbuzou; Zuwege nach Valdorf sind die Teiltrassen CZ 2a von Eslarn oder CZ 2b von Friedrichshäng.
Anforderungen: Die Haupttrasse des Verbindungswegs CZ 2 verläuft fast ausschließlich auf befestigten Wegen ohne nennenswerte Anstiege.
Einkehr/Unterkunft: Smolov: Penzion Muflon, mit Restaurant, Haus Nr. 40, Tel. +420 777 306292, ubytovaniceskyles.cz; **Bělá nad Radbuzou:** Penzion und Restaurant Radbuza, Nám. 132, Tel. +420 608 295619, radbuza.eu.
Weitere Infos: Bělá nad Radbuzou: Infozentrum, Nám. 47, Juni–Sept., sehr eingeschränkte Öffnungszeiten, Tel. +420 775 679395, belanr.cz.
Tipps: Bělá nad Radbuzou: steinerne barocke Brücke mit Brückenheiligen über die Radbuza; pittoresk verfallenes Wirtschaftsgebäude der Schlossanlage.

Von **Valdorf** ❶ wandern wir mit Blau über eine schadhafte Asphaltstraße in leichtem Anstieg durch sehr schöne Mischwälder nordostwärts. Rechts haben wir einen guten Blick auf den Velký Zvon (Plattenberg) mit seinem Radarturm.

Nach knapp 1,5 km gehen wir kurz vor der Staatsstraße 197 auf ebenfalls befestigtem Weg nach rechts ab. Über einige scharfe Kurven wandern wir hinab ins Tal des Hut'ský potok, des Karlbachs, und erreichen **Karlova Huť** ❷ (Karlbach). In diesem winzigen Ort biegen wir mit Blau nach links ab und gehen auf einer schmalen Asphaltstraße durch das idyllische, wald- und buschgesäumte Tal des Hut'ský potok, der uns schon seit Valdorf begleitet. Am Waldende öffnet sich das Tal und wir erreichen ein weiteres Tal, das der Radbuza, in die der erwähnte Bach mündet. Die insgesamt 111 km lange Radbuza entspringt etwa 12 km südlich von Bělá nad Radbuzou bei

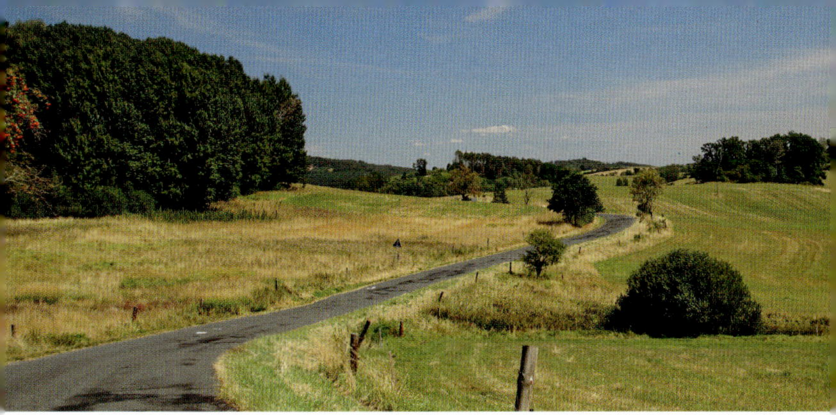

Sommerglanz liegt über den Landen zwischen Smolov und Běla nad Radbuzou.

Závist, in der Nähe von Wegpunkt 4 der Etappe 14 des Hauptwegs. Unsere Straße mündet dann in eine größere Teerstraße, der wir nach links und nach 300 m nach **Smolov** 3 (Schmolau) hinein folgen. Mit Blau geht es weiter auf der etwas ansteigenden Straße, bis wir von der Anhöhe einen sehr schönen Blick ins Radbuzatal werfen können. Schon kommt Bělá in Sicht. Am Ortseingang biegen wir gleich hinter der großen Autowerkstatt mit Blau rechts ab; an dieser Stelle ist die Trasse der Etappe 15 des Hauptwegs des Tschechischen Goldsteigs erreicht.

In einer Siedlung knickt der Weg nach links ab und wir passieren den Wegweiser **Bělá nad Radbuzou – rozc.** 4, wo von rechts Grün herankommt. Mit Blau gehen wir geradeaus weiter, unter der Eisenbahn hindurch und dann ist wieder die Staatsstraße 197 erreicht, die hier Dlouhá, Lange Straße, heißt. Auf ihr halten wir uns rechts und vorbei am Gelände des nicht mehr vorhandenen Schlosses geradeaus über einen Kreisverkehr in die Stadtmitte von **Bělá nad Radbuzou** 5 (Weißensulz). Von hier haben wir Anschluss an die Etappe 14 von Poběžovice und Etappe 15 nach Přimda.

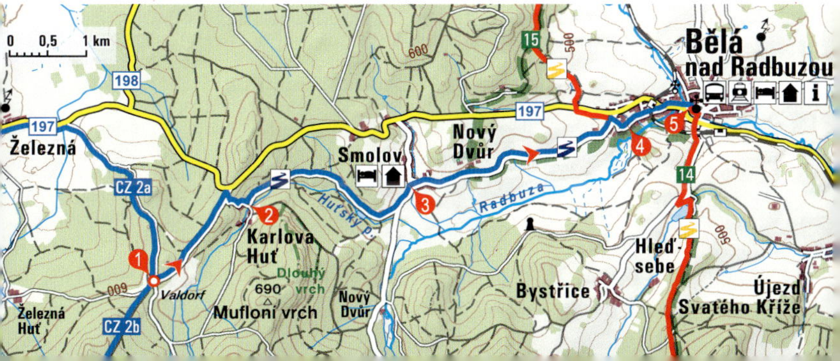

CZ 3 Furth im Wald – Domažlice

5.30 h	20,4 km
↗600 m	↘580 m

Auf dem alten Tauser Weg nach Böhmen

Der Tauser (Domažlicer) Weg mag einer der weniger bekannten Handelswege sein, die Bayern und Böhmen verbanden. Jedoch wurde er seit der Römerzeit zum Warenaustausch genutzt. Er begann an der Donau in Regensburg bzw. Straubing und hatte drei Arme: Der erste ging über Furth und dann ostwärts über Neumark (Všeruby) sowie den Neumarker Pass und dann über Neugedein (Kdyňe) nach Taus-Domažlice. Der zweite begann ebenfalls in Regensburg, doch führte der Weg dann über das Regental und Waldmünchen hinüber nach Klentsch (Klenčí) und von Westen her nach Taus. Ein dritter Arm zweigte vom ersten in Furth ab und verlief durch das Tal der Warmen Pastritz (Teplá Bystřice) nach Taus – mehr oder weniger auf dieser alten Trasse verläuft der nachfolgend beschriebene und landschaftlich sehr abwechslungsreiche Verbindungsweg. Sein bayerischer Teil ist als »Baierweg« ausgewiesen, einem Fernwanderweg, der von Straubing über Domažlice nach Furth führt.

Ausgangspunkt: Furth im Wald, 413 m, Stadtplatz; direkte Bahnverbindung nach/von Schwandorf, Prag, München, Nürnberg; von Domažlice Bus 590 nach/von Lam und Waldmünchen.
Hauptweg: In Domažlice Anknüpfung an Etappe 11 aus Kdyně und Etappe 12 nach Klenčí pod Čerchovem.
Anforderungen: Lange Tour überwiegend auf asphaltierten Wander- und Radwegen u. breiten unbefestigten Waldwegen; etwas steilerer Anstieg nach Nad Folmavou und auf dem schmalen Waldpfad zu Sv. Vavřinec.
Einkehr/Unterkunft: Furth im Wald: u. a. Gasthaus Stangerl »Am Platzl«, nur Einkehr, Mondscheinstr. 9, Tel. +49 9973 9294; Gasthof Postgarten, mit Übernachtung, Postgartenweg 4, Tel. +49 9973 1350, gasthof-postgarten.de; **Babylon:** u. a. Hotel Restaurace Bohmann, Babylon Nr. 11, Tel. +420 379 793226, hotelbohmann.cz; **Domažlice:** u. a. Hotel Restaurace Sokolský dům, nám. Míru 121, Tel. +420 379 720084, sokolskydum.cz; Hotel Zlatá Včela, nám. Míru 131, Tel. +420 379 423568, zlatavcela.eu.
Weitere Infos: Furth im Wald: Schlossplatz 1, Tel. +49 9973 50980, furth.de; Domažlice: Städtisches Informationszentrum, Chodské nám. 96, Tel. +420 379 752852, idomazlice.cz.
Tipps: Furth im Wald: u. a. Landestor-Museum Heimat-Grenze-Drache, Schlossplatz 4, Tel. +49 9973 50980, landestormuseum-byseum.de; Further Felsengänge, Kramerstraße, Tel. +49 9973 1237, drachenschmiede-flederwisch-furth.de; Naturbad Babylon (přírodní koupaliště) in Babylon, jederzeit zugänglich; Domažlice: Chodenmuseum (Muzeum Chodska), Chodské nám. 96, Tel. +420 379 776009, muzeum-chodska.com.

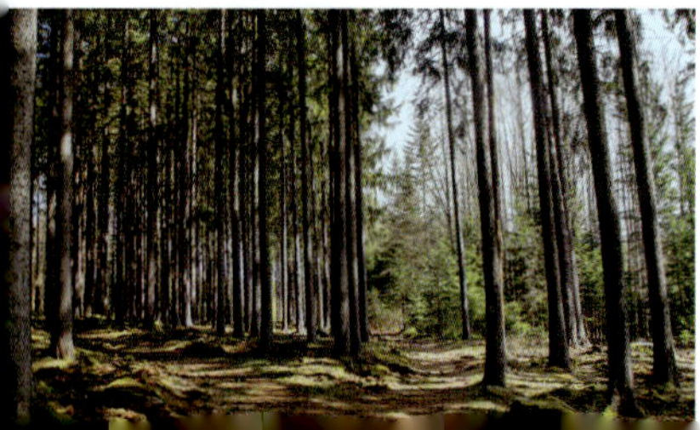

Wald in der Nähe des Sokol-Gedenksteins.

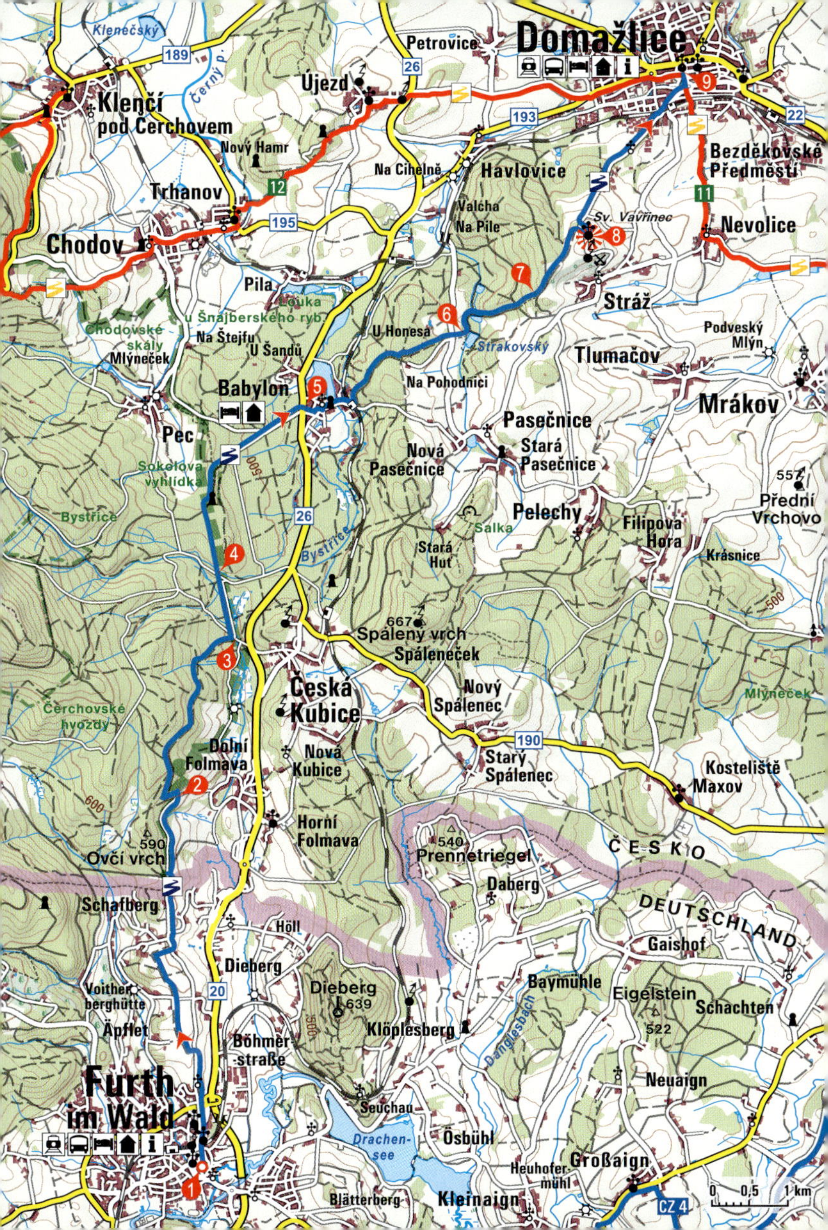

Domažlice
Petrovice
Újezd
Klenčí pod Čerchovem
Klenečský
Černý p.
Nový Hamr
Na Cihelně
Havlovice
Bezděkovské Předměstí
Trhanov
Chodov
Valcha
Na Pile
Sv. Vavřinec
Nevolice
Pila
Louka
u Šnajberského ryb.
Stráž
Chodovské skály
Na Štejfu
U Šandů
U Honesa
Strakovský
Podveský Mlýn
Mlýneček
Tlumačov
Babylon
Na Pohodnici
Mrákov
Pec
Pasečnice
Nová Pasečnice
Stará Pasečnice
Sokolova vyhlídka
Bystřice
Pelechy
Salka
Filipova Hora
Přední Vrchovo
Stará Huť
Krásnice
Spálený vrch
Spáleneček
Česká Kubice
Čerchovské hvozdy
Nový Spálenec
Mlýneček
Dolní Folmava
Nová Kubice
Starý Spálenec
Kostelíště Maxov
Horní Folmava
Ovčí vrch
Prennetriegel
Daberg
ČESKO
DEUTSCHLAND
Schafberg
Höll
Dieberg
Gaishof
Baymühle
Voitherberghütte
Dieberg
Eigelstein
Schachten
Äpflet
Böhmerstraße
Klöplesberg
Danglesbach
Furth im Wald
Seuchau
Neuaign
Drachensee
Ösbühl
Heuhofermühl
Großaign
Blätterberg
Kleinaign
CZ 4

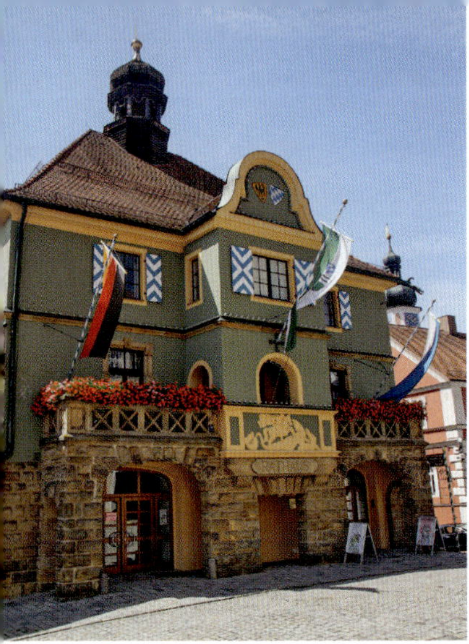

Ausnehmend hübsch und farbenfroh ist das Rathaus von Furth im Wald.

Pastritzkanal.

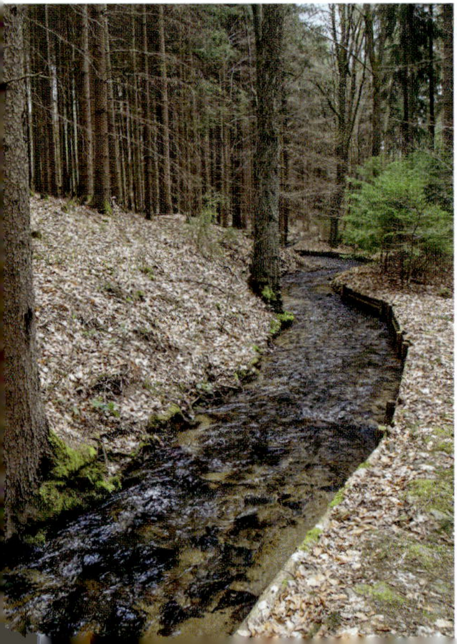

Vom Stadtplatz von **Furth im Wald** ❶, das durch seine jährlichen Drachenstich-Festspiele bekannt ist, gehen wir über die Kreuzkirchstraße am Friedhof vorbei und weiter über die Hochstraße mit der roten Markierung aus der Stadt hinaus. An einem langgestreckten Hain wandern wir rechts an einem eindrucksvollen Obelisken (Kriegerdenkmal) vorbei. Etwa 100 m danach biegen wir in spitzem Winkel mit Rot nach links ab und verlassen kurz die Trasse des alten Handelswegs. Nach etwa 250 m gehen wir an einer Gabelung mit Gelb nach rechts und kommen nach ungefähr 1 km bei der Streusiedlung Schafberg (Ovčí vrch) wieder auf den Handelsweg zurück, dem wir mit Blau nach links folgen. Nach etwa 600 m ist am Waldrand die Grenze erreicht.

Am Punkt **Nad Folmavou** ❷, wo es steil hinab ins Tal der Teplá Bystřice (Warmen Pastritz) geht, biegen wir scharf nach links ab. Der Weg steigt an und nach 100 m wenden wir uns mit Blau nach rechts auf einen unbefestigten Waldweg. Es geht hier weiter bergan und nach 300 m gehen wir mit Blau nach rechts. Nun wandern wir ein längeres Stück durch den Wald und nach einer scharfen Rechtsbiegung bergab, bis wir an der Warmen Pastritz die Wegkreuzung **Česká Kubice – rozc.** ❸ erreichen. Hier gehen wir mit Gelb und Rot nach links, biegen nach etwa 50 m mit Gelb halbrechts ab und wandern auf befestigtem Weg geradeaus mit leichtem Anstieg bis zu einem Rastplatz. Dort überqueren wir den Radweg 3 und gehen geradeaus im Anstieg auf

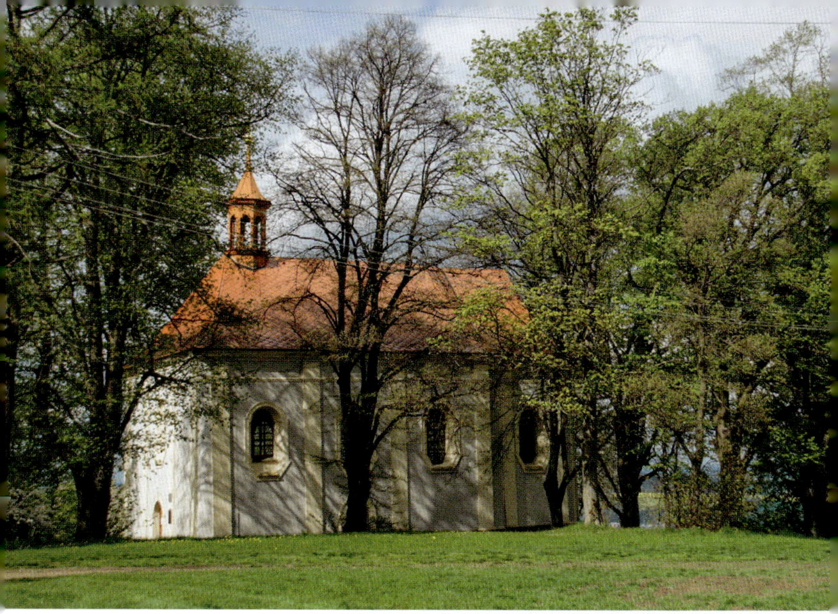

Die Wallfahrtskirche Sankt Laurentius, umgeben von herrlichen alten Linden.

unbefestigtem Weg weiter. Wir überschreiten ein seltsames Gewässer, den **Pastritz-Kanal** ❹ aus dem 16. Jh. Durch diesen wurde ein Teil des Wassers der Warmen Pastritz, die nach Furth im Wald fließt, in die Stadt Domažlice u. a. zum Betreiben von Mühlen abgeleitet.
Weiter bergan wandernd, lichtet sich der Wald allmählich und an einer kleinen Hochfläche wendet sich Gelb nach rechts. Wir passieren den Punkt Sokolova vyhlidka, wo sich ein Gedenkstein für den Geologen Rudolf Sokol befindet. Es ist eine geologisch durchaus interessante Stelle, denn wir kreuzen hier den Böhmischen Pfahl, eine markante Quarzrippe (nicht zu verwechseln mit dem Bayerischen Pfahl).
Gleich danach gabelt sich der Weg und wir wandern nun mit Grün nach rechts bergab zu einem befestigten Weg. Auf diesem halten wir uns

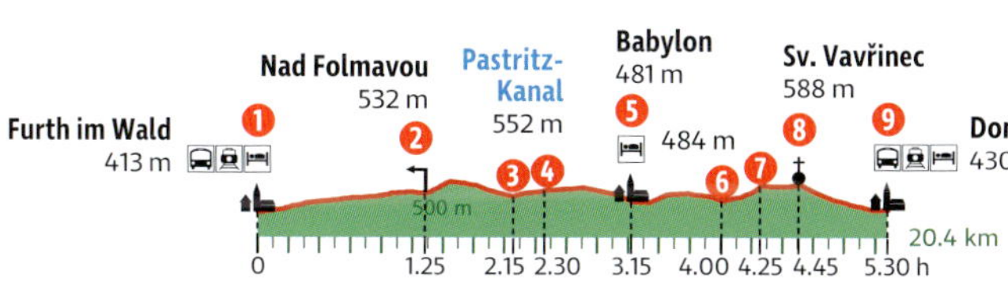

Richtung Babylon, wobei der letzte Abschnitt der grünen Markierung vor der Staatsstraße 26 links davon parallel auf einem Waldpfad verläuft, den wir ignorieren. Bei einem größeren Hotel überqueren wir die Staatsstraße und gehen geradeaus mit Grün nach **Babylon** ❺ hinein, einen vielbesuchten regionalen Erholungsort. Nach 100 m halten wir uns im Ort mit Grün links, gehen gleich wieder nach rechts, dann nach links und erneut nach rechts. Unser Weg führt uns vorbei am sehr hübschen großen See von Babylon. Wo der Weg unterhalb einiger hübscher historischer Pensionen wieder ansteigt, endet Grün.
Wir gehen jetzt mit Rot weiter und überqueren die Bahngleise. 50 m danach wandern wir mit Rot nach links in den Wald hinein, wo wir auf unbefestigtem Weg mit leichtem Anstieg weitergehen. Bei Na Pohodnice kommen wir an einer Kreuzung zu einigen landwirtschaftlichen Gebäuden, gehen nach links und gleich wieder mit Rot nach rechts auf einen zauberhaften Waldpfad. Dieser bringt uns nach knapp 600 m zur Verbindungsstraße Havlovice–Pasečnice. Wir überqueren sie und gehen auf einem Wiesenweg hinab zum Teich **Strakovský rybník** ❻. Links mit Rot weiter gelangen wir zum Teich Radošovský rybník, einer besonders hübschen Stelle auf unserer Wanderung. Mit Rot wandern wir um den Teich herum und durch ein sehr hübsches Tal leicht bergan. An einem Querweg gehen wir geradeaus auf unbefestigtem Pfad weiter bergan und erreichen beim Punkt **Dmout – býv. hájovna** ❼ eine freie Hochfläche. Hier wenden wir uns auf breitem Weg nach links und gehen mit Grün rechts am Berg Dmout vorbei. Grün verlässt den breiten Weg nach rechts, dann passieren wir eine als Wallfahrtspunkt vielbesuchte Lourdesgrotte.
Nun öffnet sich der Blick weit nach Nordosten ins Chodenland. Grün wird zum Wiesenweg und bringt uns in weitem Bogen in Richtung der weithin sichtbaren Wallfahrtskirche **Sv. Vavřinec** ❽ (St. Laurentius). Wir verlassen bei Annäherung an die Kirche kurz unseren grünen Weg und genießen von der Kirche den kolossalen Ausblick hinab nach Domažlice bzw. bis weit hinüber nach Kdyňe in die andere Richtung.
Vom Gotteshaus gehen wir einen Asphaltweg hinab bis zum Punkt Vavřineček, wo wir wieder auf unser Grün stoßen. Eine schadhafte Teerstraße führt uns recht steil hinab durch einer zauberische Allee entlang von Kreuzwegstationen. Am südlichen Ortsrand von Domažlice erreichen wir eine Bahnunterführung. Unmittelbar davor gehen wir nach rechts und erst bei der nächsten Straße, der Jiráskova, wenden wir uns stadteinwärts. Wir unterqueren die Bahn, kommen zu einem Kreisverkehr und überschreiten den Fluss Zubřina. Sodann gelangen wir über die Chodská ins Zentrum von **Domažlice** ❾ (Taus).
Von hier haben wir Anschluss an Etappe 11 aus Kdyně und Etappe 12 nach Klenčí pod Čerchovem.

Die Pfarrkirche Maria Geburt in Domažlice mit ihrem ungewöhnlichen runden Turm.

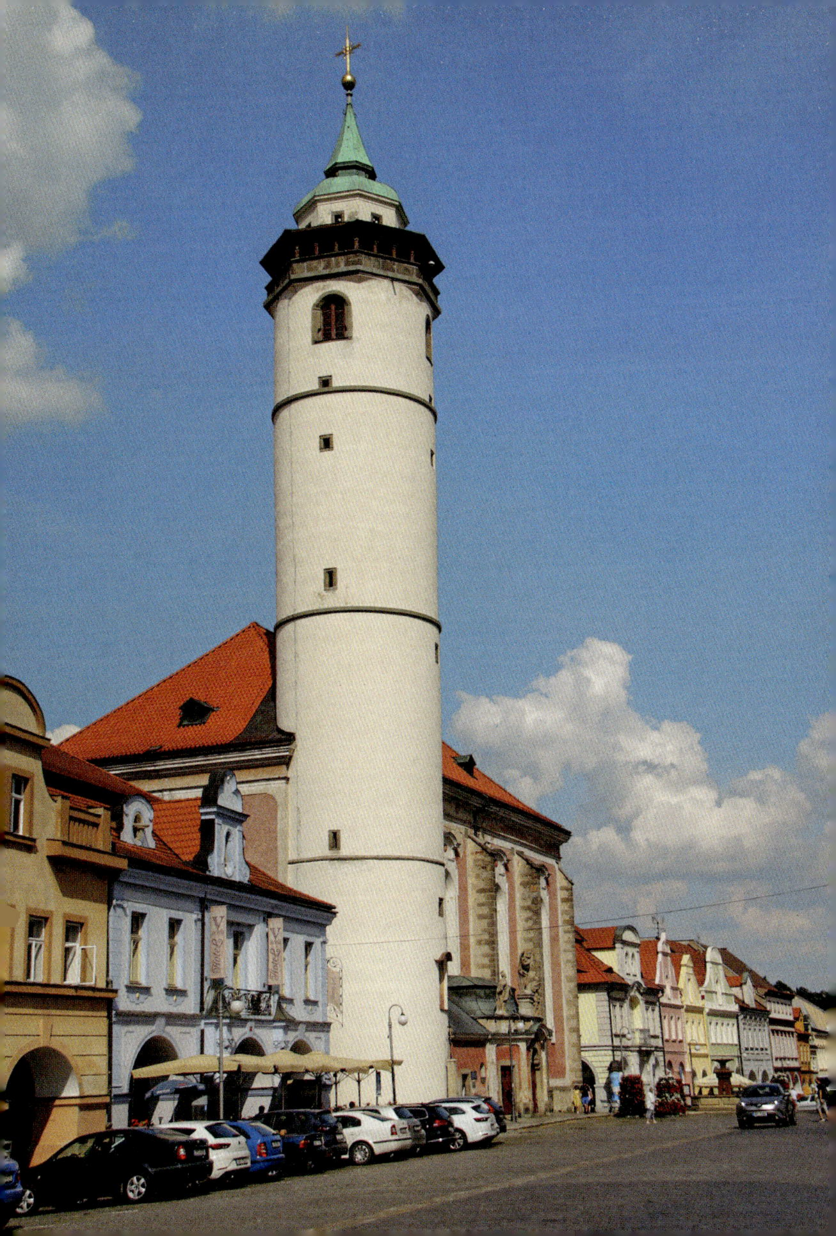

CZ 4 Eschlkam – Všeruby – Kdyně

4.50 h	18,3 km
↗ 370 m	↘ 370 m

Eine Begegnung mit Poeten und einer grandiosen Wallfahrtskirche

Die abwechslungsreiche Tour, die auf der alten Trasse des Baierwegs bzw. des Tauser Wegs und über den Neumarker Pass (Všerubský průsmyk), 512 m, nach Böhmen verläuft (zur Geschichte → CZ 3), ist nicht nur wegen der landschaftlichen Vielfalt bemerkenswert. Sie bringt auch Begegnungen mit zwei außerhalb der Region kaum bekannten Poeten, Božena Němcová und Maximilian Schmidt (1832–1919). Letzterer, genannt Waldschmidt, aus Eschlkam ist im Bayerischen Wald mit seinen realistischen Schilderungen des Bauern- und Wäldlerlebens bis heute sehr populär und genießt den Ruf eines »Peter Rosegger des Bayerwalds«. Die 1717 vollendete Wallfahrtskirche St. Anna in Tanaberk schuf der Architekt Marco Gilmetti als Nachfolgebau einer hölzernen Kapelle. An dieser Stelle sollen seit dem Mittelalter durch seltsame Leuchterscheinungen Wunderheilungen erfolgt sein.

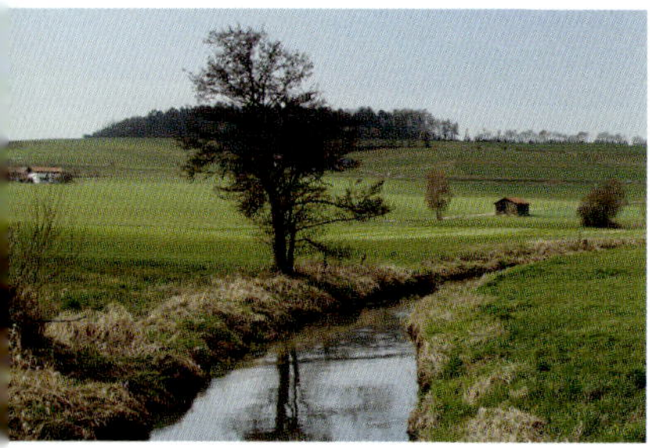

Das Tal des Flüsschens Chamb bei Stach.

Ausgangspunkt: Eschlkam, 460 m, Ecke Waldschmidtstr. / Waldschmidtplatz; Busse 589 u. 590 nach/von Furth/Lam, Bus 615 nach/von Bad Kötzting.
Hauptweg: In Kdyně Verbindung zu Etappe 10 aus Nýrsko und Etappe 11 nach Domažlice.
Anforderungen: Großteils auf Asphalt und breiten Waldwegen; schwierig zu begehen ist der Anstieg zu Pod Čepicí, wie auch der Abstieg von diesem; 2022 hatten Stürme den Wald in diesem Gebiet niedergelegt, die schmalen Waldpfade waren nicht mehr auszumachen, lagen voller Stämme und Äste, womit auch die an den Bäumen angebrachten Markierungen verschwanden und die Orientierung erschwert war; der Abstieg von Pod Čepicí zum Bahnhof Kdyně ist vergleichsweise steil.
Einkehr/Unterkunft: Eschlkam: Gasthof zur Post, mit Übernachtung, Waldschmidtstr. 14, Tel. +49 9948 751 bzw. 227, gasthof-post-eschlkam.de; **Všeruby:** Pension Všeruby, mit Übernachtung, nahe des nordöstlichen Ortsendes, Haus Nr. 37, Tel. +420 734 685287, vseruby.eu; **Kdyně:** Restaurace Škarmanka, Dělnická 489, Tel. +420 777 629123; Penzion Restaurace Černý Orel, mit Übernachtung, Náměstí 24, Tel. +420 608 241655, penzion-cerny-orel.hotel.cz.
Weitere Infos: Marktgemeinde Eschlkam: Waldschmidtplatz 2, Tel. +49 9948 94908-0, markt-eschlkam.de; Kdyně: Touristeninformationszentrum, Nádražní 314, Tel. +420 379 413555, kdyne.cz.
Tipps: Všeruby: Němcová-Denkmal unterhalb der Kirche; Kdyně: Grenzlandmuseum (Muzeum příhraničí), Nádražní 314, Tel. +420 379 413555, Mai– Sept. täglich, Okt.–April Mo.–Fr., kdynsko.cz/turistika/muzeum-prihranici; Synagoge, Masarykova 12, geöffnet wie Grenzlandmuseum.

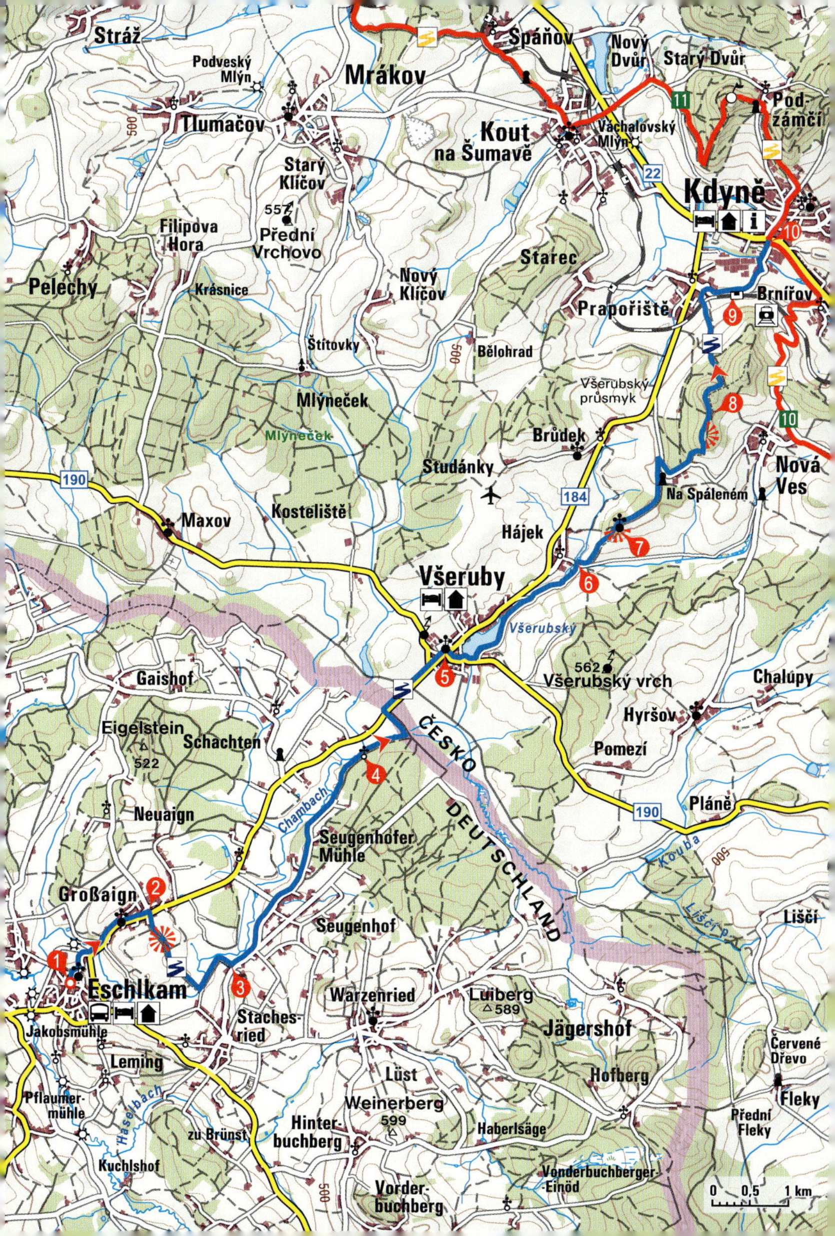

Stráž
Podveský Mlýn
Mrákov
Spáňov
Nový Dvůr
Starý Dvůr
Pod-zámčí
Tlumačov
Kout na Šumavě
Váchalovský Mlýn
Starý Klíčov
Kdyně
557
Přední Vrchovo
Filipova Hora
Starec
Pelechy
Krásnice
Nový Klíčov
Prapořiště
Brnířov
Štítovky
Bělohrad
Všerubský průsmyk
Mlýneček
Brůdek
Studánky
Nová Ves
Na Spáleném
190
184
Maxov
Kostelíště
Hájek
Všeruby
Všerubský
562
Všerubský vrch
Gaishof
Chalupy
Eigelstein
522
Schachten
Hyršov
Pomezí
ČESKO
DEUTSCHLAND
Neuaign
Chambach
Pláně
Seugenhofer Mühle
Kouba
Großaign
Liščí
Seugenhof
Eschlkam
Warzenried
Luiberg
589
Staches-ried
Jägershof
Jakobsmühle
Červené Dřevo
Leming
Lüst
Hofberg
Fleky
Pflaumer-mühle
Haselbach
Weinerberg
599
Přední Fleky
zu Brünst
Hinter-buchberg
Haberlsäge
Kuchlshof
Vonderbuchberger--Einöd
Vorder-buchberg
0 0,5 1 km
500
22
11
10
1
2
3
4
5
6
7
8
9

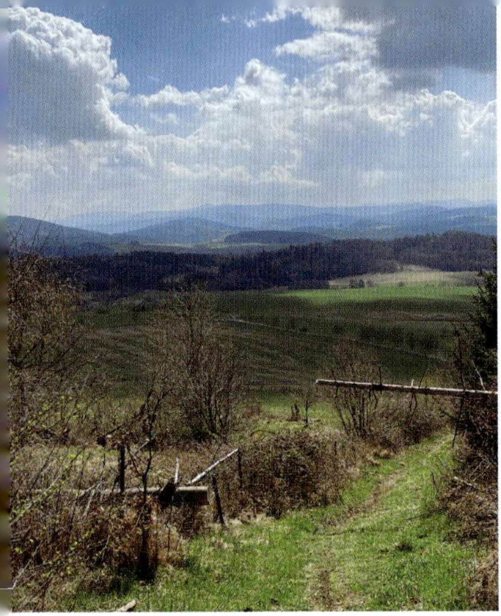

Blick vom Berg Raj in das Vorland des nördlichen Böhmerwalds.

Die Tour beginnt in **Eschlkam** ❶ an der Ecke Waldschmidtstraße/Waldschmidtplatz, wo sich auch eine Büste des hier geborenen Dichters befindet. Wir gehen mit der blauen Markierung, die uns bis zur tschechischen Grenze begleiten wird, links unterhalb der Kirche über den engen Burgweg bzw. die Marktstraße nordwärts und kommen in die Großaigner Straße, über die wir aus Eschlkam herausgehen.

Die Straße senkt sich verhältnismäßig steil zur Verbindungsstraße Eschlkam–Staatsgrenze hinab, auf der wir nach links gehen. Dann überqueren wir das Flüsschen Chamb und kommen – die Straße steigt deutlich an – nach Großgmain. Wir wandern durch den Ort und kurz vor dem nördlichen Ortsende, bei der Bushaltestelle, biegen wir nach rechts in den **Ranklweg** ❷ ab. Der befestigte Weg führt auf eine Anhöhe mit schöner Rundumsicht und senkt sich dann zur Chamb hinab. Wo er im Grund rechts abknickt, gehen wir auf einem Wiesenpfad geradeaus weiter, überqueren auf einem schmalen Brückchen die Chamb, die hier ein reizvolles Tal bildet, und erreichen gleich oberhalb eine schmale Asphaltstraße. Dieser folgen wir immer noch mit Blau nach links und bleiben im Talgrund. Nach etwa 600 m biegt dieser Weg nach rechts ab, steigt an und wir kommen zur ebenfalls asphaltierten **Seugenhofer Straße** ❸, die aus dem Dörfchen Stach nordwärts hinaus führt. Wir halten uns links nach Seugenhof und biegen kurz vor dem Ortsende, wo sich die Straße (hier Neuaigner Straße) nach links wendet, mit Blau halbrechts auf den Schwellweg ein. Dieser führt bergan und an einem Wäldchen vorbei, senkt sich wieder hinab und bleibt immer nahe der Chamb. Dann wandern wir in den Wald hinein, allerdings verläuft der Weg nah am Waldrand, zwar unbefestigt, doch sehr gut begehbar. Wir passieren eine **Pilgerkapelle** ❹ des Ostbayerischen Jakobswegs, auf dessen Trasse wir in diesem Teilstück wandern. Danach erreichen wir einen Querweg, der parallel zur tschechischen Grenze verläuft. Hier gehen wir nach links, nordwestwärts, bis zur Straße aus Eschlkam und biegen auf ihr nach rechts ab, wo wir alsbald die Grenze nach Tschechien überqueren. Rechts steht das alte bayerische Zollhaus aus der Zwischenkriegszeit, danach kommen links die nicht mehr genutzten Abfertigungsgebäude aus den 1990er-Jahren.

Schon ist der Ortseingang von **Všeruby** 5 erreicht. Wo unterhalb der Kirche (links oben) die Staatsstraße 190 rechts abbiegt, steht linker Hand das Denkmal der in Tschechien sehr verehrten Dichterin Božena Němcova.

*i Die früh verstorbene **Božena Němcová** (1820–1862) ist sicherlich Böhmens bedeutendste Schriftstellerin, wenngleich sie als Wienerin zur Welt gekommen war. Zwischen 1843 und 1850 lebte sie mit ihrer Familie in Domažlice und Všeruby, schrieb hier Märchen und Gedichte sowie die »Reisebilder aus der Gegend von Taus«. Kaum bekannt ist, dass die Märchenvorlage zu dem berühmten Film »Drei Haselnüsse für Aschenbrödel« von Božena Němcová stammt. Ihr Hauptwerk »Babičká« (Die Großmutter) gilt als einer der bedeutendsten Romane der tschechischen Nationalliteratur.*

Wir gehen nun mit Rot auf der Staatsstraße 190 nach rechts hinab zum großen Ortssee von Všeruby, spazieren an diesem entlang und biegen an seinem Ende nach links auf einen asphaltierten Radweg ein, der nordostwärts und weiter am See entlangführt – eine der hübschesten Partien der gesamten Tour. Die rote Markierung bringt uns an das östliche Ortsende von **Hájek** 6 (Hammern). Hier biegen wir bei einigen Teichen nach rechts ab und gehen nach etwa 100 m nach links auf einen unbefestigten, für die Gegend verhältnismäßig steil hinaufführenden Weg Richtung Wallfahrtskirche Tanaberk. Kurz unterhalb der Kirche befindet sich ein Aussichtspunkt mit schönen Blicken Richtung Všeruby und nach Bayern. Gleich danach ist die Wallfahrtskirche **Tanaberk** 7 erreicht, die leider nur zu den seltenen Gottesdienstzeiten geöffnet ist. Das einst zugehörige kleine Dorf unmittelbar um die Kirche herum existiert nicht mehr.
Von der Kirche geht es entlang von Kreuzwegstationen auf befestigtem Weg hinab und bei einem Wäldchen deutlich nach links. Bald danach steht rechts ein Denkmal, das an einen 1938 nach der Okkupation des Sudetenlands von Nazis erschossenen tschechischen Patrioten erinnert. Etwa 200 m dahinter kommen wir auf die Asphaltstraße nach Nová Ves, auf der wir uns nach rechts wenden. Wir passieren die wenigen Häuser des Dorfes Pranty und verlassen in einer Rechtskurve kurz vor der Pension Pranty die Asphaltstraße mit Rot nach links, auf schmalem, wurzelwerkdurchdrungenem Pfad in den Wald hinauf. Hier wird die Orientierung schwie-

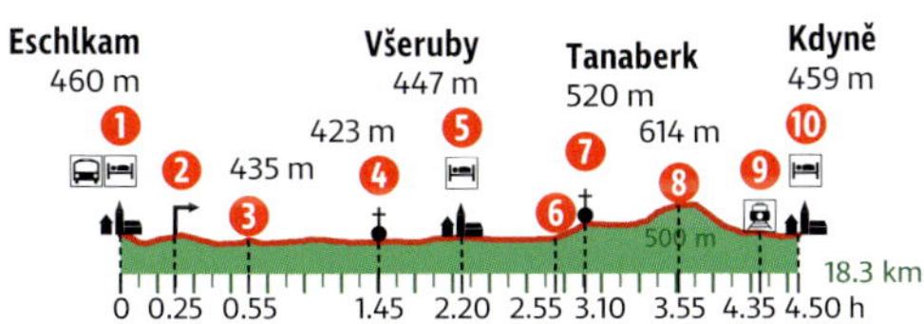

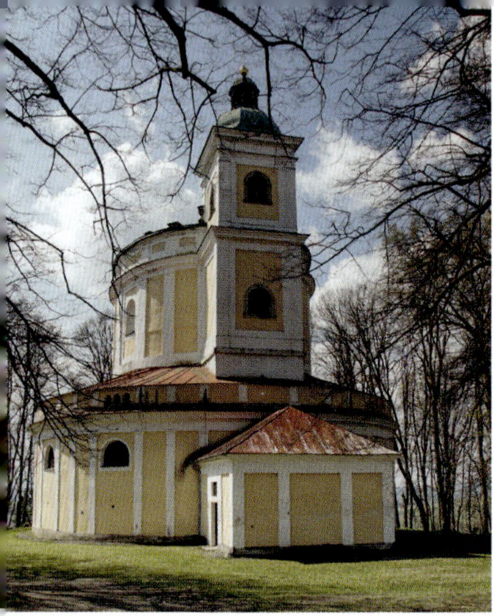

Ein grandioser Barockbau – die Wallfahrtskirche Tanaberk.

rig, denn durch Windbruch war dieser Abschnitt im Frühjahr 2022 kaum begehbar bzw. die Markierungen an den niedergeworfenen Bäumen kaum auszumachen. Zunächst bewegen wir uns nahe am Waldrand und lassen einen Abzweig nach rechts unbeachtet. Wenn der Waldrand nach links zurückweicht, gehen wir parallel zu diesem nach links weiter hinauf und dann steiler empor zum flachen Gipfel des Raj, 615 m. Unweit davon passieren wir eine aus Bruchsteinen aufgemauerte Säule mit einem Reliefmedaillon eines Kopfes. Danach kommen wir etwas tiefer auf einem Sattel zum Punkt **Pod Čepicí** 8; 2022 war der Wegweiser abgebrochen und umgefallen. Hier treffen wir auf den Anfang einer blauen Markierung (wichtig!), mit der wir dann 50 m zusammen mit Rot weitergehen. Überall sind Bäume gefällt bzw. durch Sturm und Borkenkäfer gebrochen oder geschädigt. Blau wendet sich etwa 50 m nach Pod Čepicí nach links, während Rot nach rechts bergab führt. Wir steigen mit Blau weiter bergan bis zum Gipfel des 644 m hohen Čepice. Blau führt ab hier mit deutlicher Rechtswendung wieder talwärts und auf einen weiteren Sattel zu einer Wegspinne. Hier nehmen wir den rechten der beiden nach links führenden Wege – Markierung beachten! Wir wandern bergab, vorbei an einer Lichtung und kommen nach knapp 500 m zu einer Dreifachgabelung, an der wir den mittleren Weg nehmen – also mehr oder weniger geradeaus. Alsbald verlassen wir den Wald und befinden uns auf dem Hang oberhalb von Kdyně. Ein Feldweg leitet uns rechts einer Heckenreihe hinab, wir passieren ein kleines Häuschen der Wasserwerke und unterqueren, unten angelangt, die Bahnlinie Klatovy–Domažlice. Jetzt ist das Dorf Prapořiště erreicht. Hinter der Bahnlinie gehen wir nach rechts, gleich wieder nach rechts und wandern etwa 300 m die Gleise entlang bis zum **Bahnhof Kdyně** 9. Mit seinem grasbewachsenen Perron wirkt er wie aus der Zeit gefallen. Wir bleiben das letzte Stück des Wegs auf der blauen Markierung. Vom Bahnhof geht es über die Straße Nádražni hinab zum Busbahnhof und an diesem vorbei hinauf in die Ortsmitte von **Kdyně** 10 (Neugedein) zum Hauptplatz Náměstí, wo wir auf den Hauptweg des Tschechischen Goldsteigs treffen, nämlich auf Etappe 10 aus Nýrsko und Etappe 11 nach Domažlice.

5.50 h	19,6 km
↗ 310 m	↘ 1160 m

Großer Osser – Nýrsko

CZ 5

Von einem der schönsten Böhmerwaldberge hinab ins Tal der Úhlava

Der Große Osser (Ostrý), 1293 m, mit seinem flachen, jedoch markanten Doppelgipfel direkt an der deutsch-tschechischen Grenze gelegen, bildet den nordwestlichen Eckpunkt des Böhmerwalds, der hier zur Further Senke absinkt und endet. Der Ossergipfel ist wegen seiner hinreißenden Fernsicht ein sehr stark frequentierter Aussichtspunkt und sowohl von tschechischer wie auch bayerischer Seite erreichbar. Er ist der einzige höhere Gipfel des Bayerischen und Böhmerwalds, der aus Glimmerschiefer besteht. Wegen des hohen Quarzgehalts ist dieses Gestein so hart, dass es durch Verwitterung und Erosion aus der meist aus weniger widerstandsfähigem Gneis bestehenden Umgebung herauspräpariert wurde. Das Glimmerschiefer-Areal zwischen Eisenstein und Nýrsko wird auch als Künisches Gebirge bezeichnet. Unterhalb des Ossers liegt das Tal der Úhlava (Angel). Dieser Fluss entspringt bei Železná Ruda (Markt Eisenstein) am Westhang des Pancíř (Panzerberg), 1214 m, und mündet nach 108 km bei Plzeň (Pilsen) in die Radbuza. In seinem Oberlauf zählt das Tal zu den schönsten des Böhmerwalds.

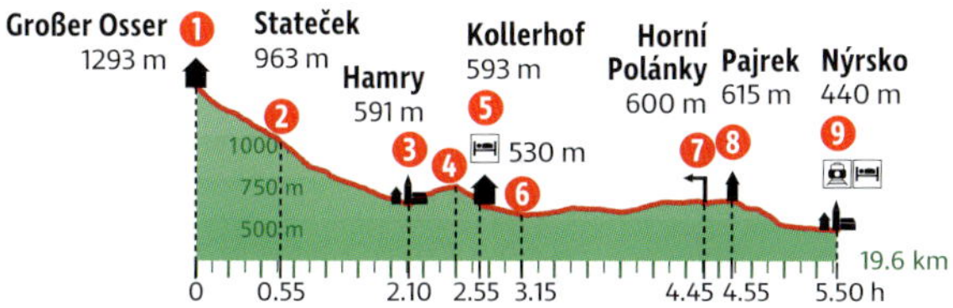

Am Abstieg vom Großen Osser.

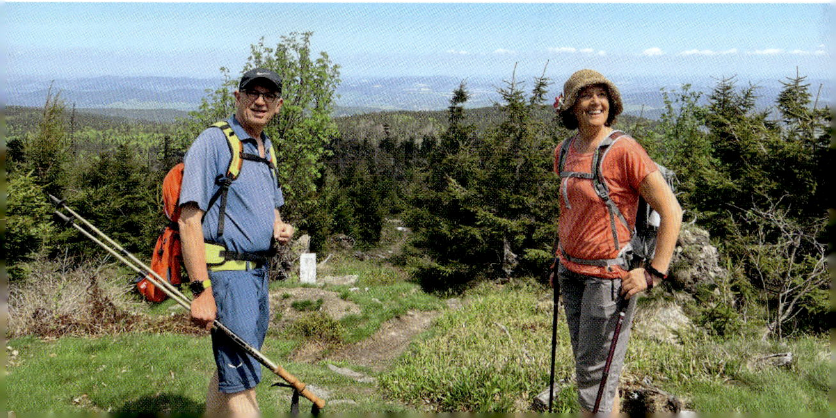

Ausgangspunkt: Großer Osser, 1293 m, Gipfel; mit dem Auto von Lam zum Wanderparkplatz Osser-Sattel, von hier über den Osser-Riesensteig in ca. 1.30 Std.

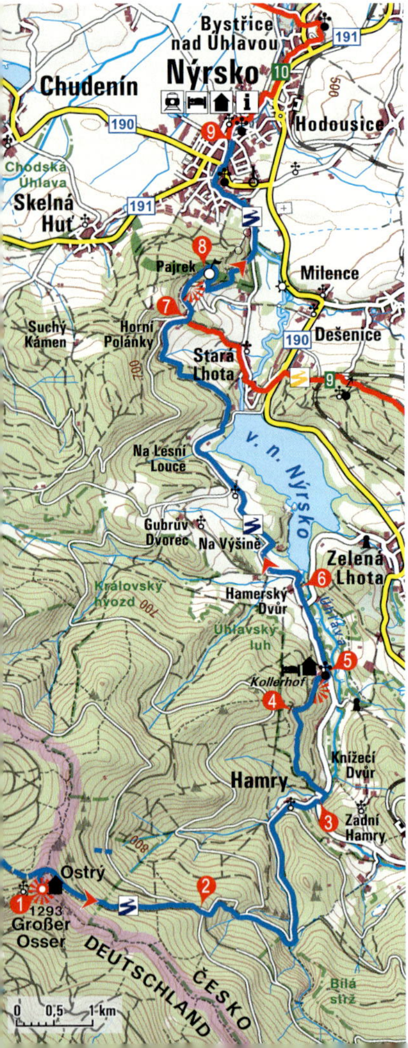

Hauptweg: Etappe 9 am Wegweiser »Horní Polánky« und Etappe 10 in Nýrsko.

Anforderungen: Vor allem durch den ständigen Wechsel von Auf- und Abstieg anstrengend – allein die 700 m Höhenunterschied im Abstieg vom Osser sind gelenkeverschleißend; der Wegabschnitt zwischen Stateček und Hamry ist nicht nur wegen der durchgehenden Asphaltierung recht eintönig, auch ein großer Teil des Wegs entlang der Úhlava ist asphaltiert; bei Nässe ist der Abstieg von der Ruine Pajrek mühevoll.

Einkehr/Unterkunft: Großer Osser: Osserschutzhaus, 1. Mai bis erster So. im November, Anfang Januar bis Ende April nur Sa. und So., Februar und März teilweise geschlossen, Übernachtungen nur auf Anfrage, Tel. +49 9943 1351 bzw. Tel. +49 160 5561528, osser-schutzhaus.de; **Hamry:** Hotel Restaurant Kollerhof, Hamry na Šumavě Nr. 29, Tel. +420 376 390113, hotelkollerhof.com; **Nýrsko:** Bar-Restaurant Milano, prap. Veitla 63, Tel. +420 605 074345, milano.cz; in Nýrsko ist das gastronomische Angebot sehr beschränkt; Hotel Nova Koruna, einfach und günstig, Klostermannova 37, Tel. +420 702 156510, novakoruna.cz.

Weitere Infos: Nýrsko: Kultur- und Informationszentrum, Nám. 123, Tel. +420 376 555646, mestonýrsko.cz.

Tipp: Nýrsko: jüdischer Friedhof an der Milenecká (Ortsumgehung der Staatsstraße 190 im Osten).

Die Tour beginnt beim Osser-Schutzhaus am Gipfel des **Großen Osser ❶**. Wir gehen etwa 80 m entlang der Grenze auf dem Kamm südostwärts und dann mit Blau nach links auf einem steinigen, schmalen Pfad abwärts, der sich unterhalb des Schutzhauses nordwärts wendet. Dann verläuft unser Weg für etwa 50 m direkt auf der Grenzlinie und führt in einer langgezoge-

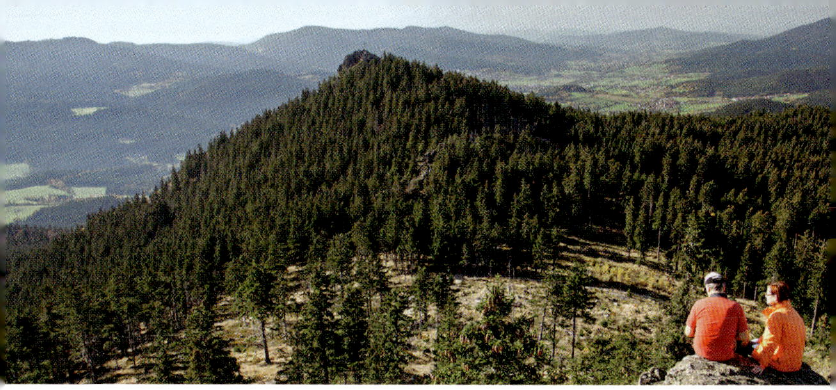

Blick vom Gipfel des Großen Osser auf den Kleinen Osser (Bayern).

nen Rechtskurve im 180-Grad-Winkel hinab – mit schönen Blicken auf das nördliche Vorland des Künischen Gebirges. Nach knapp 1 km mündet unser Pfad in einen breiten Waldweg. Wir passieren eine kleine Schutzhütte und kommen dann nach etwa 600 m an der Tausend-Meter-Marke vorbei. Bald danach erreichen wir eine Wegspinne am Punkt **Stateček** ❷. Wir gehen mit Blau auf befestigtem Wege weiter bergab. Nach knapp 200 m verlässt Blau die Asphalttrasse, biegt rechts ab und führt steil hinab. Dann kommen wir wieder auf einen Asphaltweg, wir überqueren ihn und schneiden eine weitere Kurve. Sogleich gelangen wir an die Kreuzung Pod Statečkem – rozc. Danach geht es in einer scharfen und engen Wendung des Wegs über den Bach Bilý potok hinweg und recht monoton hinunter ins Tal der Úhlava nach **Hamry** ❸, eine sich über ein großes Areal hinstreckende Streusiedlung. Hier treffen wir in 582 m Höhe auf die Verbindungsstraße Nýrsko–Hamry–Železná Ruda, folgen ihr etwa 50 m nach links und biegen dann bei einer Telefonzelle mit Gelb nach links ab.

Im folgenden Wegabschnitt müssen wir darauf achten, dass wir die gelbe Markierung nicht verlieren, denn in dem nun beginnenden längeren, ansteigenden Teilstück gibt es viele Verzweigungen. Bereits die erste, etwa 200 m nach der Telefonzelle, ist entscheidend. Hier gehen wir den mittleren Weg aufwärts – nicht den linken, breiteren, der parallel zum Tal des Bilý potok führt. Wir wandern hinauf zum Punkt **Na Kopci – rozc.** ❹ auf 700 m (Schild: 741 m). Hier treffen wir auf einen grün markierten Querweg, auf dem wir nach rechts weitergehen – der Weg ist jetzt grün und gelb markiert. Er führt dann wieder hinab und bald wird die Kirche von Hamry sichtbar. In scharfer Biegung wendet sich der Weg am Waldrand nach rechts zu ihr hinab. Hier liegt auch das **Hotel Kollerhof** ❺, eines der besten seiner Art in dieser Ecke des Böhmerwalds.

Mit Gelb geht es unterhalb der Kirche auf der schon erwähnten Verbindungsstraße weiter; wo diese Fahrstraße nach etwa 600 m rechts umbiegt,

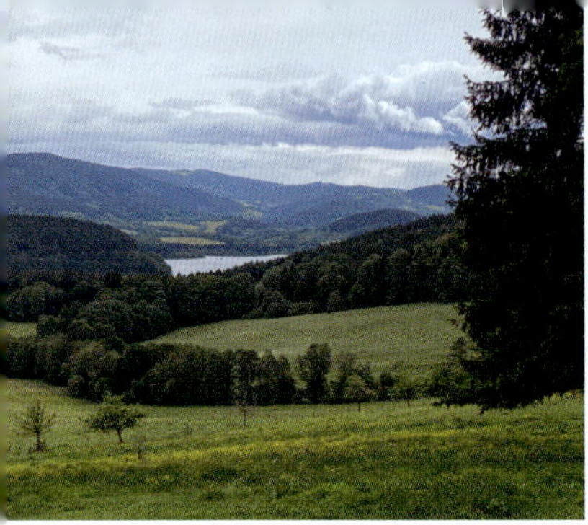

Von den Hängen unterhalb der Ruine Pajrek hat man einen schönen Blick auf den Speichersee von Nýrsko.

wandern wir mit Gelb auf dem befestigten Radweg 33 geradeaus bis zum Punkt **Hamerský Dvůr** 6. Hier sind wir schon nahe dem Südrand des Nýrskoer Stausees angekommen. Der Radweg und damit unser gelber Wanderweg wendet sich nach links. Wir wandern nun oberhalb des leider von hier nicht sichtbaren Westufers des Stausees entlang. Nach etwa 300 m biegt der Weg scharf rechts ab und führt uns durch eine reizvolle Wiesenlandschaft. Bald senkt er sich in ein sumpfiges kleines Tal hinab, knickt dann nach links ab und wir wandern durch einen Wald leicht bergan. Wenn wir nach etwa 400 m den Wald verlassen, können wir rechts den Stausee erblicken. Danach ist sogleich das Gehöft Na Špirku erreicht; hinter ihm endet die für den öffentlichen Verkehr freigegebene Fahrstraße. Wir gehen nun auf einem gesperrten Fahrweg mit Gelb bergab weiter mit schönen Blicken auf den Stausee. Nach etwa 800 m kommen wir zum Punkt Na lesní louce. Hier verlassen wir den Radweg und gehen mit Gelb in einem langgezogenen Bogen durch den Wald nach links zur Siedlung Horní Polánky hinauf. Dort kommen wir zur befestigten Radtrasse 2049 und gehen nach rechts. Wir genießen prächtige Blicke auf den Stausee und sein Umland. Dann ist nach etwa 400 m der Wegweiser **Horní Polánky** 7 erreicht. Ab jetzt gehen wir übrigens in diesem letzten Abschnitt des Verbindungswegs bereits auf der Etappe 9 (Javorná–Nýrsko) des Hauptwegs.
Hier biegen wir nach links auf einen Waldpfad ab und wandern bald direkt am Waldrand entlang. Somit geht es in kurzem, doch nicht zu steilem Anstieg hinauf zur Ruine **Pajrek** 8 (Bayereck) und von dieser in einem Bogen hinab zur kleinen gleichnamigen Siedlung. Am Ortsanfang wenden wir uns weiter mit Gelb – auch grün und blau markiert – vor Haus 23 scharf nach links und gehen im Bogen wieder nordwärts. Zunächst bleiben wir gleichsam auf der Höhenlinie, dann geht es nach einer Rechtswendung steiler hinab ins Tal der Úhlava; bei Regen kann dieser Abschnitt sehr matschig sein. Unten angekommen, gelangen wir wieder zur Talstraße, folgen ihr nach links vorbei am Waldtheater von Nýrsko und dann in die Stadt hinein. Die ganze Strecke entlang der Úhlava bis zum Zentrum ist teils von hübschen Villen bzw. einer Uferpromenade gesäumt. An der Straße Petra Bezruče bzw. der Brücke über die Úhlava beim Wegweiser Nýrsko – U Mostu ist unser Ziel in **Nýrsko** 9 (Neuern) erreicht. Von hier haben wir Anschluss an Etappe 10 nach Kdyně.

8.00 h	28,8 km
↗ 840 m	↘ 650 m

Zwiesel – Javorná

CZ 6

Auf dem Böhmweg von Zwiesel nach Tschechien

Der historische Handelsweg von der Donau – von Deggendorf über Bischofsmais nach Zwiesel und Eisenstein – wird Böhmweg genannt. Auf der böhmischen Seite verlief er weiter über Seewiesen (Javorná) nach Schüttenhofen (Sušice). Auf bayerischer Seite ist die Trasse als Wanderweg ausgewiesen, mit einem stilisierten Wagenrad als Markierung. Dieser Verbindungsweg verläuft auf dem Wegstück von Zwiesel nach Javorná durchgängig auf dem alten Böhmweg, auf der tschechischen Seite ist er nicht als gesonderter Wanderweg gekennzeichnet. Die sehr abwechslungsreiche Tour führt aus der Glasmacherstadt Zwiesel über das Nationalparkzentrum und alte Grenzbefestigungen hinauf zur Regenquelle und vorbei an untergegangenen Orten zu einem lebendig-quirligen Gasthaus.

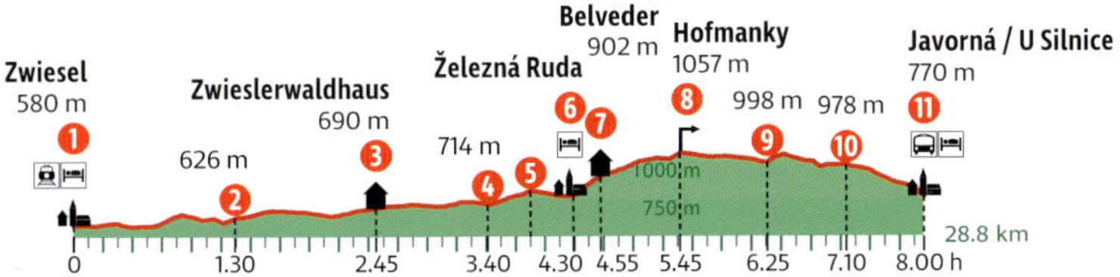

Die bayrisch-tschechische Grenze im Tal der Großen Deffernik.

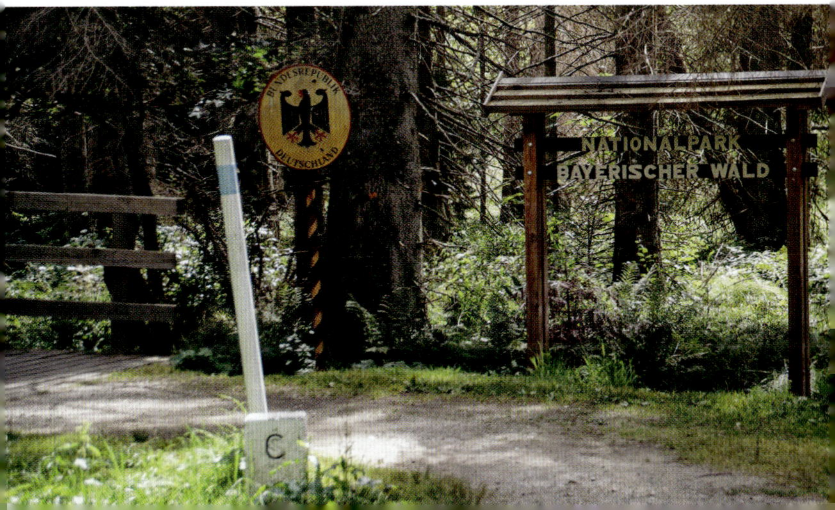

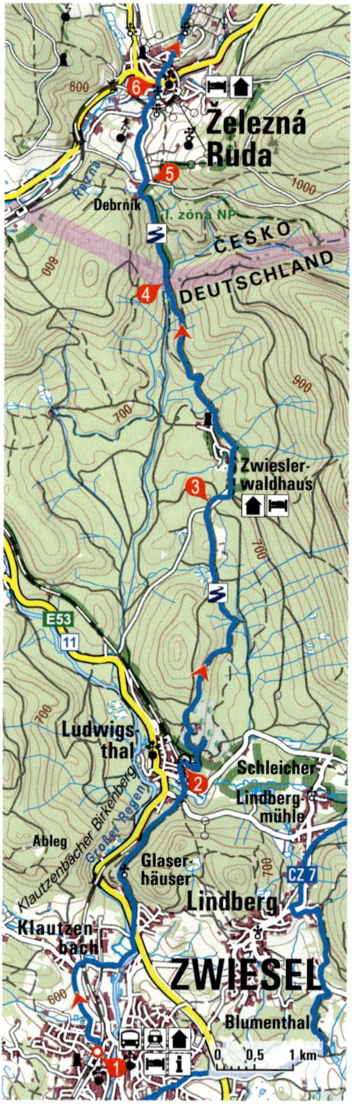

Ausgangspunkt: Zwiesel, 580 m, Bahnhof; Bahnverbindung nach/von Bayrisch Eisenstein, Plattling, Grafenau und Bodenmais; Busverbindungen.
Hauptweg: Etappe 8 von Hartmanice und Etappe 9 von Nýrsko am Restaurant U Silnice in Javorná.
Anforderungen: Die recht lange Tour lässt sich problemlos in zwei Etappen bewältigen, mit Übernachtung entweder bei Zwieslerwaldhaus, bei Železná Ruda oder am Belveder; überwiegend Asphaltwege und gute breite Waldwege; der letzte Abschnitt auf einem schmalen Waldweg bzw. Pfad hinab nach Javorná ist etwas schwieriger.
Einkehr/Unterkunft: **Zwiesel:** u. a. Restaurant Hotel zur Waldbahn, Bahnhofsplatz 2, Tel. +49 9922 8570, zurwaldbahn.de; Hotel-Gasthof Posthalter, Stadtplatz 22, Tel. +49 9922 804900, gasthof-posthalter.de; **Zwieslerwaldhaus** (Gem. Lindberg): u. a. Hotel Waldgasthof Scharnagl, Tel. +49 9925 262, hotelscharnagl.eu; **Železná Ruda:** u. a. Hotel Ostrý, keine Einkehr, 1. maje 127, Tel. +420 725 131317, hotelostry.cz; Café Charlotte, angesagtes Lokal bei Jung und Alt, rechts unterhalb der Kirche, K Samotám 77, Tel. +420 602 486490, cafe-charlotte.cz; Pension Böhmerwald, mit Restaurant, U Řezné 378, Tel. +420 376 397529, pension-bohmerwald.cz; **Belveder:** Restaurant Belveder, Hausbrauerei, hotelbelveder.cz; **Javorná:** Penzion Javorná, kein Restaurant, Haus Nr. 7, Tel. +420 725 503547, penzionjavorná.cz; Hotel U anděla Michaela, kein Restaurant, Haus Nr. 5, Tel. +420 720 384936; Penzion Restaurace U Silnice, mit Übernachtung, Tel. +420 376 391143, usilnice.unas.cz.
Weitere Infos: Zwiesel: Stadtplatz 27, Tel. +49 9922 7099011, ferienregion-nationalpark.de; Lindberg: Nationalpark- Besucherzentrum Falkenstein »Haus zur Wildnis«, Eisensteiner Str. 20, tgl. geöffnet, Tel. +49 9922 50020, bayern.de und nationalpark-bayerischer-wald.bayern.de; Železná Ruda: Touristeninformation,

Třída 1. máje 12, Tel. +420 376 397033, zeleznaruda.CZ bzw. sumava.net.
Tipps: Zwiesel: u. a. Waldmuseum, Kirchplatz 3, Tel. +49 9922 503706, Do.–Mo. 10–16 Uhr, waldmuseum-zwiesel.de; Dampfbier-Brauereimuseum, Regener Str. 9–11, So. geschlossen, Tel. +49 9922 84660, dampfbier.de; Glaspyramide (Zwiesel ist ein internationales Zentrum der Glasherstellung), Dr.-Schott-Str. 25, täglich geöffnet, zwiesel-glas.com; Unterirdische Gänge, Tel. +49 170 6011032, unterirdisches-zwiesel.de; Železná Ruda: Historisches Motorradmuseum, Okt.–Dez. nur Do, Januar–Apr. nur Mi., sonst tgl. geöffnet, Tel. +420 606 737041, historickemoto.cz; Böhmerwaldmuseum, Javorská 154, So. u. Mo. geschlossen, Tel. +420 376 397319, muzeum.sumava.net.

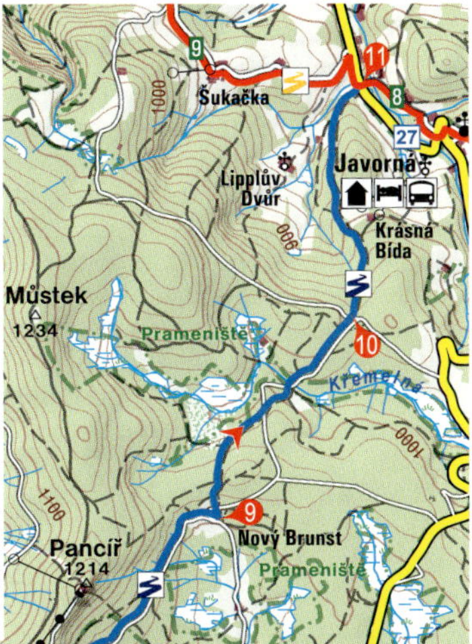

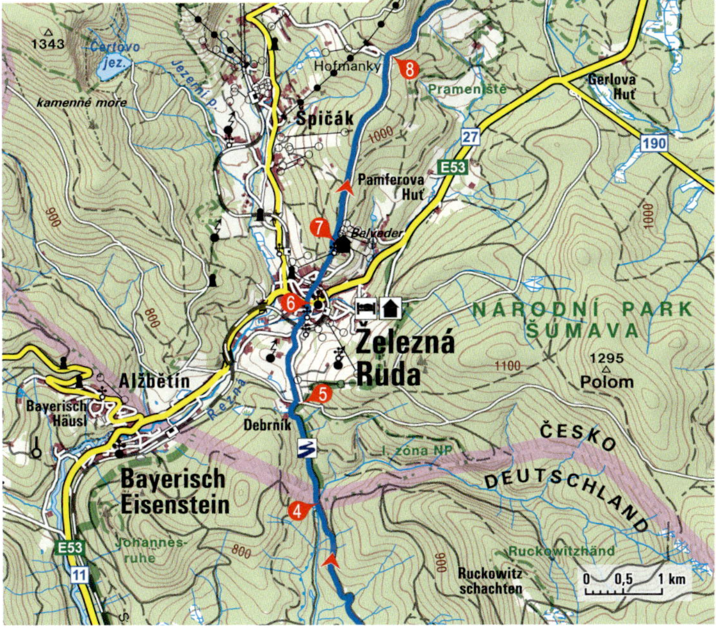

Wir beginnen die Wanderung am Bahnhof **Zwiesel** ❶ und gehen mit der Markierung des Böhmwegs (Wagenrad) die Bahnhofstraße nordwärts. Wo sie nach rechts abbiegt, wandern wir nach links durch eine Unterführung auf die andere Seite der Gleisanlagen. Wir kommen in den Waldesruhweg und biegen von diesem nach etwa 100 m rechts in die Badstraße ab. Am Freibad vorbei erreichen wir die Rabensteiner Straße. Hier gehen wir nach links und gelangen nach etwa 800 m an den Ortsrand von Klautzenbach. Wir biegen nach rechts in den Auenweg ab und überqueren die Bahnlinie. Dann folgen wir dem Auenweg immer weiter geradeaus, bis wir zu einer schwankenden Fußgänger-Hängebrücke über den Regen kommen. Auf der anderen Seite des Flusses gehen wir diesen entlang nach links, unterhalb historischer Gebäude der Glasindustrie vorbei, bis wir schließlich die B 11 erreicht haben. Hier wandern wir nach links und nach etwa 100 m biegen wir nach rechts schräg in die ansteigende Rotkotstraße ein. Wir gehen mit ihr durch eine hübsche Siedlung bergan bis zum Waldrand, wo der befestigte Weg endet. Nun wandern wir mit dem Böhmweg nach links weiter ansteigend in den Wald. Etwa nach 500 m kommen wir an der Glasmacherkapelle vorbei, dann senkt sich der Weg allmählich zur Bahnlinie hinab und führt unmittelbar an dieser entlang. Vielerorts ist hier der Weg durch schwere Fahrzeuge der Forstwirtschaft in Mitleidenschaft gezogen. Wir erreichen die Straße nach Oberlindberg und gehen geradeaus über sie hinweg. Der Weg verläuft weiterhin gleich neben der Bahnlinie. Nach etwa 350 m sind wir an der künstlich angelegten und tagsüber frei zugänglichen **Steinzeithöhle** ❷ angekommen, in der das Leben der Menschen, wie es vor 4000 Jahren war, museal nachgebildet ist.

Es empfiehlt sich, die markierte Trasse des Böhmwegs hier zu verlassen und nach rechts zum Nationalparkzentrum »Haus der Wildnis« abzubiegen, vorbei an Wildgehegen für Auerochsen, Hirsche und Luchse – es sind knapp 1,5 km bis dorthin. Geht man vor dem Nationalparkzentrum links dann auf dem befestigten Weg weiter, kommt man nach etwa 150 m wieder auf den Böhmweg. Es ist also bei unserem Abstecher nicht nötig, zurück zur Steinzeithöhle zu gehen. Vom Haus der Wildnis geht es auf bald

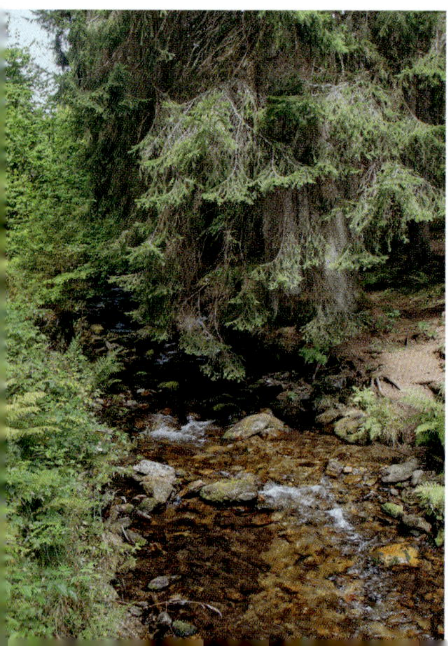

Im Tal der Großen Deffernik.

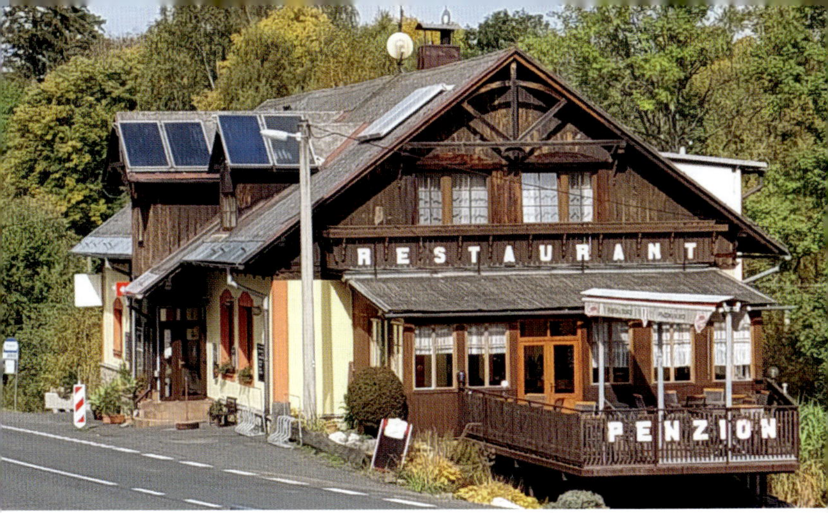

Das Restaurant U Silnice bei Javorná ist eine viel besuchte Einkehrmöglichkeit.

unbefestigtem Weg leicht bergab bis zur einsam gelegenen, vermoorten Schleicherschwelle, einem der im Bayerwald häufigen Auffangbecken der Holzdrift. Hier biegt der Böhmweg nach links ab, steigt etwas an und wir wandern nun durch einen flachen Hohlweg, dem man seinen Charakter als historische Trasse ansieht, etwa 500 m bis zu einem breiten Waldweg. Hier gehen wir nach rechts, überqueren den Geiselbach, dann geht es bergan und auf einer Lichtung erreichen wir das »Wildniscamp am Falkenstein«. Die Gebäude der Bildungseinrichtung für Jugendliche sind als »Themenhütten« zu höchst unkonventionellen und fantasievollen Kunstwerken gestaltet. Gleich danach ist **Zwieslerwaldhaus** ❸ erreicht, wo wir auf dem Böhmweg nach rechts gehen, unmittelbar neben der von Zwiesel herankommenden Teerstraße. Der unbefestigte Weg führt hinter den Häusern des kleinen Ortes vorbei und höchst eindrucksvoll am Rand des Urwaldreservats Mittelsteighütte entlang – dieses Wegstück ist eines der eindrucksvollsten Naturerlebnisse des Bayerwalds. Wir folgen einer 180-Grad-Kurve hinab zur Waldhausstraße zum nördlichen Ortsende von Zwieslerwaldhaus. Ein befestigter Weg führt uns nach rechts durch den Wald, der hier leider wie überall starke Schäden aufweist. Wir wandern ganz leicht bergan und bergab und nach etwa 1,5 km zweigen wir vom Teerweg halb links auf einen unbefestigten Weg ab. Dieser führt hinab ins Tal der Großen Deffernik und zur **Grenze** ❹. Hier endet der markierte Böhmweg. Unmittelbar vor und hinter der Grenzbrücke führen Pfade nach links in 100 m zur »Oberen Schwelle«. Dieses traumhafte Waldgewässer zu sehen, sollte man sich nicht entgehen lassen.

Auf tschechischer Seite gehen wir jetzt mit Weiß-Grün (diagonal geteiltes Quadrat) weiter, kommen oberhalb der Grenze zu den Resten einer Betonsperre und gehen entlang des Ferdinandstals, wie das Defferniktal hier heißt, auf befestigter Straße durch schönen Mischwald bergan. Entlang der Straße trifft man u. a. auf Bunker wie auch Grenzbefestigungen aus der Zeit vor 1990, die mit auch deutschsprachigen Informationstafeln erläutert sind. Knapp 1,5 km wandern wir durch schönen Mischwald bis auf die Passhöhe beim verschwundenen Dorf Deffernik (Debrník) – kurz vorher steht links noch eine verfallende Kaserne der Grenztruppen der ČSSR. An der Wegekreuzung **Debrník** 5 befand sich am Hang links vom Radweg 2113 das Schlösschen Deffernik, das im 19. Jh. dem hiesigen Glashüttenbesitzer gehörte, dann bis 1989 den Grenztruppen diente und danach abgerissen wurde. Durch die einst berühmte Defferniker Allee wandern wir mit Weiß-Grün jetzt nordwärts, allmählich bergab und vorbei am Friedhof. Dann gehen wir unter der Bahnlinie hindurch und rasch sind wir im Zentrum von **Železná Ruda** 6 an der Staatsstraße 27 am Klostermannovo náměstí angekommen. Staunend betrachten wir die spätbarocke Kirche mit der Welt größten Turmzwiebel. Železná Ruda (Markt Eisenstein) ist ganzjährig einer der meistbesuchten Ferienorte des Böhmerwalds, man trifft auch auf deutsche (Tages-)Touristen.

Mit blauer Markierung setzen wir unsere Wanderung auf der Trasse des Europawanderwegs E6 fort. Links vom Motorradmuseum (gegenüber der Kirche) gehen wir über die Belvederská mit deutlichem Anstieg bergan. Nach etwa 250 m gehen wir bei einer leichte Linkskurve gegenüber von Haus Nr. 3 (Belvéderská chalupa) nach rechts auf einen steil ansteigenden, schmalen und steinigen Pfad. Wir kommen am Berghang an einem Bunker vorbei, queren einen befestigten Weg und steigen auf dem steinigen Pfad weiter aufwärts. Entlang von Kreuzwegstationen steigen wir zur 14. Station (Christus im Grabe) an. Hier gehen wir kurz unterhalb der Annenkapelle mit Blau nach links und überqueren eine breite Schneise (Liftanlage), von der wir nach links einen schönen Blick auf den Arber haben. Jenseits der Schneise wendet sich der Weg nach rechts, nochmals ein kleines Stückchen bergan und dann ist auf 902 m das **Belveder** 7 erreicht, wo wir den größten Teil des Anstiegs hinter uns gebracht haben. Wir kommen wieder auf einen befestigten Weg. Rechts und etwas unterhalb liegt das Hotel-Restaurant Belveder. Auf breitem Asphaltweg wandern wir in leichtem Anstieg knapp 3 km etwas monoton hinauf bis zur Kreuzung **Hofmanky** 8. Wir verlassen Blau und wenden uns mit Grün nach rechts und wandern mehr oder weniger auf gleicher Höhe um den Pancíř, den Panzerberg, herum. Knapp 800 m hinter Hofmanky könnte man nach links etwa 100 m in den Wald hinauf zur Quelle des Regen (pramen Řezné) gehen, der hier auf 1060 m entspringt.

Weiter auf grüner Markierung und auf befestigter Straße gelangen wir etwa 2 km hinter der Regenquelle auf eine Lichtung am Berghang; an deren an-

derem Ende ist oberhalb des untergegangenen Neu Brunst der Punkt **Nový Brunst haj.** ⑨ erreicht. Die auf touristischen Wegweisern oft zu findende Abkürzung haj. steht für hájovna, d.h. Forst-/Jagdhaus.
Mit Blau halten wir uns links, aber rechts vom Asphaltweg, auf einem schmalen Waldpfad bergan, queren den Radweg 332 und steigen über einen sehr zerklüfteten, wurzeligen Weg nicht allzu steil weiter auf. Wir überqueren die flachen Gipfel eines namenlosen Bergs und wandern in sanftem Abstieg hinab zum Punkt Šmauzy, einer der abgelegensten Stellen unserer Tour. Ginge man vom Wegweiser »Šmauzy« mit Gelb nach links, käme man nach etwa 150 m zu einer Lichtung. Hier befand sich einst ein Gasthaus, das einem Ignaz Schmaus gehörte. Vom Wegweiser »Šmauzy« gehen wir aber nach rechts mit Gelb auf dem Waldweg geradeaus weiter ganz leicht bergab. Dann überqueren wir nach knapp 400 m erneut den Radweg 332. Mit Gelb wandern wir auf immer schmaler werdendem und sich deutlich absenkendem Waldpfad hinab, bis wir an der Stelle des untergegangenen Vorder Schmaus / Přední Šmauzy wiederum den asphaltierten Radweg 332 erreichen. Auf ihm wenden wir uns nach rechts und kommen sogleich zu einer Brücke über die hier noch ganz junge Křemelna (Kieslingbach), die etwa 1,5 km westlich von hier, auf etwa 1070 m in unzugänglichem Terrain entspringt.
Hinter der Brücke wandern wir auf breitem und befestigtem Weg mit nicht allzu steilem Abstieg etwa 700 m bis zum Punkt **U Obrázku** ⑩, 978 m. An dieser breiten Waldkreuzung überqueren wir schräg den Radweg 2093, kommen zu einem abgeholzten Hang und gehen halblinks mit deutlichem Gefälle bergab. Die gelbe Markierung ist hier sehr leicht zu übersehen. Auf recht steinigem, mal breiterem, mal schmalerem, mal tief eingeschnittenem Weg wandern wir nun bergab, teils ist der Wald großflächig abgeholzt. Nach etwa 700 m halten wir uns an einer Gabelung links und passieren einen gelichteten Hang – der Weg wird immer schmaler und steiniger. Im letzten, 200 m langem, Teilstück wird er zu einem tief eingeschnittenen, geschotterten Hohlweg und wir erreichen die Staatsstraße 27. Schräg gegenüber endet beim Restaurant U Silnice am Wegweiser Javorná – rest. in **Javorná** ⑪ dieser wahrlich kraftzehrende Verbindungsweg. An dieser Stelle haben wir Anschluss an Etappe 8 aus Hartmanice und Etappe 9 nach Nýrsko.

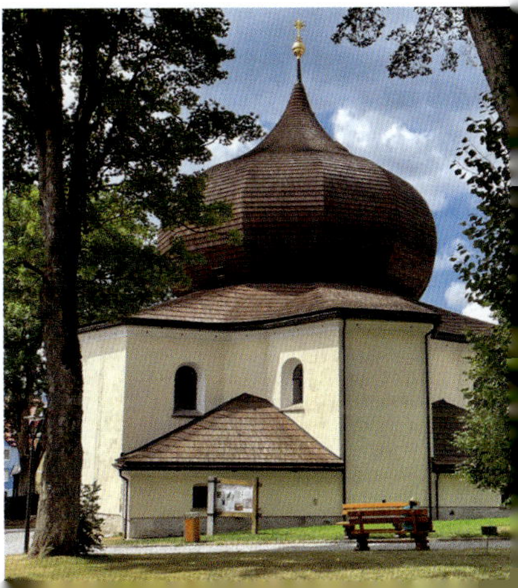

Die Kirche in Železna Ruda soll die weltgrößte Turmzwiebel haben.

CZ 7 Zwiesel – Hartmanice

10.00 h	34,9 km
↗ 1140 m	↘ 1000 m

Auf einem alten Pilgerweg nach Böhmen

Auf dieser längsten Trasse innerhalb der Verbindungswege wandern wir auf dem Gunthersteig nach Böhmen. Dieser Verbindungsweg entspricht der letzten Etappe des Gunthersteigs. Auf böhmischer Seite verläuft er durch das ehemalige Grenzgebiet und südwestlich von Hartmanice durch den bis 1990 bestehenden Truppenübungsplatz Dobrá Voda (Gutwasser). Viele Dörfer wurden dort ausgelöscht – uns erwarten Begegnungen mit zauberhaften Landschaften fast ohne Besiedlung.

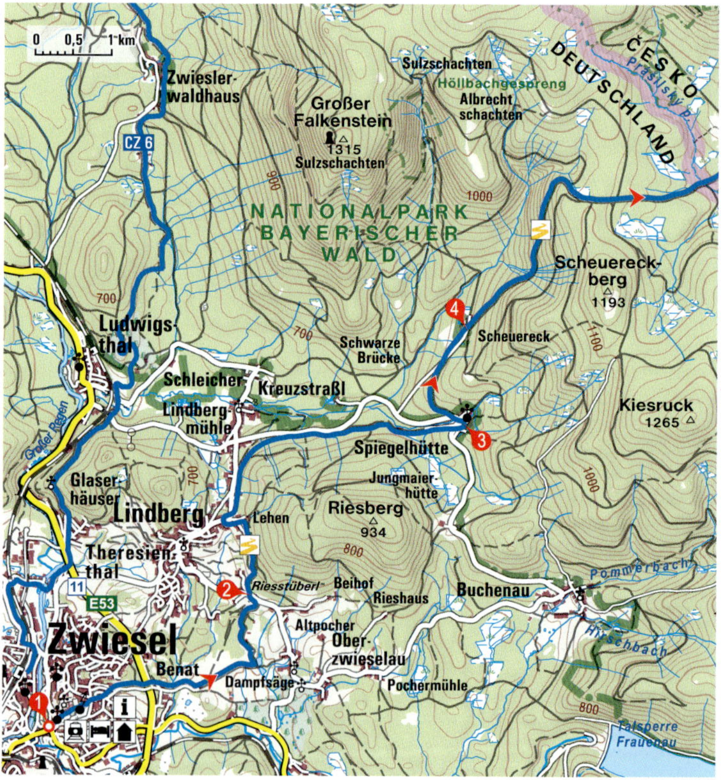

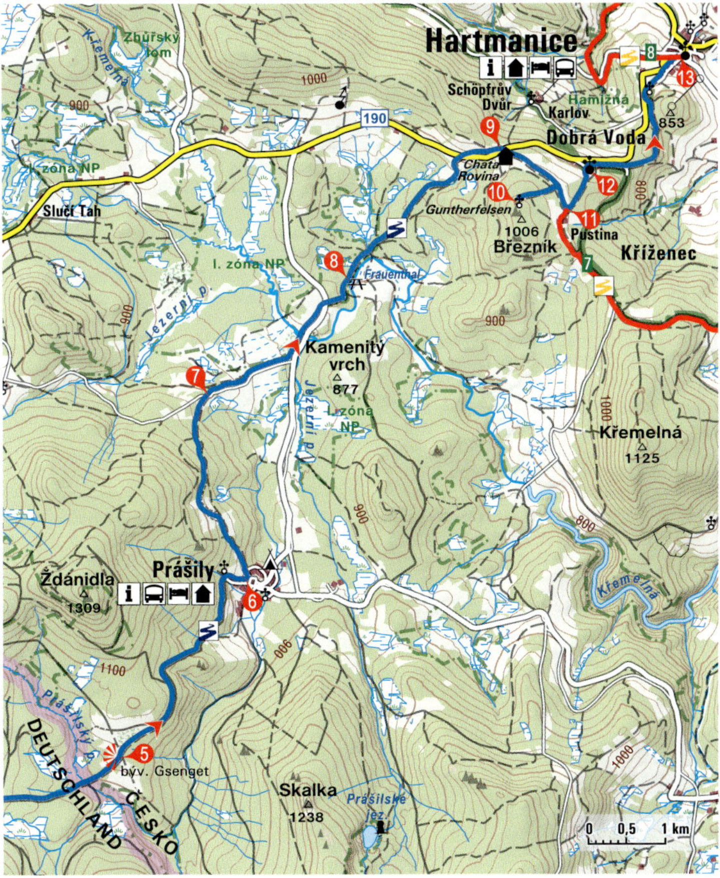
Hartmanice
Schöpfrův Dvůr
Hamižná
Karlov
853
Dobrá Voda
190
1000
Chata Rovina
Guntherfelsen
1006
Březník
Pustina
Křiženec
Zhůřský lom
Křemelná
900
zóna NP
Slučí Tah
I. zóna NP
Frauenthal
Jezerní p.
Kamenitý vrch
877
I. zóna NP
Křemelná
1125
800
Prášily
Ždánidla
1309
1100
Prášilský p.
DEUTSCHLAND
ČESKO
býv. Gsenget
Skalka
1238
Prášilské jez.
0 0,5 1 km

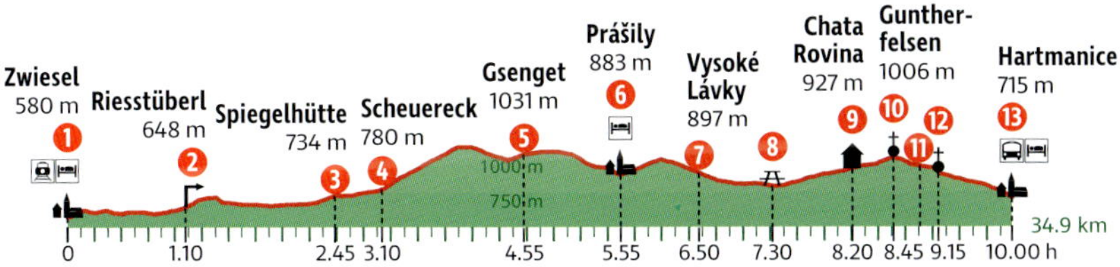
Zwiesel 580 m
Riesstüberl 648 m
Spiegelhütte 734 m
Scheuereck 780 m
Gsenget 1031 m
Prášily 883 m
Vysoké Lávky 897 m
Chata Rovina 927 m
Gunther-felsen 1006 m
Hartmanice 715 m
1000 m
750 m
34.9 km
0
1.10
2.45
3.10
4.55
5.55
6.50
7.30
8.20
8.45
9.15
10.00 h

Ausgangspunkt: Zwiesel, 580 m, Stadtplatz; Bahnverbindung nach/von Bayrisch Eisenstein, Plattling, Grafenau und Bodenmais; Busverbindungen.
Hauptweg: Bei Pustina Anknüpfung an Etappe 7 u. in Hartmanice an Etappe 8.
Anforderungen: Sehr lange, vor allem durch die Höhenmeter im Anstieg anstrengende Tour; sie kann durch eine Übernachtung in Prášily auch an zwei Tagen bewältigt werden; bezüglich der Wege gibt es keinerlei Schwierigkeiten, alles gut befestigt bzw. breite Waldwege; anstrengender Anstieg hinter Scheuereck; bei Dunkelheit ist vom Waldpfad nach Frauenthal abzuraten – die Gefahr des Verlaufens ist zu groß.
Einkehr/Unterkunft: Zwiesel: Gästehaus der Augustiner, kein Restaurant, Augustinerstr. 10, Tel. +49 9922 501000, gaestehaus-zwiesel.augustiner.de; Hotel-Gasthof Posthalter, Stadtplatz 22, Tel. +49 9922 804900, gasthof-posthalter.de; **Prášily:** Hostinec U Michala, nur Einkehr, Haus Nr. 111, Tel. +420 603 931204, prasilskyraj.cz; Penzion Brücknerův dům nur Übernachtung, Haus Nr. 117, Tel. +420 605 016508, bruckneruvdum.cz; Vila Karolina, nur Übernachtung, Haus Nr. 106, Tel. +420 603 295983, prasilskyraj.cz; Penzion und Cukráarna (Konditorei) Pampeliška, Haus Nr. 154, Tel. +420 376 589029, prasilskyraj.cz; **Dobrá Voda:** Chata Rovina, Dobrá Voda Nr. 16, außerhalb an der Staatsstraße 190, Tel. +420 376 395976, chatarovina.com; **Hartmanice:** Hotel Vintíř mit Restaurant, Haus Nr. 69, an der Kreuzung in der Ortsmitte, Tel. +420 774 85 9090 bzw. Tel. +420 376 593302, vintirhartmanice.cz; Restaurant Lidová Beseda, rustikales Lokal mit böhmischer Küche, Spezialität Hirschgulasch, Haus Nr. 16, gleich oberhalb der Kirche, Tel. +420 731 908729; Penzion Pod Hamižnou, nur Übernachtung, Haus Nr. 87, Tel. +420 605 816459, hamizna.cz.
Weitere Infos: Zwiesel: Stadtplatz 27, Tel. +49 9922 7099011, ferienregion-nationalpark.de; Prášily: Informationszentrum der Gemeinde, Haus Nr. 110, Tel. +420 376 589014 bzw. Tel. +420 606 027083, sumavanet.cz/icprasily; Hartmanice: Städtisches Informationszentrum, Haus Nr. 40, schräg gegenüber der Kirche, Tel. +420 376 593059, muhartmanice.cz.
Tipps: Zwiesel: u. a. Waldmuseum, Kirchplatz 3, Tel. +49 9922 503706, Do.–Mo. 10–16 Uhr, waldmuseum-zwiesel.de; Dampfbier-Brauereimuseum, Regener Str. 9–11, So. geschlossen, Tel. +49 9922 84660, dampfbier.de; Glaspyramide (Zwiesel ist ein internationales Zentrum der Glasherstellung), Dr.-Schott-Str. 25, täglich geöffnet, zwiesel-glas.com; Unterirdische Gänge, Tel. +49 170 6011032, unterirdisches-zwiesel.de; Prášily: Botanischer Garten (Horská botanická zahrada), Haus Nr. 174, Tel. +420 731 467345, jederzeit frei zugänglich, prasilskyraj.cz; Dobrá Voda: barocke St.-Gunther-Kirche (Sv. Vintíř) mit Glasaltar von Vladimíra Tesařová (1995); Guntherbrunnen; Museum Dr. Simon Adler, Ausstellung zum Judentum im Böhmerwald etc., Mai–Okt., Mo. geschlossen, Tel. +420 376 593412, muzeum.sumava.net; Hartmanice: ehem. Synagoge (auch Bergsynagoge genannt), Gotteshaus von 1883 bis 1938 und seit 2006 Gedenkstätte mit Ausstellung zum Judentum im Böhmerwald, Apr.–Okt., Mo. geschlossen, Haus Nr. 89.

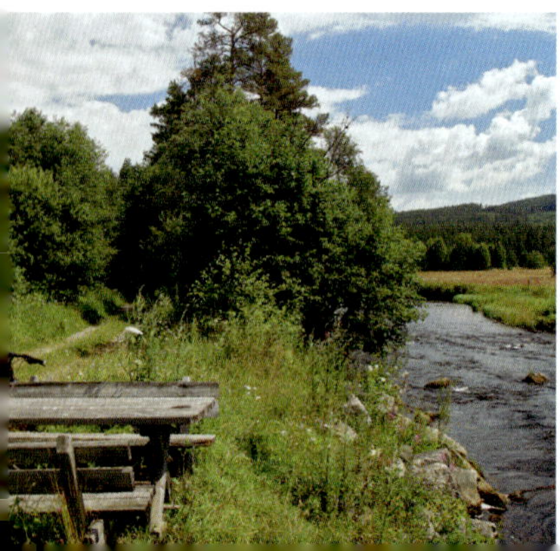

Das Tal der Křemelna beim untergegangenen Ort Frauenthal zählt zu den schönsten Auenlandschaften des Böhmerwalds.

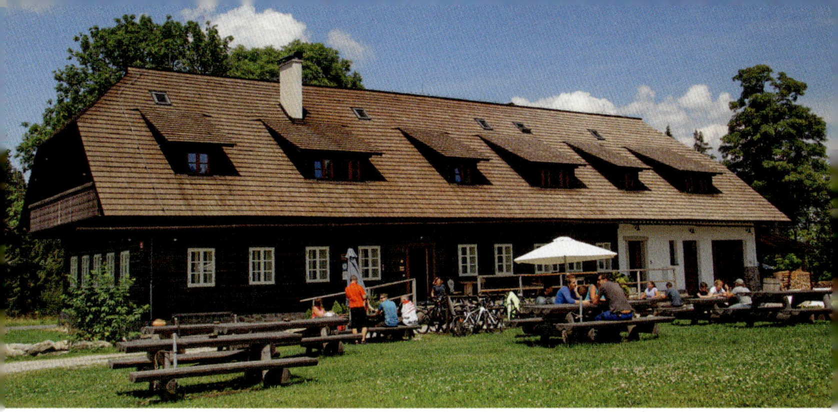

Zu jeder Jahreszeit wegen ihrer herrlichen Lage viel besucht: die Chata Rovina.

Vom Stadtplatz in **Zwiesel** ❶ gehen wir mit der Markierung des Gunthersteigs unmittelbar an der Kirche rechts die Straße zum Kirchplatz empor und dann entlang des Friedhofs bis zur Oberzwieselauer Straße. Über diese hinweg wandern wir durch ein Wohngebiet und kommen zur Pfarrer-Fürst-Straße. Weiter geht es geradeaus zur Dr.-Georg-Priehäußer-Straße und über diese in Verlängerung auf einem namenlosen Weg. Oberhalb eines Wiesengrunds entlangwandernd kommen wir zum Ortsrand von Zwiesel. Der Weg führt uns durch einen kleinen Wald. Wir überqueren die B 11 auf einer Brücke und gehen auf unbefestigtem Weg bergab. Rechts befindet sich die Zufahrt zu einer großen Kiesgrube. Vor einem Gehöft halten wir uns links, dann rechts an diesem vorbei und kommen nach 600 m zu zwei Teichen, vor denen der Gunthersteig in rechtem Winkel nach links abgeht. Auf einem buschgesäumten unbefestigten Weg steigen wir bergan, gelangen am Waldrand zu einem Bauernhof und danach zu einem weiteren

i *Für die mittelalterliche Geschichte Böhmens spielt das Wirken des* ***heiligen Gunther*** *(tschech. Vintíř) eine bedeutsame Rolle. Als Abt des Klosters Rinchnach im Bayerischen Wald nahm er aktiv an der Politik teil und war Vermittler in den Auseinandersetzungen zwischen dem deutschen Kaiser Heinrich III. und dem Böhmenherzog Břetislav I. 1040 zog er als 85-Jähriger in eine Klause am Fuß des späteren Guntherfelsens auf dem Berg Březnik, wo er 1045 starb. Obwohl er offiziell nicht heiliggesprochen wurde, wird seitens der Kirche seine Verehrung als Heiliger geduldet. Der Weg, den er damals vom Kloster Rinchnach hinüber nach Böhmen mehrfach ging, ist heute als St.-Gunther-Steig (85 km Länge) ein vielbegangener Wallfahrts- und Wanderweg mit einer Hacke als Markierungssymbol, denn Gunther gilt als großer Kolonisator und Roder.*

Hof. Durch den Wald bergab und letztlich wieder bergan gelangen wir zur Zwieselauer Straße. Hier wenden wir uns nach links und biegen nach etwa 100 m gegenüber dem ehemaligen Gasthaus **Riesstüberl** 2 nach rechts auf einen schmalen, berganführenden Fußweg ein – an dieser Stelle steht eine hölzerne Statue des hl. Gunther.

Nach etwa 250 m kommen wir zu einem Punkt mit Aussicht. Dann steigen wir halbrechts weiter bis zur Trasse des Radwegs 7 an, wo wir nach links gehen und zunächst auf gleicher Höhe bleiben. Nach etwa 500 m biegen wir links ab und gehen hinunter nach Lehen bis zur Bushaltestelle und wandern hier nach rechts entlang einer Siedlungsstraße mit Einfamilienhäusern weiter. Etwa wieder nach 500 m biegen wir gegenüber von Haus Nr. 35 mit der Markierung des Gunthersteigs halbrechts in einen Waldweg ab, der oberhalb von Lindbergmühle zur Spiegelhüttenstraße führt. Wir gehen dann direkt an dieser entlang, aber auf gesondertem Weg. Nach etwa 600 m biegt die Asphaltstraße links ab, wir halten uns auf einem Waldweg geradeaus. Durch das Tal des Vorderscheuereckbachs kommen wir nach etwa 1,5 km nach **Spiegelhütte** 3, einem nur kleinen, aber wie man an den Villen sieht, durchaus edlen Luftkurort. Wir gehen geradeaus über die Hauptstraße, rechts an der sogenannten Nationalparkresidenz vorbei und gleich danach um diese links herum zur Stephanuskirche.

Weiter geht es auf dem Gunthersteig (Radwege 7 und 14) in den Wald. Wir wandern sanft bergan und kommen nach einer sehr lang gezogenen Rechtskurve zur Hanselsteigstraße, auf der wir weiter bis **Scheuereck** 4 gehen. Dieser Ort besteht genaugenommen aus nur einem Haus (ehem. Gasthof), einem Hirschgehege des Nationalparks, einem grotesk winzigen Campingplatz und einigen Kraftwagenabstellflächen. Das Waldgasthaus Scheuereck ist leider stillgelegt. Von hier gehen wir nun auf einem befestigten Waldweg in deutlichem Anstieg weiter durch Gebiete mit großen Waldschäden, vorbei an manch pittoresker Felsformation bis auf über 1100 m hinauf – eine vergleichsweise kräftefordernde Teilstrecke. Etwa 2,5 km hinter Scheuereck wendet sich der Weg in deutlicher Kurve bei der sogenannten Deffernikschwelle nach rechts, steigt kurz nur noch flach an und führt dann sanft wieder bergab. Wir wandern auf einer wenig bewalde-

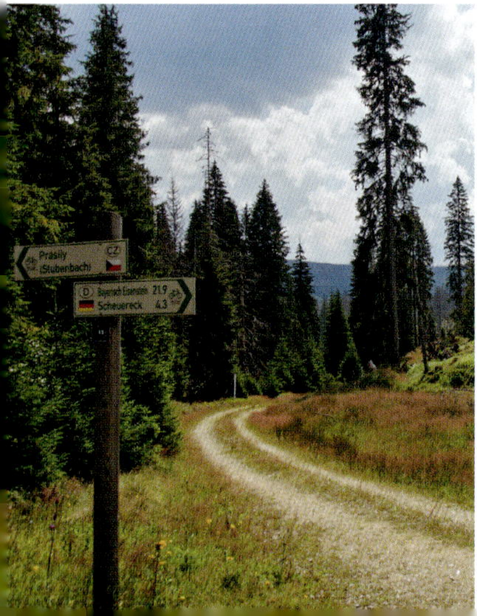

Am Grenzübergang Gsenget.

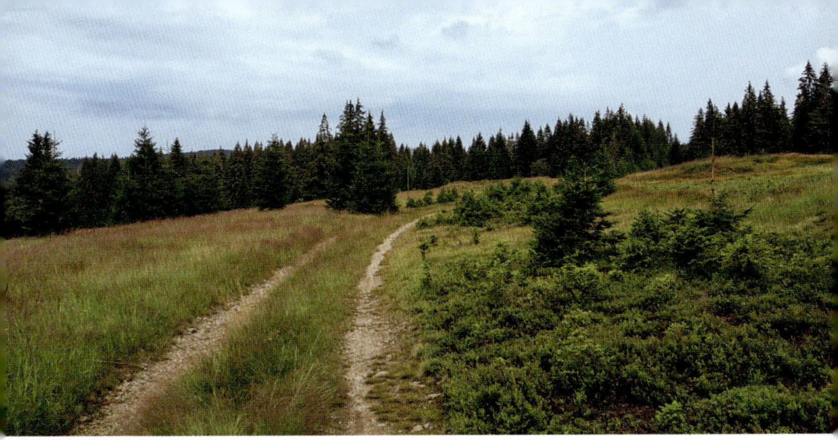

Die Hochebene um das ehemalige Dorf Gsenget zählt zu den einsamsten Regionen des Böhmerwalds.

ten (Borkenkäfer), leicht abfallenden Hochebene, kreuzen den sogenannten Rindlsteig und gelangen etwa 1 km danach im Tal des Stubenbachs (Prásilský potok) zur tschechischen Grenze. Geradeaus gehen wir jenseits der Grenze weiter, jetzt mit gelber Markierung, auf einem wunderschönen baumbesäumten Weg, der nach 500 m eine Anhöhe erreicht, wo sich der heute verschwundene Ort **Gsenget** 5 befunden hat. Einige Fundamente und flache Erdhügel zeugen von seiner Lage.
Mit Gelb und der tschechischen Markierung des Gunthersteigs gehen wir hier geradeaus weiter – nach rechts haben wir einen interessanten Blick auf den Poledník (Mittagsberg) mit seinem merkwürdigen Aussichtsturm, einst Flakstellung der tschechischen Grenzer. Auf teilbefestigtem Weg wandern wir zunächst auf gleichbleibender Höhe und schließlich steil bergab nach **Prášily** 6 (Stubenbach). Wir befinden uns schon in dem Areal des einstigen Truppenübungsplatzes. Prášily, von dem ohnehin nur ganz wenige alte Häuser geblieben waren, hätte 1990 vollständig abgerissen werden sollen, doch es kam anders. Heute ist er einer der meistbesuchten Orte in den höheren Lagen des Böhmerwalds. Im Dorf biegen wir noch oberhalb des ziemlich baufälligen Herrenhauses bei den Fundamenten der Kirche mit Grün nach links ab. Auf recht schadhaftem unbefestigten Weg geht es bergan bis zu einer Lichtung, an der auf 985 m (Wegweiser 1085 m) das verschwundene Dorf Formberg lag. Weiter geht es nordwärts leicht bergab auf recht holprigem Weg durch eine völlig leere Landschaft, bis wir auf einen von links, von Hůrka (Hurkenthal) herankommenden, gut befestigten Fahrweg gelangen. An dieser Stelle befand sich das ebenfalls verschwundene **Vysoké Lávky** 7 (Hohenstegen). Auf dem Fahrweg gehen wir durch die wirklich öd zu nennende Landschaft hinab zur Straße nach

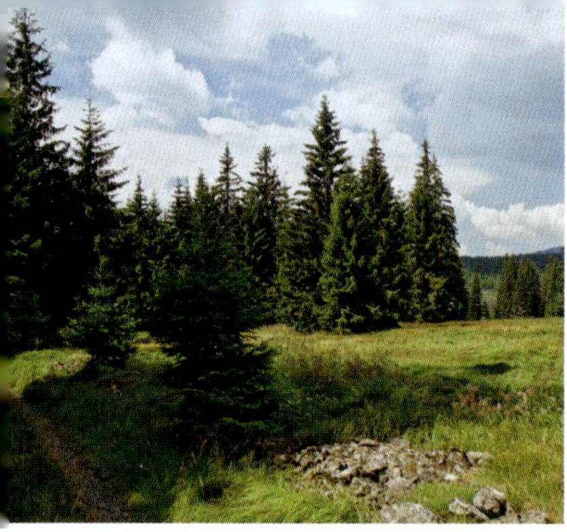

Nur einige wenige Steinfundamente erinnern an das ausgelöschte Dorf Gsenget.

Prášily, halten uns links auf einem Weg entlang der Straße, wechseln kurz vor dem Flüsschen Křemelná die Straßenseite und kommen entlang der Křemelná nach einem leichten Anstieg zu einem kleinen Parkplatz beim verschwundenen Weiler Schörlhof (Šerlův dvůr). Wir verlassen die Teerstraße und gehen mit Gelb nach rechts in den Wald. Nach etwa 600 m erreichen wir am Ufer der Křemelná die Ortslage des untergegangenen **Frauenthal** 8, an das nur noch ein Brückenfundament erinnert.

Wir durchwandern entlang des Flusses das ehemalige Glasertal (Sklářské údolí) mit einer zauberhaften, reizvollen Uferlandschaft. Wenn unser Weg sich vom Fluss nach links entfernt, steigt er etwas an und wird breiter. Gelb biegt auf schmalem Weg an einem Holzlagerplatz rechts in den Wald ab – der Abzweig ist leicht zu übersehen. Der breite Fahrweg führt halblinks hinauf zur Staatsstraße 190. Mit Gelb geht es landschaftlich sehr reizvoll durch einen abwechslungsreichen Wald, oftmals nur auf einem Pfad voller Wurzeln. Er steigt fortwährend leicht an, erreicht schließlich unterhalb eines Hangs eine Lichtung und führt über eine Wiese steiler hinauf zur Staatsstraße. Hier gehen wir nach rechts und kommen nach 300 m zum Gasthaus **Chata Rovina** 9. Hier einzukehren, darf man fast die Pflicht eines jeden Böhmerwaldwanderers nennen. Ein nicht zu überbietender Genuss ist es, an einem heißen Tag auf der Wiese vor dem Haus ein erfrischendes Getränk zu sich zu nehmen.

Mit Grün gehen wir weiter Richtung Březník. Vom Weg haben wir einen grandiosen Blick weit in die Lande, hinüber über die tief im Tal dahinrauschende Otava (Wottawa) bis zur Burg Kašperk. Etwa 1 km nach dem Gasthaus biegen wir am Punkt Pod Březníkem – odb. nach rechts in den Wald auf einen mit einem grünen diagonalen Balken markierten Weg Richtung Březnik hin ein. Nach rund 600 m kommen wir zur 1992 neu errichteten Guntherkapelle. An dieser Stelle soll sich die Einsiedelei des Gottesmannes befunden haben. Von der Kapelle steigen wir einige Stufen hinauf zum 1006 m hoch gelegenen **Guntherfelsen** 10 (Vintířova skála), der auch der Gipfel des ansonsten nur flachen Březnik ist. Leider ist die bis vor einigen Jahren bestehende herrliche Aussicht in alle Richtungen inzwischen durch herangewachsene Bäume und Gestrüpp eingeschränkt.

Zurück am Abzweig wenden wir uns nach rechts und weiter mit dem grünen Querbalken leicht bergab zur Wüstung **Pustina** 11, wo wir am Wegweiser auf die Etappe 7 des Hauptwegs des Goldsteigs (Kašperske Hory – Hartmanice) treffen, der blau markiert von rechts kommend hier einmündet. Unser Verbindungsweg und Etappe 7 verlaufen nun bis Hartmanice auf ein und derselben Trasse. Folgerichtig geht es ab Pustina mit Blau geradeaus weiter. Etwa 30 m hinter dem Wegweiser gehen wir mit Blau nach links in den Wald hinein. Auf wurzelreichem Weg steigen wir in leichtem Gefälle und schließlich eine nur kurze Strecke steil über eine Wiese nach **Dobrá Voda** ⑫ (Gutwasser) hinab, das wir unmittelbar an der Kirche mit ihrem berühmten Glasaltar erreichen. Hier befindet sich die uralte Guntherquelle (Pramen sv. Vintíře), deren heilkräftiges Wasser von der Bevölkerung in mitgebrachte Flaschen zum Eigengebrauch abgefüllt wird. In Dobrá Voda wenden wir uns auf der Dorfstraße nach rechts leicht bergab. Wir überqueren eine Waldstraße mit Parkplatz und gehen auf schmalem Waldpfad bergab. Der Weg wendet sich nach links um den Berg Jakubice herum. Wir queren eine weitere Waldstraße. Dann geht es leicht bergan, an der Westflanke des Berges Hamižná entlang, bis die alte Straße Hartmanice – Železná Ruda erreicht ist. Hier gehen wir auf befestigtem Weg nach rechts, vorbei an einem Spielplatz. Hinter diesem steht der Wegweiser Hamižná – ochr. koutek., wo man nach links (grüner Diagonalbalken) einen Abstecher (500 m) zu einem schönen Aussichtspunkt (Vyhlídka) machen kann, der schon jenseits der Staatsstraße 145 liegt. Wir gehen mit Blau weiter, schon ist der Ortseingang erreicht; verhältnismäßig steil gehen wir in die Ortsmitte von **Hartmanice** ⑬ hinab, wo wir dann die Pfarrkirche erreichen. Dort lässt es sich gleich zünftig einkehren: im Restaurant Lidová Beseda direkt oberhalb der Kirche. Hier haben wir Anschluss an Etappe 9 nach Nýrsko.

In Prašily sind die Fundamente der in der Nachkriegszeit niedergerissenen Kirche freigelegt. Hier wird im Sommer bei besonderen Anlässen Gottesdienst im Freien abgehalten.

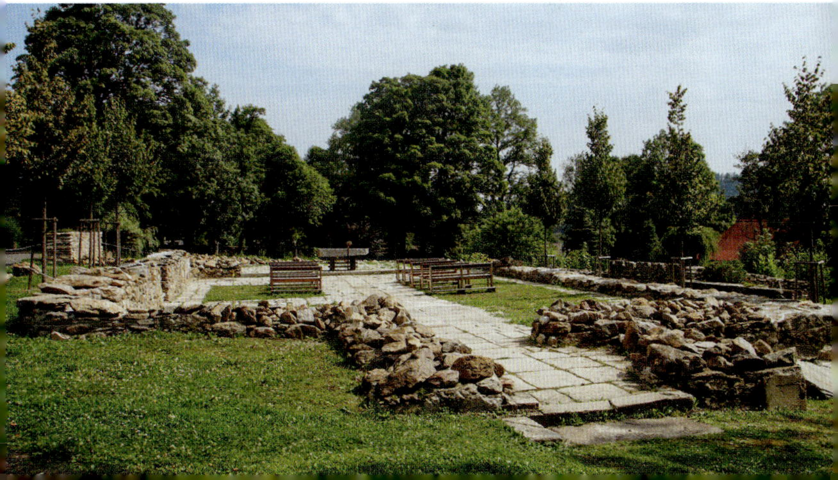

CZ 8.1 Mauth – Bučina

4.10 h	15,1 km
↗ 460 m	↘ 130 m

Geheimnisvolle Moore, Wassergräben und ein seltsamer Ort

Der recht bequeme und abwechslungsreiche erste Abschnitt des Verbindungswegs CZ 8 verläuft von Mauth entlang des Reschbachtals, an der Grenze des Nationalparks Bayerischer Wald hinauf nach Finsterau. Dann führt er uns durch zauberhafte Sumpfgebiete, entlang von Schwellgräben, und endet gleich jenseits der Grenze in Bučina, dem früheren Buchwald, dem einst auf 1150 m höchstgelegenen Dorf des Böhmerwalds.

i *Der Verbindungsweg CZ 8 verläuft in Gänze auf dem historischen Goldsteig und zwar auf dessen westlichem Zweig, dem* ***Bergreichensteiner Steig****. So ist es folgerichtig, dass er auch dort, im jetzigen Kašperské Hory endet. Wegen einer Länge von insgesamt 43 km ist eine Aufteilung in drei Unteretappen erfolgt. Der Verbindungsweg ist auf bayerischer Seite allerdings nicht als historischer Handelsweg »Goldener Steig« ausgewiesen – nicht zu verwechseln mit dem bayerischen Fernwanderweg Goldsteig. Er führt vielmehr die Markierung der »Via Nova«, einem 2004 geschaffenen Pilgerrundweg mit 250 km Weglänge, der mehrere Wallfahrerwege in Deutschland und Tschechien verbindet. Und über eines von dessen Teilstücken zieht sich der Verbindungsweg CZ 8; weitere Informationen unter pilgerweg-vianova.eu.*

Ausgangspunkt: Mauth, 824 m, Kirche; Bus 513 nach/von Philippsreut-Freyung, Bus 403 nach/von Freyung.
Hauptweg: Über CZ 8.2 und CZ 8.3 Anschluss in Kašperské Hory an Etappe 6 aus Stachy und Etappe 7 nach Hartmanice.
Anforderungen: Wenig beschwerliche, 15 km lange Wanderung; es geht über breite Waldwege und Teerstraßen; die allerdings nicht allzu langen Anstiege hinauf nach Finsterau und die von der Teufelsbachklause hinab sind steil und führen über wurzeldurchrankte Waldpfade.
Einkehr/Unterkunft: **Mauth:** Gaststätte und Pension Säumerpfad, Hüttenbergweg 9, Tel. +49 8857 1210, pension-saeumerpfad.de; Gasthaus-Hotel Fuchs, Am Goldenen Steig 16, Tel. +49 8857 270, fuchs-mauth.de; **Finsterau:** Landhotel Bärnriegel, Halbwaldstr. 32, Tel. +49 8857 96020, landhotel-baernriegel.de; Café Gasthaus Böhmerwald, nur Einkehr, Filzweg 9, Tel. +49 8857 1037, cafe-boehmerwald.de; **Bučina:** Hotel Restaurant Alpská vyhlídka, Tel. +420 380 428888, alpska-vyhlidka.cz.
Weitere Infos: Mauth: Nationalpark- und Touristinformation, Mühlweg 2, Tel. +49 8857 7919001, ferienregion-nationalpark. de.
Tipps: Mauth: Naturbadesee, frei zugänglich; Otterhaus, Sa. geschlossen, Annathaler Str. 1, Tel. +49 8557 973114, wildland-bayern.de; Finsterau: Freilichtmuseum, u. a. Bauernhöfe des Bayer- und Böhmerwalds, Mai–Oktober, Museumsstr. 51, Tel. +49 8557 96060.

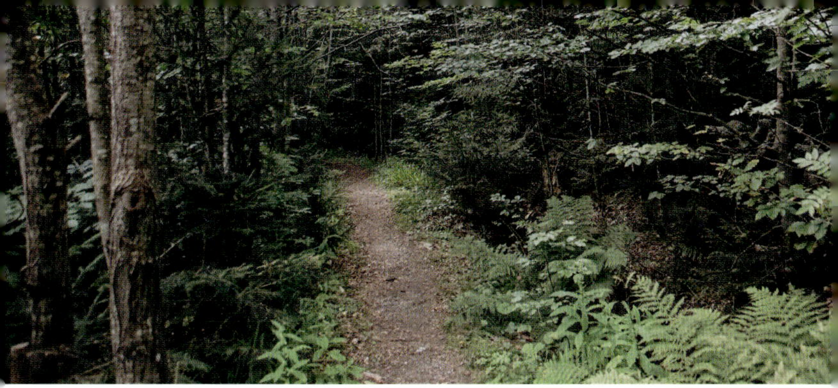

Der Weg entlang des Schwellgrabens ist von bezaubernder Waldromantik erfüllt.

Unsere Tour beginnt an der Kirche in **Mauth** ❶. Wir halten uns an das Logo des Pilgerwegs (ein stilisierter Mensch, der die Hände hoch zum ihn überspannenden Himmel hebt), gehen etwa 30 m auf der Durchgangsstraße Richtung Finsterau und biegen dann nach links in die Giesekestraße ein. Geradeaus gehen wir auf schmalem Wiesenpfad hinab ins Reschtal. Unweit des Mauther Badesees kommen wir auf einen teilbefestigten Weg, auf dem wir uns nach rechts wenden. Er führt uns links an einem Wald vorbei und in einer deutlichen Linkswendung hin zu einem Bauernhof. In dieser Kurve biegen wir rechts ab (Via-Nova-Markierung!). Oberhalb des Reschbachs wandern wir über Feld und Wald, bis wir nach etwa 2,5 km die von Hohenröhren herunterkommende **Straße** ❷ überqueren. Wir wandern geradeaus weiter durch eine idyllische Hanglandschaft mit Wäldern, Wiesen und Feldern. Nach 2 km treffen wir auf die Straße aus Heinrichsbrunn, die Hochwaldstraße. Auf ihr gehen wir nach links und

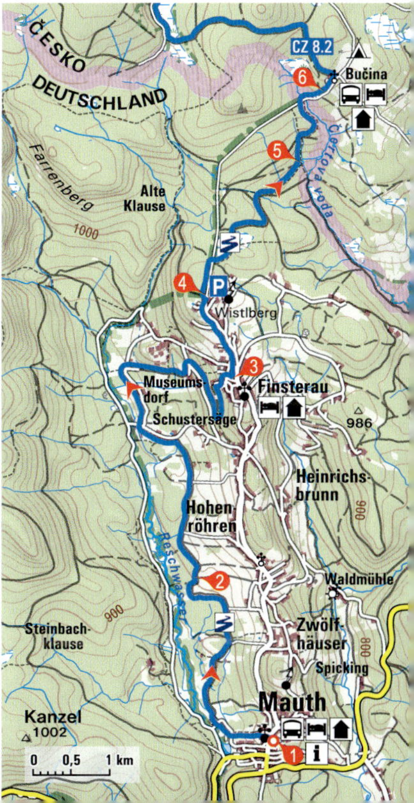

biegen nach knapp 500 m wieder rechts ab in den Klauswiesenweg. Nach etwa 700 m wenden wir uns nach rechts, vorbei an einem Bauernhof, nun auf unbefestigtem Weg. Er führt uns unterhalb des Finsterauer Freilichtmuseums vorbei. Wir wandern immer geradeaus, bis bei einigen Häusern nach einem kleinen aufgelockerten Waldstück der Weg scharf links umbiegt und hinauf zum Steinriegelweg führt. Auf diesem gehen wir nach rechts, gewissermaßen in die Richtung, aus der wir von Mauth gekommen sind. Nach knapp 1 km führt ein zerpflügter Waldweg links sehr steil bergan. Ihm folgen wir hinauf in den Ort und über den Hofgeigerweg sowie die Steinfleckstraße bis zur Durchgangsstraße von **Finsterau** 3, der Halbwaldstraße. Ihr folgen wir nach links, aus dem Ort hinaus und geradeaus weiter entlang der Buchwaldstraße. Kurz vor dem Fußballplatz von Finsterau macht der markierte Weg einen kleinen Schlenker nach rechts, verläuft parallel zur Straße und trifft nach etwa 100 m beim **Wanderparkplatz Wistlberg** 4 wieder auf sie. Ab hier ist die Straße tagsüber für den privaten Kfz-Verkehr gesperrt, es gibt aber eine Busverbindung bis zur Grenze. Wir wandern die Straße weiter, in den Mauther Forst hinein und biegen nach etwa 400 m rechts ab (Gasthausschild Café Böhmerwald). Nach etwa 50 m gehen wir an einer Gabelung links, der Weg wird zum bloßen Pfad und führt dann durch das Finsterauer Filz, ein kleines Hochmoor. Nach dem Moor treffen wir auf eine Radwegtrasse, der wir nach rechts folgen. Dieser breite Waldweg macht eine lang gezogene Linkskurve und nach etwa 900 m (nach Verlassen des Moorpfads) kommen wir zu einer Waldwegkreuzung. Wir wenden uns nach rechts, doch gleich in sehr spitzem Winkel nach links auf einen schmalen Pfad entlang des Schwellgrabens, einem künstlich ange-

An der Teufelsbachklause.

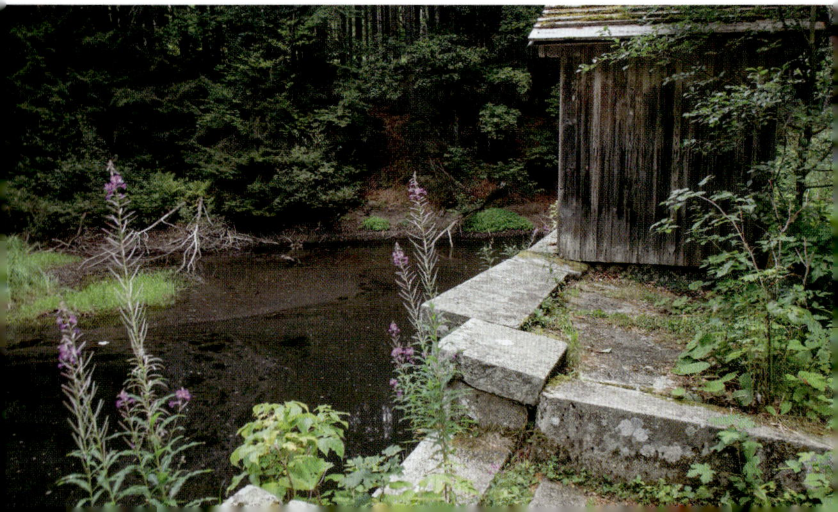

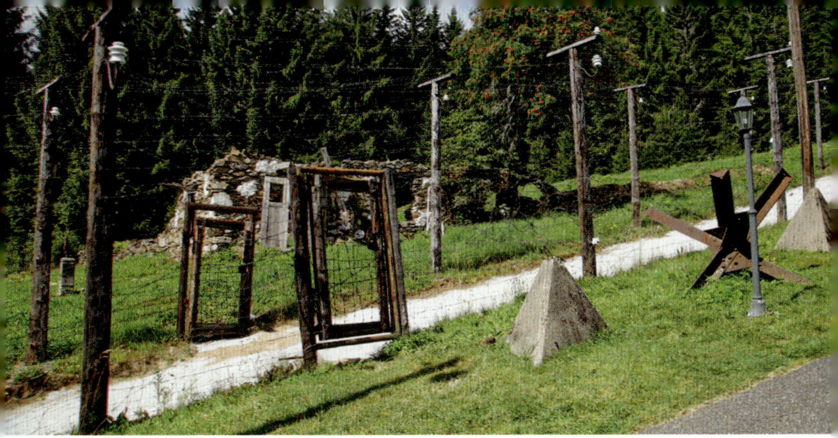

Rekonstruierte Grenzbefestigung in Bučina – so wie sie hier bis 1990 existierte.

legten schmalen Kanal für die Holzdrift. Wir wandern etwa 600 m diesen Graben enlang – eine der schönsten Partien des Verbindungswegs CZ 8. Dann ist die **Teufelsbachklause** 5 erreicht, an der sich das angedriftete Holz gestaut hat und abtransportiert wurde. Hier biegen wir links ab und wandern teilweise recht steil auf steinigem Pfad entlang des Teufelsbachs hinauf bis zu einem wieder breiten Waldweg. Wir gehen hier nach rechts und nach knapp 100 m wieder links. Durch eine wunderschöne Heidelandschaft wandern wir in leichtem Anstieg bis zur Buchwaldstraße unmittelbar an der Grenze, wo es auch eine Bushaltestelle gibt (Richtung Finsterau–Mauth). Hier gehen wir nach Tschechien hinein, kommen auf der anderen Seite ebenfalls zu einer Bushaltestelle (Fahrtrichtung Kvilda), der Weg steigt an und wir erreichen die Ortslage des einstigen Dorfes Buchwald – heute **Bučina** 6. Von seiner Altbebauung ist bis auf einige hier und da herausragende Mauerreste nichts mehr zu finden, aber neu entstanden ist das Hotel Alpská vyhlídka. Der Besitzer hat dabei als eine Art Freilichtmuseum die Grenzbefestigungen, wie sie an dieser Stelle bis 1990 existierten, teilweise wiedererrichtet – es ist ein Anblick, der sehr merkwürdig berührt, vielleicht sogar verwirrt. Bučina ist damit einer der ungewöhnlichsten Orte!

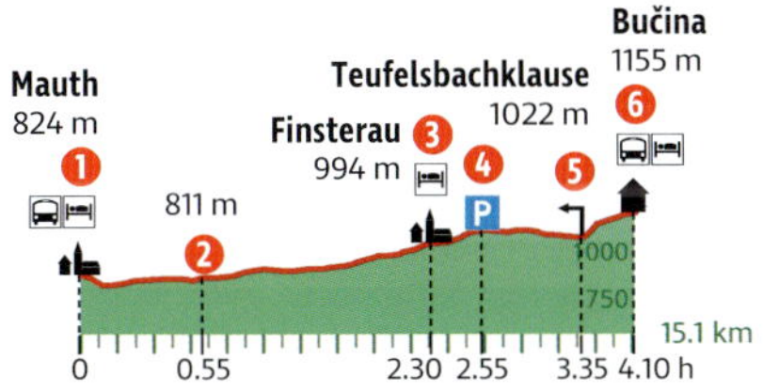

CZ 8.2 Bučina – Kvilda

2.30 h | 9,6 km
↗150 m | ↘240 m

Vorbei an der Quelle des böhmischen Nationalflusses

Diese nur kurze Teiletappe des Verbindungswegs CZ 8 verläuft über den Kamm des Böhmerwalds. Er führt durch große, leider geschädigte, doch teils wieder aufgeforstete Waldungen nahe der Grenze hin zur Moldauquelle. Ein Ort, den jeder Tscheche in seinem Leben einmal besucht haben muss. Dann geht es hinab nach Kvilda (Außergefild), heute einer der wichtigsten Touristenorte der höheren Lagen im Böhmerwald. Kvilda entstand in der Mitte des 14. Jh. als Handelsstation am Goldenen Steig. Als eigenständiger Ort existiert es seit etwa 1500. Von größter Bedeutung wurde nach 1820 die Herstellung von Resonanzholz für Musikinstrumente. Das dazu geeignete Holz muss eine bestimmte Konsistenz haben, beispielsweise enge Jahresringe. Und solche haben die Bäume auf den Böhmerwaldhöhen aufgrund ihres langsamen Wachstums.

Ausgangspunkt: Bučína (Buchwald), 1155 m; Grenzübergang in ca. 350 m Entfernung erreichbar mit Bus 603 Spiegelau–Mauth–Grenzübergang.
Hauptweg: Über CZ 8.1 Verbindung nach/von Mauth und CZ 8.3 Anschluss in Kašperské Hory an Etappe 6 aus Stachy und Etappe 7 nach Hartmanice.
Anforderungen: Fast nur auf befestigten Wegen und breiten Waldwegen.
Einkehr/Unterkunft: **Bučína:** Hotel Restaurant Alpská Vyhlídka, Tel. +420 380 428888, alpskavyhlidka.cz; **Kvilda:** u. a. Kvildahotel, nur Übernachtung, Haus Nr. 22, Tel. +420 724 277377, kvildahotel.cz; Hotel Šumava Inn, mit Restaurant, Haus Nr. 26, Tel. +420 388 402511, sumavinn.cz; Pension Pekárna Kvilda, mit Hausbrauerei und Restaurant, Haus Nr. 75, Tel. +420 723 94812, pekarnakvilda.cz; Restaurant Ski Penzion Kvilda, Restaurant nur für Hotelgäste, Haus Nr. 21, Tel. +420 604 309113, skipenzion.sumava.net.
Weitere Infos: Kvilda: Haus Nr. 14; gegenüber der Kirche, Tel. +420 388 435544, npsumava.cz.
Tipps: Kvilda: Ausstellung zur Geschichte von Bučina und Kvilda (Stálá expozice historie Kvildy a Bučiny), Haus Nr. 17, Tel. +420 727 911123, sumava.net/kvilda; Gedenkstätte auf dem aufgelassenen Friedhof hinter der Kirche.

Fast ein Geheimtipp: das Hotel Alpská Vyhlídka in Bučina.

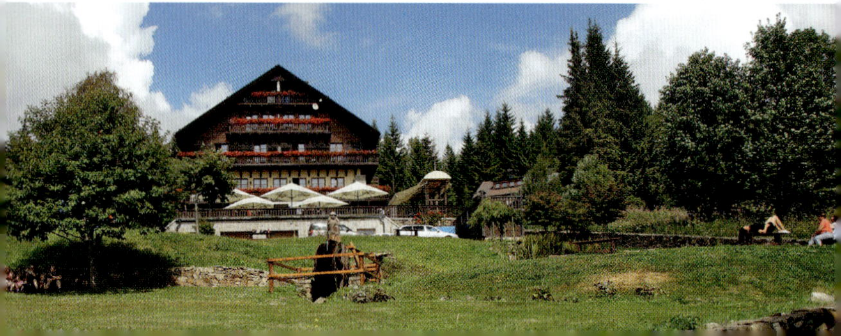

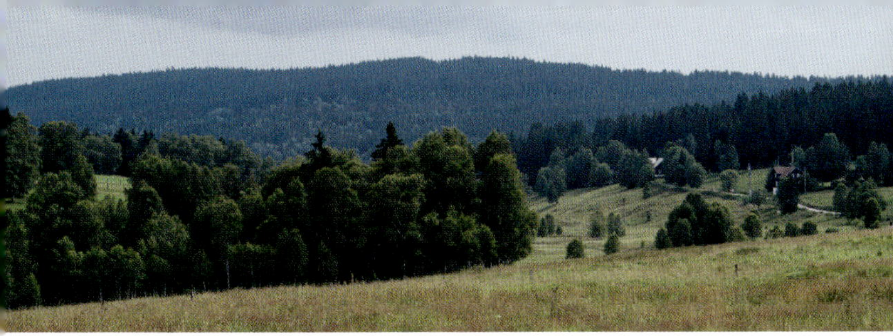

Böhmerwaldromantik bei Kvilda.

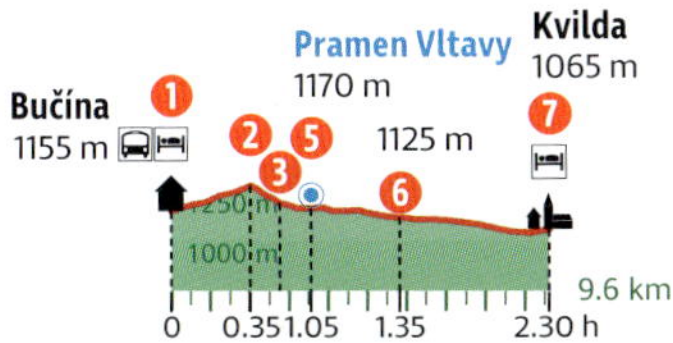

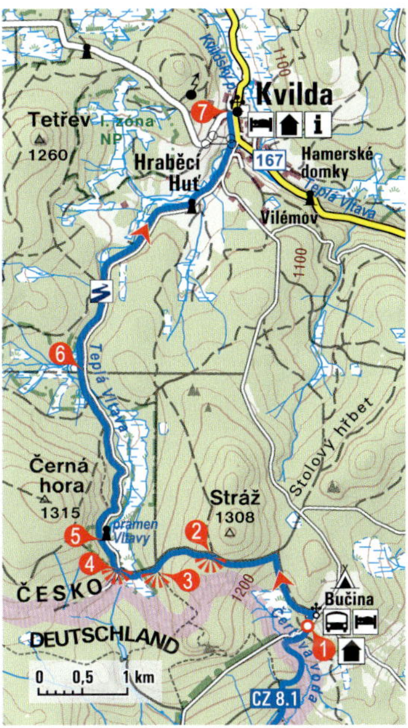

Von **Bučína** ❶ gehen wir mit der roten Markierung bergan und biegen hinter der kleinen Michaelskapelle links auf einen breiten, teilbefestigten Weg ein, die Radwegtrasse 1023. Der Weg steigt etwas an, bleibt aber dann ein Stück auf gleicher Höhe und steigt nochmals kurz an. Er biegt alsbald – ziemlich genau auf 1200 m Höhe – rechtwinklig nach links in einen anderen Waldweg ein. Am Südhang des Bergs Stráž steigen wir recht steil weiter hinauf zum Punkt **Pod Stráži** ❷, 1285 m. An dieser höchsten Stelle der Etappe gibt es einen schönen Picknickplatz.

Der Wald ist wieder aufgeforstet, doch noch sind die Bäume niedrig und geben einen eindrucksvollen Blick über das Gebirge frei. Steil geht es jetzt wieder 100 Hm hinab bis zum Punkt **Na Strážní stezce** ❸, 1185 m, wo von links eine blaue Markierung herankommt. Dann wird es deutlich flacher, wir gehen über einen Sattel und kommen durch eine im schönsten Wortsinn erhaben zu nennende Landschaft mit jungen, niedrigen Bäumen, aber auch kahlen Flächen zum Punkt **U pramene Vltavy** ❹ (Zur Quelle der Moldau).

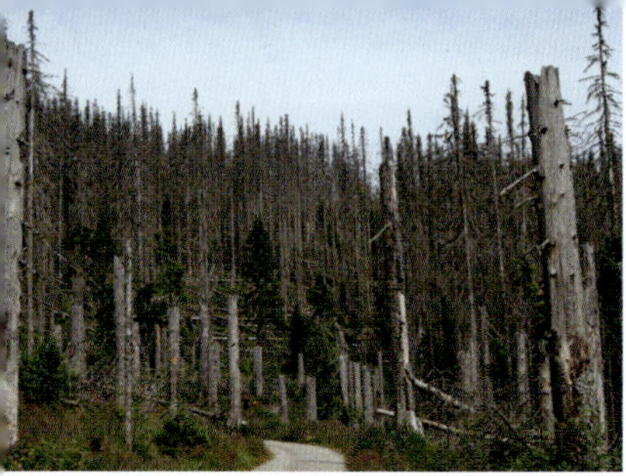

Die Wälder in den höheren Lagen sind durchgehend durch den Borkenkäfer schwerst geschädigt – meist sind die Bäume tot.

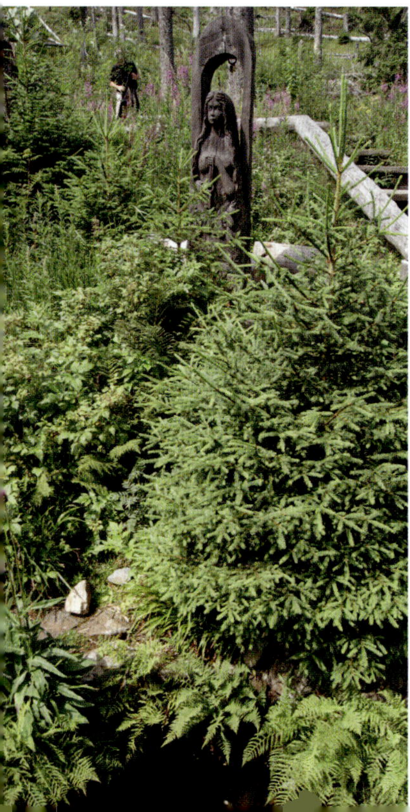

Mit Blau biegen wir nach rechts ab und kommen nach etwa 400 m auf 1170 m Höhe zur Quelle der Moldau, **Pramen Vltavy** ❺. Genaugenommen ist es die Quelle der Warmen Moldau; es gibt noch die kleinere, nur 24 km lange Kalte Moldau (Studená Vltava), die bei Haidmühle in Bayern entspringt. Beide vereinigen sich nahe von Černý Kříž. Die unscheinbare Quelle rechts unterhalb des Wegs ist mit ihrem Quellbecken künstlich gefertigt. Denn die Moldau entspringt an vielen einzelnen Kleinstquellen, deren Rinnsale hier zusammengeführt sind. Eine Infotafel erläutert den Moldaulauf, der sich nach der Eiszeit nicht der Donau (wie davor), sondern der Elbe hingewandt hat.

Nun geht es entlang des jungen Flusses durch stark geschädigte Wälder sanft abwärts. Nach knapp 2,5 km überqueren wir auf einer kleinen Brücke die Moldau, die sich jetzt weiter ihren Weg durch sumpfiges Gelände links von uns sucht. 150 m danach erreichen wir den Punkt **Teplá Vltava – u mostu** ❻ (Wegweiser) – immer noch auf 1125 m Seehöhe. Dann wird das Tal breiter, wir kommen zu einem »Vorort « von Kvilda, Hraběcí Huť. Links breitet sich eine paradiesische Wiesenlandschaft aus. Nach 400 m sind wir am südlichen Ortsausgang von Kvilda an der Staatsstraße 167 angekommen. Auf ihr gehen wir nach links in die Ortsmitte von **Kvilda** ❼ (Außergefild) hinein.

Verschiedene kleine Rinnsale vereinigen sich zur Moldau – die hier als allegorische Gestalt wacht.

5.15 h	18,8 km
↗340 m	↘710 m

Kvilda – Kašperské Hory

CZ 8.3

Ein Moor, herrliche Fernblicke und ein verwunschenes Tal

Der letzte Abschnitt des Bergreichensteiner Zweigs des Goldenen Steigs wartet mit einigen Höhepunkten auf. Es geht über die Böhmerwaldhochebene zunächst zum Moor Jezerní slat' (Seefilz), dann auf der Hochebene zum untergegangenen Dorf Zhůří, von wo es überwältigende Ausblicke über Ebene und Kamm gibt. Dann senkt sich in nicht minder eindrucksvoller Landschaft der Weg durch Wälder, Wiesen und Talgründe hinab und wieder hinauf in die alte Bergstadt Kašperské Hory.

Ausgangspunkt: Kvilda (Außergefild), 1065 m, Kirche; nicht mit ÖPNV aus Deutschland erreichbar.
Hauptweg: In Kašperské Hory Anbindung an die Etappe 6 aus Stachy und Etappe 7 nach Hartmanice.
Anforderungen: Eine längere Tour, aber ohne größere Schwierigkeiten und ohne größere Anstiege; beim Abstieg ins Tal des Baches Losenice besteht im letzten Teil bei Nässe Rutschgefahr; zu einem großen Teil auf Asphaltwegen, der Abschnitt ab Hut'ská hora odb. bis 8 verläuft auf schmalen Waldpfaden und Feldwegen; bei Nässe und insbesondere bei Dunkelheit ist von seiner Begehung in Gänze abzuraten.
Einkehr/Unterkunft: **Kvilda:** u. a. Kvildahotel, nur Übernachtung, Haus Nr. 22, Tel. +420 724 27377, kvildahotel.cz; Hotel Šumava Inn, mit Restaurant, Haus Nr. 26, Tel. +420 388 402511, sumavainn.cz; Pension Pekárna Kvilda, mit Hausbrauerei und Restaurant, Haus Nr. 75, Tel. +420 723 94812, pekarnakvilda.cz; Restaurant Ski Penzion Kvilda, Restaurant nur für Hotelgäste, Haus Nr. 21, Tel. +420 604 309113, skipenzion.sumava.net; **Horská Kvilda:** Hospoda U Krámu, nur Einkehr, Haus Nr. 34, neben der Tourismusinformation, Tel. +420 735 950795, hospoda-u-kramu.eatbu.com; Hotel Restaurant Rankl, Haus Nr. 18, Tel. +420 388 435044, hotelrankl.cz; **Kašperské Hory:** u. a. Hotel Kašperk, Nám. 3, Tel. +420 376 324113, hotelkasperk.cz; Nebespán Boutique Hotel, Nám. 7, Tel. +420 603 255363, nebespan.cz; Restaurant Penzion Na Solné stezce (Zum Goldenen Steig), vormals Waikiki, Dlouhá 92, Tel. +420 604 705670, nasolnestezce.cz.
Weitere Infos: Kvilda: Tourismusbüro Haus Nr. 14, gegenüber der Kirche, Tel. +420 388 435544, npsumava.cz; Besucherzentrum II (Návštěvnické centrum), ein Kilometer nördlich von Kvilda an der Staatsstraße 169, Tel. +420 731 530341, npsumava.cz; Horská Kvilda: Besucherzentrum, Haus Nr. 40, Tel. +420 736 757835, horskakvilda.eu; Kašperské Hory: Städt. Kultur- und Informationszentrum, Náměstí 1, Tel. +420 376 503413, kasphory.cz; Informationszentrum des Nationalparks Böhmerwald, Sušická 399, Tel. +420 376 582734, npsumava.cz.
Tipps: Kvilda: Ausstellung zur Geschichte von Bučina und Kvilda (Stálá expozice historie Kvildy a Bučiny), Haus Nr. 17, Tel. +420 727 911123, sumava.net/kvilda; Gedenkstätte auf dem aufgelassenen Friedhof hinter der Kirche; Kašperské Hory: Böhmerwaldmuseum, Náměstí 140, Tel. +420 376 555190, muzeum.sumava.net, geöffnet April–Oktober, So. u. Mo. geschlossen; Historisches Motorradmuseum, Vimperská 12, Tel. +420 606 737041, historickemoto.cz, Juni–Sept.; ein Rundgang durch die Straßen der Stadt lohnt sich.

Unsere Tour beginnt in **Kvilda** ❶ an der Kirche. Die Via Nova verlassen wir jetzt zwar nicht, doch ist ihre Markierung kaum noch zu finden. Vor uns liegt ein längeres Stück entlang einer Asphaltstraße ohne An- und Abstiege. Auf bzw. neben der Staatsstraße 169 gehen wir mit Blau durch das breite Tal des Kvildský potok nordwärts, an einem großen Parkplatz vorbei, und nach etwa 800 m ist der Punkt U Tremlú erreicht. Hier biegt Blau nach rechts zu einem Besucherzentrum ab; wir aber gehen weiter gerade aus auf einem ausgeschilderten Weg ohne Markierung (Radweg 331). Er führt durch den Wald und nach etwas mehr als 1 km zu einem Parkplatz, wo es mit einem kurzen Abstecher über Bohlenwege zum Aussichtsturm im Moor **Jezerní slat'** ❷ (Seefilz) geht. Über dem Moor ragt der markante flache Kegel des Antýgl, 1253 m, auf. Zurück auf dem Hauptweg folgen wir weiter der Staatsstraße 169 und kommen in das breite Tal des Hamerský potok, des Hammerbachs, einer idyllischen Aue. Um den Bach findet man überall kleine Erdwälle bzw. flache Haufen, in Karten als »sejpy«, Seifen, gekennzeichnet. Es handelt sich um Reste von Halden, wo entlang des Bachs im Mittelalter Goldwäsche betrieben wurde. Vor 500 Jahren war der Hammerbach wegen seiner goldhaltigen Sande Grund für ein starkes »Berggeschrey«, wie man früher das Auffinden erzreicher Gesteine nannte. Beim Punkt U Daniela kommt Blau von rechts wieder heran und wir gehen weiter entlang des Tals auf der Staatsstraße, wo zumindest auf der linken Seite die Bebauung nach und nach zunimmt. Wir nähern uns Horská Kvilda (Innergefild). Links kommen wir am Besucherzentrum des Dorfs vorbei, nach 500 m haben wir den Wegweiser **Horská Kvilda** ❸ erreicht – im weitesten Sinn liegt hier, beim Traditionshotel Rankl, die Mitte der Streusiedlung Horská Kvilda.

Das Hotel Rankl ist der ehemalige Gasthof Polau, der in Karel Klostermanns Buch »Im Böhmerwaldparadies« Ort der Handlung ist. Von links, aus Modrava und dem Vydratal, kommt die alte »Guldenstraß« mit Grün herauf, ebenfalls ein Salzhandelsweg, der aber anders als der Goldene Steig nicht über das Gebiet der Passauer Bischöfe verlief (die ordentlich Maut verlangten), sondern eine Art bayerischer Konkurrenzweg war. Bei Innergefild vereinigte er sich mit dem Bergreichensteiner Zweig. Beim Hotel Rankl biegen wir nun mit Grün nach rechts ab und kommen auf einen bezaubernden

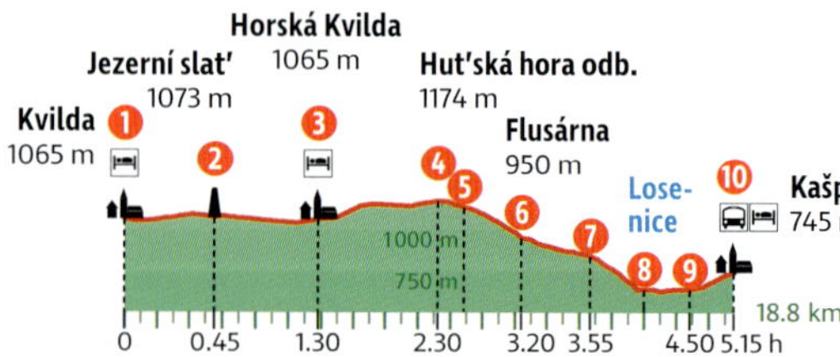

Wiesenweg, der sich jedoch bald in einen recht steinigen Hohlweg wandelt. Die Trasse des Goldenen Steigs hat hier ihr originales Aussehen bzw. originalen Zustand des 16. Jh. behalten können. Nach etwa 1,5 km erreichen wir wieder die Staatsstraße 169 von Kvilda nach Rejštejn und gehen auf ihr mit Grün nach rechts. Nach etwa 1 km passieren wir am Wegweiser Zhůří die Abzweigung eines breiten Waldwegs. Etwa 150 m danach biegen wir mit einem Asphaltweg rechts auf eine flache Anhöhe ab. Nach zirka 25 m, bei einer kleinen Rastbank – die grüne Markierung ist kaum auszumachen bzw. leicht übersehbar –, verläuft schräg über die Wiese ein kaum erkennbarer Pfad hinauf zu einer Baum- und Buschgruppe. Weiter geht es zum bereits erwähnten Asphaltweg, der zum Berg Hut'ská hora (Hutberg) führt. Auch der Wiesenpfad ist ein nachgewiesener Originalweg des Goldenen Steigs – kurz vor der Straße wird auch er zu einem steinigen Hohlweg. Schon während des Aufstieges können wir einen der schönsten Böhmerwaldblicke genießen – über die Hochebene hinüber zum markanten Doppelgipfel des Rachel.

An der Straße ist auf 1174 m Seehöhe der Punkt **Hut'ská hora odb.** 4 erreicht. Wegen der Fernsicht lohnt es sich für uns, diese etwa 200 m weiter zu gehen. Am höchsten Punkt, kurz vor dem Hutberg, wo das untergegangene Dorf Haidl (Zhůří) seine eigentliche Lage hatte (Rastplatz, Infotafeln etc.), können wir uns an der grandiosen Fernsicht erfreuen. Wir gehen dann zurück zu **Hut'ská**

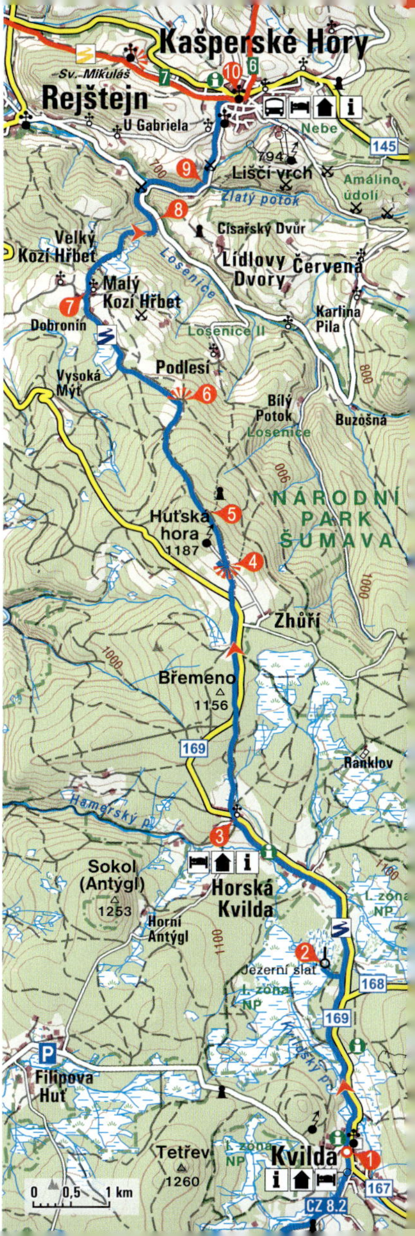

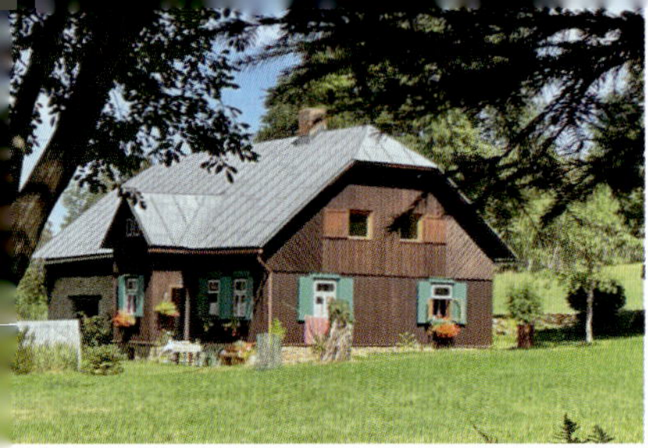

Haus in Kozi Hřbet.

hora odb. ❹ und biegen mit Grün links auf dem Goldenen Steig in den Wald ab. Auf schmalem Pfad, teils ein Wiesenweg, wandern wir durch eine zauberhafte Mischwaldlandschaft. Bald geht es abwärts. Auf holprigem Waldweg kommen wir an einem dem hlg. Christophorus gewidmeten Bildstock und einer Quelle vorbei. Knapp 600 m danach, am Punkt **Pod Hut'skou horou** ❺, könnten wir über einen gelb markierter Weg nach rechts steil hinabgehen, wo wir nach etwa 400 m zu einem Wegweiser gelangen, der zu einem etwa 100 m entfernten Denkmal zeigt. Dieses erinnert daran, dass hier am 24. Dezember 1935 ein Kleinflugzeug der Air France aufgrund eines Navigationsfehlers abstürzte und der Pilot sowie alle drei Insassen ums Leben kamen.

Am Punkt Pod Hut´skou horou geht es mit Grün in deutlichem Gefälle weiter abwärts. Nach etwa 1,5 km ist auf etwa 1000 m Höhe das Ende des Walds und eine breite Lichtung erreicht. Vor uns öffnet sich ein atemberaubender Blick hinüber auf Kašperské Hory und die oberhalb thronende Burg Kašperk. Wir biegen rechts ab, wandern am Waldrand weiter abwärts und kommen nach etwa 500 m zur Kreuzung **Flusárna** ❻. Die Einöde Flusárna-Fließhaus gibt es nicht mehr. Hier wurde bis zum Ersten Weltkrieg Pottasche durch Laugung aus Holzasche erzeugt, die als Flussmittel für die Glaserzeugung unverzichtbar ist.

Mit Grün biegen wir nach links ab und gehen über die Lichtung bzw. den Wiesenhang wieder in den Wald hinein. Unser Waldweg führt bergab und mündet nach etwa 700 m in einen breiteren, geschotterten Fahrweg ein, auf dem wir nach rechts gehen. Nach etwa 1 km erreichen wir das weltferne Örtchen **Kozí Hřbet** ❼ (Kleinziegenrück), 840 m. Mit Grün gehen wir vor der kleinen Kirche bei einer Infotafel und einem Brunnenhäuschen nach links, vorbei an einem winzigen Teich. Auf einem Wiesenweg wan-

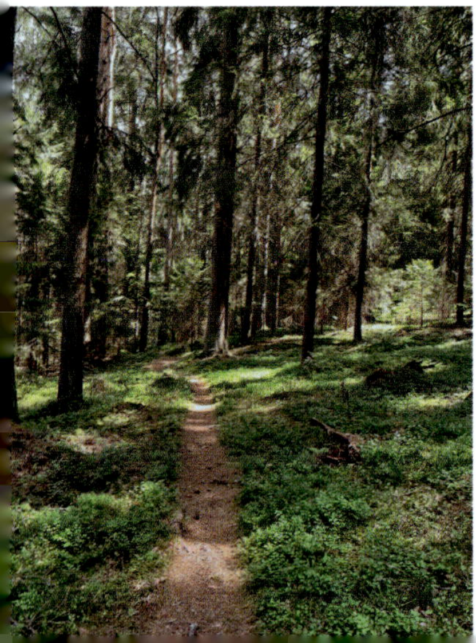

In den Wäldern oberhalb des Losenice-Tals.

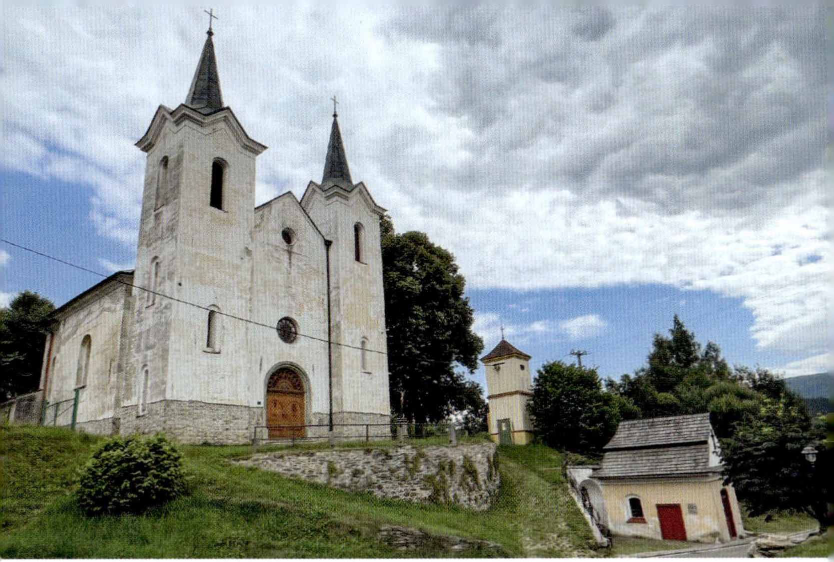

Die Wallfahrtskirche Maria Schnee in Kašperske Hory – davor die Kapelle Unserer Lieben Frau von Klattau.

dern wir zunächst nur flach bergein, dann aber merklich steiler, zwischendurch auf einem kaum noch auszumachenden Trampelpfad. Weiter führt uns der Weg über einen großen Schlenker zunächst durch Wald und am Schluss wieder auf einem Wiesenpfad hinab ins Tal des Bachs **Losenice** 8. Wir gehen auf der wenig befahrenen Talstraße nach links und biegen nach etwa 300 m mit Grün nach rechts auf einen weiteren befestigten Weg ab. Zunächst überqueren wir die Losenice, gleich danach den Zlatý potok, den Goldbach, und kommen an dem wegen seiner Größe und Architektur seltsam, an dieser Stelle im engen Tal unheimlich und unwirklich erscheinenden Wellnesshotel Šumava vorbei.

Wir wenden uns 200 m danach am Wegweiser **Zlatý potok** 9 auf der Teerstraße nach links und gehen durch ein enges Tal einen knappen Kilometer hinauf nach Kašperské Hory. Am Ortseingang steht rechts am Hang die archaisch wirkende neoromanische Wallfahrtskirche Panny Marie Sněžné (Maria Schnee), erbaut um 1865, vor ihr die leicht schiefe Kapelle Unserer Lieben Frau von Klattau (17. Jh.). Mit Grün wandern wir nun weiter über die Nerudova und die Baarova zum Marktplatz von **Kašperské Hory** 10 (Bergreichenstein) – und unternehmen eine kleine Zeitreise: Wir nehmen unseren Tragtieren endlich die schweren Salzfässer ab, denn zu deren Weitertransport ins Innere Böhmens warten schon die Fuhrwerke. Und wir stärken uns mit manchem Humpen guten böhmischen Bieres.

CZ 9.1 Philippsreut – Kubova Hut'

6.00 h	21,0 km
↗730 m	↘710 m

Mehr Abwechslung geht kaum

Das erste Teilstück des Winterberger Zweigs ist von besonderem Reiz: Moore, Wälder, Burgruinen und Bergzüge mit weiten Fernsichten beglücken die Wanderer in besonderem Maß.

Ausgangspunkt: Philippsreut, 970 m, Gemeindeamt; Bus 501 von/nach Zwiesel, Busse 401 und 513 nach/von Freyung.
Hauptweg: Über CZ 9.2 in Vimperk Anschluss an die Etappe 4 aus Husinec und Etappe 5 nach Stachy.
Anforderungen: Asphaltstraßen, breite Waldwege, schmale Waldpfade, Plattenwege der Grenzsoldaten, steinige und steile Feldwege und vor Horní Vltavice direkt quer über eine Wiese auf einem Pfad; kräftezehrend ist der lange Anstieg nach Žlíbký.
Einkehr/Unterkunft: Philippsreut: Gasthof-Pension »Zum Pfennig-Geiger«, Hauptstr. 12, Tel. +49 8550 236, gasthofpfenniggeiger.de; **Strážný:** Pension Strážný, nur Übernachtung, Haus Nr. 37, Tel. +420 730 152582, strazny.cz; Restaurant Pension U sousedů, Haus Nr. 38, Tel. +420 775 130871, pensionusousedu.cz; Pension Fara, nur Übernachtung, Haus Nr. 22, Tel. +420 734 620622, strazny.cz; Restaurant und Pension Rybárna Strážný, Haus Nr. 45, Tel. +420 602480 531, rybarna-strazny.cz; Dvůr Lískový vrch, Haus Nr. 120, etwa 1 km westlich u. außerhalb, Tel. +420 776 757546, dvurliskovyvrch.cz; **Horní Vltavice:** Hotel Salivar mit Restaurant, von außen wenig ansprechend, aber preiswerte Übernachtungsmöglichkeit, Haus Nr. 40, Tel. +420 721 995989, hotel-salivar.cz; **Kubova Hut':** u. a. Restaurant und Penzion Pod Boubínem, Haus Nr. 18, Tel. +420 736 686084, penzion-podboubinem.cz; Hotel Kristian, Haus Nr. 26, Tel. +420 380 423099, kristian1000.cz; Hospůdka u Durandla, Haus Nr. 58, Tel. +420 737 587288, facebook.com/hospudkadurandla.
Weitere Infos: Philippsreut: Tourismusbüro, Hauptstr. 36, Tel. +49 8550 9212525, philippsreut.de; Horní Vltavice: Tourismusverband Haus Nr. 80, in der Post an der Bushaltestelle Richtung Vimperk, Tel. +420 388 436303, hvltavice.cz.
Tipps: Philippsreut: Nachbau der berühmten Tussetkapelle; Strážný: Marienkapelle auf dem Berg Vyhlídka und Burgruine Kunžvart, 1032 m, zu erreichen mit der blauen Markierung aus Strážný, zur Burg sind es von Strážný etwa 2,7 km, bei 200 Hm, Zugang zwischen 1.3. und 15.7. aus Gründen des Auerhahnschutzes nicht möglich.

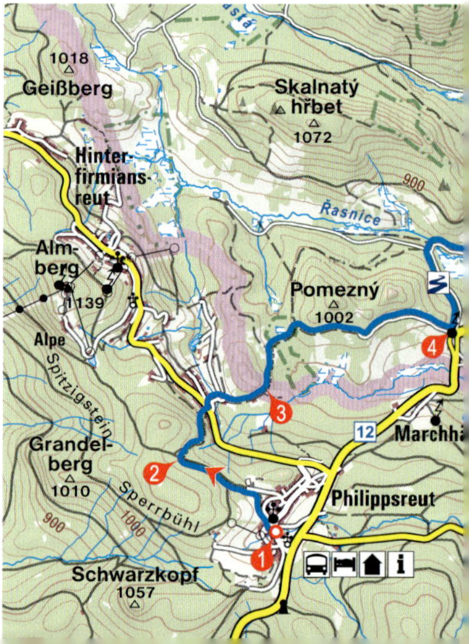

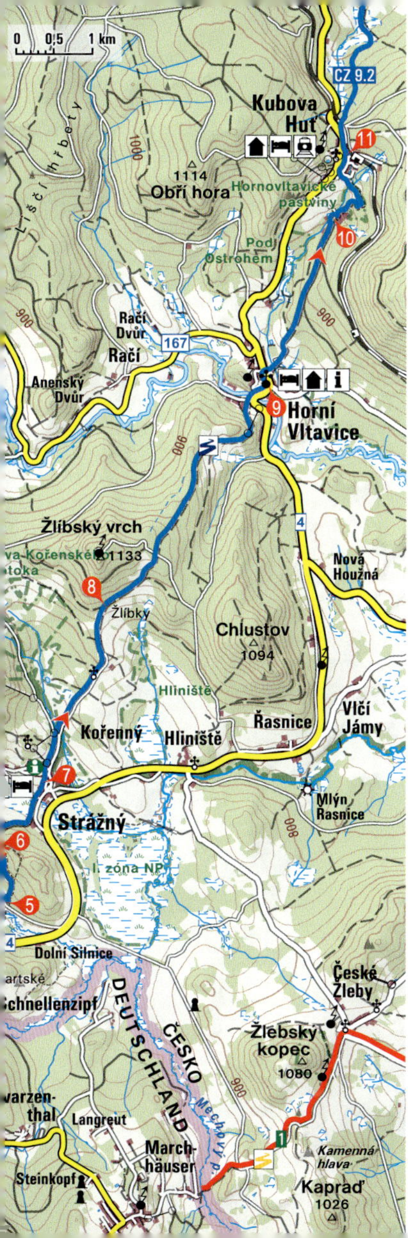

*Auf dem insgesamt 32 km langen Verbindungsweg CZ 9 wandern wir über den **Winterberger Zweig.** Dieser mittlere der drei Teilstränge des Goldenen Steigs endet in Winterberg, dem heutigen Vimperk. Bei Salzgattern, etwa 15 km nördlich von Passau, teilte sich der Goldene Steig. Der Winterberger Strang ging von hier über Reut und Hinterschmiding nach Philippsreut, dort über die Grenze, vorbei an der Burg Kunzwart beim heutigen Strážný (Kuschwarda), über die Berge hinunter nach Obermoldau (Horní Vltavice) und von dort über Kubohütten und Salzweg (heute Solná Lhota) nach Winterberg. Die Burg Kunžvart überwachte bei Strážný den Handelsweg.*

Die Tour beginnt in **Philippsreut** 1 am Gemeindeamt. Unser Wanderweg ist anfangs nicht mit der historischen Trasse des Winterberger Zweigs identisch – das gilt erst ab U krmelce. Mit der Markierung des bayerischen Goldsteigs gehen wir bergan und gleich schräg nach rechts hinauf zur Von-Lamberg-Straße. Wir halten uns wieder rechts und biegen nach etwa 200 m nach links auf einen Fußweg ab, der uns hinter den letzten Häusern dieser Straße über eine Wiese bergan und nach etwa 200 m zur Sportplatzstraße führt. Dieser folgen wir nach links, vorbei am Sportplatz und in den Wald hinein. Der unbefestigte, aber breite Fahrweg steigt etwas an. Etwa 1 km hinter dem Sportplatz verlassen wir den bayerischen

Goldsteig und biegen auf einen schmalen, zerpflügten, fast unwegsamen **Waldsteig** 2 nach rechts ab, der zunächst gemächlich, gegen Ende aber verhältnismäßig steil nach unten führt. In Vorderfirmiansreut mündet er in die Mitterdorfer Straße. An dieser Stelle befindet sich eine merkwürdige Autowerkstatt, die man ihrem Aussehen und Umfeld nach eher in einem verödeten Landstädtchen des amerikanischen Mittelwestens ansiedeln würde.

Auf der Mitterdorfer Straße gehen wir etwa 40 m nach rechts, dann nach links und leicht abwärts in die Dorfstraße. Nach etwa 100 m biegen wir hinter einem kleinen Parkplatz nach rechts in den Mühlenweg und von diesem nach 100 m wieder nach rechts ab. Ein unbefestigter Fahrweg führt uns jetzt durch den Wald, an dessen Ende wir über einen Wiesenweg zur Grenze und zum Übergang **Pod Předním kopcem** 3 kommen.

Hier übernehmen wir eine grüne Markierung. Gleich jenseits der Grenzlinie wandern wir über einen zauberhaften Waldsteig; links vom Weg erkennt man vielerorts niedriges, steinernes Mauerwerk, das zur Befestigung des Hangs gedient hat. Denn auch auf diesem Weg wurde Handel getrieben, es war, sagen wir, ein Ausweichweg zur Haupttrasse des Winterberger Zweigs des Goldenen Steigs, die zwischen Freyung und der Grenze ungefähr dort verlief, wo sich heute die B 12 befindet. Etwa 500 m wandern wir jetzt durch den Wald, bis wir auf einen Fahrweg kommen und ihm nach rechts folgen. Mit schönen Wald- und Landschaftseindrücken wandern wir knapp

In Philippsreut steht ein Nachbau der berühmten Tussetkapelle. Das Original steht nahe Tusset (Stožec) im südlichen Böhmerwald – siehe auch Verbindungsweg CZ10a.

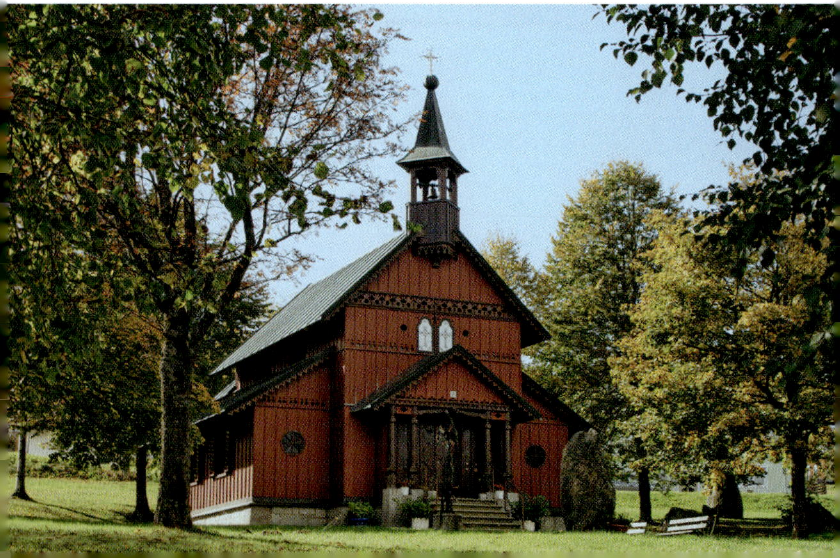

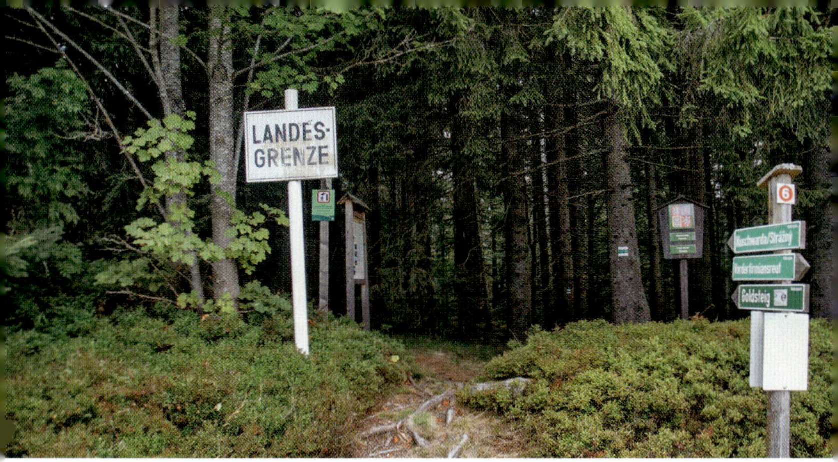

Grenzübergang Pod Prednim kopcem.

2 km etwa auf gleicher Höhe, dann geht es gute 500 m hinab zum Punkt **Kunžvartské sedlo** ❹, unmittelbar am Grenzübergang gelegen. Hier biegen wir mit Grün nach links ab. Auf befestigtem Weg geht es durch monotone Waldungen bergein. Nach etwa 1 km kommen wir zu einer Gabelung und biegen hier mit Grün rechts ab. Wir kommen in das sumpfige Tal des Baches Řasnice, unser Weg führt durch das Tal den Bach abwärts. Bald ändert sich der Weg und wird zu einem Plattenweg mit Grasnarbe in der Mitte. Wir wandern durch eine eindrucksvolle Niederungslandschaft und erreichen den Punkt **U krmelce** ❺. Von hier kommt von rechts, durch eine sumpfige Wiese, die originale historische Trasse des Winterberger Zweigs heran, und zwar von oben vom Kuschwarder Sattel, wie Kunžvartské sedlo auf Deutsch heißt. Es ist ein lohnendes Naturerlebnis, hier einmal mit Gelb nach rechts abzubiegen und etwa 150 m in die Feuchtgebiete einzudringen. Wir biegen jedoch für unseren Weiterweg mit Gelb und Rot in die andere Richtung ab und gehen leicht bergan in den Wald. Am Punkt Pod Obecním vrchem, wo Gelb (mit dem originalen Winterberger Steig) nach rechts zum Obecni vrch hinaufführt, bleiben wir auf dem roten Weg. Weiter geht es in leichtem Aufstieg durch einen aufgelockerten Wald und zu einem der

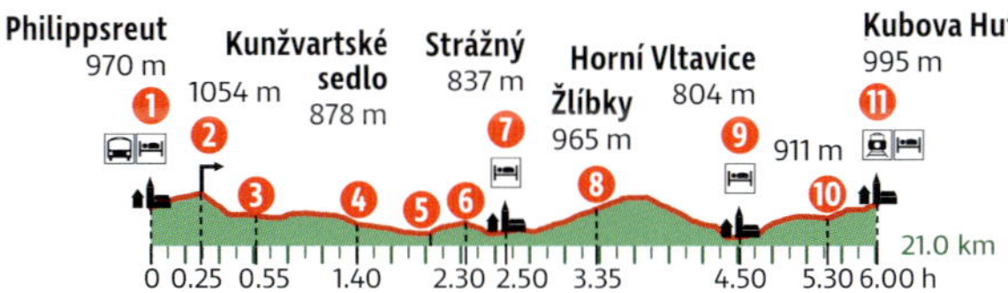

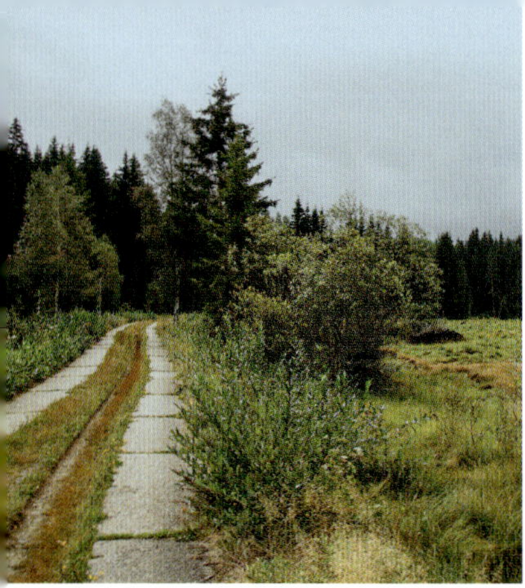

Alter Plattenweg der Grenztruppen nahe U krmelce.

im Böhmerwald hie und da bestehenden Notübernachtungsplätze (Nouzové nocoviště) für Wanderer. Wir haben den auf einer hübschen Lichtung gelegenen Punkt **Strážný – Na Kapličce** 6 erreicht. Hier kommt der originale Goldene Steig wieder zu uns und auf ihm gehen wir mit Gelb auf einem Fahrweg bergab. Gelb wird uns jetzt bis zum Etappenende in Kubova Hut' begleiten. Bald erreichen wir das Hotel und Casino Admiral, wo wir links nach Strážný hineingehen. Von dessen historischer Bebauung ist sehr wenig übriggeblieben. In der Ortsmitte von **Strážný** 7 halten wir uns links/geradeaus, gehen leicht bergan und kommen an der Pension U sousedů sowie der Schule vorbei; gleich nach dieser befinden sich rechts die Fundamentreste der Kirche.

Dann geht es hinab zu einem Talgrund, hier biegen wir mit Gelb rechts ab. Ein befestigter Weg führt uns durch die Siedlung Kořenny (Schlösslbach) mit überwiegend schicken Wochenendhäusern und steigt dann deutlich an. Rechts steht vor Haus Nr. 30 ein markanter Bergahorn, links bei Haus 39 eine hübsche Esche. Wir wandern weiter aufwärts, vorbei an der kleinen Benediktkapelle, danach endet der befestigte Weg. Auf ziemlich steinigem und unbefestigtem Weg kommen wir zum weitgehend verschwundenen Dorf Žlíbky (Röhrenberg). Der Name erinnert daran, dass hier auf dem Säumerweg die Tiere in Trögen getränkt wurden, das Wasser dazu wurde in eigenen Leitungen herangeführt.

Der Weg vollzieht eine lang gezogene Linkskurve, rechts befindet sich ein großes Wildgehege. Wir steigen weiter an, wobei man schöne Landschaftsblicke erhaschen kann, wenn man sich umdreht und Richtung Strážný lugt. Dann kommen wir endlich am Fuß des Žlíbský vrch, 1133 m, zum Wegweiser **Žlíbky** 8. Hier befand sich in etwa die Ortsmitte von Röhrenberg. Wir wandern mit leichtem Anstieg weiter und nach einer Lichtung nochmals steiler empor, dann ist ein Sattel erreicht und es geht leicht bergab, bald bedeutend steiler. Nochmals kommen wir zu einer Lichtung: Hier stand das ebenfalls nicht mehr vorhandene Rabenhütte (Havranká). Der Weg führt in den Wald hinein. Wir unterqueren einen kleinen Lift und haben am Waldrand einen eindrucksvollen Blick auf Horní Vltavice (Obermoldau). Deutlich erkennt man, wie jetzt ein Wiesenweg direkt auf die Moldaubrücke zuläuft – die historischen Handelswege vermieden unnötige Biegungen. Über diesen Wiesenweg wandern wir mit Gelb hinab nach **Horní Vltavice** ⑨. Wir gehen entlang der stark befahrenen Staatsstraße 4 über die Moldau und biegen gegenüber dem kleinen Supermarkt TUTY mit Gelb nach rechts in einen schmalen Weg ab. Nach etwa 200 m gelangen wir zum Anfang eines sehr schönen Alleenpfads, der in mäßigem Anstieg, gesäumt von Linden und Buchen, zum Waldrand hinaufführt, auf der Originaltrasse des Goldenen Steigs.

Nach wieder etwa 200 m steht rechts ein Kriegerdenkmal, das zweisprachig der Gefallenen des Ersten Weltkriegs gedenkt. Nach weiteren 200 m treffen wir auf einen breiten Fahrweg, dem wir geradeaus folgen. Ein längeres Stück wandern wir auf recht monotonem Weg nordwärts, rechts von uns sind hie und da Bunker aus der Vorkriegszeit erkennbar. Schließlich kommen wir nach etwa 2 km auf eine Lichtung, auf der rechts ein einzelnes Haus steht. Wir gehen schräg den Hang hinauf, vorbei an allerlei Fundamenten kleiner, nicht fertiggestellter Ferienhäuschen, und kommen mit Gelb zum Rand des Naturschutzgebiets **Hornovltavické pastviny** ⑩. Das kleine Moorgebiet durchwandern wir auf einer Länge von etwa 800 m teils auf einem Bohlenweg.

Am Südrand von Kubova Hut' gehen wir an der Teerstraße links, nach 100 m nach rechts und wandern entlang von kleinen Pensionen und Apartmenthäusern nach **Kubova Hut'** ⑪, wo nahe dem Bahnhof beim Wegweiser »Kubova Huť – žst.« unsere erste Teilstrecke des Verbindungswegs endet. Der viel besuchte touristische Ort ist Ausgangspunkt für verschiedene Wandertouren.

Bohlenweg durch das Moor Hornovltavické pastviny.

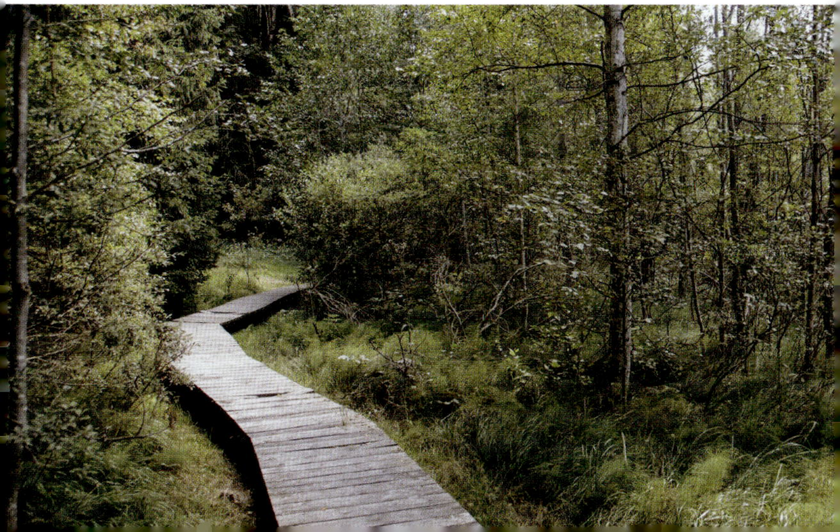

CZ 9.2 Kubova Hut' – Vimperk

3.00 h | 10,6 km | ↗170 m | ↘470 m

Lichte Waldungen und weitgespannte Wiesen

Das letzte Drittel des Winterberger Steigs mag vielleicht nicht so spektakulär wie der größere erste Abschnitt sein. Aber vielem, was die Böhmerwaldlandschaften ausmacht, begegnet man auch hier: Wäldern und weiten Wiesen, die zwischen flachen Bergen eingebettet sind. Kurz vor Vimperk eröffnet sich dem Wanderer mit dem Blick auf diesen Ort eine der großartigsten Stadtsilhouetten ganz Böhmens.

Ausgangspunkt: Kubova Hut' (Kubohütten), 995 m.
Hauptweg: In Vimperk, 698 m, Anschluss an die Etappe 4 von Husinec und Etappe 5 nach Stachy.
Anforderungen: Kurze Tour ohne eigentliche Schwierigkeiten, einzig der steile Abstieg nach Vimperk auf schmalem Pfad kann insbesondere bei Nässe Vorsicht erfordern.

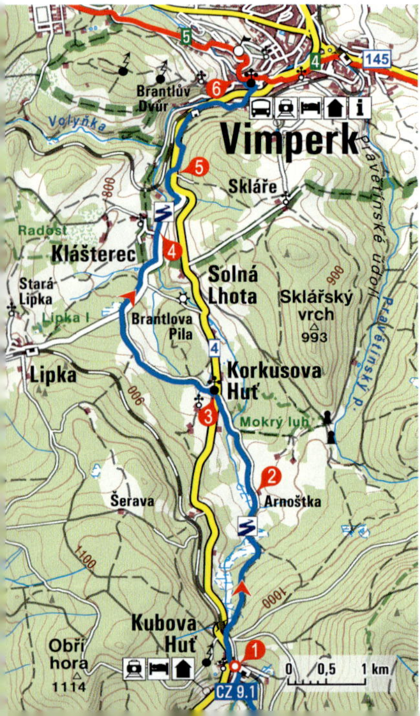

Einkehr/Unterkunft: Kubova Hut': u. a. Restaurant und Penzion Pod Boubínem, Haus Nr. 18, Tel. +420 736 686084, penzion-podboubinem.cz; Hotel Kristian, Haus Nr. 26, Tel. +420 380 423099, kristian1000.cz; Hospůdka u Durandla, Haus Nr. 58, Tel. +420 737 587288, facebook.com/hospudkadurandla; **Vimperk:** Hotel Zlatá Hvězda mit Restaurant, 1. maje 103, Tel. +420 602 323297, hotelzlatahvezda.cz; Penzion Volynka, Pasovská 114, Tel. +420 728 666609, penzion-vimperk.cz; Šumavský pivovar, kleine Privatbrauerei mit Restaurant und Brauereibesichtigungen, Steinbrenerova 48, Tel. +420 388 310511, sumavskypivovar.cz.
Weitere Infos: Vimperk: Nám. Svobody 42, Tel. +420 388 402230, mesto.vimperk.cz.
Tipps: Vimperk: Schloss mit zwei Gebäudekomplexen (Ober- und Unterschloss); Schloss- und Stadtmuseum, besondere Winter- und Sommerausstellungen, April–Okt., Zámek 20, Tel.+420 778 427134, zamek-vimperk.cz; Pfarrkirche Maria Heimsuchung am unteren Ende des Marktplatzes, von 1365 mit Netzkreuzgewölbe und reicher Innenausstattung; Tore und Reste der spätgotischen Stadtbefestigung u. a. an der Straße zum Schloss (Podzámčí); Fachwerkhäuser Ecke Steinbrenerova/Inocentova.

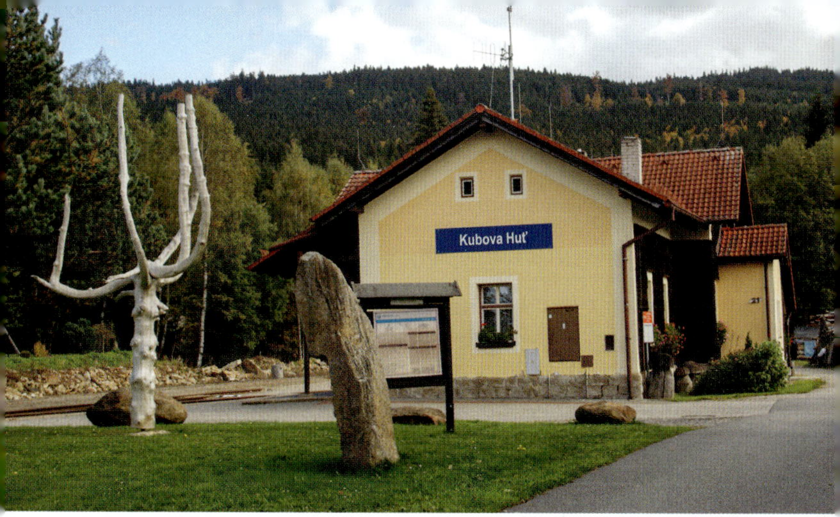

Am Bahnhof in Kubova Hut'.

In **Kubova Hut'** ❶ beginnen wir am Bahnübergang unsere Wanderung, auf der uns die gelbe Markierung bis Vimperk begleitet. Der Bahnhof ist Böhmens höchstgelegene Bahnstation – auf knapp 1000 m Höhe. Wir überqueren die Gleise, gehen unmittelbar danach mit Gelb nach links und wandern den Bahndamm entlang. Nach etwa 150 m zweigt Blau recht steil nach rechts ab: An dieser Stelle befindet sich einer der hier zahlreichen Bunker aus der Zeit vor 1938, mit denen die damalige Tschechoslowakische Republik einen Verteidigungswall gegen einen möglichen deutschen Angriff geschaffen hat. Weiter die Bahn entlang wandern wir deutlich abwärts, kommen nach weiteren 200 m zu einem Asphaltweg und gehen geradeaus auf einem Waldpfad, auf dem originalen Goldenen Steig, der hier damals nicht anders ausgesehen hat als heute. Der Weg führt weiter bergab und nach einer deutlichen Rechtswendung ein längeres Stück im Wald talwärts. Nach etwa 1,5 km gelangen wir in die sumpfige Niederung des Arnoštsky potok, kommen aus dem Wald heraus und erreichen die kleine Siedlung **Arnoštka** ❷, wo intensiv Landwirtschaft betrieben wird. Von nun an ge-

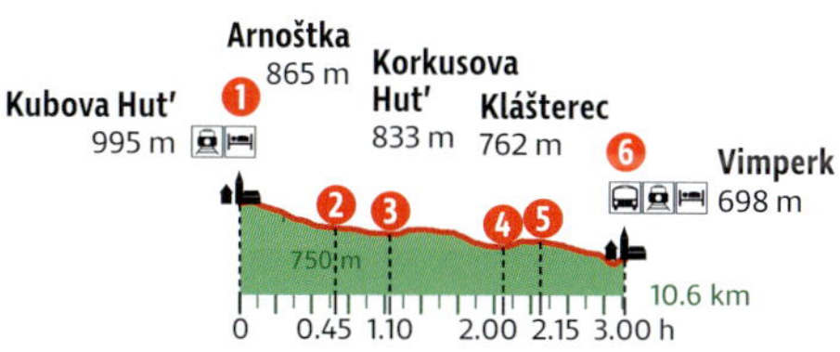

hen wir auf befestigtem, wenngleich recht schadhaftem Weg. Nach links haben wir einen schönen Blick zum Berg Šerava und auf sein Umland, dann senkt sich die Straße beim Eintritt in den Wald wieder. Wir passieren ein hübsches, einzelnes Haus und kommen an verlassenen Kolchosgebäuden vorbei. In spitzem Winkel mündet unser Weg dann auf die Staatsstraße 4. An dieser Ecke gibt es eine hübsche kleine Einkehrmöglichkeit.
Wir überqueren die Straße und erreichen **Korkusova Hut'** ❸. Um die sehr malerisch gelegene Kirche gehen wir herum, sehen einige verfallene Gebäude und wenden uns sogleich auf einem unbefestigten Weg nach links in den Wald. Der Weg steigt etwas an. Wenn wir den Wald wieder verlassen, erreichen wir einen Schießplatz des lokalen Sportschützenvereins und haben von dort einen wunderbaren Blick über das südliche Umland von Vimperk.
Knapp 1 km nach dem Schießplatz kommen wir auf eine Teerstraße und gehen auf ihr rechts bergab, bis wir nach etwa 1,2 km den Talgrund erreichen, wo es links ins Dörfchen **Klášterec** ❹ abgeht; es lohnt durchaus, die etwa 300 m hinauf zur Ortsmitte zu spazieren. Wir jedoch gehen geradeaus auf der Teerstraße weiter, die jetzt deutlich ansteigt. Etwa nach 800 m ist wieder die Staatsstraße 4 erreicht. Auf schmalem Pfad wenden wir uns nach links in den Wald, wandern etwa 150 m parallel zur Staatsstraße und überqueren sie erst dann. Schräg gegenüber gehen wir etwa 30 m auf einem hier einmündenden Weg bergan bis zum Wegweiser **Pod Chválovnou** ❺. Wir biegen links ab und wandern auf wurzeligem Waldpfad oberhalb der Staatsstraße etwa 100 m parallel zu ihr, dann wendet sich der Weg leicht nach rechts – anders als er gelb markiert in den meisten Karten einge-

Gesundes Milchvieh auf Weiden nahe Vimperk unterhalb des alten Wasserbehälters.

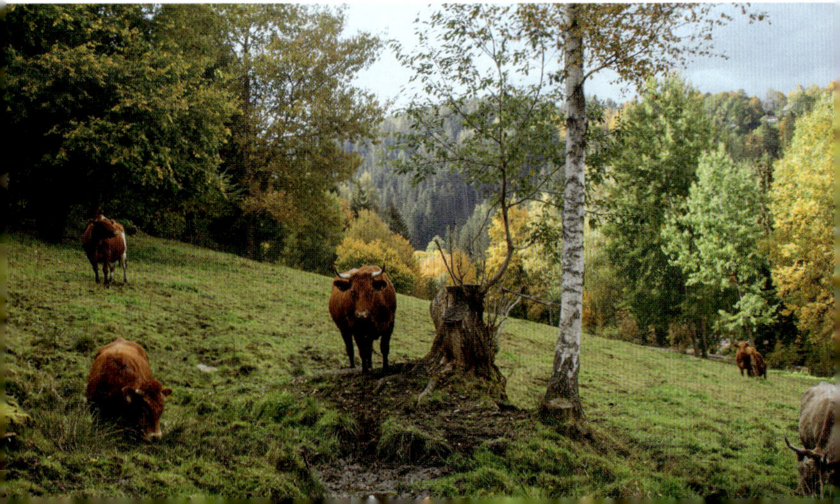

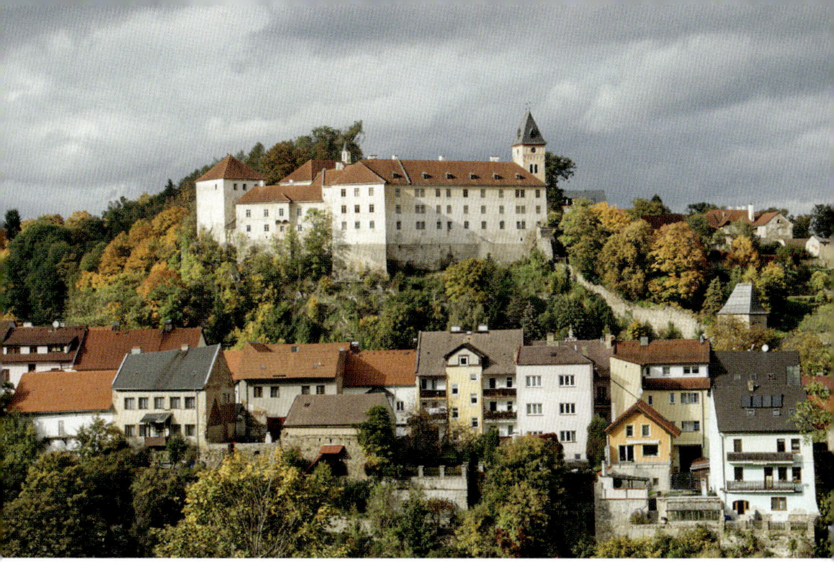

Den schönstmöglichen Blick auf Vimperk hat man auf den letzten Metern dieser Tour.

zeichnet ist. Unser Weg führt etwas bergan, ist bald als Pfad kaum noch auszumachen und wir erreichen einen abgeholzten Bereich, wo sich rechts eine Schonung befindet. Leider fehlt hier auch jedwede Markierung. Wir gehen an der Schonung entlang und halten uns dann auf dem Pfad nach links abwärts. Nach etwa 100 m erreichen wir einen breiteren, schräg von der Staatsstraße heraufführenden Weg. Ihm folgen wir nach rechts und kommen nach weiteren 100 m zu einer Gabelung, an der wir geradeaus und bergab in den Wald hinein und mehr oder weniger parallel zum links unterhalb befindlichen Bahngleis wandern. Am Ende des Walds erreichen wir eine am Hang abfallende Viehweide und genießen großartige Blicke auf Vimperk. Hier befindet sich etwa 80 m oberhalb des Wegs der alte Vimperker Wasserbehälter von 1888 (Vodárna solar, Wegweiser).
Auf schmalem Weg gehen wir hinab und über die Bahntrasse hinweg. Wir kommen zu den ersten Häusern von Vimperk. Der Weg macht dann einen Schlenker nach rechts, führt uns über die Pasovská geradeaus und steil hinunter zur Staatsstraße und über diese hinweg in die Innenstadt. Mit Gelb biegen wir gleich danach links in die Inocencova ein, es geht deutlich bergan. Mit großem Linksbogen gehen wir in die Steinbrenerova und recht steil hinauf zum Marktplatz (Náměští Svobody, Freiheitsplatz). Hier führt Gelb über die Svorností zu einem kleinen Platz hinunter – am Punkt Vimperk – pod zámkem endet der Verbindungsweg zur Etappe 4 des Hauptwegs in **Vimperk 6**.

CZ 10a Haidmühle – Nové Údolí – Černý Kříž

4.15 h | 16,2 km | ↗250 m | ↘330 m

Über eine altertümliche Kapelle ins Moldautal

Den Verbindungsweg CZ 10 durch verwunschene Wälder kann man den Königsweg unter allen hier beschriebenen Trassen nennen – sowohl die des Hauptwegs sowie auch die der Verbindungswege. Nicht nur wegen seiner Länge, sondern auch wegen seiner Anforderungen und insbesondere deshalb, da er durch einige der großartigsten Landschaften des Böhmerwalds verläuft: durch die Landschaft um Stožec, die zu den schönsten des Böhmerwalds zählt. Im unzugänglichen Grenzgebiet ist hier die Natur besonders unberührt geblieben – die Moldauaue und die weithin berühmte Tussetkapelle ergänzen die Eindrücke auf das Schönste. Und nicht zuletzt ist die kürzeste internationale Bahnlinie, der wir hier begegnen, ein besonderes Kuriosum.

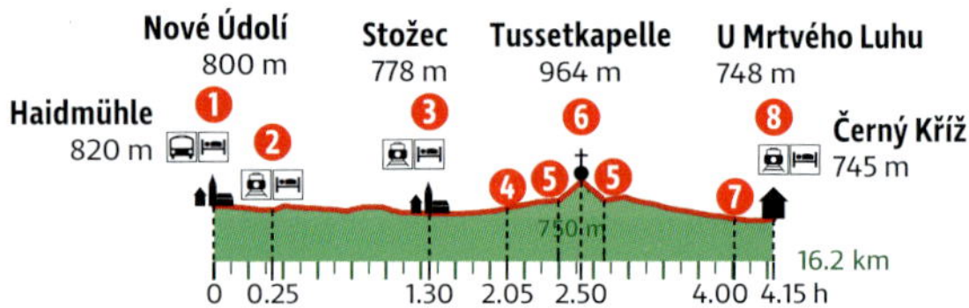

Ausgangspunkt: Haidmühle, 820 m; Bus 510 nach/von Waldkirchen.
Hauptweg: Über die Teiltrassen CZ 10.1 und CZ 10.2 Anschluss an Etappe 2 aus Volary und Etappe 3 nach Husinec in Prachatice; bei Stožecká luka berühren wir kurz die Etappe 1 des Hauptwegs, die sich aber dann wieder von uns entfernt.
Anforderungen: Keine besonderen Schwierigkeiten; es geht überwiegend auf befestigten Wegen dahin; der Anstieg zur Tussetkapelle ist nicht sehr steil, verläuft aber auf Waldpfaden.
Einkehr/Unterkunft: Haidmühle: Gasthof Pension Strohmaier, Kirchbergstr. 25, Tel. +49 8556 490, haidmuehle-hotel.de; **Nové Údoli:** Hotel Nové Údolí. Tel. +420 388 335222, noveudoli.cz; **Stožec:** Restaurant und Penzion Pstruh, Haus Nr. 3, Tel. +420 338 335111, pstruh.eu; **Černý Kříž:** Gasthaus und Pension Černý Kříž, gegenüber dem Bahnhof, Tel. +420 723 314134, cernykriz.wz.cz.
Weitere Infos: Haidmühle: Touristeninformation, Dreisesselstr. 12 (Rathaus), Tel. +49 8556 9726320, haidmuehle.eu; Stožec: Nationalpark-Informationszentrum, Haus Nr. 68, Tel. +420 388 335014, npsumava.cz.
Tipp: Eisenbahnmuseum Nové Údoli, Tel. +420 602 123108, noveudoli.eu.

Von der Ortsmitte in **Haidmühle** ❶ gehen wir über die Neuthaler Straße durch eine flache, wenig bewaldete Landschaft und kommen nach knapp 1,5 km zur Grenze, die durch einen kleinen Bachlauf gekennzeichet ist. Jenseits des Grenzübergangs erwartet uns ein ungewöhnliches Bild: links zwei Eisenbahnwaggons, die zur Einkehr laden bzw. ein kleines Museum

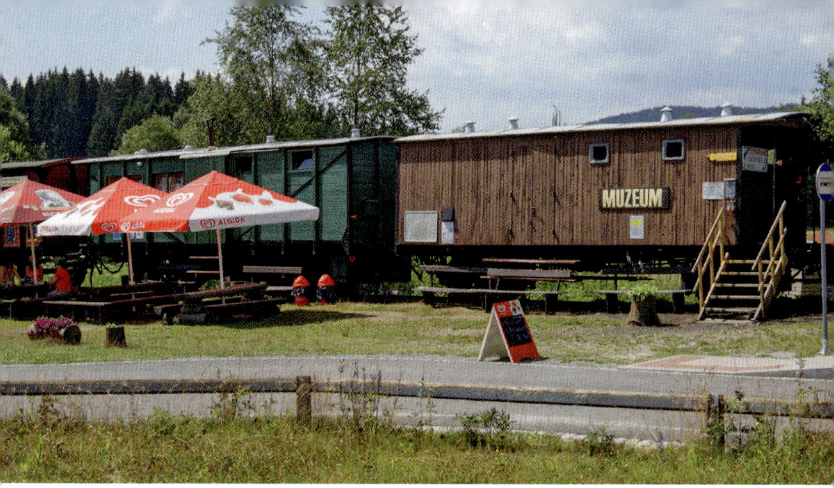

Am Bahnhof von Nové Údolí laden alte Waggons zu Besichtigung und Einkehr ein.

beherbergen; rechts oberhalb ein Bahngleis, auf dem eine Draisine grenzüberschreitend auf einer Länge von 105 m hin und her fährt (2 m davon auf bayerischem Gebiet) – Fahrzeit 24 Sekunden. Damit ist dies die weltweit kürzeste internationale Bahnlinie. Hier an der Grenze befand sich auf 800 m das verschwundene Neuthal, als **Nové Údolí** ❷ ist es aber immer noch Bahnstation für die Züge aus/nach Volary bzw. Černý Kříž. Vor dem

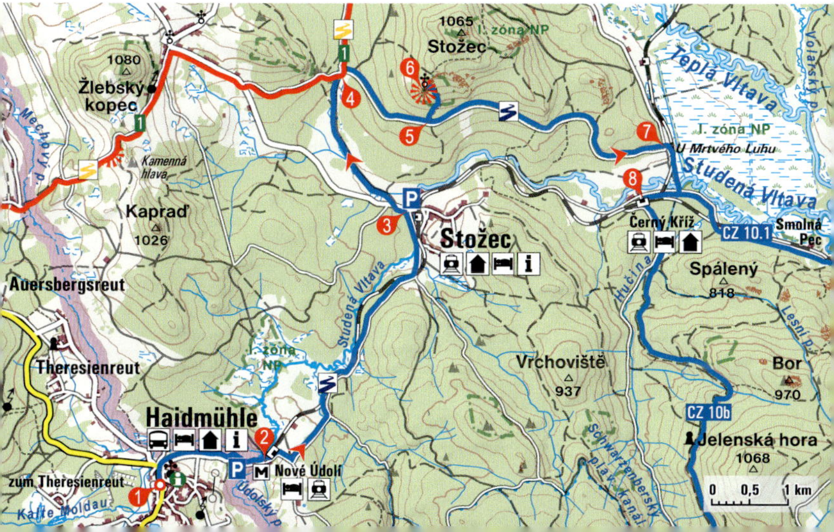

Krieg führte die Bahn bis Haidmühle, doch aus bekannten Gründen blieb die Strecke danach unterbrochen und wurde auch nach 1990 nicht mehr aufgenommen. Von den Waggons gehen wir mit Gelb auf befestigtem Weg nach rechts aufwärts, vorbei am Hotel Nové Údolí, und nach etwa 200 m biegen wir mit Gelb nach links ab. Geradeaus ginge es zum Anfangspunkt des Schwarzenbergschen Schwemmkanals und zum Rosenauer-Denkmal. Etwa 150 m nach dem Abzweig befindet sich rechts oberhalb des Wegs einer jener Notübernachtungsplätze für Wanderer, von denen es im Böhmerwald sieben gibt. Wir wandern durch den sehr aufgelockerten Wald in mäßigem Gefälle bergab, passieren eine majestätische Baumruine und überqueren den Bach Světlá (gleich danach ginge es wieder rechts hinauf zum Schwarzenbergschen Schwemmkanal). Wir aber wandern unmittelbar neben der Bahnlinie entlang, immer wieder lassen sich hübsche Blicke auf die Moldau werfen – genaugenommen die Kalte Moldau, die jenseits des Bahngleises fließt.

Am Waldende überqueren wir die Gleise und kommen nach **Stožec** 3 (Tusset). Vom alten Dörfchen Tusset ist kaum noch etwas vorhanden, der heutige Ort, der als Ausgangspunkt für Wander- und Radtouren einer der meistbesuchten Böhmerwaldorte ist, ist sehr aufgelockert, eine eigentliche Mitte nicht auszumachen, bestenfalls die Kreuzung vor dem Restaurant Pstruh.

Wir gehen über die Moldaubrücke Richtung České Žleby und biegen nach etwa 150 m mit Gelb rechts in einen unbefestigten Weg ein, der durch eine zauberhafte Wiesenlandschaft führt. Der Feldweg steigt nach und nach etwas an und nach gut 2 km erreichen wir die Kreuzung **Stožecká luka** 4 (Tussetwiese). Hier kommt von links die Etappe 1 des Hauptwegs des tschechischen Goldsteigs heran, die aber dann nach Norden führt.

Wir gehen jetzt mit Blau nach rechts, nach Osten. Der befestigte Weg wird etwas steiler und wir kommen nach etwa 1,5 km zum Punkt **Pod Stožeckou kaplí** 5 (Unter dem Tussetfelsen) mit einem Rastplatz und einer Schutzhütte. Wir steigen auf schmalem Waldpfad, markiert mit einem blauen Dreieck, knapp 1 km Weglänge zur **Tussetkapelle** 6 (Stožecká kaple) auf.

i ***Tussetkapelle:*** *Um die Kapelle herrscht eine wirklich eigentümliche, spirituelle Aura, wie sensible Besucher oft bestätigen. 1791 hatte an dieser Stelle ein Wallerner Bürger in tiefer Waldeinsamkeit aus Dankbarkeit eine kleine Kapelle errichtet, nachdem das Felsquellwasser von dieser Stelle sein Augenleiden kuriert hatte. Schnell sprach sich die Wirkung des wundertätigen Wassers herum, Wallfahrer zogen in Scharen heran. 1804 wurde die Kapelle erweitert, 1860 erhielt sie ihre heutige Gestalt. Nach dem Krieg begann die Tussetkapelle zu verfallen, nach der Wende baute man sie jedoch wieder auf. Dabei wurden auch die Marienwallfahrten (jährlich am 15. August) neu belebt.*

Eine geheimnisvolle Aura umweht die abgelegene Tussetkapelle.

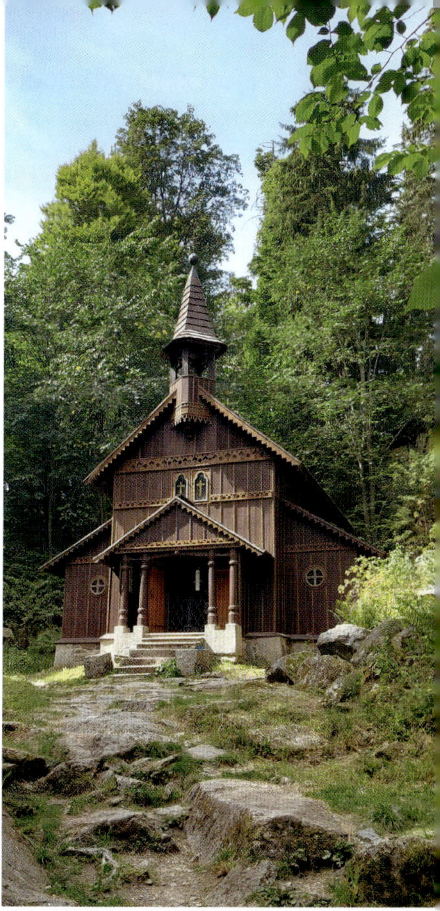

Sie ist sehr weiträumig von einem Zaun umgeben, der sie vor Schäden durch das Wild schützen soll, aber wir können den Zaun an einem kaum als solchen erkennbaren Durchlass passieren. Links von der Kapelle kann man noch etwa 30 Höhenmeter zum Tussetfelsen (Stožecká skala) aufsteigen: Etwas beschwerlich, aber die Aussicht nach Süden lohnt sich. Den Tussetberg selbst, den Stožec, zu besteigen, ist nicht möglich. Er liegt in der Kernzone des Nationalparks, es gibt auch keine Wege dorthin.

Wir gehen zurück zum Punkt **Pod Stožeckou kaplí** 5 und von hier ostwärts mit Blau weiter. Auf breiter Waldstraße wandern wir ein längeres Stück auf gleichbleibender Höhe. Dann geht es abwärts, bis wir am Waldrand in der Moldauniederung stehen: Vor uns erstreckt sich das Moor Mrtvý luh (Totes Luch bzw. Totes Filz), das aber nicht betreten werden kann. Am Punkt **U Mrtvého Luhu** 7 gehen wir mit Blau nach rechts, an einer Wiese entlang und überqueren die Bahnlinie Stožec – Černý Kříž (Schwarzes Kreuz) – Nova Pec. Wir gehen geradeaus weiter über eine neue Brücke über die Kalte Moldau (Studená Vltava), die unweit von hier mit ihrer großen und bedeutenderen Schwester, der Warmen Moldau, zusammenfließt. Die Einmündung selbst liegt innerhalb des Toten Luchs und ist nicht zugänglich. Wir kommen nun auf eine Asphaltstraße, wo an der Ecke das schwarze Kreuz steht, das der Lokalität Černý Kříž den Namen gegeben hat. Wir gehen auf der Teerstraße nach rechts und kommen nach etwa 300 m zum Gasthaus/Pension Černý Kříž, gegenüber liegt der Bahnhof **Černý Kříž** 8, wo unser westlicher Teil der Teiltrasse vom Verbindungsweg CZ 10 endet.

CZ 10b Trojmezí (Dreiländereck) – Černý Kříž

4.30 h | 16,3 km | ↗150 m | ↘730 m

Vom Böhmerwaldkamm ins Moldautal

Diese Tour ist sicherlich eine der großartigsten Begehungen im Böhmerwald, bringt sie doch den Wanderer zu mehreren der bedeutendsten Sehenswürdigkeiten des Waldgebirges und dabei durch die eindrucksvollsten und unterschiedlichsten Landschaften. Anfangs geht es vom Kamm, von den höchsten Lagen des Böhmerwalds, mit spektakulärem Blick auf den Plöckensteinsee abwärts zum Schwarzenbergschen Schwemmkanal, eine der genialsten technischen Leistungen an der Wende des 18. zum 19. Jh., und von dort durch lichte Waldungen ins Moldautal.

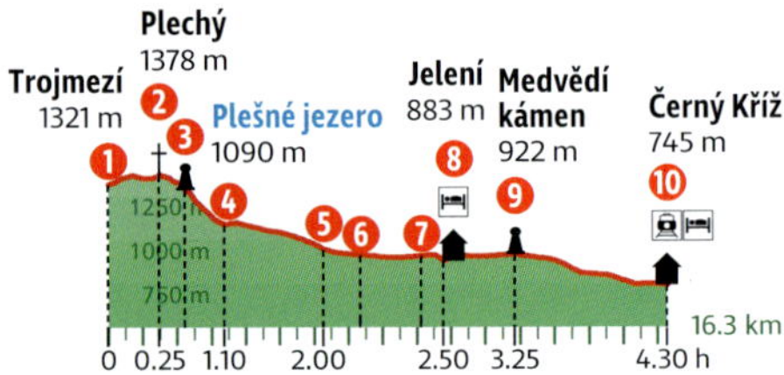

Ausgangspunkt: Trojmezi (Dreiländereck), 1321 m; man fährt mit Bus oder Pkw bis zum Dreisessel und geht dann bis zum Beginn des Verbindungswegs am Dreiländereck etwa eine Stunde zu Fuß; Bus 306 Waldkirchen–Dreisessel–Haidmühle–Philippsreut.
Hauptweg: Über die Teiltrassen CZ 10.1 und CZ 10.2 Anschluss in Prachatice an Etappe 2 aus Volary und Etappe 3 nach Husinec.
Anforderungen: Bis auf den Abstieg zum Plešné jezero ohne Schwierigkeiten, da größtenteils auf befestigten Fahr- oder breiten Waldwegen; einige kleinere Anstiege auf dem Kammweg zwischen Trojmezi und Plechý, ansonsten fast nur abwärts.
Einkehr/Unterkunft: Jelení: Občerstvení U Jirásků, nur kleine Gerichte, Haus Nr. 46, Tel. +420 721 034413; Penzion Jelení vrchy, kein Restaurant, Haus Nr. 45, Tel. +420 737 303380, jeleni-vrchy.cz; Občerstvení Jelení Vrchy, Imbiss, Haus Nr. 43; **Černý Kříž:** Gasthaus und Pension Černý Kříž, gegenüber dem Bahnhof, Tel. +420 723 314134, cernykriz.wz.cz.
Tipps: Jelení: Ausstellung zum Schwarzenbergschen Kanal, tagsüber frei zugänglich, Haus Nr. 13; Tunnel des Schwemmkanals.

Die Tour beginnt auf dem Kamm des Böhmerwalds am **Trojmezi** ❶, dem Dreiländereck Bayern, Böhmen und Österreich, in wahrhaft apokalyptischer Landschaft. Um uns stehen wie abgebrannte Streichhölzer nur tote Bäume. Stürme und der Borkenkäfer haben ihr Zerstörungswerk geleistet. Noch um 2000 war die Kammregion dircht bewaldet. Drei wuchtige Granitsäulen aus jüngerer Zeit markieren das Dreiländereck und die drei

Anrainerstaaten. Mit Rot gehen wir ostwärts, direkt auf der tschechisch-österreichischen Grenzlinie. Der Weg steigt an, wendet sich deutlich nach rechts und kommt am 1378 m hohen Hufberg zu einer markanten Felsformation, dem Adalbert-Stifter-Dachl. Danach geht es bergab und wir gelangen zur Rakouská louka (Österreichische Wiese), einem kleinen Moor, wo wir schon den heute waldlosen und flachen Gipfel des Plöckenstein ausmachen. In leichtem Anstieg ist er nach 500 m erreicht. Mit 1378 m ist der **Plechý** ❷ (Plöckenstein) der höchste Gipfel des Böhmerwalds. Wir genießen eine kolossale Rundumsicht – im Süden weit ins österreichische Mühlviertel hinein, im Südosten glänzt der Moldaustausee auf, im Osten übersehen wir das Vorland des Böhmerwalds und im Norden endlose Waldgebiete.

Nun begeben wir uns auf gelb markiertem Pfad durch allerlei Granitblöcke leicht abwärts und kommen nach etwa 300 m zu einem Aussichtspunkt direkt an der Seewand des Plöckensteinsees, der hier gute 300 m unterhalb wie eine große regungslose, versteinerte Träne ruht – wie es einst Adalbert Stifter in seiner Novelle »Hochwald« beschrieben hat. Große Teile dieser Erzählung spielen am Plöckensteinsee. Daher ist es unverzichtbar, dass man das kleine Buch bei einer Wanderung zum Plöckenstein mitführt. Dann geht es 300 m oben an der Seewand weiter, bis wir zum **Stifter-Denkmal** ❸ kommen, einem 14,5 m

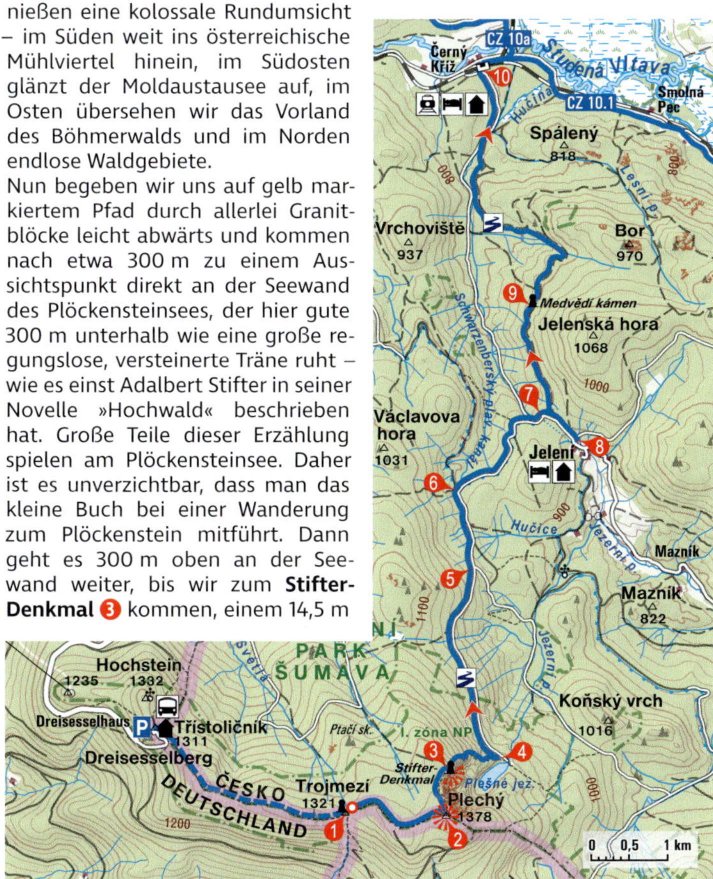

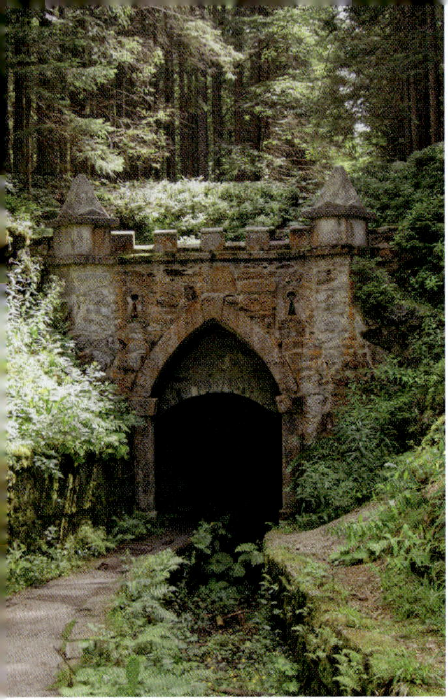

Der nördliche Eingang zum Tunnel des Schwarzenberger Schwemmkanals.

hohen schmalen Obelisken, der zu Ehren des großen Dichters 1877 aufgestellt wurde. Stifter kam 1805 im unweiten Oberplan (Horní Planá) zur Welt. Auch von hier hat man einen großartigen Blick über den Plöckensteinsee. Trotz aller Waldschäden ist die Aussicht unvergesslich.
Dann beginnt der wohl schwierigste Weg, den man im Böhmerwald erwandern kann. Es geht hinab zum Seeufer – auf nicht eindeutig erkennbarem Pfad und über grobe Granitblöcke; teils sehr steil müssen 280 Hm überwunden werden. Hie und da ist die gelbe Markierung zu erkennen. Am Ufer des **Plešné jezero** ❹ (Plöckensteinsee) angekommen, blicken wir hinauf zum Obelisken, der aber nur schwierig auszumachen ist. Am Ufer befand sich seit 1911 ein durchaus ansehnliches Unterkunftshaus, das aber 1952 abbrannte, als der See im Grenzgebiet zu liegen kam und nicht mehr besucht werden konnte. An seiner Stelle ist ein kleines Kasernengebäude der Grenztruppen errichtet worden, das aber ab 1981 nicht mehr benutzt und 1990 abgerissen wurde. Der See war im Zug des Baus des Schwarzenbergschen Schwemmkanals Ende des 18. Jh. etwas aufgestaut worden, um aus ihm bei Bedarf Wasser in den Kanal ablassen zu können, um die Holzdrift zu erleichtern. Der See entstand wie alle Böhmerwaldseen durch die Gletscher, die ihn aus dem weichen Granitgestein aushobelten und dann um ihn herum eine ausgedehnte Moränenlandschaft hinterließen.
Vom See gehen wir auf befestigter Straße (Radweg 1029) mit grüner Markierung in leichtem Gefälle nordwärts und kommen nach etwa 3 km auf 950 m Höhe zum Punkt **U Stříšky** ❺. Nach nochmals 1 km bergab erreichen wir die Weggabelung **Hučina potok** ❻, also am Hutschenbach. Hier sehen wir nun den berühmten Schwarzenbergschen Schwemmkanal. Er ist eigentlich unauffällig, meist nur um höchstens 1 m breit. Wir gehen kanalabwärts nach rechts und kommen nach 2 km zu einem Tunnel des **Schwarzenbergschen Schwemmkanals** ❼. Auf 400 m Länge durchströmt

i *Der* ***Schwarzenbergsche Schwemmkanal:*** *Er ist eine technische Meisterleistung des 18. und frühen 19. Jh. Gegen Ende des 18. Jh., als die langsam einsetzende Industrialisierung mehr und mehr Holz für ihre Bauten benötigte, überlegte man seitens der Forstverwaltung, wie der Holztransport insbesondere aus den schwer zugänglichen höheren Lagen des Böhmerwalds vereinfacht und mengenmäßig gesteigert werden könnte. Holz war für die fürstliche Wirtschaft eine der wichtigsten Handelswaren. Der in fürstlichen Diensten stehende Ingenieur Joseph Rosenauer (1735–1804) legte dafür 1775 ein erstes Konzept eines Schwemmkanals vor, der auch die Wasserscheide Elbe–Donau, die über den Böhmerwald verläuft, umgehen konnte. Denn der Großteil des Holzes sollte über die Donau in Richtung Wien und Ungarn transportiert werden. Über den Kanal sollte das Holz aus den oberen Lagen ohne großes menschliches Zutun heruntergeschwemmt werden. 1789 begann man vom Mühlviertel, also von Süden her, mit den Grabungen, wobei vorhandene natürliche Gewässer ausgebaut wurden. Erst an der Wasserscheide am Rosenhügel (Růžový vrch, 731 m) westlich der Ruine Vitkův Kámen (Wittinghausen) musste man mit dem Bau eines eigenständigen Kanalsystems beginnen, da ja alle natürlichen Gewässer nördlich der Wasserscheide über die Moldau zur Elbe hin fließen. Bis 1793 war das Teilstück bis Hirschbergen (heute Jelení) fertiggstellt. Der ganze Kanal in seiner vorgesehenen Ausdehnung hinauf bis zur bayerischen Grenze bei Haidmühle war erst lange nach Rosenauers Tod im Jahr 1823 vollendet. Die landschaftlichen Gegebenheiten machten es dabei nötig, bei Hirschbergen einen 419 m langen Tunnel zu errichten. Der meist nur etwa 1 m, doch auch bis zu 2,80 m breite Kanal ist im Durchschnitt nur 80 cm tief und hat eine Gesamtlänge (bis zur Mündung in die Große Mühl) von 51 Kilometern. Die Baumstämme wurde dabei auf eine Länge von jeweils 2 m zurechtgesägt und um ein Verkanten im Kanal zu vermeiden, ging bei jeder Schwemmung eine große Zahl von Arbeitern den Kanal entlang, um mögliche Stauungen zu verhindern oder aufzulösen. Die letzte Schwemme nach Österreich fand 1916 statt. Dann begann der Kanal zu verfallen und verfüllte sich nach und nach mit Geröll. Nach 1990 erfolgte eine teilweise Rekonstruktion auf beiden Seiten der Grenze. Bei St. Oswald in Österreich findet alljährlich noch ein Schauschwemmen statt.*

der Kanal in einem Tunnel einen kleinen Bergrücken, der für den Kanalbau nicht anders umgangen werden konnte. Wir umgehen mit Blau den Tunnel Richtung Jelení und kommen nach etwa 150 m zu einer Weggabelung, wo mit Gelb nach links die Medvědí cesta, der Bärensteig, abgeht. Zunächst aber gehen wir mit Gelb etwa 200 m nach rechts, zum Parkplatz am südlichen Tunnelausgang und zum kleinen Ort **Jelení** 8 (auch Jelení vrchy genannt), wo man einkehren und in einer Scheune eine Ausstellung zum Schwemmkanal besuchen kann.

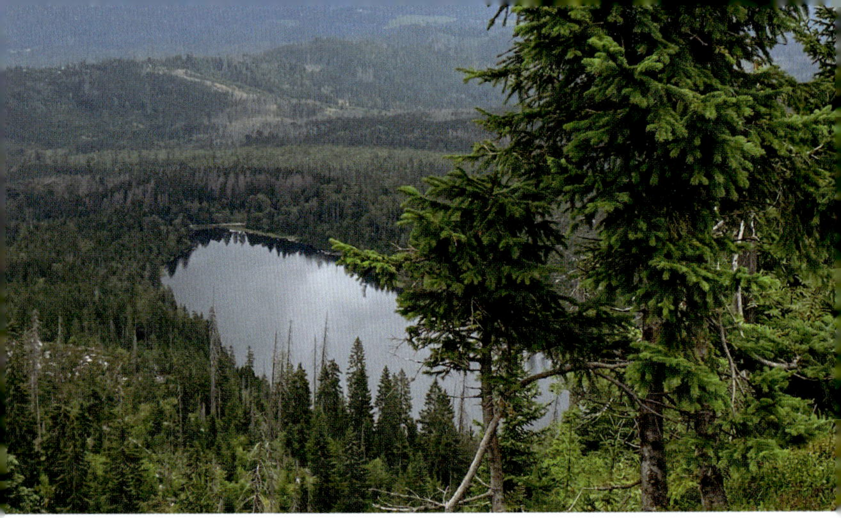

»Ein unheimliches Naturauge, drin regungslos Wasser wie eine versteinerte Träne« – so beschrieb Adalbert Stifter den Anblick des Plöckensteinsees.

Von dort wandern wir zurück zum Tunnel bzw. Bärensteig und gehen mit Gelb auf breitem Weg durch lichtdurchfluteten Wald nordwärts. Nach etwas mehr als 1,5 km gelangen wir zum Punkt **Medvědí kámen** 9 (Bärenstein). Hier kann man etwa 50 m den Hang hinabgehen und kommt zu jener Stelle, an der am 14. November 1856 der nachweislich letzte Bär des Böhmerwalds erlegt wurde. Man muss aber zugeben, dass es keine besonders heroische Tat war: Um der fast 20 Jahre alten, 120 kg schweren Bärin (bei solchen Tieren heißt das sehr alt und abgemagert) habhaft zu werden, wurden 122 Treiber und 46 Jäger aufgeboten. 1967 wurde mit dem Bärensteig ein naturkundlich-kulturgeschichtlicher Lehrpfad angelegt.
Wir gehen auf dem Bärensteig weiter, leicht bergein und überqueren nach etwa 1 km in einer großen Linkskurve den Bach Hučinka. Nach etwa 300 m kommen wir zur Gabelung Rudolfova cesta (Rudolfsteig), benannt nach dem unglücklichen Sohn Franz Josephs und Sisis. Hier verlassen wir den Bärensteig, gehen mit Gelb nach links auf einen Waldpfad abwärts, am Rudolfstein vorbei und kommen nach 100 m wieder auf einen breiteren Weg. Mit Gelb und nach links wandern wir in großem Rechtsbogen ins Tal der Hučina hinab. Beim Punkt Lesní potok – ústí gehen wir nach links über den Bach und dann gleich rechts weiter. Der Weg führt uns nach etwa 850 m direkt vor den Bahnhof **Černy Kříž** 10, wo diese grandiose Wanderung ihr Ziel erreicht. Wir können über eine kleine Wiese und über die Gleise direkt oder mit dem gelben Weg nach links bis zur Straße nach Stožec und dann etwa 200 m rechts bis zum Bahnhof bzw. der Pension Černý Kříž gehen.

6.30 h	22,6 km
↗ 550 m	↘ 520 m

Černý Kříž – Zbytiny

CZ 10.1

Durch menschenleere Regionen mit großartigen Fernsichten

Das erste Teilstück der Haupttrasse von Verbindungsweg CZ 10 ist nicht minder attraktiv als Zuweg CZ 10b. Zwar durchwandern wir hier keine Kammlagen, doch dafür neben dem Kleinod Moldautal große unbewohnte Gebiete mit verschwundenen Dörfern. Und es geht durch bzw. entlang des sicher geheimnisvollsten Gebiets des Böhmerwalds, dem Truppenübungsplatz Boletice. Er wurde 1950 für die tschechoslowakische Armee errichtet und hatte ursprünglich eine Fläche von 220 km², heute noch 166 km², und liegt zwischen Volary, Horní Planá und Český Krumlov. Das sehr bergige Gebiet erreicht im Knížecí stolec (Fürstentisch) 1236 m Höhe. Innerhalb des Areals befanden sich 48 Dörfer mit etwa 7.000 bis 10.000 überwiegend deutschböhmischen Bewohnern. Nach der Vertreibung bzw. der Errichtung des Militärgebiets wurden alle Dörfer abgerissen. Die Verlassenheit und trotz aller militärischen Nutzung unberührte Natur sind von ganz einzigartigem Zauber. Allerdings darf man das Gebiet nur auf einigen ausgewiesenen Wegen im Randbereich betreten oder mit dem Rad befahren bzw. von Záhvozdí aus zum Knížecí stolec spazieren, und das auch nur am Wochenende oder an Feiertagen tagsüber bis Einbruch der Dunkelheit.

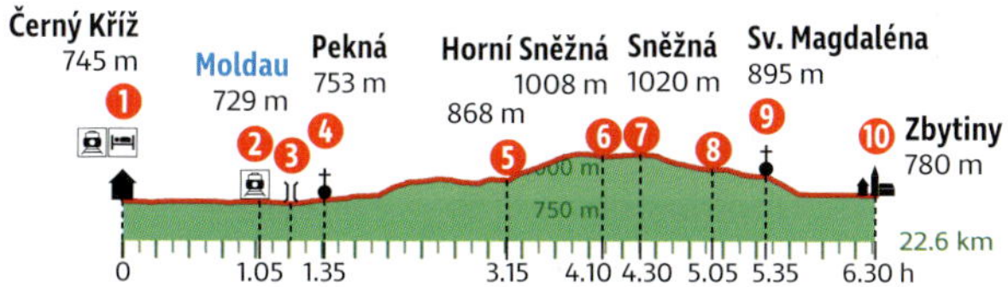

Stille Landschaften zwischen Svatá Magdaléna und Zbytiny.

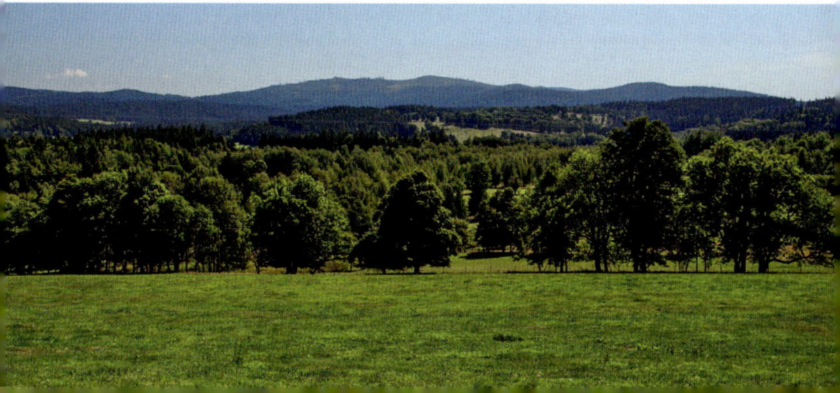

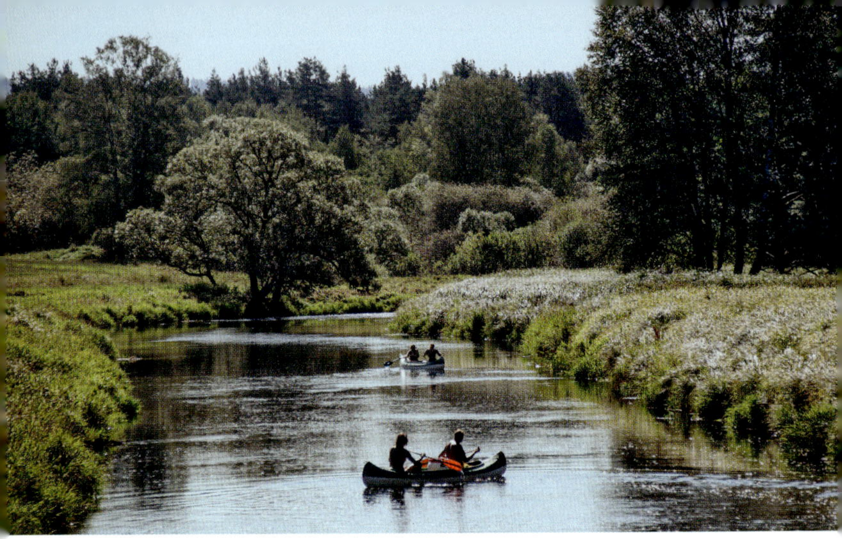

Fröhliche Kanufahrten auf der Moldau.

Ausgangspunkt: Černý Kříž, 745 m, Pension bzw. Bahnhof.
Hauptweg: Über Teilstück CZ 10.2 Anschluss an Etappe 2 aus Volary und Etappe 3 nach Husinec in Prachatice.
Anforderungen: Recht lange und daher anspruchsvolle Tour; bis Pěkná ohne Steigung auf asphaltierten Wegen.
Einkehr/Unterkunft: Černý Kříž: Gasthaus und Pension Černý Kříž, gegenüber dem Bahnhof, Tel. +420 723 314134, cernykriz.wz.cz; **Zbytiny:** Zbytinská hospůdka, gleich gegenüber der Kirche, nur Einkehr, Tel. +420 777 842222.
Tipp: Wer mit der Bahn von Černý Kříž nach Volary oder Horní Planá fährt, hat vom Zug aus einen guten Blick über die Randgebiete des NSG Mrtvý Luh (Totes Luch). Denn die Fahrt mit dem Bummelzug durch die Moldauniederung, egal ob aus Volary oder aus Budweis via Horní Planá, berührt wunderbare, selbst zu Fuß nicht zugängliche Regionen.
Variante: Zirka 500 m nach der Kirche in Pěkná geht es bei einem Wegweiser nach links auf eine Art Alternativroute: Auf unserem gelb markierten Weg steht am Ortsende von Pěkná links ein größerer Strommast. Etwa 80 m nach diesem zweigt nach links in die Viehweide ein Feldweg ab. Die Viehweide ist mit einem Elektrozaun umgeben. Innerhalb der Viehweide lässt sich der Weg noch als Wiesenpfad erkennen und führt an deren oberen Ende in den Wald hinein. Wir müssen versuchen, durch Umgehen der Viehweide die gedachte Verlängerung dieses Wiesenpfads zu erreichen. Denn außerhalb dieser ist es genau der Weg, der zum Punkt Pod Korunáčem führt und auf dem das Militärgelände umgangen werden kann. Wir gehen also bei dem erwähnten Wegweiser nach links in den Wald. Es lässt sich keinerlei Pfad ausmachen. Wir versuchen, parallel zum Zaun der Viehweide zu wandern, gehen leicht bergan und mit dem Zaun dann nach links, ein wenig hinunter und hinab – doch wir bleiben immer in Zaunnähe. Geografisch gesehen wandern wir wieder Richtung Pěkná. Wenn wir uns der gedachten Verlängerung des

erwähnten Wiesenwegs nähern, treffen wir (oder auch nicht) auf einen weiteren, jedoch sehr leicht übersehbaren Wegweiser, der uns nach rechts bergan leitet. Wir verlassen in dieser Richtung bald den Wald und wenden uns dann halb links, bis wir in der Tat auf den aus der Viehweide herauskommenden Weg treffen. Jetzt wird es keineswegs einfach, denn es geht auf äußerst zerpflügtem Pfad verhältnismäßig steil hinauf. Bei Regen sind die tief eingekerbten Spuren der schweren Waldgeräte voll Wasser, der Weg ist moorig und somit kaum zu begehen. Sich zu verlaufen ist aber jetzt nicht mehr möglich, wir gehen geradewegs immer nur bergan. Schließlich wird es flacher und wir erreichen nach heldenhafter Anstrengung auf einer Lichtung Pod Korunáčem, wo wir geradeaus, jetzt wieder gelb markiert, weitergehen in den Wald, und auf anfangs nicht erkennbarem Pfad hoch bis zum Punkt Pod Korunáčem steigen, wo man die ursprüngliche Trasse erreicht, die an dieser Stelle das Militärgelände bereits wieder verlassen hat. Dann geht es überwiegend auf breiten Feldwegen, aber nicht sehr steil, hinauf bis Snězna und auf recht steinigen, gröbst geschotterten Wegen hinab bis Svatá Magdalena. Teils befestigt, doch äußerst schadhaft ist das Schlussstück bis Zbityny. Ein zusätzlicher GPX-Track steht für diese Alternative zur Verfügung.

Hinweis: Etwa 1,5 km hinter Pěkná durchläuft unsere Trasse auf einem Stück von etwa 2 km Länge den Truppenübungsplatz Boletice. Wie noch kurz vor Drucklegung bekannt wurde, ist das Durchqueren des Truppenübungsplatzes 1,5 km nach Pěkná und bis kurz vor Pod Korunáčem ab sofort nicht mehr möglich – es ist daher bis auf Weiteres grundsätzlich die angegebene Alternativstrecke (→ Variante) zu benutzen.

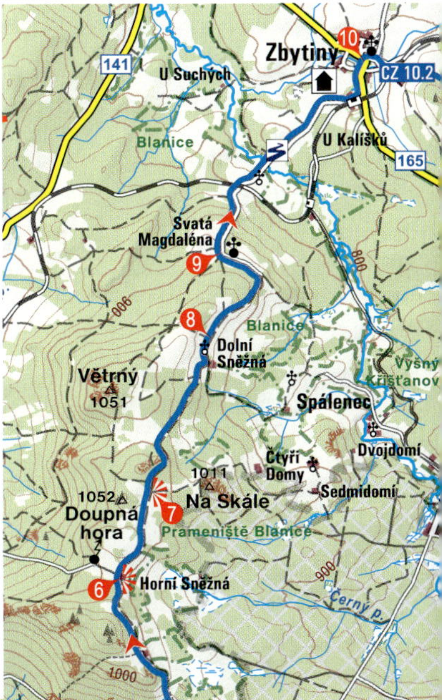
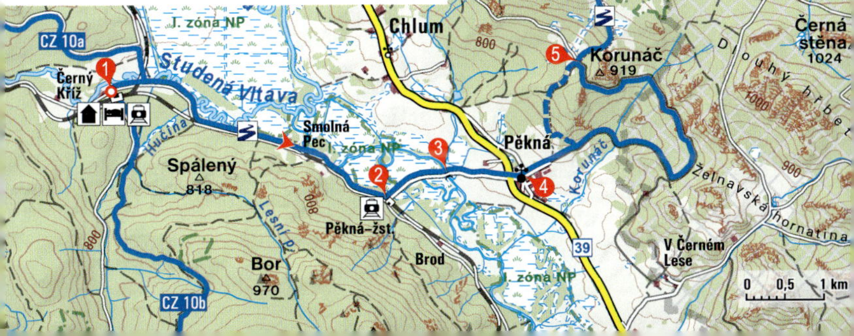

Wir beginnen im Tal der Kalten Moldau (Studená Vltava) in **Černý Kříž** ❶, das nur aus der Pension und dem Bahnhof besteht. Auf der Teerstraße gehen wir mit Blau ostwärts, überqueren die Bahnlinie und kommen zum namensgebenden 6 m hohen Schwarzen Kreuz. Hier biegt Blau nach links Richtung Mrtvý Luh (Totes Luch bzw. Filz) ab und wir gehen auf dem Asphaltweg geradeaus am Südrand des Mrtvý Luh weiter. Bald schlängelt sich von links wieder die Kalte Moldau heran und fließt ins Tote Luch hinein; innerhalb des Moors vereinigt sie sich mit der warmen Moldau, doch ist die Mündungsstelle nicht zugänglich. Das Tote Luch (350 ha) ist eines der bedeutendsten Naturschutzgebiete des Böhmerwalds, kann aber nicht betreten werden.

Gute 4 km geht es nun den Fluss und die Bahnlinie entlang Richtung Horní Plana. Nach etwa 2,5 km ab dem Schwarzem Kreuz nähert sich die nunmehr »vereinigte« Moldau von links unserem Weg an. Dieser Abschnitt der Tour ist landschaftlich von ausnehmendem Reiz. Beim Bahnhaltepunkt **Pěkná–žst.** ❷ biegen wir nach links ab und gehen jetzt mit Gelb weiter auf befestigtem Weg durch eine bewaldete, sumpfige Niederung leicht abwärts bis zu einer kleinen Brücke über die **Moldau** ❸. Die Brücke ist mit einem Schild offiziell für den Verkehr, ja selbst für Fußgänger gesperrt – doch hält sich niemand an das Verbot. Hier haben wir weitere herrliche Blicke über den Fluss, an dieser Stelle werden auch kleine Kajaks und Kanus zu Wasser gelassen. Mit Gelb geht es weiter auf unbewaldeter Ebene zur Staatsstraße 39 und über sie geradeaus hinein nach **Pěkná** ❹. Hinter der Kirche, wo auf dem Dorfplatz ein seltsamer steinerner Sockel steht, dessen einstiger Zweck nicht deutlich wird, halten wir uns mit Gelb links. Wir gehen links an der Einfahrt zur früheren Kolchose vorbei über einen Feldweg in leichtem Anstieg aus dem Dorf heraus. Links liegt am Hang eine große Viehweide. Nach etwa 500 m erreichen wir einen Wegweiser (→ Hinweis und Variante), der zu einem etwa 1,5 km langen, steilen und unbequemen Alternativweg zum Punkt Pod Korunáčem weist. Nur ist dieser Weg oder irgendein hier beginnender Pfad nirgendwo unmittelbar erkennbar auszumachen.

Wenn wir den Alternativweg nicht wählen, weil wir am Wochenende unterwegs sind, wandern wir weiter geradeaus. Unser Weg macht eine große weite Rechtswendung, senkt sich hinab zu einem kleinen Bach

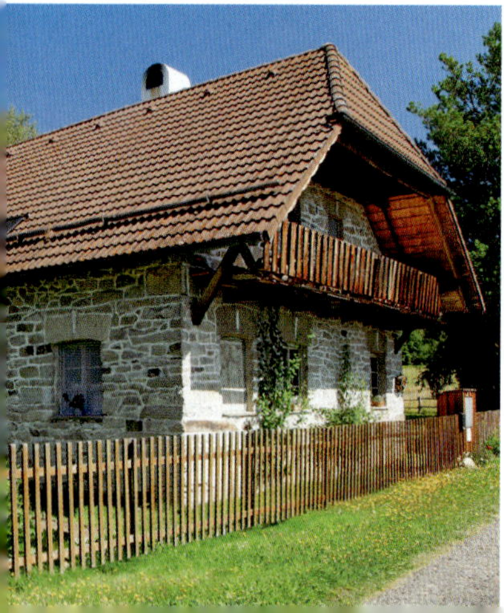

Schönes altes Bauernhaus in Pěkná.

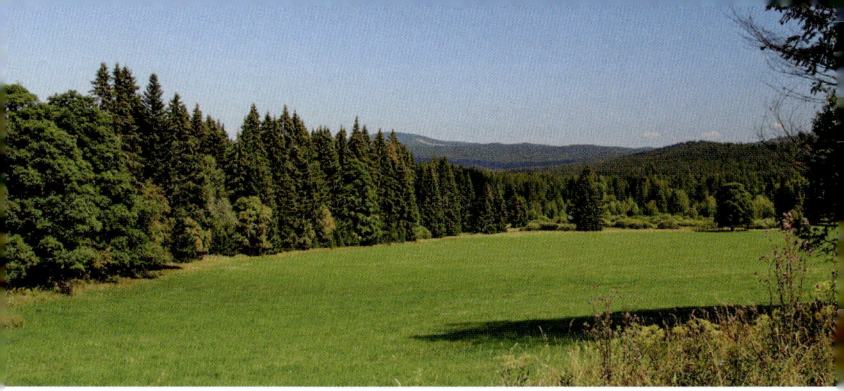

Auch die Nutzung als Truppenübungsplatz konnte der Landschaft nichts von ihrem Adel nehmen.

und steigt wieder kurz an. Dann sind wir auf dem Truppenübungsplatz Boletice angelangt. Nach dem Betreten des Areals steigt der Weg, führt durch ziemlich aufgelichteten Wald und nach etwa 800 m zum Punkt Nad Hájovnou, einer großen breiten Kreuzung. Hier biegen wir mit Gelb nach links in die sogenannte »Magistrála« ab. Der Weg ist teilbefestigt, doch sehr gut begehbar. Wir wandern durch eine wunderbare Mischwald-Berglandschaft, die völlig unberührt ist. Mit nur geringem Anstieg erreichen wir nach knapp 1,5 km den Punkt Pod Dlouhým hřebenem (leider kein Wegweiser) und etwa 400 m danach verlassen wir den Truppenübungsplatz wieder. Jetzt wandern wir um die Südflanke des Bergs Korunáč herum. Dies ist einer der schönsten Abschnitte des Verbindungswegs. Leicht bergan und bergab wandern wir parallel zum Hang und kommen nach knapp 1,5 km an einer paradiesischen, weltfernen Lichtung zum Punkt **Pod Korunáčem** 5. Von links kommt hier die Alternativroute der Wanderer, die unter der Woche unterwegs sind, heran.
Wir biegen mit Gelb rechts auf einen Waldweg ab, der erneut ansteigt.Nach einer schmalen Lichtung passieren wir zwei kleine Bildstöcke. Der Weg wendet sich deutlich nach links und führt uns an der ehemaligen Ortslage Jodlovy Chalupy vorbei, links steht ein verwittertes Wegkreuz. Nach etwa 200 m und zwei weiteren Kreuzen ist Novy Chalupy (Schneehäuser) erreicht, das aus nur zwei Häusern besteht, eines gerade im Wiederaufbau. Unser bisheriger Pfad wird breiter und wir wandern jetzt in leichtem Anstieg auf einem Fahrweg weiter. Die Landschaft ist von ausnehmender Schönheit – die Blicke nach rechts, über die Anhöhen des Truppenübungsplatzes zur Černá stěna und zum Zlatovec lassen ein Bild unvergesslichen Zaubers entstehen. Entlang einiger Viehweiden am Hang und vorbei an einem einzelnen, neuen und bewohnten Haus unterhalb des Hangs geht es in das ebenfalls nicht mehr vorhandene **Horní Sněžná** 6 (Ober Schnee-

dorf). Eine Stallruine rechts und verwilderte Obstgärten künden von dem erloschenen Dorf. Wir wandern weiter über die paradiesische Hochebene mit ihren grandiosen Fernsichten, vorbei an einer neueren hölzernen Kapelle, die von einem eindrucksvollen Ahornbaum beschirmt ist.
Dann geht es einem Wald entgegen, an dessen Rand sich auf 1020 m der Punkt **Sněžná** ❼ befindet, wo einst zwar kein eigenständiges Dorf, sondern nur wenige verstreute Häuser standen. Von rechts kommt an dieser Stelle von Arnoštov ein grün markierter Weg herauf; wir gehen jetzt also mit Gelb und Grün geradeaus weiter, ein kurzes Stückchen durch einen Wald, bis Grün auf einen breiten befestigten Weg nach links abbiegt, wo wir jedoch mit Gelb weitergehen. Der befestigte Weg endet bald und auf grob geschottertem Waldweg wandern wir in weitem Linksbogen leicht bergab. Dann passieren wir eine Lichtung (ehemalige Einöde Zweihäuser) und weiter geht es durch den Wald talwärts. Nach Verlassen des Waldes öffnet sich ein neuer und hinreißender Blick über die Lande und das so friedlich wirkende Militärgelände.
Vorbei an einer Kapelle wandern wir in das lang gezogene **Dolní Sněžná** ❽ (Unter Schneedorf), 930 m, hinein. Hier endet Gelb und es geht mit Blau weiter. Zwar stehen nur noch zwei alte Häuser, doch gibt es einen großen landwirtschaftlichen Betrieb mit Stallungen und Viehweiden; sogar eine Wiederbesiedlung ist geplant. Am Ortsende genießt man wieder herrliche Blicke in die Lande, dann wandern wir auf dem groben Waldweg hinab zu einem Schlagbaum, mit dem die Hinauffahrt nach Dolní Sněžná für Nicht-Anwohner unterbunden ist. Der Weg biegt hier links ab und bald ist die 1754 vollendete Kirche von **Svatá Magdaléna** ❾ erreicht, die nach starkem Verfall 1992 rekonstruiert wurde. Auch hier haben wir eine hinreißende Aussicht. Das Dorf selbst besteht nur aus ganz wenigen Häusern, in erster Linie ist es saisonal bwohnt. Auf recht schadhafter Teerstraße geht es weiter abwärts, über die aus Černý Kříž bzw. Volary kommende Bahnlinie und hinab ins Tal der Blanice. Der 94 km lange Fluss entspringt innerhalb des Truppenübungsplatzes Boletice und mündet weit außerhalb des Böhmerwaldvorlandes in die Otava. Wir wandern weiter durch eine herrliche Landschaft, am Schluss direkt neben der Bahnlinie, und kommen zum Bahnhof von Zbityny, wo wir direkten Anschluss nach Černý Kříž bzw. Noví Údolí haben. Wir biegen hier nach links in die Staatsstraße 165 ein und kommen nach etwa 300 m zum Wegweiser **Zbytiny** ❿ (Oberhaid). Hier befinden wir uns unterhalb des eigentlichen Zentrums, das sich um die Kirche erstreckt. Zbytiny ist ein stilles, verträumtes Dorf, abseits größerer Durchgangsstraßen gelegen. Am Wegweiser geht es mit Blau nach rechts weiter über die letzte Teiltrasse des Verbindungswegs CZ 10 nach Prachatice. Wir können nach links und empor zum Marktplatz und zur Kirche gehen, wo wir vom Friedhof aus eine schöne Aussicht haben. Hier kehren wir sodann im einzigen Lokal des Orts ein, wo schäumende Gerstengetränke und herzhafte böhmische Speisen unserer harren.

3.45 h	13,3 km
↗270 m	↘490 m

Zbytiny – Prachatice CZ 10.2

Gemütlicher Streifzug durch stille Hügel, Felder und Wälder

Der letzte Abschnitt des Verbindungswegs CZ 10 mag vielleicht weniger spektakulär sein, doch mit seiner Trassenführung durch ruhige, nur dünn besiedelte Landschaften, die bis auf den Aussichtsturm auf dem Libín zugegeben kaum touristische Bedeutung haben, kann der Wanderer hier in unberührter Natur die Seele baumeln lassen.

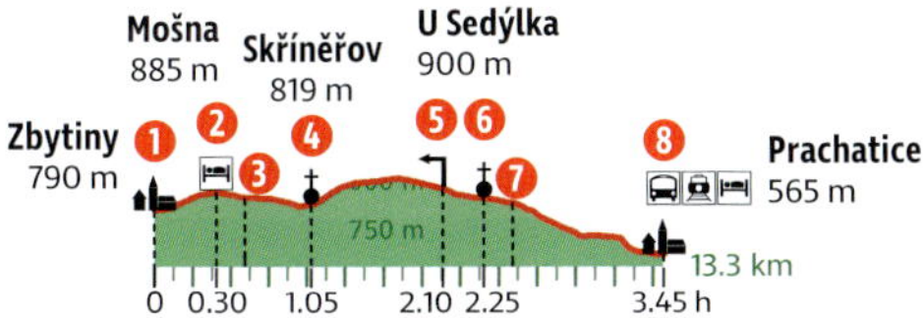

Ausgangspunkt: Zbytiny (Oberhaid), 780 m.
Hauptweg: Bei Pod Perlovicemi Anschluss an Etappe 2 aus Volary und in Prachatice an Etappe 3 nach Husinec.
Anforderungen: Eher kurze Tour mit einigen kürzeren Anstiegen auf Feldwegen und Waldpfaden.
Einkehr/Unterkunft: Zbytiny: Zbytinská hospůdka, gleich gegenüber der Kirche, nur Einkehr, Tel. +420 777 842222; **Mošna:** Biofarm mit Apartmentwohnungen, Tel. +420 776 288055, farmamosna.cz; **Prachatice:** u. a. Restaurace Černý medvěd, nur Einkehr, Velké nám. 42, Tel. +420 388 300412; cernymedvedpt.cz, Hospůdka U Lachtana, nur Einkehr, Velké nám. 5, Tel. +420 731 476315; Hotel Koruna, mit Restaurant Almara, Velké nám. 48, Tel. +420 388 310177, pthotel.cz; Pivovar Prachatice, mit Übernachtung, Horní 174, Tel. +420 606 096994, pivovarprachatice.cz.
Weitere Infos: Prachatice: Velké nám. 1, Tel. +420 388 607574, prachatice.eu.
Tipps: Aussichtsturm auf dem Berg Libín; Prachatice: Sehr sehenswert in Gänze ist der historische Ortskern mit seinen bemalten Bürgerhäusern, insbesondere die Jakobskirche mit sehr schönem Blick vom Turm, das Piseker Tor (Dolní brana) sowie die vollständig erhaltene Stadtmauer.

Vom Wegweiser in **Zbytiny** **1** gehen wir mit Blau auf der Straße Richtung Skříněřov. Nach etwa 100 m biegen wir rechts ab und wandern aus dem Dorf heraus. Der Weg steigt an und führt uns über die Bahngleise. Nochmals nach 100 m gehen wir vor einer Scheune links zu einem neugebauten Haus hinauf, rechts an diesem vorbei und dann in deutlichem Anstieg über einen baumgesäumten Feldweg hin zu einem Wasserbehälter am Waldrand, wo auch eine hübsche Schutzhütte steht. Der Weg führt uns in den Wald und steigt etwas flacher an. Wir verlassen bald wieder den Wald und passieren eine weitere Schutzhütte. Links kommen die Häuser von Mošna

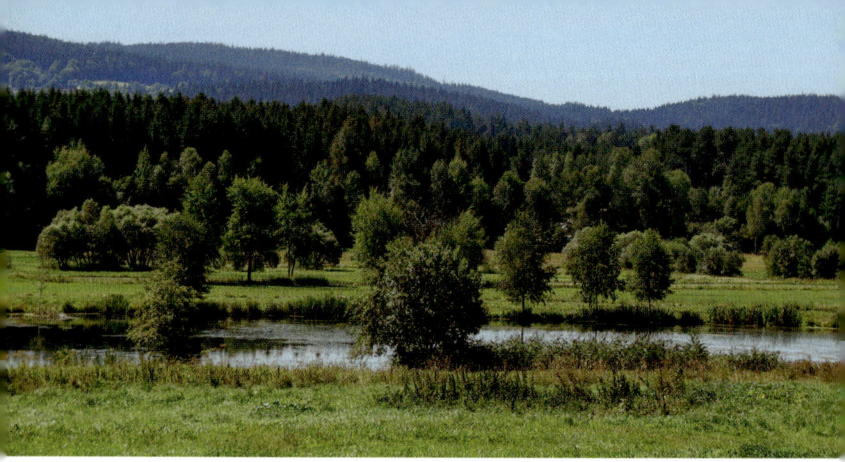

Teichlandschaft bei Zbytiny.

bzw. der weithin bekannten Biofarm Mošna in Sicht. Der Feldweg ist jetzt buschgesäumt und wir erreichen den Wegweiser **Mošna** ❷. Hier befindet sich ein seltsamer, kapellenähnlicher Bau aus Feldsteinen, der eine Statue der mythologischen Waldkönigin Gabreta birgt. Gabreta ist aber auch der antike lateinische bzw. keltische Name für den Böhmerwald. Auf einer Tafel daneben kann man die Sage von Gabretas Begegnung mit dem Helden Matyrsko lesen.
Wir gehen mit Blau nach links auf einem Waldweg weiter. Er führt leicht abwärts und um den Berg Mošna herum. Nach Überquerung des Zbytinský

Die Gegend um Skřiněřov wirkt weltverloren.

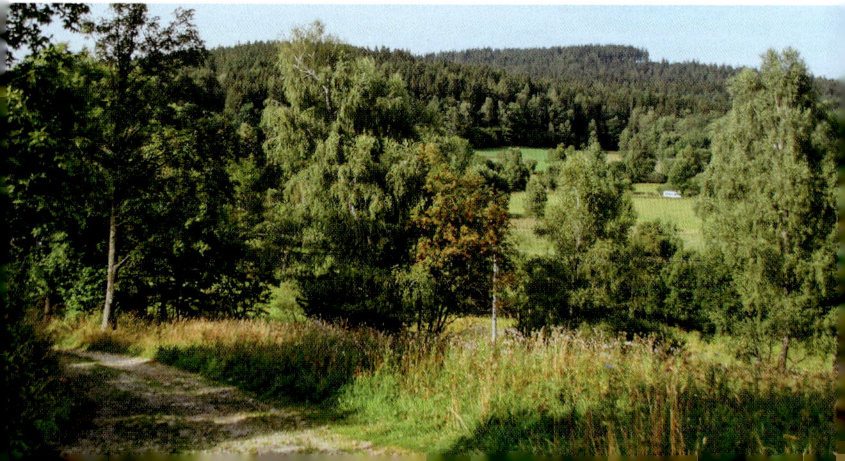

potok erreichen wir die Kreuzung **Mošna rozc.** ❸. Wir gehen jetzt mit Grün geradeaus auf einem Waldpfad weiter (Blau biegt rechts ab). Der Weg bleibt die nächsten 400 m in etwa auf gleicher Höhe, dann führt er sanft bis zu einer Wegkreuzung bergab. Hier biegen wir mit Grün links ab. Nach etwa 300 m verlassen wir den Wald und gehen in das sehr idyllische und weltfern gelegene, fast verwunschen anmutende **Skříněřov** ❹. An der Kreuzung zur Straße nach Zbytiny stehen neben einer Kapelle zwei eindrucksvolle große Ahornbäume, die beide 150 bis 200 Jahre alt sind.

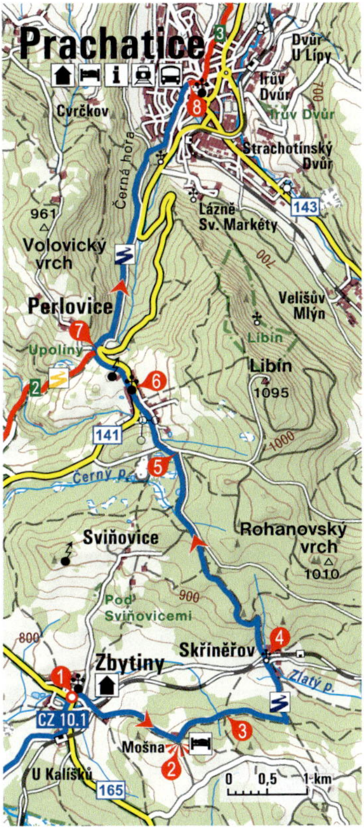

Mit Grün gehen wir an der Kreuzung geradeaus, unter der Bahnlinie hindurch und unmittelbar danach links über den Zlatý potok (Goldbach) und auf einem schmalen, ziemlich steilen Steig entlang des Goldbachtals bergan. Nach etwa 600 m kommen wir zu einem breiteren Waldweg und wenden uns auf diesem mit Grün nach links. Wir steigen weiter bergan und nach einer langen Rechtskurve überschreiten wir einen Sattel. Danach geht es wieder bergab, ein recht monotoner Abschnitt. Etwa 800 m nach dem Sattel treffen wir in spitzem Winkel auf einen befestigten Weg, wo wir uns links halten. Wir wandern bergein, von links kommt alsbald der Radweg 1055 heran. Gleich danach kommen wir an einem Brunnenhäuschen (rechts) und einem touristischen Schutzdach (links, etwa 80 m vom Weg entfernt) vorbei. Etwa 500 m nach dem Brunnenhäuschen erreichen wir am Punkt **U Sedýlka** ❺ die Fahrstraße zum vielbesuchten Aussichtsturm auf dem Libín. Wer den Turm besuchen möchte, geht hier mit Gelb nach rechts – 800 m sind es bis zum Ende der Fahrstraße beim Punkt Sedýlko, 980 m, und dann geht es über einen Fußweg mit Blau noch 1,5 km bis auf 1093 m hinauf.

Wir aber wenden uns beim Punkt U Sedýlka mit Grün nach links, weiter auf dem Radweg 1055, und mit diesem nach knapp 100 m in spitzem Winkel

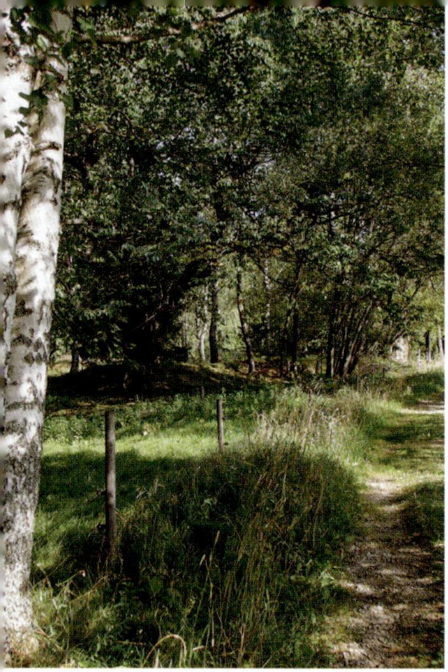

Stiller Waldweg zwischen Zbytiny und Mošna.

nach rechts. Es geht abwärts. Dann verlassen wir den Wald und kommen zu den ersten Häusern von Libínské Sedlo (Pfefferschlag). Links am Hang befindet sich ein kleiner Skilift. In der Ortsmitte von **Libínské Sedlo** 6 ist die Pfarrkirche neben dem alten Friedhof sehr sehenswert. Zwar gibt es hier keine Gräber mehr, doch sind die alten Bäume, insbesondere die gewaltige Linde sehr eindrucksvoll. Die Pfarrkirche St. Anna lockt mit sehenswerten Freskenresten aus dem 14. Jh. sowie beeindruckenden gemalten Kreuzwegstationen. Äußerlich wirkt die Kirche durch den Anbau der Sakristei, was stilistisch störend ist, unförmig. Wir wandern in Richtung Prachatice auf der Staatsstraße 141 weiter bis zur 180-Grad-Kurve am Punkt **Pod Perlovicemi** 7. Hier kommt von links Gelb heran, die Etappe 2 des Hauptwegs.

Der letzte Abschnitt des Verbindungswegs läuft über die Hauptweg-Etappe 2 – wir lassen die Straße rechts liegen und gehen parallel zu ihr bergab auf breitem Weg in den Wald. Nach etwa 1,5 km erreichen wir am Punkt Na Zlaté stezce die Fefrofsky-Teiche, wo sich auch ein kleines Wildgehege befindet. Wir gehen mit Gelb bis zum Punkt Nad Kaplí. Hier führt unser Weg in spitzem Winkel nach rechts und sehr leicht zu übersehen (wenngleich gelb markiert) als schmaler Pfad abwärts in den Wald hinein und hinunter an das südliche Ortsende von Prachatice zum alten Wasserwerk. Links an diesem vorbei, biegt der nun befestigte Weg nach links ab; die Straße nennt sich Zlatá stezka, also Goldener Steig, und führt uns mit Gelb immer geradeaus stadteinwärts auf die Dlouhá. Weiter geradeaus über die Solní (Salzstraße) kommen wir zum Hauptplatz (Velké náměstí) von **Prachatice** 8 (Prachatitz). Somit sind wir auf dem Hauptweg des Tschechischen Goldsteigs angekommen. Es braucht wohl nicht gesondert betont zu werden, dass wir uns unverzüglich in die Brauereischenke begeben können, wo wild schäumende Hopfengetränke den Durst löschen und uns wieder zu Kräften kommen lassen.

Die Pfarrkirche in Libínské Sedlo.

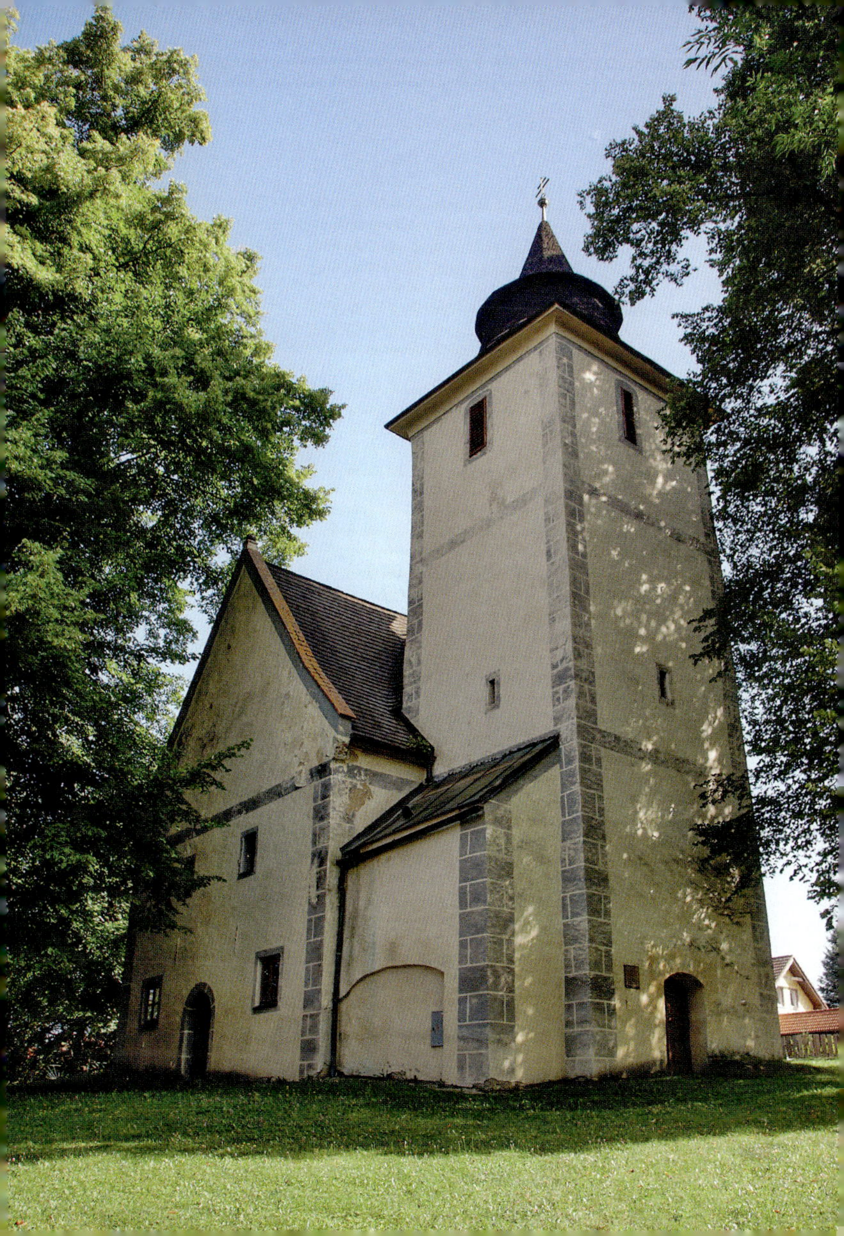

DEUTSCH-TSCHECHISCHES NAMENSVERZEICHNIS

Verzeichnis der wichtigsten Orte, Flüsse und Berge, zu denen die im Buch vorgestellten Wanderetappen führen:

Alt Zedlisch	Staré Sedliště
Außergefild	Kvilda
Bayereck, Ruine	Pajrek
Bergreichenstein	Kašperské Hory
Böhmisch Röhren	České Žleby
Buchwald	Bučina
Chodenschloß	Trhanov
Depoltowitz-Olchowitz	Děpoltice-Oldřichovice
Dörrstadt	Městiště
Dreiländereck	Trojmezí
Groß Babylon	Velký Babylon
Gutwasser	Dobrá Voda
Hammern	Hájek
Hartmanitz	Hartmanice
Heiligen	Světce
Hohenstegen	Vysoké Lávky
Hoslau	Hvožďany
Innergefild	Horská Kvilda
Kauth	Kout na Šumavě
Karlbach	Karlova Hut'
Karlsburg	Kašperk
Kleinziegenrück	Kozí Hřbet
Klentsch	Klenčí pod Čerchovem
Königstein	Královsky kámen
Köppeln	Keply
Kubohütten	Kubova Hut'
Kuschwarda	Strážný
Kuttenplan	Chodová Planá
Marienhügel	Mářský vrch
Markt Eisenstein	Železná Ruda
Maschakotten	Maršovy Chody
Mauthdorf	Mýto
Mochau	Mochov
Moldau	Vltava
Moorhäuser	Mlaka
Naketendörflas	Nahý Újezdec
Neu Zedlisch	Nové Sedlište
Neuern	Nýrsko
Neugedein	Kdyně
Neumark	Všeruby
Neuthal	Nové Údolí
Ober Schneedorf	Horní Sněžná
Oberhaid	Zbytiny
Obermoldau	Horní Vltavice
Oberteschau	Hořejší Těšov
Ödschlössl	Pustý Hradek
Osser, Großer	Ostrý
Pfraumberg	Přimda
Plan	Planá
Plöckenstein	Plechý
Plöckensteinsee	Plešné jezero
Plöß	Pleš
Prachatitz	Prachatice
Riesenberg, Ruine	Rýzmberk
Rindl	Korytany
Rindlau	Žlíbek
Rogau	Velký Radkov
Ronsperg	Poběžovice
Schmolau	Smolov
Schröbersdorf	Radešov
Schüttwa	Šitboř
Seefilz	Jezerní slat'
Seewiesen	Javorná
St. Apollonia	Sv. Apolena
Stachau	Stachy
Steinköpfl	Kamenná Hlava
Stiebenreith	Ctiboř
Stockau	Pivoň
Stubenbach	Prášily
Tachau	Tachov
Taus	Domažlice
Teufelsmühle	Čertův mlýn
Tusset	Stožec
Ujest bei Pfraumberg	Ùjezd pod Přimdou
Unter Schneedorf	Dolní Sněžná
Walddorf	Valdorf
Wallern	Volary
Weißensulz	Bělá nad Radbuzou
Winterberg	Vimperk
Wottawa	Otava

Noch mehr Wanderglück ...

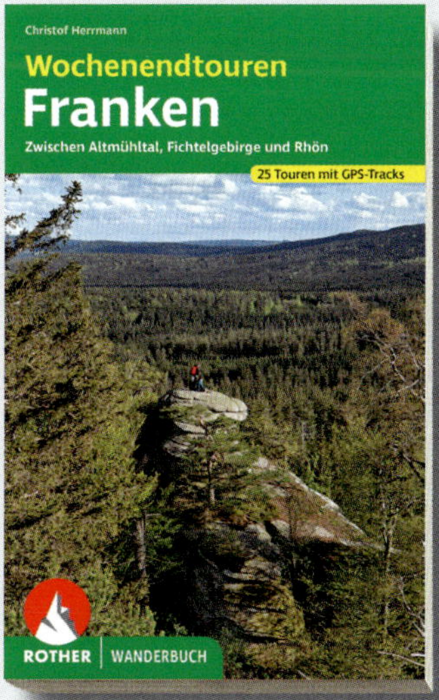

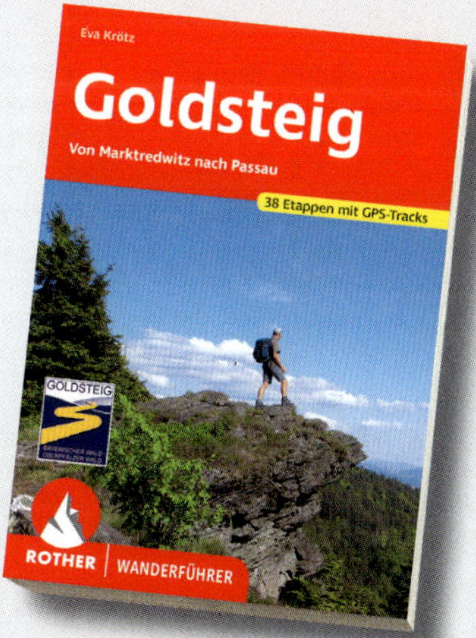

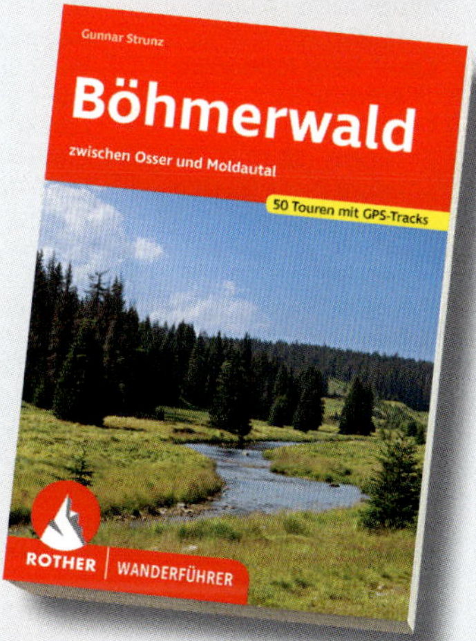

ROTHER | WWW.ROTHER.DE

STICHWORTVERZEICHNIS

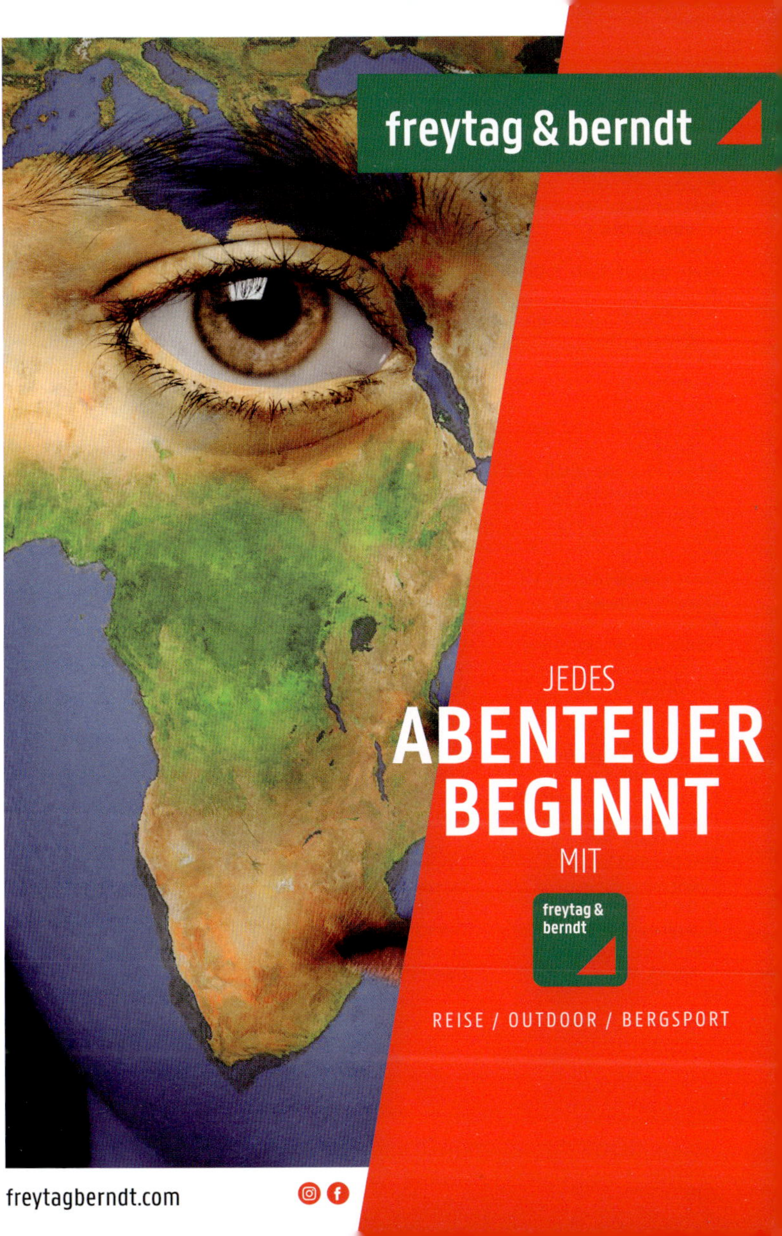

Umschlagbild: Schönes altes Böhmerwaldhaus in Velký Radkov, Etappe 7.
Bild im Innentitel: Der Stausee von Nrýsko im nördlichen Vorland des Osser, Etappe 9.

Alle Fotos vom Autor.

Kartografie:
35 Wanderkärtchen im Maßstab 1:100.000,
Geodaten © OpenStreetMap und Mitwirkende,
kartografisches Design: Freytag & Berndt Prag, freytagberndt.com;
2 Übersichtskärtchen im Maßstab 1:1.100.000 und 1:2.000.000,
© Freytag & Berndt, Wien

Werk-Nr.: 4633

1. Auflage 2023

ISBN 978-3-7633-4633-2

Wir freuen uns über jeden Korrekturhinweis zu diesem Wanderführer!
Bitte per E-Mail an: **leserzuschrift@rother.de**

ROTHER BERGVERLAG · Keltenring 17 · D-82041 Oberhaching
Tel. +49 89 608669-0 · rother.de